2017年贵州大学人文社科学术创新团队建设项目
"我国生态环境法制及防震减灾法若干问题研究"
（项目编号：GDT2017003）

方印◎等著

环境法律前沿问题研究

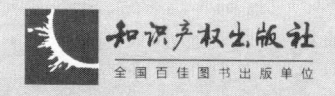

知识产权出版社
全国百佳图书出版单位

图书在版编目(CIP)数据

环境法律前沿问题研究／方印等著. — 北京：知识产权出版社，2018.9
ISBN 978-7-5130-5785-1

Ⅰ.①环… Ⅱ.①方… Ⅲ.①环境法学—研究—中国 Ⅳ.①D922.684

中国版本图书馆 CIP 数据核字(2018)第 191550 号

内容提要

本书为讨论环境法前沿问题的学术论著。作者聚焦于当前环境法学界所关注的前沿热点问题，运用逻辑推理与实证分析的方法，从多维度视角对环境法律基本制度、环境公益诉讼、环境管理体制等问题进行深入的剖析和阐释，旨在探讨当前中国环境法律制度发展的新方向，为推动环境法律实践提供理论支撑。

责任编辑：王　辉　　　　　　责任印制：孙婷婷

环境法律前沿问题研究
HUANJING FALÜ QIANYAN WENTI YANJIU
方印　等著

出版发行	知识产权出版社有限责任公司	网　　址	http://www.ipph.cn
电　　话	010-82004826		http://www.laichushu.com
社　　址	北京市海淀区气象路 50 号院	邮　　编	100081
责编电话	010-82000860 转 8381	责编邮箱	wanghui@cnipr.com
发行电话	010-82000860 转 8101	发行传真	010-82000893
印　　刷	北京中献拓方科技发展有限公司	经　　销	新华书店及相关销售网点
开　　本	720 mm×1000 mm　1/16	印　　张	18.75
版　　次	2018 年 9 月第 1 版	印　　次	2018 年 9 月第 1 次印刷
字　　数	330 千字	定　　价	86.00 元
ISBN 978-7-5130-5785-1			

出版权专有　侵权必究
如有印装质量问题，本社负责调换。

作者简介

方印（1969—），男，汉族，贵州瓮安县人，贵州大学法学院教授，人口·社会·法制研究中心研究员，环境与资源法硕士点负责人，民商法硕士生导师，环境与资源法硕士生导师，法律硕士生导师。主要研究方向：民法、环境与资源法、防灾减灾法。李本经（1989—），男，汉族，贵州遵义县人，就职于平安银行贵阳分行筹备组，法学硕士。主要研究方向：民法。撰写第一章侵害公民环境权精神损害赔偿的生态文明法理学思考。

刘琼（1990—），女，土家族，湖北省荆州人，法学硕士，就职于中共孝感市委党校教务科。研究方向：环境与资源保护法。撰写第二章环境教育立法研究。

徐鹏飞（1990—），男，汉族，安徽灵璧人，就职于安徽省淮北市烈山区古饶镇政府，法律硕士。主要研究方向：环境与资源保护法。撰写第三章公众参与环境保护视角下的环境信息公开研究。

燕海飞（1992—），男，汉族，山东东营人，法学硕士。研究方向：环境与资源保护法。撰写第四章环保产业促进专门立法研究。

陈玲蔚（1991—），女，汉族，湖南娄底人，法学硕士。研究方向：环境与资源保护法。撰写第五章台湾地区"土壤及地下水污染整治法"研究。

张弛（1990—），男，汉族，山西长治人，法律硕士。研究方向：环境与资源保护法。撰写第六章野生动物人工繁育法律制度完善研究。

吴柏人（1992—），男，汉族，湖北武汉人，就职于华夏银行武汉分行，法律硕士。研究方向：环境与资源保护法。撰写第七章河长制度研究。

张海荣（1991—），男，汉族，江苏泰兴人，法律硕士，江苏冠文律师事务所实习律师。研究方向：民法学、环境与资源法学。撰写第八章环保优先原则适用研究。

目 录

第一章　侵害公民环境权精神损害赔偿的生态文明法理学思考 ………… 1
　　第一节　相关概念的界定 ……………………………………………… 2
　　第二节　将侵害公民环境权纳入精神损害赔偿探讨范畴的主要理由 …… 7
　　第三节　侵害公民实体环境权可能引发精神损害赔偿的正当性依据 …… 11
　　第四节　侵害公民实体环境权可能引发精神损害赔偿的区分缘由与
　　　　　　区分标准 ……………………………………………………… 16
　　第五节　我国侵权责任法中的精神损害赔偿规定在生态文明理念下
　　　　　　暴露出来的不足 ……………………………………………… 22

第二章　环境教育立法研究 ………………………………………………… 26
　　第一节　环境教育立法的相关概念 …………………………………… 27
　　第二节　域外环境教育立法比较研究 ………………………………… 39
　　第三节　中国环境教育立法的现状及问题 …………………………… 47
　　第四节　中国环境教育立法构想 ……………………………………… 58

第三章　公众参与环境保护视角下的环境信息公开研究 ………………… 71
　　第一节　环境信息公开之公众参与环境保护视角的学理探究 ……… 72
　　第二节　环境信息公开有效性对公众参与环境保护的积极效应 …… 80
　　第三节　公众参与环境保护视角下环境信息公开所存问题与对策 …… 87

第四章　环保产业促进专门立法研究 …………………………………… 101
　　第一节　环保产业及其法律规范发展的现状 ………………………… 102
　　第二节　环保产业促进专门立法的必要性与可行性 ………………… 112
　　第三节　环保产业促进专门立法的基本定位与主要原则 …………… 125
　　第四节　环保产业促进专门立法框架构想 …………………………… 135

第五章 台湾地区"土壤及地下水污染整治法"研究 ……… 146
第一节 台湾地区"土壤及地下水污染整治法"的概述 ……… 147
第二节 台湾地区"土壤及地下水污染整治法"内容及特点 ……… 152
第三节 台湾地区"土壤及地下水污染整治法"实施后的效果 ……… 160
第四节 台湾地区"土壤及地下水污染整治法"对大陆土壤及地下水领域的立法启示 ……… 164

第六章 野生动物人工繁育法律制度完善研究 ……… 170
第一节 野生动物人工繁育的相关概念 ……… 172
第二节 野生动物人工繁育法律制度的主要渊源与基本制度 ……… 175
第三节 野生动物人工繁育法律制度存在的主要问题 ……… 184
第四节 完善野生动物人工繁育法律制度的具体建议 ……… 200

第七章 河长制度研究 ……… 217
第一节 我国河长制度的界定及正当性依据 ……… 218
第二节 河长制度的地方经验及创新性 ……… 225
第三节 河长制度存在的问题及其原因 ……… 231
第四节 我国河长制度完善的建议 ……… 238

第八章 环保优先原则适用研究 ……… 253
第一节 环境保护优先原则的基本内涵 ……… 254
第二节 环境保护优先原则的角色定位 ……… 261
第三节 环境保护优先原则的适用分析 ……… 268
第四节 规范环境保护优先原则适用的对策建议 ……… 280

第一章 侵害公民环境权精神损害赔偿的生态文明法理学思考

概 述

首先,本书的写作不基于当下实用的目的,自然本书之思就不属于当下应用对策范畴之思问。其次,人类思想自由史无不表明,有些在当下看似无用的思想理论或超前观念并非一定不对社会发展无价值。出于这两点认识,本书写作目的主要在于力求拓展学界在生态环境保护精神价值认知方面的疆界,尽力促成有关立法活动或司法裁判在生态环境破坏精神损害赔偿方面可以延伸的规范灵魂或行为指向。科学研究表明,环境是自然人[1]赖以生存、发展的基本条件和物质基础,与人有着极为密切的关系,[2]人不能须臾脱离环境而存在。[3] 环境污染和破坏事件频繁发生,破坏了人类的生存环境,并对人的身体健康造成了极大危害。历史经验表明,人类对环境的每一次破坏对人类的负效应都是巨大的。[4] 随着生活水平的不断提高,公众对生存环境状况日益关注,人们对环境保护与精神利益保护的意识不断提升,并对良好生存环境的愿望愈发强烈。尽管随着社会保护环境意识的提升,国家对于环境立法也开始重视,特别是在立法观念、内容、形式、体系等方面都逐渐向着不断完善的方向发展,但环境立法并不能完全有效制止环境问题的产生。对于环境法而言,环境问题不仅是自然科学意义上所认识与发现的自然问题,更为重要的是,它是一个涉及社会主体之间的价值判断和伦理选择的复杂的社会问题。作为环境法的法权结构(公民环境权利与国家环境权力)[5]中的

---

[1] 本书将自然人、人、公民作为同一概念混同使用,均为自然意义之人,环境权之权利人也不区分是否为某一国之"公民"。
[2] 蔡守秋.人与自然关系中的环境资源法[J].现代法学,2002(3):45-60.
[3] 蔡守秋,万劲波,刘澄.环境法的伦理基础:可持续发展观——兼论"人与自然和谐共处"的思想[J].武汉大学学报(社会科学版),2001(4):389-394.
[4] 李建良.论环境保护与人权保障之关系[J].东吴大学法律学报,2000(2):31.
[5] 史玉成.环境法学核心范畴之重构:环境法的法权结构论[J].中国法学,2016(5):281-302.

重要内容之一的公民环境权利是环境法理论发展与制度创新的重要基石,是公民作为社会人与自然人而应当享有的新型的基本人权,是每个自然人都应享有的基本权利。公民环境性利益包括环境性物质利益与环境性精神利益两个方面。公民环境性精神利益的保护需要环境保护制度与其他法律制度,如精神损害赔偿制度的融合,才能达到保护的最佳效果。本书试着站在生态文明建设的高度,以幸福理性的生态文明法理学为指导,从实践理性与道德理性角度进一步探讨侵害公民环境权("侵害公民环境权"与"环境侵权"在本书中视为同一概念使用)精神损害赔偿问题,最终目的在于通过理性思考为更好保护人类幸福生活所必需的健康优美的生活环境与生态环境,更加有效的维护作为健康的人所应有的环境性精神利益,实现人在现代生活中自我人格的健全与生命追求的升华提供顶层的思想支撑。❶

第一节 相关概念的界定

对概念进行解释或定义具有鲜明的身份特征,是任何有效研究开展的逻辑起点与知识基础。

一、生态文明法理学概念的界定

生态文明法理学是一种新的法理学观念,其是指把自然人定位于"生态人"形象这样一种法律地位,从而突出自然人的健康幸福生存及人类社会与自然界间的和谐发展的理念,因此和谐共存与持续发展是生态文明法理学的所要表达的最高价值目标,社会与自然和谐共存、各自持续发展是生态文明法理学的两个基本面向,生态文明的法理学不仅承认"主、客二分"(主、客二体)的人与自然关系,因为自然是在人的劳动中得到改造与发展,自然是人的社会实践活动对象性客观存在,人的第二本质是社会人,还承认"主、客不分"(主、客一体)的人与自然关系,因为自然同时也是人的依存体,人的每一时刻都不能脱离自然而存在,人的第一本质是自然人,自然是人的生存与发展的空间与时间体存在。生态文明法理学是环境资源法学的法哲学基础,在生态文明法理学的指引下,环境资源法学主要奉行的法律人模式是理性生态人模式,所谓生态人就是指生活在自然生态系统与人类文明系

---

❶ 方印,陆涛.论民法上"人"的全面发展[J].理论月刊,2012(2):103-105.

统中,因而既遵循自然生态规律又遵循社会经济发展规律,会追求经济效益、社会效益和环境效益最适当化的人。总之,生态文明法理学为各法律制度及其体系的生态化转型建设提供了新的视角与哲学根基。❶

二、侵害公民环境权❷相关概念的界定

我国《环境保护法》第二条规定:"本法所称环境,是指影响人类生存和发展的各种天然的和经过人工改造的自然因素总体,包括大气、水、海洋、土地、矿藏、森林、草原、野生动物、自然古迹、人文遗迹、自然保护区、风景名胜区、城市和乡村等。"这是法律层面所规制的"环境"概念,从这一概念可看出,我国法律上的环境既包括天然形成的环境,也包括经过人工改造形成的环境。

环境权,是指环境法律关系主体对赖以生存发展的环境所享有的基本权利。环境权包括环境管理权力与环境用益权利。从环境管理与公法的角度看,国家享有环境管理权力。从环境享益与私法的角度看,公民享有环境用益权利。公民环境权就是公民对环境要素享有的用益性权利。公民环境权在环境权体系大厦中具有基础地位,是国家环境管理权力得以正当存在的源泉。因此,有学者认为:只有尊重和保护公民的环境权,才符合正义的思想、公平的原则和民主的精神。❸公民环境权是一项新型人权,是人与生俱来的基本权利,它既是法律权利,也是自然权利,不被任何人和制度所剥夺;❹同时其是多种法律共同作用的结果,既受民事法律所规范,又受行政、刑事法律法规所调整。❺ 传统环境侵权损害赔偿限于人身损害和财产损害,公民环境权概念的提出,为防止环境破坏、维护人类享有良好生存环境、保障公民环境性精神利益提供了可能。

在推动生态文明建设的今天,赋予公民环境权,可以将生态文明建设的宏大目标与抽象理念具象化为公民自身的权益,进而促使人们在维护自身权益的过程中自觉主动地将生态文明建设理念落到实处,因此,可以认为公民环境权是生态文明

---

❶ 蔡守秋.基于生态文明的法理学[M].北京:中国法制出版社,2014.
❷ 范围.论工作环境权[J].政法论丛,2012(4):79-86.
❸ 蔡守秋.论当代环境法学的发展[J].法商研究,1998(3):22-30.陈泉生.环境权之辨析[J].中国法学,1997(2):61-69.吕忠梅.论公民环境权[J].法学研究,1995(6):60-67.邹雄.论环境权的概念[J].现代法学,2008(5):38-49.
❹ 陈泉生.环境权之辨析[J].中国法学,1997(2):61-69.
❺ 徐祥民.对"公民环境权论"的几点疑问[J].中国法学,2004(2):109-166.

建设时代的标志性权利。但遗憾的是,目前学界对于公民环境权的内容尚无统一论断,❶我们将其分为实体环境权与程序环境权。公民实体环境权,是指公民所享有的在适宜的环境中生存和发展的权利,其是国家环境权与人类环境权存在的基础,本质在于环境利益。❷公民实体环境权具体包括清洁环境权、休闲审美环境权与文化环境权等权利。❸ 其中,清洁环境权是指公民享有的在清洁、无污染的环境中生存和发展的权利,这类权利大致包括清洁空气权、清洁水权、清洁产品权、生活安宁权、免受光污染权、无辐射污染权等;休闲审美环境权是指公民在维持生存的基础上,享有的在良好环境中放松身心、获得美感享受的权利,这类权利大致包括户外休闲权、环境审美权、风景观赏权等;文化环境权是指公民享有的在环境中获得文化熏陶的权利,这类权利大致包括历史文化瞻仰权、自然科研权、墓地尊重权、风水保有权、环境伦理价值传承权等。公民程序环境权是指法律赋予公民保障实体环境权得以实现的权利,是实体环境权的保障性权利,具体包括环境信息知情权、环境决策参与权、环境侵害救济权等权利。其中,环境信息知情权是指公民享有的获得与其生活、工作区域的环境状况、环境管理状况、相关组织职能等相关信息的权利。环境信息知情权的主要功能在于有利于公民了解和知悉相关环境状况,保障其对相关环境信息的掌握,增强其环境保护及环境权益保护意识,提升其维护环境权益的能力。环境决策参与权是指公民享有的在环境法律法规的制定、环境决策形成、环境开发管理等环境事务中参与并表达意见的权利。公民及公民团体除知悉环境信息外,还有必要参与到环境利用与保护的过程中,通过参与来加强过程监督。环境侵害救济权是指公民对环境污染和破坏行为要求停止侵害、损害赔偿,并向有关部门请求法律保护的权利。如果损害环境权的后果已发生或正在发生或发生已不可避免,在此情况下公民就有在法律上请求救济的权利。❶

安全美丽健康的自然生态环境是一切物质文明与精神文明的活化源泉。环境利益是蕴含在环境中能被人所享有的各种利益的总和,是人在生存过程中需要获取的重要利益之一。保护公民环境权的目的就在于维护人的环境利益,本质上是

---

❶ 陈泉生,张梓太.宪法与行政法的生态化[M].北京:法律出版社,2001:117.吕忠梅.再论公民环境权[J].法学研究,2000(6):129-139.高家伟.欧洲环境法[M].北京:工商出版社,2000:115-116.吴卫星.环境权内容之辨析[J].法学评论,2005(2):140-144.
❷ 胡余旺.环境利益与环境权[J].法制与社会,2012(35):27-28.
❸ 蔡守秋.论环境权[J].郑州大学学报(哲学社会科学版),2002(5):5-7.
❶ 张晓君.个体生态环境权论[J].法学家,2007(5):102-107.

对人生存权益的维护。在人类的生存环境中蕴含着有限的经济价值与巨大的生态价值,这两种价值在社会生产过程中往往会发生冲突,若将环境的经济价值放在更为重要的位置,就可能对环境的生态价值造成损害,人的环境利益就难以保障。保护环境不仅是创造物质文明的需要,也是建设精神文明的需要。❶ 在环境的诸要素中,既包含物质利益,又包含非物质利益。在现代社会中,直接从环境中获得经济性物质利益已非人们主要追求的目标(因为这一目标已经完成至少基本完成),而从环境中获取生态性物质利益已然成为主要方面。这些生态性物质利益所伴随的生态性非物质利益因对人的健康保有与生活幸福具有相当的重要性,且人对非物质利益的感受比对物质性利益的感受更为直观和强烈,环境中非物质利益的获取程度对人的生活品质有更为直接的影响,因此,环境法不仅应对追求富裕健康可持续的物质生活有所保障,还应当遵从精神生活治理主体的价值本位及在当代社会中适宜性表达的正当性逻辑,彰显精神生活治理理性的公共福祉,从人之精神性生存之价值本体境界入手,探寻精神生活治理逻辑的价值实践,回应人类精神生活向自然界延伸与拓展之自我更新实现的价值路径,即对公民环境权保护的重点应从只重视物质利益到物质利益追求与非物质利益追求并存,即精神利益应获取必要的保护。公民在环境中享有的精神利益是公民在良好生存环境中获得的身心健康、精神愉悦、生活安宁舒适等利益总和,环境中的非物质利益即是环境性精神利益,❷是公民在环境中获得精神享受的需要,是公民基于精神需求而对环境所享有的利益,其具有使人身心愉悦、快乐、生活安宁等精神享受价值。环境中非物质利益的保护能保障人的精神世界免受环境污染和破坏带来的损害,使人得以从良好环境中获到更大的精神满足,从而提供了人幸福生存所必须具备的精神条件。

侵害公民环境权,主要是指因环境遭到污染和破坏,致使环境质量下降,造成公民难以实现对优美、舒适、安宁环境追求的权利。环境是人类生存和发展的基础,对公民环境性精神利益的侵害是基于侵害公民环境权而产生的,人类要实现可持续发展,就必须加强对生存环境的保护。

三、精神损害赔偿相关概念的界定

我国精神损害赔偿制度的承认与发展经历了不少坎坷。我国《侵权责任法》

---

❶ 蔡守秋,万劲波,刘澄.环境法的伦理基础:可持续发展观——兼论"人与自然和谐共处"的思想[J].武汉大学学报(社会科学版),2001(4):389-394.

❷ 吕忠梅.环境权力与权利的重构——论民法与环境法的沟通与协调[J].法律科学,2000(5):77-86.

第一次在立法层面正式确立了精神损害赔偿制度,时至今日,精神损害赔偿制度已成为国内法学界热议的重要课题之一。而对精神损害这一概念的内涵予以准确界定是赔偿精神损害赔偿制度的首要问题,理由在于只有正确理解与准确界定精神损害这一概念的内涵,才能更好把握精神损害赔偿制度的本质。我国《环境保护法》的立法目的明确提到要"保障人体健康",❶我们以为,人体健康是人的基本生存需求,理应属于物质层面与精神层面的要求,是法律应当保护的人的基本物质利益与精神利益。因此,这里的"人体健康"既包含人身体的完整和健康,也包含人的心理健康与精神健康。

精神损害是指民事主体因侵权行为而遭受精神上的痛苦、精神利益的减损或丧失。精神损害可分为肉体疼痛、精神痛苦和丧失生活乐趣三类,前两类是积极损害,后者则相当于消极损害,三者基本囊括精神损害的全部类型。❷ 精神损害赔偿是民事赔偿的一种,所谓精神损害赔偿,是指因精神权益受到损害而引起的,以残疾赔偿金、死亡赔偿金或精神抚慰金的形式对受害人精神上所受损害之赔偿。精神损害赔偿请求权,是指受害人在其人格权或其他权利遭受侵害以后,就其精神损害请求赔偿的权利。❸ 人对环境要素的需要不仅是为了基本的生理性生存,还为了从中获得生活舒适、快乐、安宁、心理愉悦、身心放松等精神享受,即也是为了基本的心理性生存。各种环境要素蕴含着公民的精神利益,而公民实体环境权受到侵害是造成公民环境性精神利益受到损害的根本法权原因。因此,侵害公民实体环境权所生的精神损害,是指因生产生活造成环境污染与生态破坏,从而侵害公民环境利益,使人因此遭受的精神痛苦或精神利益减损。

何种范畴的公民环境权受到侵害能引起精神损害赔偿?即是所有的公民环境权受到侵害能引起精神损害赔偿,还是的公民环境权受到侵害能引起精神损害赔偿?这是精神损害赔偿制度中的重要内容。何种范畴的公民环境权受到侵害能引起精神损害赔偿的问题?即是确定公民实体环境权中所体现的哪些精神利益受到侵害而导致受害人可提起精神损害赔偿请求权的问题。探讨何种范畴的公民环境权受到侵害能引起精神损害赔偿的问题,是环境保护法与精神损害赔偿制度中最为重要的课题之一,也是长期以来环境法理论界和实务界争议的焦点问题之一。我们以为,公民的环境性精神利益只有通过法律确认才成其为权利,对其侵害才能

---

❶ 《中华人民共和国环境保护法》第一条规定:"为保护和改善生活环境与生态环境,防治污染和其他公害,保障人体健康,促进社会主义现代化建设的发展,制定本法。"
❷ 谢鸿飞.精神损害赔偿的三个关键词[J].法商研究,2010(6):11-15.
❸ 王利明.人格权法研究[M].北京:中国人民大学出版社,2005.

导致精神损害赔偿。而在现实生活中,侵害公民实体环境权所生精神损害是否获得赔偿的关键,就在于法律是否将公民的环境性精神利益上升到权利保护层面。总之,从法理角度理性探讨何种范畴的公民环境权受到侵害能引起精神损害赔偿侵害的问题,是有效维护公民环境性精神利益,从而全面实现对人的生态性关怀的关键步骤。

第二节 将侵害公民环境权纳入精神损害赔偿探讨范畴的主要理由

"与地球引力不同,法律和制度不是自然世界本身的特征,而是人类的产物,因人类的决定而得以创设并维持,所以就产生正当性问题。"因此,法律制度的正当性问题需要探讨与证成。在现实生活中,侵害公民环境权无疑会造成受害人的精神损害,但仍然需要从法理角度去思考、去证明、去区分。比如是否侵害所有的公民环境权都会导致精神损害赔偿?在精神损害赔偿对应的环境权中应否有所区分?本书认为,环境保护法和精神损害赔偿制度只有保护公民的环境性精神利益免受侵害,将侵害公民实体环境权所生精神损害纳入赔偿范畴,才能更全面地维护公民的精神利益,而将对程序环境权造成的侵害排除在外,才能更合理地维护公民的精神利益。并且,通过对侵害公民实体环境权精神损害赔偿范畴与法理的探讨,一方面可为公民环境性精神利益的保护奠定理论基础,不断开拓环境保护法与精神损害赔偿制度理论研究的新思路;另一方面可进一步规范环境保护与经济发展之间的关系,使经济主体的行为符合公民环境性精神利益保护的要求,为经济社会的良性发展,也为环境资源的可持续开发利用,更为人们拥有高品质的生活提供法律保障。任何人都有权享受良好的生存环境,有权拥有良好的精神状态,将侵害公民实体环境权纳入精神损害赔偿范畴的问题,是构建更加合理与完善的环境保护法与精神损害赔偿制度不可回避的重要课题,其解决得好坏关系到公民环境性精神利益能否获得有关民事法律制度的保护,关系到公民在环境权益遭到侵害时能否获得精神损害赔偿的这一重要法律判断。

一、侵害程序环境权不是公民环境性精神利益受损的原因

程序环境权是为实现公民实体环境权而设置的,是程序性权利,具有权利保障性,属公权利范畴,实现程序环境权不等于实体环境权就一定实现。环境信息知情

权、环境决策参与权❶是一种事前保障,环境侵害救济权则是一种事后保障,除涉及环境法律法规外,行政法、调整经济行为的法律部门等都有涉及。按照侵权责任法的一般原理,侵害私权利才会引起民事法律救济,侵害公权利只会引起行政法律救济。而程序环境权属于公权利范畴,对其侵害只是对公权力的侵害,只能通过行政法律途径而非民事法律途径进行救济。同时,按照精神损害赔偿的一般原理,只有侵害具有人格利益的权益才会引起精神损害赔偿,而程序环境权显然不具有人格利益,侵害程序环境权并不意味着公民实体环境权会造成损害,因此侵害程序环境权不会引起精神损害赔偿。此外,环境性精神利益是基于人类生存的环境而存在,公民享有环境性精神利益是依托于环境本身的自然权利,从应然的角度看这种利益与生俱来,无须法律赋权就存在。而程序环境权是基于保障公民实体环境权而由法律赋予的后生性权利,并非基于环境本身,其受到侵害只是对公民环境民主权利的侵害而非对环境本身的侵害,也就不是对环境性精神利益的侵害。再有,现实中存在因侵害程序环境权而导致环境侵权行为发生,进而造成公民实体环境权遭受损害的情况,此时造成公民实体环境权受到损害的原因并非是对程序环境权的侵害,而是环境侵权行为本身对实体环境权的侵害。因此,侵害程序环境权不是公民环境性精神利益受损的原因。

二、实体环境权是公民获得环境性精神利益的基础

自然环境是人类生存、发展并通过劳动表现自己的基本条件,人享用自然环境条件是与生俱来的自然权利。环境要素中承载着人格利益,即环境人格利益,也称生态性人格利益,这是环境利益的重要方面。环境人格利益包括两个方面:一是环境人格利益是人自然地位的象征,即在人与环境的关系中,人理所应当地享有在适宜的环境中生存的权利,以体现人作为自然存在与权利主体的尊严。在现代人权观念下,凡是在受到污染和破坏、有害身心健康、不具有美学价值的环境中生活的人,都不能被认为是有尊严的。二是对普通人格权概念的继承与发展,表征着人的社会主体地位,即在社会关系中,人享有所生存环境不被污染和破坏的权利,生存环境一旦被污染和破坏,就会直接损害人的自然地位和环境利益,这也是对人应有社会地位不尊重的表现。❷ 同时,按照精神损害赔偿的一般原理,只有侵害具有人格利益的权益才会引起精神损害赔偿。公民实体环境权是最基础的环境权益,环

---

❶ 徐祥民.对"公民环境权论"的几点疑问[J].中国法学,2004(2):109-166.
❷ 刘长兴.环境利益的人格权法保护[J].法学,2003(9):106-108.

境人格利益只能由实体环境权来承载,故公民实体环境权承载了公民精神利益诉求。因此,实体环境权的存在与实现是公民获得环境性精神利益的前提与基础,其直接关系到人幸福生活的品质,人正是因为享有实体环境权才得以从环境中获得精神满足、排除他人对自身环境利益的非法侵害,实体环境权的存在与实现是人实现财产权、劳动权、休息权、生存权、生命健康权等其他基本权利的必要条件。

三、侵害公民实体环境权会损害公民的环境性精神利益

前文已述,对环境的保护不仅是基于人物质生存的需要,还是人为了获得生活舒适、安宁、心理愉悦、身心放松等精神享受的需要。若公民实体环境权受到侵害,会造成人受到心理伤害或引起内心的恐惧,其环境性精神利益自然受到减损。现实生活中存在着很多损害实体环境权的情况,如水污染、大气污染、噪声污染、光污染及放辐射物污染等,都会破坏人所生存的环境,不同程度地造成诸如神经衰弱、精神紧张、特定器官功能减退甚至病变的可能,从而对人的正常生活和工作产生严重影响,进而产生精神上的不良状态,造成精神利益的减损。在环境侵权中,虽然污染环境和破坏生态的行为在很多时候并不会对人的生命、身体、健康及财产造成直接损害,但若长期在不良的环境中生活,很可能使人处于严重精神不安的状态之中,从而产生心理焦虑、引发不良情绪、导致精神痛苦,进而降低人的生活品质,这同样是公民环境性精神利益的一种减损。总之,侵害公民实体环境权会造成其环境性精神利益的减损。

四、公民实体环境权因受私法调整而为侵害公民实体环境权适用精神损害赔偿提供了可能

公民环境权是基于人类共同拥有的环境这一要素而产生的一种权利,如按照传统观念,公民实体环境权更多的属公法范畴,强调的是权利的公益性,具有公权利性质。但环境权发展至今已不再局限于公法领域,其也强调对"公民"个体权利的维护,越来越多地作用于私法领域,越来越多地对公民的民事权利、义务及责任产生影响,因此具有私权利属性的一面。[1] 同时,环境法是介乎公私法之间和跨部门的综合性法律制度,损害公民环境权产生的责任,既有公法责任,如刑事责任、行政责任,也有私法责任,如民事责任。因此,公民实体环境权不仅受公法所规范,也

---

[1] 对环境问题的民法研究,目前法学界也有很多人从民法角度进行了思考:如杨立新教授在清华大学法学院环境法论坛提出的《关于建立法律物格的设想》;王竹的《环境资源法学与民法学:曲解抑或对话——与蔡守秋教授商榷》;马俊驹、舒广的《环境问题对民法学的冲击与21世纪民法的回应》等。

受私法所调整。将公民实体环境权纳入私法调整的范畴,既能减轻国家环境保护的负担,也让公众更进一步地参与到环境保护中来,维护其自身所需要的环境性物质利益与精神利益;同时,从受害人的角度看,精神损害赔偿属于私法范畴,将公民实体环境权纳入私法调整范畴,为侵害公民环境权而导致精神损害赔偿提供了适用空间,并且可改善精神损害赔偿制度对环境保护无力的状况,其结果是既保护人类赖以生存的自然环境与生活环境,又维护公民的环境性物质利益与精神利益。总之,公民实体环境权因受私法调整为侵害公民实体环境权精神损害赔偿的适用提供了可能。

五、因环境侵权的特殊性使精神损害赔偿存在困难而最终有违"有损害就有赔偿"的法治原则

由于环境侵权行为的特殊性,[1]使得侵害公民实体环境权诉讼实践比一般侵权诉讼实践存在更大困难。环境侵权具有复杂性特征,主要表现为环境侵权损害比一般侵权损害有着更为复杂的因果关系,即环境侵权行为与损害后果间的因果关系更难以确定;环境侵权具有潜伏性特征,主要表现为往往会出现侵权行为与损害后果之间在时间上严重脱节,环境遭受长期侵害而难以很快察觉,即使发现也无法尽快消除,损害后果的出现往往要潜伏很长时间;环境侵权具有持续性特征,主要表现为损害后果并不会因侵权行为停止而立即消除,环境状况可能长期得不到恢复;环境侵权具有广泛性特征,环境侵权造成损害的区域会相当广阔、受害对象会相当众多、损害后果会多种多样。再者,现实生活中司法机关在处理环境侵权案件时难免陷入利益衡量的两难处境,即要在维护人们的环境利益与保持社会经济快速发展间做出选择,这种选择对于司法机关而言必然是很艰难的。因此,即使是公民的物质性利益因环境侵权损害也难以得到及时有效的裁决与赔偿,更不用说其非物质性利益因环境侵权损害能得到及时有效的裁决与赔偿。故若不将侵害公民实体环境权精神损害赔偿问题纳入探讨范畴,并从法理上对侵害公民实体环境权精神损害赔偿的正当性依据进行必要的论证,就难以在立法上对侵害公民实体环境权精神损害赔偿做出明确规定,进而会出现在有侵害公民实体环境权造成精神损害之虞时其环境性精神利益难以得到有效维护的情况,最终有违"有损害就有赔偿"的法治原则,也不利于对公民人格尊严的保护。

---

[1] 胡会明.论环境污染损害赔偿责任[J].政法论丛,1996(3):5-8.

六、对侵害公民实体环境权所生精神损害加以赔偿符合全面维护人尊严的法律价值理念

侵害公民实体环境权所生精神损害在范围上比一般精神损害更为广泛,在程度上比一般精神损害可能更加严重,但按传统的损害赔偿理论,受害人难以从环境侵权中获得精神损害赔偿。在环境侵权中,部分损害行为不会造成诸如生病、财产损害或致人死亡等显性损害,但会使人生活在精神严重不安之中,我们将这部分行为称为对公民实体环境权的损害行为,其对受害人产生精神上的不利益,对其损害加以赔偿符合"有损害就有赔偿"的法治原则,最终符合全面维护人尊严的法律价值理念。我们不能过于固守传统的法律思维,不能只认为对人格利益与财产利益的侵害才会产生精神损害,应认为对实体环境权的侵害也会产生精神损害,法律应赋予公民在实体环境权遭受侵害时请求精神损害赔偿的权利,让加害人承担损害环境的赔偿责任,维护公民的环境性精神利益。

第三节 侵害公民实体环境权可能引发精神损害赔偿的正当性依据

随着工业文明高度发展,人口过度膨胀,消费不断增加,清洁的空气、水、安宁、阳光等环境要素作为稀缺性资源的特性逐渐显露出来,人类的生存利益和生产利益在对环境的需求上构成矛盾。在这种情况下,要实现既发展经济、又达到人们生活品质的提升与经济发展程度相一致的效果,就需要协调经济发展与环境保护间的关系,防止危及公民生存权益的经济建设活动对环境的污染和破坏,因此,环境保护法与精神损害赔偿制度有必要对这两种利益间的矛盾做出制度性安排,要实实在在地赋予公民获取环境性精神利益的权利,将清洁环境权、休闲审美环境权与文化环境权纳入侵害公民实体环境权所生精神损害赔偿范畴,以维护公民的环境性精神利益,维护人类赖以生存的环境。

下面将具体探讨侵害清洁环境权、休闲审美环境权与文化环境权所生精神损害赔偿的必要性问题。

一、侵害清洁环境权精神损害赔偿的必要性

清洁环境权是人的生命延续和身体健康得以保障的最基础性权利,也是公民实体环境权最基本的要求,是公民实现休闲审美环境权与文化环境权的基础,是人类及其他生命体繁衍生息的基本保障,是为了获取休闲审美环境权与文化环境权的必然追求。只有保障人在清洁、无污染的环境中生活,其才能正常工作、学习、生活,其基本的生活品质才能得到保障,其环境性精神利益才能获得最起码的满足。若环境遭受污染和破坏,人维持身心健康的基本条件得不到保障,心理将会受到严重创伤,不良情绪和精神状态将会蔓延,良好生存状态则难以为继,人类所创造的一切物质文明都会黯然失色,公民的环境性精神利益也就难以实现。

在人类数百年的工业化进程中,已在相当程度上污染和破坏了环境,人们在不够良好、非健康的环境中生活,有害物质通过食物、水、空气侵入身体,危害人的身体健康,进而损害其心理健康,其承受的不仅有肉体的病痛,更有精神的痛苦。在受污染和破坏的环境中生活,潜在的危险随时可能成为现实,人们会时刻担心自己不良的生存状况,心理阴影会越来越重,恐惧感会越来越强,从而造成极大的精神痛苦,这种现实的心理损害和对潜在危害的担忧即为公民环境性精神利益受到损害的表现。历史上曾发生众多的公害事件,日本熊本地区在20世纪50年代出现的水俣病事件是水污染的典型案例,美国洛杉矶在1955年发生的光化学烟雾污染事件则是大气污染的典型案例,这些公害事件导致成百上千人死亡、成千上万人的健康受到损害,受害者饱受肉体和精神上的折磨,受害者家属也在巨大的经济和精神压力中度日,由此带来的精神利益的损害是不言而喻的。然而,环境侵权法律关系中的排污者与污染受害者已不是传统法律中地位平等的主体双方,而是有强弱之分的两个群体。很多环境损害事件受到科技发展水平和原告举证能力的限制,环境侵害行为与精神损害间的因果关系难以证明,这就导致环境侵权精神损害赔偿请求难被认可。❶

限于篇幅所限,这里仅以清洁环境权中的清洁水权和清洁空气权为例加以探讨。清洁水权和清洁空气权是人类生存必须具备的基础性权利之一,人类为维持生存和发展的需要,就必须有符合最低健康标准的免受污染的水源和空气,清洁水权和清洁空气权即是公民享有的在符合最低健康标准的未受污染的水环境和空气环境中生存的权利。水源和空气清洁与否与人的生命延续和身体健康密切相关,保护水源和空气的清洁是保障人身心健康的重要条件,也是维护人类精神家园的重要内容。这些权利包括如下内容:一是防止生存环境中水源和空气被污染和破

---

❶ 周珂,梁文婷.环境侵权——公平关系的新诠释与适用[J].政法论丛,2008(2):72-75.

坏的权利。在生活范围内的水源和空气质量严重下降时,该范围内的居民有权要求污染者停止污染物排放并对受污染和破坏的环境加以治理。二是对生存环境中的水源和空气的非消耗性使用的权利。如公民有权透过清澈的水和空气欣赏山川河流,以获得身心放松和精神愉悦。三是排除对生存环境中饮用水源污染和破坏的权利。与空气形影不离相比,饮用水是可选择的,保障饮用水源不至消失和绝对安全是十分重要的。水源和空气清洁与否关系到人的身体健康,进而直接或间接影响人的精神状态,污染、破坏水源和空气即损害了人生存和发展的基本条件,人的正常生活品质难以保障,其精神利益就难以很好地实现,因此保护水源和空气的清洁是维护公民精神利益的必要条件。

总之,清洁环境权是人类生存的基础性权利,维护人类生存环境的清洁是保障人的精神健康不可或缺的重要内容。只有正视保障人类生命延续受到威胁的紧迫性,才可明白需要法律明确清洁环境权的公益性私权属性,并将其纳入侵害公民实体环境权所生精神损害赔偿的范畴。

二、侵害休闲审美环境权所生精神损害赔偿的必要性

休闲审美环境权在人享受美好生活、获得可持续发展能力方面有举足轻重的地位,是保障人身心健康的基础性权利,是人所享有的在生存环境中休养生息、持续发展、享受美好的基本要求,是清洁环境权实现后的必然追求,也是人获取文化环境权的基础和必然追求。环境作为人类与自然的空间联结、承传人类历史的时间联结,无论是天然形成还是人工营造,都是人类物质财富和精神财富的外在表现。环境存在休闲审美价值,具有启迪智慧、净化心灵、陶冶情操等功能,每个人都有在生存环境中充分享受休闲审美的权利,如到风景名胜区、自然保护区和自然遗迹等风景秀丽的地方去休闲度假,调节自身的精神状态,感受大自然的美好,获得美的享受,以实现环境性精神利益。环境保护法和精神损害赔偿制度不仅要保护人生存的环境质量,更要将环境保护作为实现人类可持续发展的必要条件。若因环境污染和破坏导致环境品质的下降、环境之美受到损害,环境就不再具有供人休闲审美的功能,使人身心得以修复之地就不复存在,人们就难以在环境中休闲娱乐和得到对环境美的享受,其环境性精神利益就难以实现,这对人的精神健康将是极大的损害,我们将陷入身心疲惫后难以得到良好修复的恶性循环中,正常工作效率将受影响,生活品质也会下降,整个社会发展将受阻碍。

休闲审美环境权包括休闲环境权与审美环境权。休闲环境权与审美环境权是有区别的:首先,二者概念不同。休闲环境权,是指公民在维持生存的基础上,享有

的在良好环境中放松身心、休闲娱乐的权利;审美环境权,是指公民在维持生存的基础上,享有的在良好环境中欣赏环境之美、获得美感享受的权利。其次,二者侧重点不同。休闲环境权侧重于环境休闲价值的实现,使人们能找到让身心得以休息放松的环境,以恢复良好的精神状态,重点在于"休";审美环境权则侧重于环境审美价值的实现,人们能从环境中体验到美的存在、获得美的感受,寻找生活、创造的灵感,重点在于"美"。同时,休闲环境权与审美环境权是密不可分的。首先,休闲环境权是审美环境权基础,只有人的身心得以休息放松后,才可能去感受大自然的美;审美环境权是休闲环境权实现后的必然追求,在正常状态下,当人的身心得以休息放松后,必然会尽力去感受大自然的美。[1] 其次,二者是相辅相成的,当环境具有休闲价值时也就在某种程度上具有了审美价值,当环境具有审美价值时也就必然具有了休闲价值,人们在身心休息放松中能够欣赏环境之美,在获得美感享受时也可获得身心的休息与放松。因此,虽然休闲环境权与审美环境权有所区分,但不应将二者割裂。

从休闲环境权看,现代人处于快速工作和生活节奏中,容易出现身心疲惫,如得不到及时休息调整,就容易出现生理和心理疾病。因此,保障人在良好环境中休闲的权利,使其在工作之余能有地方去修复疲惫的身躯和亚健康甚至不健康的精神状态,这不仅是人享受高品质生活的重要方面,也是其储备后续发展能力、重整良好精神状态的重要方式。一旦可供人们放松身心、休闲娱乐的环境遭受污染和破坏,这里便不再有优美舒适的风景供人们休养身心、调节情绪,人们找寻调整精神状态的地方就会变得困难,这无疑阻碍了公民休闲娱乐权利的实现。

从审美环境权看,人的精神境界是与其对美的感知能力息息相关的,只有在良好的环境中,人们才得以赏析优美风景、自然和文化遗迹,获得美的享受和身心愉悦,其获得精神利益的需求才能得到满足。然而在经济发展中很容易造成生态环境的破坏,如在项目开发过程中的不当操作导致环境污染和破坏,改变了原有风貌,这里的环境就难以再承载美感,人们就难以从这里获得美的享受,审美环境权就难以实现。

休闲审美环境权是公民实体环境权的重要方面,不同品级的环境对公民环境性精神利益的满足是不同的,不严重的环境污染和破坏在很多时候并不直接威胁

---

[1] 由于不同的人对美的感觉不一样,因此虽然并非所有人都会刻意去感受大自然的美,并非所有人在美好的环境中都能有美的感受或相同的美的感受,但法律应赋予每个公民感受美的权利,这是公民应获得的自然权利。

人类生存,却能阻碍人放松心情、获得美的享受权利的实现。从微观角度看,侵害休闲审美环境权造成公民精神利益减损是对人生存权之上的环境性精神利益损害;从宏观角度讲,侵害休闲审美环境权损害的是人类可持续发展的权利。此外,在某一环境中生活的居民对其所处的环境在多大程度上具有休闲审美价值有更为直观的感受,而不在其中生活的居民也可能有赖于该环境去实现自身休闲审美的权利,因此,当污染和破坏环境的行为危及公民休闲审美环境权实现时,在某一环境中与不在其中生活的居民都有权制止侵权行为,并要求侵权者修复环境、赔偿损失。但是,这里需要指出的是,休闲审美环境权与环境人格权❶中的精神免受损害权存在着不同之处。环境人格权中的精神免受损害权是健康权的一个方面,是针对人体心理和精神健康(人体健康包括生理和心理两个方面),其损害所致的病症是心理或精神的生理性失常,是对生存权的维护;而侵害休闲审美环境权是对人类生存权之上的环境性精神利益的损害,受损的是发展性权利。

总之,休闲审美环境权是公民环境权的一个重要子项,在当前环境的休闲审美价值已处于紧迫危险的状态下,法律更加需要明确其公益性私权属性,将其纳入侵害公民实体环境权所生精神损害赔偿范畴,以保护生态环境的休闲审美价值,使公民有条件维护自身的环境性精神利益。

三、侵害文化环境权所生精神损害赔偿的必要性

文化环境权是提高人的生活品质、获取更好发展条件的又一基础性权利,也是人在环境中追求自我价值的重要需求,是清洁环境权、休闲审美环境权实现后人获得幸福生活的必然追求。人类文明在自然中发源和成长,环境是其生命所在,其为文明延续源源不断地输送新鲜血液,人类学习和发扬文化的过程也是认知和改造环境的过程。环境承载了巨大的文化价值,人类在其中创造了丰富多彩的文化,它们或与自然融为一体,或单独存在,但这一切都不能脱离承载它的环境,人类只有通过环境才能感知人类自身、感知人类社会。联合国及各国政府每年都会评选自然与人工的文化遗产及其他文化遗迹,其中包罗人类文明和自然界的万象,这些文化遗产及其他文化遗迹承载的不仅是人类的物质财富,更是精神文化财富,通过对文化遗产的参观、瞻仰、研究、学习,人类文明获得了持续发展的动力,人类的精神世界得以更加丰富多彩。此外,自然环境中还隐藏着自然密码,人类通过对环境的探索和研究,得以追寻生命奥秘、探索自然规律,这些知识也是人类文化

---

❶ 杜群.论环境权益及其基本权能[J].环境保护,2002(5):9-11.

的一部分,人类可利用这些知识不断创造物质文明与精神文明,提升人类的文明程度,提高人的生活品质,这也是人实现自身环境性精神利益的重要方面。简言之,环境中承载的文化价值是环境性精神利益的重要组成部分,人类要创造更伟大的文明,要提升文化品位、丰富精神生活,就必须走进环境中,去感受自然的奥妙、探索自然规律、追寻祖先的足迹,而要让这一切能够实现,前提条件之一就是必须有良好的环境。

在高速现代化的时代,过度的污染物排放、大规模工程的修建,已造成相当多承载人类精神文化财富的环境改变了原有状态,威胁到环境中所承载的文化价值。精神文化的环境载体一旦被毁坏,其所依托的本源也就随之改变,即使能够修复,要呈现原本的文化状态无疑是很困难的,环境所承载的文化也会受到扭曲,人类将难以感知甚至无法感知文化原本的存在,难以从环境中获得文化原本的熏陶,难以研究乃至发扬人类原本的文化,难以找到支撑未来持续发展的精神动力。一旦环境遭到破坏,对自然的探索和研究将会变得困难,利用自然开阔视野、促进社会发展、提高生活水平、增强抗拒灾害的能力就会受到制约。总之,公民的文化环境权会因环境的破坏而遭到损害,环境中所承载的精神利益因此难以实现。法律只有明确文化环境权的公益性私权属性,将其纳入侵害公民实体环境权所生精神损害赔偿范畴,才能进一步遏制现代化进程对环境的破坏,维护公民的环境性精神利益,维护其对生活品质与文化水平提升的希望,维护其精神家园,维护人类文明延续的命脉。

第四节　侵害公民实体环境权可能引发精神损害赔偿的区分缘由与区分标准

一、区分公民三种实体环境权利的缘由与标准

基于环境侵权与精神损害案件的特殊性,侵害公民实体环境权造成的精神损害本身就难以确定,应将其中情况加以区分,从而对可供保护的环境权益的侵害进行严格的正当性评价,避免因范围的模糊而导致界限不清,以最终有利于对侵害公民实体环境权所生精神损害赔偿范畴的进一步界定。根据环境侵权与精神损害赔偿制度的特性,我们认为,应将损害公民实体环境权造成的精神损害分为侵害清洁环境权、休闲审美环境权与文化环境权造成的精神损害。这里对三种权利的区分遵循了权利相容原则,一个民事主体可同时享有多种环境权利,其中一项权利的享

有不会妨碍对其他权利的享有,不同的环境权利中所体现的精神利益间不相互排斥,它们全面涵盖了公民的环境性精神利益。另外,每一项权利都有其所属的法律关系类别,不同的法律关系类别具有不同的法律属性,权利就因不同的法律属性而归属于不同的法律制度所调整。但实际上存在着一项权利具有多重法律属性的情况,此时并不排斥由多个法律制度对之加以规范,也因此才更好的实现法律对这类权利的保护。公民实体环境权正是如此,其同时属于环境法律关系与民事法律关系,具有公法与私法双重属性,受环境保护法与精神损害赔偿制度共同规范,是综合运用多种法律手段加以保护的结果。因此,对公民实体环境权中所体现的精神利益的保护需要从环境保护法与精神损害赔偿制度两方面加以考虑,不可偏废。

进言之,生态环境是统一的整体,一个生态系统由生活在其中的居民所共享,一个人对环境的影响难免会波及他人,某处环境的改变也会引起他处环境的变化,在权利义务体系下,只要该行为在法律规定的范围内,不损害他人的正当权益,他人就在一定限度内负有容忍义务,即存在冲突权利的权利人之间,一方因他方权利的行使可能对己方权利的行使造成阻碍时,在法律规定的范围内对他方行使权利行为的容忍。同时,对公民环境权的损害往往不是单方面作用的结果,在一个生态系统中生活的居民,普遍存在既是环境污染和破坏的受害人,同时又是加害人的情况,每个人对环境损害往往都负有责任,这也导致必须对他人的行为有所容忍。如果受损害的利益是单纯的精神痛苦或者生活上的不方便,则在加害人采用了一定的注意措施后,受害人要承担一定的容忍义务。如广场上伴舞的音乐声量过高可能扰乱附近居民的生活安宁,不能说在广场跳舞的人不能有音乐伴舞,也不能说附近居民必须忍受过高声音的干扰,这就需要不同的利益群体承担不同的容忍义务,在广场跳舞的人必须注意不能发出过高声音,附近居民也不能因有一点声音就提出抗议,双方行使权利都应有一定限度,要采取一定措施避免自身行为对他人的损害,也要采取一定措施在合理限度内避免他人行为对己方的损害。但责任的普遍性并不意味着责任的平均分担,对环境保护的责任应是一种有区别的责任,所以这当中对他人行为的容忍是有区别的。因此,当清洁环境权、休闲审美环境权、文化环境权与其他权利相冲突时,基于这三种权利对人生活品质的影响程度不同,利益的取舍会出现不同的价值取向,其容忍义务的限度也就各有不同,这就需要差异化的规范,以协调不同利益间的冲突。由于权利人的容忍义务是基于承载该种权利的环境与人类生产生活的联系密切程度确定的,如果与之联系较密切的环境对权利人的生活影响较大,其所承担的容忍义务限度也就较低,基于权利义务的统一,与之相冲突的其他权利人所承担的容忍义务限度也就较高,反之亦然;又由于权利人的容忍义务是基于要实现该权利要求的高低,要求较高的较难实现,权利人所承担的容忍义务限度也就较高,基于权利义务的统一,与之相冲突权利的其他权利人所承担的容忍义务限度也就较低,反之亦然。

具体来说,在上述三种权利中,清洁环境权直接关系到人在某一环境中的生存状况,能否获得清洁的水源、空气等自然条件,关系到人的生命权、健康权能否得到最基本的保障,关系到人能否享受最起码的生存条件,因此权利人对与自身生活联系最为密切的环境清洁与否的容忍义务限度是最低的;同时,由于清洁环境权在环境权中最为基础,其实现比休闲审美环境权与文化环境权的实现对环境保护的要求要低,要实现环境清洁的要求最容易,因此权利人的容忍义务限度最低;此时,与之相冲突权利的其他权利人的容忍义务限度也就最高。休闲审美环境权关系到人生活品质的提升,人能否在环境中放松身心、获得美的享受,关系到人能否因生存环境而应感受到的身心愉悦得以实现,关系到人能否获得适当的使疲惫甚至病变的身体与心理得到修复的机会。因此,权利人对与其生活联系较为密切的环境所具有的休闲审美价值实现与否的容忍义务限度较高;同时,休闲审美环境权与文化环境权相比较为基础,其实现比清洁环境权的实现对环境保护的要求要高,但又比文化环境权的实现对环境保护的要求要低,要达到环境休闲审美的要求较为困难,因此权利人的容忍义务限度较高;此时,与之相冲突的其他权利人的容忍义务限度也就较低。文化环境权关系到人类文化传承与发展的部分内容,人能否在环境中获取人类创造的文化遗产和探索自然规律以造福人类,关系到人类文明的传承及人们美好的精神世界能否得以延续,关系到人类能否充分探寻自然奥秘、获取自然规律、运用自然力量。因此,权利人对与自身生活联系最不密切的环境的文化价值实现与否的容忍义务限度最高;同时,文化环境权不是基础性环境权,其实现比清洁环境权与休闲审美环境权的实现对环境保护的要求都要高,达到文化传承与发展的要求最为困难,因此权利人的容忍义务限度最高;此时,相冲突权利的权利人的容忍义务限度也就最低。

二、三种实体环境权利保护标准高低的区分性

公民环境性精神利益的实现要借助于现有科技条件下的环境利益与精神利益保护的标准来设定和操作,而这些标准的确立有赖于科技与社会发展的融合,主要依托于当代社会科学发展的现实状况,包括了生态学、环境科学、物理学、生物学、化学、地理学、数学、医学、心理学法等科学与社会、政治、经济、文化、法律等所达到的具体程度,这些标准被法律认可后就上升为具有国家强制力的制度规范,从而成

为公民环境性精神利益实现的客观性指标。在这里,仅探讨公民实体环境权保护标准高低的区分,而不涉及具体标准的制定。

公民实体环境权有生存性权利与发展性权利之分。其中,生存性权利,即为保障权利主体获得基本生存条件的权利;发展性权利,即为维护权利主体获得长期可持续发展的权利。公民享有生存性权利是其获取发展性权利的基础,获取发展性权利则是享有生存性权利后的必然追求。对生存性权利的保护关系到人的基本生存条件,关系到人的生命健康能否得到基本保障,这对环境保护有较高的要求,应提供保护的标准也较高,这就要求权利人享有生存性权利而对他人权利要承担的容忍义务限度比享有发展性权利更低。发展性权利较生存性权利对环境保护有更高的要求,因其建立在生存性权利得以实现的基础上,其实现要充分考虑到现实的社会经济发展状况,应提供保护的标准更高,这就要求权利人享有发展性权利而对他人权利承担的容忍义务限度比享有生存性权利更高。❶清洁环境权、休闲审美环境权与文化环境权这三种权利的区分正是基于生存性权利与发展性权利在社会科学发展条件下对公民实体环境权保护标准的不同,是由生存性权利向发展性权利的逐步过渡,对环境保护的要求与应提供保护的标准也逐步提高。

进言之,人类社会的进步离不开经济发展,公民环境性精神利益的实现与提升也有赖于物质财富的增长,但要发展经济就要对环境加以开发利用,在此过程中难免造成环境的污染和破坏,进而引发与维护公民环境性精神利益间的矛盾。一方面,人的生活品质与生存环境的好坏休戚相关,若为了经济的快速发展而对环境保护不够重视,公民环境性精神利益势必难以正常实现,人们的生活品质无疑会大打折扣。另一方面,造成环境遭受侵害的原因事实,诸如废水、废气、废渣的排放等行为,本身就是促进社会经济发展、创造物质财富过程中的附带行为,因此这些原因事实具有相当程度的价值正当性或社会有用性,也即在某种程度上是一种有价值的侵害,属于"可容许的危险";❷若为了保护环境而全面限制经济的发展,势必造成社会的停滞不前,公民环境性精神利益的保护也难以很好地实现,人们的生活品质也难以提高。因此,基于利益衡量的考虑,只有当对环境的污染和破坏超过一定程度、危及人的生存与发展时,才能为法律所禁止;反之,若侵害环境的行为在可容忍的限度内、不危及人类的生存和发展,又能给人类带来较大的利益,就应为法律所允许。因此,公民环境权的行使应当是有限度的,

---

❶ 吕忠梅.沟通与协调之途——论公民环境权的民法保护[M].北京:中国人民大学出版社,2005:257.
❷ 陈泉生.环境权之辨析[J].中国法学,1997(2):61-69.

恰当地区分公民实体环境权,以协调经济发展与环境保护间的关系,把经济发展的速度控制在环境承载能力范围内,使二者能够相互促进、和谐发展,从而更好地维护公民环境性精神利益,提升人们的生活品质。因此,在经济发展与维护清洁环境权、休闲审美环境权、文化环境权不可避免地存在冲突的情况下,就应考虑这三种权利各自的限度该如何设定,以达到法律制度设计的最佳效果。

前文已提及,清洁环境权、休闲审美环境权与文化环境权对公民生活品质的影响情况各有不同,即对公民的重要性及保护标准高低的不同,因此当经济性利用环境可能危及环境生态性利益实现时,就需要有所区别地考虑这三种环境权利保护的程度,这就引出了这三种权利保护标准的区分性问题。由于清洁环境权属于生存性权利,其对权利人的重要性相对最高,实现该权利的需求最为迫切;有关该权利的环境保护标准最低,以维持人的健康生活为最低限度,需保护的严格程度最低,要实现该权利的条件最容易达到,在这三种权利中最容易实现;同时,从理论上讲,地球任意角落人类都可能居住,虽然人有很多地方目前不适宜人类居住,但不应排除人类在这些地方生存或这些地方被改造得适宜人类居住的可能性;地球是一个完整的生态系统,各处的环境问题都会波及其他区域,因此该权利实现的区域应是整个地球,该权利在宏观上应是最大范围、最大体量的,经济发展在宏观上应作最大范围、最大体量的让步;因此,经济性利用环境要素的权利人对该权利的实现应作最大幅度的让步,即在宏观上应保持生态环境整体不受污染和破坏,在微观上应保持任一局部环境不受污染和破坏,任何地方都不应受到污染和破坏。由于休闲审美环境权处于生存性权利向发展性权利的过渡地位,其对权利人的重要性相对较高,实现该权利的需求较为迫切;有关该权利的环境保护标准相对较高,以人在环境中休闲审美的权利得到满足为限,需保护的严格程度较高,要实现该权利的条件较容易达到,在这三种权利中较容易实现;同时,为人提供休闲审美环境的区域划定应以方便生活为准,能为人提供休息放松、娱乐审美环境的区域应是较大的,因此该权利实现的区域范围应是法律加以规定的较大地域,该权利在宏观上应是较大范围、较大体量的,经济发展在宏观上应作较大范围、较大体量的让步;因此,经济性利用环境要素的权利人对该权利的实现应做较大幅度的让步,即应保持诸如法律规定的风景名胜区域的生态环境不受污染和破坏,在这些特定的较大区域内的保护程度要求较高,而在其他众多区域对该权利的保护程度要求相对较低。由于文化环境权属于发展性权利,其对权利人的重要性最低,实现该权利的需求最不迫切;有关该权利的环境保护标准相对最高,以环境中所承载的人类文化遗存和自然遗产得以保留和继承为限,尽管其是实现人类文明可持续发展所必须,但要实现该权利的条件最不容易达到,需保护的严格程度最高,在这三种权利中最不容易实现;同时,为人提供文化环境的区域划定应以保障人类文明的可持续发展为准,能承载人类文明的区域相比前两者最小,该权利实现的区域范围应是由法律加以规定的较小地域,该权利在宏观上应是最小范围、最小体量的,经济发展在宏观上应作最小范围、最小体量的让步;因此,经济性利用环境要素的权利人对该权利的实现应作最小幅度的让步,即应保持诸如法律规定的自然与人文保护区内的生态环境不受污染和破坏,在这些特定的较小区域内的保护程度要求最高,而在其他众多区域对该权利的保护程度要求相对较低。总之,这三种权利对权利人的重要性依次降低,实现该权利的迫切性依次降低,保护标准依次升高,实现权利的条件容易程度依次降低,需保护的严格程度依次升高,权利实现的区域范围依次减小,权利在宏观上的范围、体量依次减小,经济发展在宏观上应做的让步依次减少,经济性利用环境要素的权利人对其应做出的让步依次减少。

三、区分三种环境实体权利的相互依存关系对精神损害赔偿的影响

如前文对三种权利关系的论述那样,清洁环境权、休闲审美环境权与文化环境权三者的主要区别在于所保护的利益位阶不同,由此体现出来:依次递增的环境精神利益价值,逐渐提高的环境保护标准,依次递增的实现难度,依次递减的追求利益实现的迫切性。相应地,这些权利与相其他权利冲突时,权利人的容忍义务限度就依次提高、相冲突的其他权利人的容忍义务限度就依次降低。由此,经济性地利用环境要素的其他权利人应作依次递减的让步,上述三种权利遭受侵害的现实可能性依此递减,基于这三种权利受到侵害所生精神利益损害赔偿在现实中出现的概率依次递减。❶ 因此,相比之下,当清洁环境权受到侵害时,对受害人造成的精神损害最大,损害赔偿额度最大;当休闲审美环境权受到侵害时,对受害人造成的精神损害较小,损害赔偿额度较小;当文化环境权受到侵害时,对受害人造成的精神损害最小,损害赔偿额度最小。总之,这三种权利受到侵害造成的精神损害依次递减,损害赔偿额度在宏观上依次递减。

在正常的社会发展状况下,每个人都有追求更高品质生活的愿望,基于这三种权利实现的迫切性及对生活品质的影响程度不同,只有在生存性权利得到满足的前提下,才能谈及对发展性权利的追求,因此,在这三种权利中,享有前一种权利应

---

❶ 精神损害赔偿数额之评算方法课题组.精神损害赔偿数额之评算方法[M].北京:法律出版社,2013:18.

是实现后一种权利的基础,获取后一种权利是前一种权利实现后的必然追求;同时,为了实现环境权益与精神利益的最大化,为了获取后一种权利必然竭力追求前一种权利的实现。具体来说,享有清洁环境权是实现休闲审美环境权与文化环境权的基础,只有能在清洁无污染的环境中生活,才能谈及对获取环境的休闲审美与文化价值的愿望,而获取休闲审美环境权是享有清洁、无污染的生存环境后的必然追求。休闲审美环境权是清洁环境权与文化环境权中间位阶的权利,获取环境的休闲审美价值是享有清洁、无污染的生存环境后的必然追求,也是获取环境文化价值的必由之路,同时,为了获取休闲审美环境权必然竭力追求清洁环境权的实现。文化环境权是清洁环境权与休闲审美环境权发展的必然结果,人们在清洁、无污染的环境生活并享受环境的休闲审美价值后必然会追求环境的文化价值,同时为了获取文化环境权必然竭力追求清洁环境权与休闲审美环境权的实现。总之,通过公民环境权的不断追求,以实现环境权益与精神利益的最大化。[1]

同时,对这三种权利中某一权利的侵害并不必然导致其他权利遭受损害,但若某一环境集这三种权利于一身,那其中某一权利受到侵害极可能导致其他权利遭受损害,基于这三种权利中在前的权利是在后的权利存在的基础这样一种逻辑关系,故对在前权利的侵害势必会造成在后权利遭受损害,而在后权利的侵害并不必然造成在前权利遭受损害。

第五节　我国侵权责任法中的精神损害赔偿规定在生态文明理念下暴露出来的不足

从经济学角度来说,任何物质享受都有一个饱和点,超过这一点,则非但不是享受,反而是累赘;而精神享受却不但没有饱和点,相反还会越追求越被引入更深层次。同理,物质痛苦是一时的,容易医治的;而精神痛苦却是长期的,甚至伴随终生的。但是,迄今为止,民法上有关权利的学说基本上是以财产权为核心的,民法由此基本上等同于财产法,以至于直到18世纪,最卓越的思想家们都认为法律存在的理由是财产权的保护。但是,应该相信未来世纪将是民法在精神损害赔偿制度方面大有作为的时代。目前,否认精神损害赔偿的理论的主要观点是,人的人格是高尚的,不能用金钱来评价,不能成为商品。否认精神损害赔偿的另一种证据,

---

[1] 蔡守秋.论追求人与自然和谐相处的法学理论[J].现代法学,2005(6):54-61.

是强调精神损害赔偿在评价上的困难及其不可操作性,从而否认精神损害赔偿的可行性。平心而论,法律保护全面的人格是必要的,但是对精神损害赔偿在实际操作上的困难是客观存在的,因而有必要赋予法官一定的自由裁量权,充分发挥法官的主观能动性,并对之进行必要的限制,必要时引入陪审团制度,从多个角度与诸多方面对精神损害赔偿标准进行综合评价,使得法官的判决尽量公正合理。

应该承认,自环境问题产生以来,(民事)侵权责任法一直担当着解决环境私益诉讼纠纷的重任。环境侵权是指因个人或组织的行为,导致他人的生活环境与自然生态环境遭受污染或破坏,进而对他人的人身权、财产权、环境权益或公共财产造成损害或有损害之虞的事实。因而环境侵权损害后果具有二元性,既包括民法上的各种损害形式——私益损害,也包括环境法上的特殊损害形式——公益损害,并且环境侵权导致的民法上的人身、财产、精神损害与环境法上的生活环境与自然生态环境的生态价值、生态功能、生态服务能力的损害在救济方式是存在着差异的。但相互关联的一面也客观地存在着,不仅环境公益损害的预防与救济可促进环境私益损害的预防与救济,反过来环境私益损害的预防与救济也能促进环境公益损害的预防与救济。我国侵权责任法第22条规定:"侵害他人人身权益,造成他人严重精神损害的,被侵权人可以请求精神损害赔偿。"因此,目前只有当发生了环境侵权行为,进而侵害公民环境权益,并引起公民人身权益(生命权与健康权)遭受侵害,进而造成严重精神损害时,受害人及其相关权利人才可依据侵权责任法提起精神损害赔偿之诉。应看到,我国侵权责任法的这种规定同时存在合理性与局限性,合理性在于保持了该法的私权救济本色与功能定位,局限性在于对自然生态环境的精神价值——环境性精神利益的关注度不够。事实上,公民因环境权被侵害而可能引发轻微精神损害、一般性精神损害(或者称较严重的精神损害)及严重精神损害,侵权责任法没有必要规定轻微精神损害赔偿,但不能只局限于对严重精神损害赔偿给予认可——给予实质性赔偿,对一般性精神损害赔偿(或者称较严重的精神损害)也应给予认可——给予象征性赔偿,因此对因侵害公民环境权而引发的一般性精神损害赔偿的认可只能寄希望于未来修改侵权责任法或制定专门的环境责任法加以补充规定。

正如学者所言,精神损害赔偿作为我国一项重要的民事法律制度,目前尚存在着一定的局限性。本书试着站在生态文明法治建设高度,以幸福理性的生态文明法理学为指导,从实践理性与道德理性角度,基于生存性的环境质量(实践理性)要求与人的内在道德性(道德理性)需求出发,重新诠释作为社会存在与自然存在的人的生存价值、生活目的及人格尊严,全面探讨侵害公民环境权精神损害赔偿的范畴与依据问题。

本书的探讨意义在于:一是可进一步为公民环境性精神利益的保护奠定理论基础,不断开拓环境保护法与精神损害赔偿制度理论研究的新思路,使每个人都能在健康、安全乃至舒适的自然生态环境中实现其自身幸福生活的权利;二是可进一步理性规范环境保护与经济发展间的关系,使经济主体的行为符合公民环境性精神利益保护的要求,从而为经济社会的良性发展、为环境资源的可持续开发利用、为公众拥有高品质的生活提供强有力的法治保障,使每个人都能在健康、富足的物质条件下实现其自身安全发展的权利。前一方面是一种生态性的善,后一方面是一种经济性的善。也许在不少传统法学者看来,本书的这种认识与探讨具有一种十分典型的理想特征,但是有关公共健康的大数据尤其是重大疾病的数据变化资料时刻证明着,其不仅与幸福理性的法理精神相吻合,而且将不断发出新的璀璨的道德理性光芒。

本书的观察起点是:第一,把公民环境权作为一种方法的权利看待,并根据其自身的思维逻辑来对之开展构筑与分析工作,可为环境侵权救济寻找到一种适合的司法规则;把公民环境权当作一种"概念性工具"来使用,可使人们找到认识与解释生态文明社会问题的请求权基础方法,增加人们重新认识那些可能与公民环境权概念相关的领域,同时又让公民环境权概念与这些领域间的关联性更全面、更清晰地呈现出来,从而使公民环境权理论具有新的拓展空间和透视点。对严重侵害公民环境权的行为是否能获得精神损害赔偿是公民环境权救济制度是否健全与完善不可缺少的观察点与轴线。[1]对公民实体环境权的侵害将导致公民环境性精神利益受到损害,因此将清洁环境权、休闲审美环境权与文化环境权纳入侵害公民实体环境权所生精神损害赔偿范畴是十分必要的,也是相当可行的。第二,生态文明理念赋予传统人类社会物质文明与精神文明新的内容、形式与动力,研究侵害公民环境权精神损害赔偿问题需要研究者具有崭新的生态文明思辨理念、生态文明实践批判思维与生态文明历史发展观。尽管环境利益是由人们通过对环境要素的利用而获得的物质利益与精神利益组成,但目前如何从法律技术学角度更好地保护人在自然生态环境中所承载的精神利益,以全面地实现人的幸福美好生活与促进人类社会经济和谐与可持续发展的共同目标,这仍面临着立法方面与司法方面的双重困境,这一课题的圆满完成将有待学术界与立法界及司法界的共同努力。

本书认为,公民环境权包括实体环境权与程序环境权。侵害公民实体环境权

---

[1] 程燎原.权利理论研究的"再出发"[J].法学研究,2014(1):3-6.

可能引起精神损害赔偿问题,侵害公民程序环境权则不存在精神损害赔偿问题;就侵害公民实体环境权精神损害赔偿问题而言,侵害公民实体环境权产生轻微精神损害的,受害人不享有精神损害赔偿请求权,不予精神损害赔偿;侵害公民实体环境权产生一般性精神损害的,受害人享有精神损害赔偿请求权,应予象征性精神损害赔偿;侵害公民实体环境权产生严重精神损害的,受害人享有精神损害赔偿请求权,应予实质性赔偿。

第二章 环境教育立法研究

概　述

在人类生存和发展的历史中,对于环境和资源的开发利用一刻不曾停歇,然而,因为人类活动中的不当行为,对环境造成了严重的破坏,并最终导致了严重的环境问题,一系列严重的环境危机导致了越来越多的受害群体,公众普遍性地对环境问题加以关注和呼吁。各国对此问题予以了积极的应对,无论是政府,国家组织,还是社会团体,都从政治、经济、法律途径着手进行了制度设计和理论探索,以期能更好地保护环境,保障人类与自然的可持续发展。

20 世纪末,召开了一系列有关环境保护的国际会议,这会议上达成了许多环境保护问题的国际公约、议定书等国际文件,受国际精神的影响,结合自身国情,许多国家将建立完善的环境保护法律、政策体系纳入自身的法制构建目标当中,并取得了阶段性成果。环境教育即诞生于此种时代背景,作为解决环境危机的基础性活动之一,环境教育的法制保障即环境教育法治体系的构建也在许多国家取得了显著的成效。

世界上率先进行环境教育专门立法的国家是美国,美国分别于 1970 年和 1990 年出台《国家环境教育法》,在法案中对环境教育的事项做出了详细的规定。此后,相继有许多国家进行了环境教育立法实践。除了专项性立法之外,也有以下国家采用附加立法的方式。在我国,尚未进行统一的中央立法,但是一些地区已经进行了地方性立法探索。结合我国现状来看,加强环境教育十分必要,环境教育事业同样也是十分艰巨的一项工作。当前法律体系中对于环境教育的规定不能适应环境教育的需求,因此,只能构建比较完善的环境教育法律体系,才能革除"宣教式"环境教育政策在有效性和权威性方面的弊端。

本书从环境教育的内涵和价值等基本概念为切入点,通过比较研究来审视自身环境教育立法方面的缺陷,力求通过借鉴西方在相关问题上成功的立法经验和创新的制度设计,为我国的环境教育立法实践服务。

第一节 环境教育立法的相关概念

环境教育这一概念的提出同环境问题的出现息息相关,又因环境问题的不断严重越来越受到广泛的重视。目前,环境教育这一概念已被许多国家所认可并推行,其在各个领域都有显著成果。对环境教育最普遍的认识是:只有引导人们树立正确的环境观,才能使之支配人们科学理性地对自然加以利用,友善对待自然。毫无疑问,此共识的简洁表达是只有人们具有正确的环境观才能引领其去科学利用自然资源。

一、环境教育的内涵和发展历程

(一)环境教育的内涵

虽然环境教育的概念逐渐为人所熟知,但其内涵的界定却并非易事。环境教育的内涵是一个跨学科的命题,学者往往从不同领域对其进行解读,因而给出的定义也有鲜明的学科色彩,使其内涵十分丰富复杂。1970年环境教育做过一个经典的定义:"所谓环境教育,是一个认识价值和澄清观念的过程,其目的是发展一定的技能和态度。对理解和鉴别人类、文化与其他生物物理环境之间的相互关系来说,这些技术和态度是必要的手段。环境教育还促进人们对环境问题的行为准则做出决策。"[1]

美国是世界上最早以立法形式对环境教育进行保障规范的国家,因此该国最先取得环境教育相关理论研究成果。在1970年制定的《环境教育法》中,其对环境教育的定义是:"环境教育是处理人与其周围自然环境和人工环境关系的教育过程,其关系包括人口、保护、交通、技术和城市及对整个人文环境的区域规划。"

美国环境教育的立法定义虽对于该国一段时期的环境教育和环境保护工作起到了积极的促进作用。但是,随着环境问题的全球化趋势蔓延,该定义在历经30年的发展以后也有了一些重点调整。从最初的重在教育再到认识到教育的核心应该是环境,最后发展到不断丰富二者的内涵,并将其视为一个贯通融合的整体。全世界普及的可持续发展理念使得环境教育命题也从中汲取了新的营养,1997年在希腊召开的两次会议提出环境教育的内涵不只是和环境方面的教育有关,环境教

---

[1] 赫克尔,斯特林.可持续发展教育[M].王民,等,译.北京:中国轻工业出版社,2002:47.

育的内涵需要进一步拓展。环境教育已经不是单单为了应对环境问题,而是同人口、和平、发展这些问题息息相关,其总方向是"为了可持续的发展"。这一理念使得环境教育的内涵进入了一个新的高度。

(二)环境教育的发展历程

环境教育概念在全世界范围内已经得到普遍的接受,这一可喜现象的最主要贡献者还是一系列重要的国际会议。一系列国际会议讨论的成果,不仅体现在使人们对环境教育的内涵的理解不断深化,也有效指导了各国环境教育的具体实践,还奠定了国际环境教育的总纲领,使环境教育由一个比较抽象的概念逐渐演变成一个内涵丰富、实践性强的理论体系。

1."环境教育"概念的提出

1948年托马斯·普瑞查在国际自然和自然资源保护协会上首次使用"环境教育"一词,这是"环境教育"第一次正式出现在公众视野当中,也标志着环境教育研究的正式开始。在谈到环境教育的缘起时,我们不能忽视的一个事实是:1962年,美国海洋生物学家蕾切尔·卡特所撰写的《寂静的春天》一书的出版犹如在人类头顶敲响警钟,该书前所未有地引发了民众对于环境灾难的高度重视。1965年,德国基尔大学召开了一次大会,学者们对蕾切尔·卡特所提到的环境灾难问题进行了广泛的研讨,并对如何发展环境教育提出了初步的设想。

美国率先以立法的形式对环境教育给予保障规范,1970年美国《环境教育法》对环境教育进行了明确的定义,至今这一定义也被经常引用,影响十分深远。经过不断丰富的理论研究和的实践发展经验总结,最终,1972年《人类环境宣言》的通过成了环境教育国际化的基本标志。1972年,在斯德哥尔摩召开的联合国人类环境会议是世界各国政府第一次共同讨论如何应对环境问题,解决环境危机,推行全球环境保护战略的重要国际会议。本次会议制定了环境教育的国际合作框架。

2.环境教育理论的发展

在环境教育这一概念得到初步确立之后,随即召开的一系列会议促进了其不断发展。1975年,第一个联合国框架下的有关环境教育的国际宣言——《贝尔格莱德宪章——环境教育的全球框架》发表,其内容主要是对环境教育的目的、目标、主要概念、理论研究、指导原则、发展规划等基本概念的方方面面做出尽可能详尽的界定,并对相关参与主体在教育环节中可能起到的作用和评估指标、组织培养等程序性事项提出要求和指导性意见,其性质可以说是树立了国际环境教育的总方针和具体框架。这次会议将环境教育的探讨纳入到一个前所未有的高度与广度,第一次以官方的立场来普及和推广环境教育,并对其具体推行做出规划,因此该宣言对于环境教育国际化的发展也起到重要的作用。

1977年,地球人类召开第一次政府环境教育会议,该会议不仅对以往的环境教育观点进行了概述,还对具体的环境教育实践发展历程进行了总结,并在这两方面达成了普遍共识。这些共识体现在该会议通过的《环境教育第比利斯政府间会议宣言》,该宣言所言及的建议具有较强的可操作性,因而也可以说该会议及其宣言在国际环境教育发展史上有着重要的意义。

3.环境教育理论走向成熟

1992年召开的联合国环境与发展大会在环境教育发展史上有着重大的意义,其使得环境教育这一命题更为成熟。此次会议通过的《21世纪议程》是关于1992—2000年的各领域与地球可持续发展的有关行动计划。其中,对环境教育而言,极为重要的是关于加大公众环境教育意识培训的行动计划。

联合国环境与发展大会后,环境教育的研究又取得了新的进展。1997年在希腊的赛萨洛尼基召开了环境与社会国际会议。该会议发表的《赛萨洛尼基宣言》明确定义了"可持续性",响应了《21世纪议程》关于环境教育应当适应可持续发展的需要这一号召,在此基础上"可持续发展教育"在世界范围内得到普遍推崇,成为一个总的教育指引方针。

二、多学科视角下的环境教育

(一)环境科学视角下的环境教育

1.环境与环境科学

关于"环境"的概念,不同学科有着不同的理解,其缘由则是哲学层面上对"主体"的不同界定。哲学层面上的"环境"是相对于主体的客体,环境这种客体是与主体相互依存、相互作用的,因而"环境"的内容随主体不同而不同。[1] 以往的"环境"一词概念,通常是指人类的生存大事与繁衍后代有关的事,但在现代意义上的"环境"概念的内容并不只有这些,也包括了人类生产、生活密切联系的其他环境要素。

环境科学建立在众多新兴的分支学科体系之上,因而具有很强的综合性特点。古代人类在生产活动中就对环境污染有了一定的认识,并采取了一些有效的防护措施。但在工业革命以后,随着人类文明的进步和学术分支日益精细,学者们开始

---

[1] 李久生.环境教育的理论体系与实施案例研究[D].南京:南京师范大学,2004.

从生物学、物理学、化学、技术工程等不同的专业角度关注和研究环境问题。

2.环境科学与环境教育

随着人类对环境问题认识的不断深化,理论体系和技术手段的越趋成熟,尤其是可持续发展理念的注入,环境科学研究取得了新的进展。首先,学科内涵越来越趋向于深刻,学科内部的不断整合和充足,使得环境科学的体系日趋完整,形成了现代环境科学理论。其次,研究内容愈加丰富,许多分支学科的理论研究和实践研究得到进一步拓展,主要体现在如下三个方面:一是集中在工程技术和生态建设方面的研究,如环境污染防治和生态破坏修复等技术;二是属于超前性的科研,如环境影响评价和环境承载力等技术;三是一些科学宣传工作方面的研究。再次,研究方法的日趋多样性,除了传统研究手段外,高科技手段的运用也极大地促进了这一学科的科学性,例如利用气象卫星、全球定位系统等。

环境教育自诞生以来,其发展始终离不开环境科学的支持。但是,由于经济水平、社会状况、文化水平和教育理念的不同,环境科学者对环境教育(环境科学的研究内容之一)的研究效果确实不尽如人意。尽管如此,随着对环境层次和环境系统研究的不断深入,环境科学者对于环境教育越来越多地有了基于本学科视角的自身思考,主要有以下两个方面的内容:一是认识到培养环境意识是实施环境教育的基础。环境意识作为人与环境关系的复杂体系,主要体现人类对于环境的观念和认识,由环境认识论层次、环境伦理层次、环境价值论层次、环境政策法规层次、环境行为层次和环境行动策略层次等诸方面构成。通过对不少国家相关实践的经验教训总结与借鉴,可以看出如果环境教育的内容仅仅局限在环境问题本身,而不探究其深层次的根源和长效管理措施,那么这样的教育是不能实现可持续发展的,而环境意识的培养恰恰是环境科学不能发挥其长处的领域。因此,可以这样说,如果没有环境科学,环境意识就无从谈起;而仅仅依靠环境科学,环境意识的培养必然缺失其应有的手段。二是环境教育的根本就是要构建关注环境系统的理念。这种理念与环境科学的发展目标是一致的,从关注环境到关注环境系统,环境教育同环境科学一样,其终极目标都是为了追求人类与社会的和谐永续发展,其内容虽各有侧重,但也有重合。

总之,这样理解环境科学与环境教育理论的关系是较为恰当的,即尽管环境科学理论是环境教育理论的原点之一,但二者之间不是孰先孰后、孰轻孰重的关系,而是一种相互促进、彼此互补、共同发展的关系。

(二)教育学视角下的环境教育

1.环境教育与教育科学

中国古代的诸子百家就有许多研究教育和人性发展的学说,如孟子的"性善论",荀子的"性恶论"等,这些学说探究的重点虽有不同,但都承认了一点,那就是教育对人性发展有影响。教育是一种活动,也是一种过程,但同时也是一门科学。教育关注的重点始终是人类自身的发展。教育者希望通过培养人类所需的知识、意识和行为,来追求和体现人类自身的价值。这些教育观无论是否有普遍性,其研究重点不外乎在于教育的目的、内容,教育的方式、形式,教育环节和成果的评估,各种教育类型的目标定位、课程设置、具体实施等。而环境教育则是有目的地使受教育者和环境之间产生密切的联系,从而普及相应的环境知识与智慧,更重要的是认识到环境保护对于人类存在发展的重要意义。在1992年召开的联合国气候与发展大会上通过的《21世纪议程》中,在谈到教育作为促进环境保护与发展的实施手段时,有文件做出的表述是:"教育是实现可持续发展的基本力量"。环境教育的最终目的,在于教会人们如何去保护自然,实现人类与自然的和谐共处与可持续发展。因而环境教育在分析人类社会发展价值这一终极目标上同教育科学理论存在相似之处。

2.教育科学理论对环境教育的支持

20世纪初西方兴起的自然教育理论与实践、自然保护教育理论与实践,以及户外教育理论与实践,这三种教育理论与实践最终融合成了后来的环境教育学。应该说,环境教育学这一学科的发展完善是建立在吸收其他学科知识智慧之上,尤其是建立在教育科学前瞻性和科学性理论之上。美国著名的哲学家、教育家、心理学家、社会学家杜威提出的教育的三个核心命题——"教育即生活,生活即发展""教育即生长""教育即改造"对环境教育理论的发展完善有着重要的价值。除此之外,杜威的科学教育思想和活动课程理论也在很大程度上启示了后来的环境教育实践。其著作虽然没有直接对"环境教育"进行论述,但是其关于科学教育的许多论述表现出对于环境问题和环境保护的关心,其认为必须通过教育这一手段建立新的社会责任感来解决由于科学技术发展和人类活动所带来的环境问题。可见,教育科学理论对环境教育理论发展与有效实践有相当的裨益。

教育科学理论对环境教育理论发展与有效实践的裨益,除了体现在其对环境教育基本概念和学科建设的构建贡献之外,还体现在对此种教育所要达到的目标的设定方面,环境科学理论将其视为教育形式中非常重要的组成部分。作为环境教育奠基者之一的斯塔普在对环境教育的目标进行定义时,就明确表示:富有成效的环境教育所塑造的公民,不仅对于身边的自然环境有一种本能的关心,而且知晓如何解决这样的环境问题,更会身体力行地将其付诸实践。

1970年世界自然保护联盟与联合国教科文组织在美国召开了一次"学校课程中的环境教育国际会议",会议对环境教育做出了如下的定义:"环境教育的主要内容是进行价值观的培养和重塑,具体而言就是树立一种正确认识、评价个体同周遭环境之间关系的观念,这样的观念指导个体在自然环境和社会环境中的行为,使之拥有正确应对会对外界环境产生的影响的行为时做出正确应对的技能和态度。"❶

目前,学界对环境教育的学科性质或学科定位尚未形成一致的看法,但学界已初步形成了如下四种主要观点:一是否认环境教育的学科独立性,认为其需要综合运用诸多学科知识才能进行,这并非一个单独学科所能解决的;二是环境教育具有跨学科性,建议利用广泛的学科知识来实施环境教育;三是环境教育是一门新的学科,认为通过现有的某一学科或者某几个学科无法实现环境教育的目标,因此建议在现有教育体系中增加环境教育学;四是环境教学是一门综合学科,具有相互渗透的特点,基于环境教育的综合性特点和学校教育的具体实际,应将环境教育渗透进其他学科之中,渗透式的环境教育已成为世界性的潮流,成为学校进行环境教育的主要形式。可见,如何给予环境教育科学的学科定位,如何保证其达到理想的教育目标,仍值得学界继续深入探讨。

三、哲学视角下的环境教育

(一)环境教育与自然观

人与自然关系问题不仅受到了环境科学的高度重视,同时因其也是一个哲学层面的问题而一直受到哲学家的高度关注。历史地看,人类同自然的关系经历了一个"依赖自然、敬畏自然"到"利用自然、改造自然"的阶段性变化。在哲学家们看来,可持续发展首先应作用于思想观念这一层面,将可持续发展观念融入现代人的自然观是必需的,只有这样才能更加深入地推进人与自然和谐共存,共命运发展。现代环境教育的关键环节就是要关注人与自然的和谐、培养可持续发展的自然观,这是哲学层面的环境教育。对于环境教育而言,只有从哲学层面深层次思考引发环境问题的主要原因,审视作为主体的人类对自然生态环境产生各种影响的行为,进而形成符合可持续发展教育理念的本体论、价值论、认识论和方法论,这样

---

❶ 胡德维.联合国启动可持续发展十年[J].基础教育参考,2005(5).

的环境教育才是有实践理性根基的理想教育。

(二)环境系统中的人类自然观演变

最初——"拜物自然观"。在早期社会中,人类对自然的认识非常局限,仅仅停留在对自然的表层特征即"是什么"或"什么样",而不知道"为什么"的阶段。此阶段,人类相对于大自然来说力量太过渺小,因而认为自然是无法战胜的,人类只能服从自然的安排,于是人类选择了屈从于自然,以臆想出的图腾标志来表达对于自然的敬畏之情,即"拜物自然观"。在这种自然观的影响之下,人类祖先对大自然充满了依赖,将其视为精神支柱,具有典型的唯心主义色彩,这种自然观显然不能适应当今的人类社会,因此尽管客观说来后来的"自然中心论"是以"拜物自然观"为雏形的,但将"拜物自然观"作为环境教育的价值观肯定是不科学的。

发展——"自然中心论"。人类社会自存在以来经历了涉猎社会并逐步过渡到农耕文明社会,此阶段人们对于自然有了更多的认知,也形成了自然启示的精神与人格的人文文化。在这一漫长的发展历程中,人类创造了许多崭新的生产技术,改造开发自然的能力得到了迅速的提升,掌握了更为丰富的生活资料,但总的来说生产力水平依然处于落后阶段,不时发生的自然灾害给人类造成了深重的灾难,人类在本质上依然只能屈从于自然,可以说此阶段形成的"自然中心论"正是在人类力量微弱的现实下形成的发展了的"拜物自然观"。

主流——"人类中心论"。近代以来,科学技术的巨大进步使得人类同大自然的关系逐渐发生了逆转,大自然在人类强大的创造力面前显得有些脆弱甚至无比脆弱。人类认识和理解、对待自然的方式也随之发生了变化,人类开始将自然看作是可以随意加以改造和利用的对象,人类利用高度发达的技术工具与管理手段在全世界范围内对于自然加以巨大热情的开发改造,在这种人类巨大力量实践基础上形成了"人类中心论"自然观,在这种自然观看来,人是整个自然界中唯一有价值的主体,人类仅在处理对自己有直接影响的行为和事件时有直接的道德上的义务,而这样的影响在作用于自然界时所应履行的义务便是间接的道德上的义务。

变革——"和谐发展论"。随着可持续发展的观念逐渐融入社会生活的方方面面,人类的自然观也随之发生了深刻的变革。人与自然之间关系的变化,经历了力量"此起彼伏"的变化后,以深刻而又沉重地代价使人类认识到,任何一方处于绝对主导的地位的想法是行不通的。唯有将二者视为一个有机联系的整体,将人类与环境看成一荣俱荣、一损俱损的结构,才能实现保证人类生存这一基本目的。可以说,这样的一种发展论是人类发展史上自然观的最高峰。

四、环境法视角下环境教育的内容

(一)环境教育的内容

关于环境教育,英国学者卢卡斯在20世纪70年代提出了著名的环境教育模式,即环境教育是"关于环境的教育""在环境中或通过环境的教育""为了环境的教育"。其中"关于环境的教育"主要是进行环境系统的教育,介绍自然环境的知识和信息,这是建立在环境科学的基础之上的,它要将环境看成一个完整的体系,系统内的各组成部分之间是密切关联。而"在环境中或者通过环境的教育",强调的是学生的亲身体验,鼓励学生投入到环境系统之中。把环境教育同学生的生活联系到一起,亲身体验、了解、认识环境,从而完成环境知识的普及和环境观的塑造。"为了环境的教育"主要是为了实现环境教育的价值目标,主要通过鼓励学生探索和解决各种环境问题,培养环境素养。从而获取各种环境知识、技能,塑造科学的环境伦理观。

当前的环境教育的内容主要包括以下几个方面。

环境科学知识。环境科学知识一直都是环境教育的重要内容,它作为环境教育的原点之一,已经有了非常丰富的知识积淀。我们说环境教育的终极目标是实现可持续发展,促成人类与社会的和谐,那么首先就要加深对自然和环境的了解,尤其是环境和环境问题的科学基础知识,进而培养关于保护自然和生态平衡等方面知识的教育。

环境法制知识。环境法制教育是环境教育的重要内容,在现实日常生活中,因为法制宣传的不到位,人们对环境法的了解相对较少,因此环境法的指导作用发挥的力度较为薄弱。因此,缺乏环境法治意识的人不在少数。通过对环境法律、法规的宣传来促使公民遵纪守法,指导人类的生产和生活,从而助力环保事业。

环境伦理观。环境伦理的核心是关于人类与自然关系的价值观念,环境伦理教育对于塑造人类尊重与保护自然的伦理道德是非常重要的。而对环境教育而言,环境伦理观不仅是重要内容,还是理论核心,对环境教育起着指导作用。在对道德的理解上,过去只考虑人与人之间的关系而忽视了人与自然之间的关系,忽视了环境与自然的固有价值,而环境伦理观能弥补这一缺憾,重构人与自然之间的关系,调整错误的行为模式。其内在要求是确立自然界的价值和自然界的权利,在实践上要求对自然环境和地球生态加以保护。环境伦理学阐述了人与自然的价值与权利、责任与义务,建立了与之相适应的评判人类行为、意识的生态道德标准。认为人类不仅要对人类讲道德,而且要对自然、环境和一切生命体讲道德,将用于人

与人之间的善恶、正义、公平等传统道德观念扩大到人与自然、人与环境的关系,明确人类对自然、对环境应负有的伦理道德责任。❶

(二)环境法对环境教育的保障

环境教育旨在培养人类正确的环境意识从而指导人们的环境行为。以立法的形式对公民的权利义务加以规定,能够更好地促使人们遵守环境保护的政策法规,并通过自己的模范行动影响他人。具体而言,我国的环境教育立法应当围绕以下几个方面。

环境教育的基本形式:首先,我国的环境教育在空间上应当是全民教育,在时间上应当是终身教育。因此,针对我国的具体情况,环境教育立法的内容在以下四个体系内应当各有侧重:一是在全民环境教育体系内,因为这是一个特别广阔的概念,将以往没有受到重视的国家机关和企事业单位、社会团体纳入其中,这就要求为其提供更为顺畅便捷的通道,这个层面内的环境教育更为强调环境意识、环境素养尤其是环境责任意识的培养;二是教育体系内的环境教育,这是环境教育的重要领域,针对不同的受教育群体所进行的环境教育的侧重点应有所不同,例如针对中小学生群体应当侧重"在环境中教育",鼓励通过亲近自然、感知自然来实现其环境伦理观的塑造,同时也要普及基础性的环境科学知识、法制知识,而对于拥有专业素养的高校学生特别是环境相关专业的学生,应当着重对其进行有深度的环境伦理教育,促使其自觉地履行可持续的发展战略,更主动地承担环境责任。这些都是环境教育立法应当考虑的。其次,我国的环境教育立法还应成分认识到环境问题的区域性特点,从而保障环境教育能够同区域特点相适应,避免其走入封闭、死板而削弱其科学性和合理性。众所周知,我国是一个幅员辽阔的国家,各个地区之间的自然环境差异很大,各个地区之间的经济发展水平更是相差甚远,总的来说是西部地区落后于东部地区,农村地区落后于城市地区。各个地区在环境认知上也存在很大的偏差,这些都是环境教育立法不能忽视和回避的问题。

环境教育的方法:环境教育法的重要作用之一是引导环境教育,而对于中国这样一个环境保护工作起步晚、环境教育工作发展慢的情况,环境教育还应当肩负起推行科学有效的环境教育方法的职责。近年来,比较受关注的就是"绿色学校"和"绿色社区"这样两种环境教育的方式。"绿色学校"主要是针对未成年人推行的一种教育方法,具体是指用环境标准理念来评定课程设置、教学、学校管理、校园设

---

❶ 崔建霞.环境教育:由来、内容与目的[J].山东大学学报(哲学社会科学版),2007(4):147-153.

施和文化建设的学校。❶ 这种教育方法是建立在卢卡斯环境教育的经典模式之上,并且吸收了美国"项目树学习"的优秀经验,根据未成年人的思想特点,充分利用正式教育和非正式教育的优势,以生动与直观的形式让受众感知大自然,领悟大自然对于人类的重要价值和人类行为会对环境造成的重大影响,这种体验式、参与式的学习,既传授了理性知识,又补充了感性认知,其效果远优于机械的讲授。而"绿色社区"则更能体现环境教育的全民性,现代都市的发展将家庭区分成狭小的生活范围而将社区割裂开来,因为对环境的认知也是生疏的,绿色社区打破了这种隔绝,同时社区环境教育作为传统教育的补充,更具亲和力,能让受众接受和传播。此外,对一些特殊的工作群体进行的岗前培训、大学生环保社团举行的一些活动,这些有时代特色的环境教育方法,都是环境教育立法所应当提倡和保障的。

政府对环境教育的扶持:环境教育是全民性教育,它的发展如果没有强有力的政策保障必然会发展受阻,环境教育法应当以立法的形式为环境教育提供应有的政策扶持,其内容包括:一是财政扶持,这在环境法中也有所体现——对于因履行环境义务而使得经济利益遭受损失的企业提供税收优惠,相应地,对于开展环境教育的企业在这方面的支出也应当予以税收优惠;政府还应当对于环境教育提供必要的资金和场所支持,尤其是比较落后的农村地区,应以鼓励性的政策让环境教育得到应有的重视。二是人力支持,加强对于环境教育的师资培训,在环境教育方面,缺乏环境知识和教学经验兼优的师资力量,因此着力打造这样一支师资队伍也是提高环境教育效果的必要措施。三是项目支持,目前高校中兴起的"绿色社团"在推进体验式环境教育活动方面做出了比较好的成绩,应当得到支持,而许多的社会团体在这方面的努力也应该得到肯定,这样才能调动全民在环境教育工作上的积极性。

五、环境教育立法的价值

从人的本质角度看,价值是客体对增强人的本质力量或主体性所具有的作用和意义,价值的性质和程度如何,主要地取决于价值关系主体的情况,而不是由客体决定的❷。环境教育是一种特殊的教育实践,体现的是作为主体的人在环境教育方面的需求同作为客体的环境教育体系之间的一种现实的利益关系,主要表现为环境教育在协调人与自然关系、规范人类行为以增强其做出环境行为时的主体

---

❶ 王小龙,史嵩宇,周珂.我国环境教育立法刍议[J].法学家,2006(4):58-64.
❷ 李德顺.价值论[M].北京:中国人民大学出版社,1987:4.

性与自律性的作用。

面对日益严峻的环境污染和生态破坏,人类开始反思自己的行为,尤其是工业革命以来社会生产、生活对环境造成的不可逆的影响。人类进入工业革命以后,以经济增长为绝对目标的发展观念使得对物质财富的狂热追求达到一个巅峰,另外,对生态环境的错误认知使得对环境承载能力、资源储备和再生能力、环境自净能力呈现盲目乐观的认知,而肆无忌惮地以浪费资源、破坏生态的方式追求经济的高速增长。人们的生活、消费观念受"经济利益最大化"发展理论的影响,也存在奢侈浪费、不加节制的趋势。我们可以断言,环境问题是人类自身发展中所产生的问题,其根源是特定的历史时期人类的生产、生活方式。而人类的生产、生活方式都根源同时期特定的价值观念,因而,落后的、同环境保护所不相适应的行为体现着同时期落后的价值观念。面对巨大的环境压力,人类需要塑造全新的价值观。而在将一种强制的关系转变为一种共同意识时,教育是可供我们自由支配的为数不多的手段之一❶。正是因为普遍认识到环境教育所具有的重大价值,推动了环境教育在各国的广泛开展,而环境教育的实践又挖掘了其内在更深层次的价值属性,使得环境教育的理论体系日趋完善。理论界普遍认识到了环境教育所具有物质价值、文化价值、人的价值三个层次。

环境教育的理论发展和实践积累,为各国的环境教育立法活动奠定了必不可少的基础,各国也普遍认识到了环境教育立法同样具有十分重大的价值。然而我国在这一问题上还没有受到立法者的普遍重视,仅在少数几个地区进行了环境教育相关立法探索,但是环境教育立法本身具有的重大意义是我们不应当忽视的,主要有以下几个方面。

(一)塑造科学环境伦理观

生态文明是人类为保护和建设美好生态环境而取得的物质成果、精神成果和制度成果的总和,是贯穿于经济建设、政治建设、文化建设、社会建设全过程和各方面的系统工程,反映了一个社会的文明进步状态。生态文明的建设成果包含以下几个方面的内容:一是人类通过改变自身的生产生活方式,主动地协调人类与自然之间的关系,采用技术手段治理和改善环境、节约和保护资源,为人类社会的发展创造可持续的生态环境,这是生态文明的物质基础;二是塑造人们可持续发展观和环境伦理观,唤醒人们的环境意识和环境道德观念,并促进生态学、生态哲学、生态美学、生态法学等学科的发展,这是生态文明的精神成果;三是为保障生态文明建

---

❶ 赵中建.教育的使命——面向21世纪的教育宣言和行动纲领[M].北京:教育科学出版社,1996:96.

设所进行的一系列法律、政策和行政措施的具体实践和制度设计,是生态文明形成的制度成果。环境教育是生态文明建设实践中十分重要的组成部分,而环境教育立法同样属于生态文明的建设成果。环境教育立法在保障环境教育和生态文明文明建设实践上的逻辑思路是:通过环境教育立法,将传统环境理论观中的菁华同可持续发展观相融合,以科学的环境伦理观作为指导环境教育、生态文明建设实践的内生性引导力量,作用于环境事业这一重大工程。环境教育立法通过以下方面来塑造科学的环境伦理观:一是重申环境美学价值。目前,人们普遍认识到环境作为一种审美需要的物质载体,对于身心健康的重要性,在环境教育立法中,将环境美学教育作为一个崭新的点,在古代朴素的环境观同环境美学之间构建桥梁。二是影响传统的法律价值。例如在宪法方面,对于公民身命健康权益的倾斜性保护颠覆了传统的企业自主经营、生产活动不受不合理限制的传统认知,同样地,环境侵权损害赔偿中的无过错责任归责原则和举证责任倒置等制度设计都是民法理论发展中的新亮点。又如在诉讼法方面,公益诉讼的确立成为程序法上保障环境权益的新制度。这些传统法律价值在环境保护迫在眉睫之时做出的适应性变革和创举,需要用保障性的手段和措施来为民众所熟知,而不应当只是法律界内部的"行话""术语",环境教育立法就是通过立法来不断强化环境法律在法律体系乃至社会生活中的重要地位,通过影响传统法律价值观来塑造更为科学的环境伦理观。

(二)保障环境教育践行

环境教育立法为环境教育进行了思想引导、制度设计,更对保障环境教育实际践行的经费、师资问题进行了细致的考虑,对环境教育切实开展、有效进行,对于公民环境法制观念的塑造都有着十分明显的意义。环境教育立法对于环境教育的保障主要体现在以下几个方面。

1. 科学的体系设计

环境教育立法虽然是环境法制体系中的一部分,但依然是成体系化的法律制度。环境教育立法将以"环境教育法"作为环境教育法制体系中的"基本法",以新《中华人民共和国环境保护法》的规定为其纲领,配套地方性环境教育法规、行业内部的规范性文件为其组成部分,来进行科学的制度体系设计,形成完整严密的体系。

2. 科学的立法原则

环境教育立法的立法原则首先是要将可持续发展作为理论主导,同时吸收生态文明建设的理论成果,最大程度上使环境教育立法理念趋向于理论的高峰。此外,环境教育立法应当注意立法的统一性和协调性,环境教育在许多行业和领域都有一定的实践,这些行业、领域也存在不同的受教育需求,在制定环境教育法的时候,应当尽可能考虑到不同的群体、行业受教育的内容、方式存在不同,但是这样区别考虑应当是建立在立法的统一性的基础之上的,不因客观上区别的需要损害立法的统一性。同时,环境教育立法虽然迫在眉睫,但是立法所进行的制度设计、保障措施应当结合当今的现实情况,同立法需要、法制环境相协调,避免制定出来的法律出现"水土不服"。

3.科学的内容设计

环境立法对社会经济、公民生活都将产生巨大的作用,因而在以往的立法活动中,受主客观条件的影响,通常是进行宣示性立法,很少在法律性文件中进行详尽的内容设计。但是环境教育立法因为非常富有操作性、实用性,具备了进行细致、科学、具体的内容设计的现实条件,立法完成便能迅速应用于实践。在环境教育立法中,除了在总则中对环境教育立法的目的、原则、预期达到的目标进行莅临阐述外,还对以往环境教育实践中遇到的难题如行政部门谁来主导环境教育、谁来对教育的成果进行考核验收,环境教育将以怎样的形式展开,环境教育将引入那些具体的环境法律制度,在其他法律部门中如何呼应,将会对环境教育提供哪些保障,都将在细则中一一规定,因此,环境教育立法将是实践性突出的立法,为其发挥自身价值创造了条件。

第二节　域外环境教育立法比较研究

环境问题在世界范围内引起了广泛的关注,环境问题日益凸显,对当代和未来人类的各项生存权利造成了极大的威胁。越来越多的国家开始认识到环境教育的重要意义,并逐步开展了环境教育的实践。尤其是在一些发达国家,在系统、全面的环境教育法律体系的保障之下,环境教育工作取得了丰硕的成果。这些实践都为我国的环境教育立法提供了宝贵的经验。

一、各国环境教育立法的现状及亮点

(一)美国环境教育立法考察

美国作为世界上首个以立法形式对环境教育进行保障的国家,在环境保护事业上取得了显著的成就。在立法形式上,美国所进行的环境教育立法主要是单行法,其中最主要的是两部法案,即美国在1970年颁布的《环境教育法》和1990年颁布的《国家环境教育法》,分别简称为"70法案""90法案"。

"70法案"受经费的限制只实施了十年的时间,但是具有十分重要的价值。一是这部法律是通过法律意识来强化民众的环境意识,通过这样的手段来实现环境教育和环境保护的目的。这一举措引起了全世界的关注。二是这部法律确立了一些比较具体的制度,从而保障了环境教育的有效践行,其中最值得关注的是环境行政部门——环境教育署的设立。

"90法案"使得美国的环境教育法制化有了一次新的发展,主要是通过十一条条文内容,在此前相关法律和实践的基础上,对环境教育的政策和具体措施作进一步的细化规定,主要包括以下内容:对环境教育的立法背景和立法目的做出阐释;环境教育行政部门的设立;制定环境教育培训计划来保证环境教育的成效;环境教育拨款的相关规定;环境教育奖学金的设置及具体规定;对国家环境教育咨询委员会的工作做出具体安排等。

"90法案"集中体现了美国对于环境教育立法工作的总体思路,有许多方面都值得我们借鉴,具有自身鲜明的特色,主要包括以下几个方面。

1.明确了环境教育管理体制及其职责

"90法案"分别设立了环境教育处、环境教育咨询委员会和环境教育联邦特别工作组三个机构来保障环境教育相关工作的实施。其中,环境教育处承担了十二项职责,主要职责为直接管理环境教育资助项目,为美国环境教育的有序开展、专项资金的有效运用、资源人才的合理配置提供保障[1];国家环境教育咨询委员会主要通过定期向国会报告关于环境教育质量、环境执法情况及提出改进环境教育和培训的建议等方式来行使其所负的监督职能[2];环境教育联邦特别工作组,所负责的工作主要是解决环境教育程序上的一些技术障碍。上述三个部门有着名曲人的职责划分,在具体工作中是互相合作和协调的关系,共同为美国的环境教育服务。

2.充分保障环境教育经费

"90法案"通过建立多元、稳定的环境教育经费投入机制,保障了美国环境教育事业的顺利开展。当然,这同美国本身雄厚的经济实力密切相关,但不可否认的是,"90法案"所确立的一系列政策,为环境教育工作争取到了充足的经费。

"90法案"所规定的经费来源主要有两种途径:一是环境保护署,对于同环境教育有关的设计或者技术,环境保护署可以进行资助,资助的形式主要有合同、契约和赠款三种,但这种资助必须符合一些具体的法律规定。另外,"90法案"还规

---

[1] 参见1990年美国《国家环境教育法》第二条。
[2] 参见1990年美国《国家环境教育法》第七条。

定了任何高校或者非营利机构每年都可以向环境保护署申请拨款来保证其环境教育,此项规定极大地鼓励了美国社会各界对环境教育的热情。二是国家环境教育和培训基金会,通过对具有创新性的非联邦教育活动提供经费及对一些做出杰出贡献的项目给予物质奖励这两种方式,保障环境教育具有充足的经费。此外,还有一些私人慈善基金会也积极投入,通过对一些短期的环境教育项目进行有限额的捐赠,对环境教育提供资金保障。

3. 多元的激励机制

激励机制的设立可以最大程度上调动民众的热情,同时也能为环境教育的发展提供更充分的智力保障。

美国环境法确立了公众参与制度,同时也有一系列的政策来保障公众有效参与环境管理事务。作为环境保护的组成部分,环境教育同样也采取了具体的举措来保障公民能参与其中。"90法案"制定了环境教育培训计划,通过培训专业的教育人员来推行环境教育事业。计划内容包含课程开发、传播教育资料及信息、培养专业的教师团队、组织人才交流和国际合作、召开会议等,最大程度上保证参与培训的人能参与环境教育。此外,美国环境保护署也设立了许多不同的奖项,对环境教育教学、行政、文学等多个领域内的杰出贡献的人员做出物质和精神奖励来实现最佳的激励效果。同时,美国还充分认识到专业人才对环境教育发挥的重要作用。通过设立实习奖金和奖学金来鼓励法学生和教师掌握环境教育的专业技能和个人职业,从而为环境教育提供充足的人才储备。

"90法案"对美国的环境教育各项工作做出的规定都非常细致全面,具有极大的借鉴意义。通过此项法案,美国培养了一批专业的环境教育人才,推动了环境保护和环境教育事业不断取得良好成效。

(二)日本环境教育立法考察

随着20世纪末一系列国际会议的召开,日本为了履行自己的环保义务,同时也为了本国环境、社会、经济发展的需要,以公害教育❶作为契机,逐步展开本国的环境教育事业。日本于2003年颁布了《增进环保热情及推进环境教育法》(以下简称《环境教育法》),将环境教育立法提升到国家层面,同时也使得日本成为世界范围内第二个以国家立法的形式对环境教育予以保障的国家。

日本的《环境教育法》吸收了此前"公害学习"积累的宝贵经验,也通过国际文

---

❶ 1971年,日本文部省将有关公害的学习内容加入到社会课程的学习当中。在"环境教育"还未引进日本之前,环境教育是以公害教育这一形式存在的。

件和国际会议这些交流活动吸收了关于环境教育的国际精神,但同美国的环境教育立法相比,具有一个最鲜明的国家特色,即在日本的《环境教育法》中确立了"社会参与❶"的激励原则。"社会参与"激励原则的主旨在于,通过激励社会成员参与环境保护的意识和行为,发动全社会成员主动参与到环境教育中来从而提高环保行为的有效性。

日本的《环境教育法》所确立的"社会参与"激励原则相比较美国的激励措施,更加的系统、全面,涵盖了环境教育的方方面面。一是在公民的自觉意识上,日本尽可能地使环境教育的覆盖面更广,力求国家范围内的各领域、阶层,无论是国民、企业还是社会团体都从中受到启发,激发全社会的环保使命感。二是将这种激励原则融入行政职责、社会活动和社会分工等具体实践当中去。在环境教育活动中,政府同公民之间所形成的是一种合作关系,政府在制定政策和从事行政活动的时候,应该充分听取公民的意见从而使其积极参与此项活动中来。同时,落实到社会层面,无论是参与环境教育活动的社会组织还是公民个体,无论是对于环境教育提供资金支持的社会组织还是在环境教育中起到重要作用的人才资源,日本的《环境教育法》都采取了有针对性的措施予以激励、保障。三是对环境伦理观的激励。受"可持续发展"这一崭新理念的影响,日本的《环境教育法》将立法目的上升到一个全新的高度,不仅着力塑造日本国民对于环境与人类的和谐共处关系这一观念,更将"可持续发展"的观念具象到环境教育当中,在环境教育立法之初就考虑到此项事业的连续性的问题。

日本《环境教育法》对于"社会参与"激励原则的设计,使得社会群体之间形成了密切合作的关系,环境教育的各项活动之间相互协作、配合,使得日本的环境教育取得了理想的效果。

(三)韩国环境教育立法考察

因为认识到环境问题对于国家综合竞争力的影响,韩国也开始了本国的环境教育。在环境教育受到韩国的高度重视的同时,其环境教育相关法律缺位、体系不健全的矛盾凸显。韩国也因此于1983年就环境教育立法展开讨论,但具体的立法活动始于2000年,最终于2008年颁布了韩国的《环境教育振兴法》。韩国《环境教育振兴法》主要提及了制定和实施"环境教育综合计划",并将环境教育按学校环境教育和社会环境教育两个部分加以规定,另外还有一些具体的制度设计比如环

---

❶ 社会参与指的是社会成员通过某种方式参与、干预、介入国家的政治生活、经济生活、社会生活、文化生活和社区公共事务,从而影响社会发展。激励原则是"通过调动行为人的主体性、主动性,以实现使行为人实施行为或实施某种行为之目的的基本原则"。

境教育项目的开发与认证、"环境教育中心"等。

韩国《环境教育振兴法》有以下几个值得我们关注的方面。

1. 环境部起主导作用

日本并没有设立专门的行政部门来统领环境教育的行政工作,而是由环境部、教育部、经济产业部、农林水产部、国土交通部五大部门来协作负责全国环境教育工作,韩国不同于日本多部门协同的职责划分,也不同于美国专设行政部门的做法,而是规定由环境部总体负责全国的环境教育工作。尽管环境教育工作涉及一些其他部门的利益比如国土海洋部、教育科学部,但是这样由一个部门主导负责、相对集中的职责划分,权利和责任更加明确具体。

2. "社会环境教育顾问"制度

韩国在《环境教育振兴法》中提出了"社会环境教育顾问"资格的授予、承担的责任及相关团体对社会环境教育顾问的录用等内容,并明确提出社会环境教育顾问的培养机构要经由环境部长指定。[1] 各国普遍认识到了社会公众参与环境教育的重要意义,这一项制度也旨在培养专门的环境教育人才、推进民间环保组织参与环境教育活动。

3. "环境教育项目认证"制度

韩国《环境教育振兴法》对环境教育项目认证制度做出了规定,环境教育项目可以申请获得有效期为三年的认证,并被授予认证标志。同时提出获得认证的条件是该环境教育项目能够通过"环境教育项目认证审查委员会"的审查。[2] 这一制度设计的初衷,是基于加强对环境教育活动规范化和管理的统一化,并通过实践得到进一步完善。

(四)巴西环境教育立法考察

早在20世纪初,巴西国内的环境教育活动便随着环境保护运动一起拉开帷幕,并在70年代初正式出现最早的环境教育课程。1992年联合国发展大会召开以后,巴西正式开始了国内的环境教育立法,并于1999年颁布了《国家环境教育法》,这部法律的出台将巴西的环境教育工作推进到新的阶段。此后,巴西以此为指导纲领开始了环境教育的新实践。

巴西的环境教育立法较晚,吸收了一些先进的立法经验,同时,作为发展中国家,巴西同我国国情具有一定的相似性,故而对我国立法工作具有较强的借鉴意

---

[1] 参见韩国《环境教育振兴法》第十一条。
[2] 参见韩国《环境教育振兴法》第十三条至第十五条。

义。巴西《国家环境教育法》有以下几点值得关注的地方。

1. 行政职责划分明确

巴西在环境教育工作的行政管理职责划分上同美国有相似之处,设立了专门的环境教育管理机构,并设有顾问委员会。由专门的机构来总领全国的环境教育管理事物,职责明确,同时由一个明确的机构来处理涉及多部门利益的行政事务,效率更高。

2. 多部门协调机制

由于认识到了环境保护事业所牵涉的方方面面的利益影响,巴西教育部之下特别设立了环境协调处、环境部也设立了环境教育指导委员会,来专门负责同其他有关部门的合作事项,在涉及不同部门之间合作、冲突方面起到了积极的作用。

3. 人才培养机制

巴西《国家环境教育法》第八条规定了环境教育活动应在学校和社会中展开,并采取丰富多样的形式,该条中列举的形式有人力资源培训、学习、研究和实验、教育资料的生产和宣传、监督和评估❶。巴西的环境教育页尽可能培养出更多的专门人才,对人力资源培养的学习、研究和实验方向做出了细致的规定,使研究成果能在最大程度上服务于环境教育实践方面的技术需求。

(五)欧盟环境教育立法考察

环境教育最初于20世纪80年代初进入欧共体的议事日程,这一内容也逐渐在欧洲各国的法律文件中出现。欧共体在环境教育事业上首先取得成果是对环境教育的目标及环境教育事业所应遵循的指导性原则进行了讨论并予以确定。将环境教育的目标设定为"增进公众的环境问题意识及环境问题解决意识、为公众积极参与环境保护和谨慎合理利用资源建立基础",而在环境教育工作中应该遵循的原则有:环境是人类共同的财产;维系、保护和改善环境是人类共同的责任;教育是谨慎合理地利用自然资源的基础;每个作为消费者的个体都应通过自己的行动为保护环境尽一分力量。随着欧共体在环境教育事业上的积极推动,欧洲各国陆续开展了本国的环境教育立法,制定了符合国情的环境教育政策,对环境教育的社会协作予以规定和保障。

欧洲各国中,波兰是最典型的以立法手段来保障国内的环境教育的国家。波兰所进行的立法工作不是专门的环境教育立法,而是在其他的相关法律文件中对

---

❶ 巴西《国家环境教育法》第八条规定:"与全国环境教育政策相关的工作应通过下列相互关联的活动在一般教育和学校教育中开展:①人力资源培训;②学习、研究和实验;③教育资料的生产和宣传;④监督和评估。"

环境教育进行明确规定。例如,在《环境保护及管理法(1980)》中首次规定环境教育并对环境教育管理工作中教育机构和媒体的义务予以明确。又如在《教育系统法(1991)》中着重强调了青少年的环境保护意识和开展环境教育的重要性。

西班牙和丹麦都讲环境教育规定在教育相关立法中,西班牙于1990年颁布的《教育系统组织一般法》中对环境保护培训的必要性做出了规定。丹麦在《公立学校(1994)》中提出学校应该促进学生对环境的理解和人与自然的互动,并在整个教学过程中通过信息技术、实践及"绿色要素"❶这三个主题来培养学生的环境保护理念。希腊于1990年出台了1892-111/1990号法案,此项法案将环境教育的规范性上升到国家层面,不仅在法案中对环境教育的概念做探讨,并设立了具体的管理部门即环境教育中心,由该机构总领环境教育事业中的管理和经济问题。

二、对我国环境教育立法的启示

环境教育立法已经在很多国家和地区取得了显著的成效,通过对其进行比较研究能为我国的环境教育立法提供借鉴,尤其是以下几个方面值得注意:

(一)从"知识"到"观念"

无论是日本的环境教育立法着力塑造公民的"环境自觉意识",还是巴西在立法中吸收了"可持续发展"这一先进的环境伦理观,从此前先进的环境教育立法实践中我们不难发现,对于环境教育的重视,绝不仅仅在于以立法的形式将普及环境知识和环保知识加以规范化、统一化,而是将其上升到一个新的高度。环境保护的重要意义,环境教育将起到何其重要的作用,都是必须体现到立法工作中的应有之义。必须摒弃环境教育只是经济建设的补充性活动、辅助性活动这样的传统思维。

环境教育立法不仅要使公民认识到环境教育所具有的重要地位和意义,还负有另外一项重要使命,即通过先进的理论设计、具体的制度设计、有力的保障机制,使其发挥巨大的宣教作用,使公民尽可能充分地参与环境教育活动,并通过此项活动,塑造科学的环境观念,树立先进的环境伦理观。

(二)明确环境教育的行政职责

从各国和地区的立法实践来看,由专门的机构来承担环境教育管理职责是很有必要的,如美国,不仅专设环境教育处,还设立了环境教育咨询委员会和联邦特别工作组协助环境教育处来解决环境教育工作中遇到的特定问题。韩国、巴西也

---

❶ "绿色要素"是指个人和群体管理自然、社会和我们的生活之间相互影响的方法。绿色要素不应该只局限在少数的学科之中,而应当渗透到多个学科之中。另外,知识和思考是以对自然的体验为基础而存在。

分别设立了"环境教育振兴委员会"和"环境教育政策管理机构"来专门负责环境教育管理工作。设立专门机构的优势在于，能够将环境教育管理职责尽可能地明确、具体、清晰，由统一的机构进行协调、统筹，能较好地发挥行政效率。

（三）公众参与的保障机制

谈及公众参与，日本的《环境教育法》在这一方面所采取的保障措施尤为引人关注。在环境教育这一问题上，如果辐射面只是一部分人，那么所取得的成果必然也是有限的。因此，各国在环境教育立法中，基于这一问题所形成的共识，都尽可能将教育的对象予以扩大，将全社会成员都囊括其中。日本为了更好地鼓励公众参与环境教育活动，进行了全面细致的制度设计，对政府也提出了比较高的要求，使其认识到应当将环境教育放在同经济建设同等重要的地位，引导社会组织在环境教育活动中发挥自身的作用。对于环境教育的公众参与，日本做出的另一个贡献是，不单纯将民众看作是受教育的对象，而是通过专门的培训，使越来越多的民众能够参与环境教育的方方面面的环节，掌握专业的知识，最终完成环境伦理观念的塑造。

（四）对环境教育经费的保障

经费保障是环境教育得以顺利开展的基础性条件，许多国家在环境教育立法中都特别关注了此项问题并进行了详尽的规划，确保有充足可靠的经费支持，同时，也要有效地避免腐败和浪费。美国在立法中对环境教育署拨款的方式做出了明确规定，也对基金会的经费支持做出了限制性规定。中国台湾地区的立法对环境教育的资金来源、用途的规定则更加明确和具体。可见，对于环境教育经费的重视在各国和地区达成了普遍共识，仅仅是在具体的制度构建上存在不同之处。

（五）培养专业的人才队伍

对于"人才"的重视也体现在了美国、日本、巴西等国家的环境教育立法当中，当然，其具体的规定和设计各具特色，但是打造一支专门的环境教育人才队伍，进行环境教育专业化培训的思路却是相同的。美国通过设立奖学金和环境实习生制度，充分吸引和激励了科研群体将环境教育作为自身的职业目标，在此后很长时间内为美国的环境教育提供了有力的智力保障。相似地，日本和韩国也有类似的制度，都旨在为本国的环境教育提供更加科学、专业的服务。人才队伍建设，对于环境教育的持续性、有效性，具有显著的意义，而如何对专业人才进行培养和管理，如何科学定位学生和其他社会公民在环境教育中的角色，也是环境教育立法必须体现的内容。

(六)多元激励机制的设计

环境教育法具有明显的"软法"特点,需要设计多元的激励机制来加强其适用性。这一方面得到了各国、各地区的高度重视,为我国的立法工作提供了非常多的借鉴。其激励的具体方式,包括物质激励(比如美国奖学金制度)、精神激励(如授予荣誉称号),这样的激励措施人到了不同的群体、对象的不同需求,多样化的激励手段能够吸引更多的人投入到环境教育的活动当中。激励手段也是符合可持续性要求的,因为激励手段不仅仅在于激励民众短时间内投入到环境教育当中,而是有具体的配套性制度使其发展为长效的机制,比如,激励民间社会组织长期从事协助环境教育的工作,激励社会公众将环境教育作为自己的职业目标。

一些发达的国家和地区在环境教育立法工作中已经取得了显著的成果:有些是建立在本国前期的环境教育实践基础上的(比如日本),有些是较早进行了环境教育专门立法的实践积累了宝贵的立法经验(比如美国),有些国家的立法工作是建立在环境问题的国际交流频繁、成果丰硕的背景之下,吸收了环境问题研究的精华、注入崭新的理念(比如巴西),这些保贵的立法经验和此后的实践历程为我国的研究和立法实践提供了极佳的借鉴。我国应当在系统研究和比较其他国家、不同地区的立法成果的基础上,结合本国的实际情况,制定出更加科学、完善的环境教育法,作为我国环境教育事业的指导性、纲领性法律文件。

第三节　中国环境教育立法的现状及问题

一、中国环境教育立法的现状分析

(一)探索起步阶段:1973—1983 年

1972 年,人类环境会议召开,受此次会议的影响,我国于 1973 年召开了第一次全国环境保护会议。会议由国务院委托国家计委召开,通过此次会议制定的《关于保护和改善环境的若干决定(试行)》中,我国最早的环境保护工作方针"全面规划、合理布局、综合利用、化害为利、依靠群众、大家动手、保护环境、造福人民"被提出,并对我国环境保护工作当中的一些重要问题做出了安排。其中,涉及环境教育的方面,主要是要求为环境教育培养专业的技术人才,主要方式是在大专院校中设置环境保护相关的专业和课程。此时,我国的环境教育事业正式展开,北京大学、中山大学、同济大学等相继开设了环境保护相关专业,为我国环境保护事业进入专业化、规范化道路培养了专业人才。此后,环境教育一直为环境立法所关注,1979年9月,第五届全国人大通过《中华人民共和国环境保护法(试行)》(该法于1989年通过成为正式法律),明确提出"国家鼓励环境保护科学教育事业的发展,加强环境保护科学技术的研究和开发,提高环境保护科学技术水平,普及环境保护的科学知识"❶,成为环境教育事业的正式法律依据,体现了国家对这一事业的重视程度不断得到提升。在法律出台以后,中国环境科学委员会随之召开了第一次工作会议讨论在全国若干省市进行中小学环境教育试点工作,同时建议在高中增设环境地理学课,试点工作在广东、北京、辽宁等地陆续开展并取得了良好的成效。

环境教育不仅正式进入了试验阶段,还被纳入了国家教育计划,1980年,在国务院环境保护领导小组会同有关部门制定的《环境教育发展规划(草案)》中,明确提出要在幼儿园和中小学进行环境科学知识的科普试点。1981年召开的全国环境教育工作会议是在国民经济调整的时代背景下召开的,环境教育工作被作为"六五"期间的一项重要任务,做出了比较细致的安排。同年,国务院颁布《关于国民经济调整时期加强环境保护工作的决定》,要求"中小学要普及环境科学知识","要把培养环境保护人才纳入国家环境教育计划"❷。同年召开的中国环境科学学会教育委员会第二次工作会议,认识到了环境教育工作中教师培训和教材编辑这一系列的具体问题,同时结合已经取得的试点经验,对今后工作的开展做出了规划。这一系列会议的召开,都为我国的环境教育事业奠定了理论基础,对大致的框架设计有了一定的规划。

1982年修订颁布的《宪法》作为国家的根本大法,首次将生态环境保护列入其中,其第二十六条规定:"国家保护和改善生活环境和生态环境,防治污染和其他公害。"在《宪法》中对包括环境教育在内的各种环保活动的举办提供了支持。

在其第十九条,即主要涉及国家教育事业的条文内容中,明确规定了国家将大力发展教育事业和教育设施,对社会公众展开政治文化、科学等多方面的教育,改条文中关于"国家鼓励集体经济组织、国家企业事业组织和其他社会力量依照法律规定举办各种教育事业"的表述为环境教育的发展创造了便利。到1983年,中国环境科学学会教育委员会第三次会议做出了增加高中地理课授课时数、普及中小学环境教育和撰写环境保护选修教材、加强师资队伍和课外培训等内容。

在此阶段,环境教育虽然受到了国家的高度重视,也在法律、法规层面得到了

---

❶ 《中华人民共和国环境保护法(1989)》第五条。
❷ 崔凤,唐国建.中国大陆的环境教育及其研究[J].中国海洋大学学报(哲学社会科学版),2004(4).

支持和保护,但是基于理论经验不足,实践较为缺乏,在环境教育问题上还没有形成体系,更没有专门的法律法规对其加以引导,尚且处于探索阶段。

(二)初步发展阶段:1983—1991 年

1983 年召开的全国第二次环境保护会议上,将环境保护列为我国的基本国瓷,尤其强调了环境教育对于环保事业的重要意义。此次会议意义将我国的环境教育工作提升到一个新的阶段,作为环境保护事业基础工程的环境教育事业应当受到大力支持。此次会议之后,给政府相关部门真正开始了环境教育的实践。

1985 年,国家环保局、国家教委办公厅、中国环境科学学会召开会议总结了全国中小学环境教育的实践经验,并对今后的工作展开了探讨。本次会议对环境教育来说最大的成果在于将学校环境教育不单纯看成是某个学科的使命,而是要渗透进多学科当中去。1989 年召开的"全国部分省市中小学环境教育座谈会"进一步明确了中小学环境教育的目的、意义和任务,要求中小学环境教育应当制度化、规范化和经常化,并认识到应当采取多种形式进行环境教育,丰富环境教育的形式。

在召开一系列有关环境教育的会议之后,教育界迅速对此做出了变革性的回应。1990 年教委在《对现行普通高中教学计划的调整意见》中将环境保护课程增设为普通高中的选修课。1991 年,为了落实"整改意见"同时响应环境教育形式多样化的要求,将环境教育安排在课外活动和选修课当中进行。至此,环境教育开始由第二课堂向第一课堂过渡,在中小学逐渐被纳入教学计划,高等院校陆续开设环境教育专业,国家教委也成立了专门的机构来指导环境学教学。在制定的教学大纲中,也对环境教育提出了明确的要求。此后,中小学地理学科中被要求强化人口、资源、环境的国情教育。在这一阶段,环境教育的重要性得到进一步重视,一些规范性的文件中出现了关于环境教育工作的具体指导性措施、建议,环境教育真正开始了由政策到实践的历程。

(三)大力发展阶段:1992—1995 年

1992 年召开的第一次全国环境保护教育工作会议提出了"环境保护,教育为本"的方针,对国家在开展环境教育中的具体事项提出了要求,使得我国的环境教育工作进入新的阶段。此次会议也认识到了公民的环境意识对于环境保护工作的重要意义,尤其强调了此项问题上的政府职责。同年,在环境教育实践中另一具有显著的事件便是《九年义务教育全日制小学、初级中学课程计划(试行)》这一文件的出台,要求将环境教育渗透进更多的学科,尤其是"地理""自然"两门课,在其基本要求里就要体现环境教育的重要价值,并对如何体现做出了具体的要求和指导。不仅要求掌握一些基础性的环境知识,还要求塑造学生的环境美学观。

在此阶段,一些社会组织也参与到环境事业当中,一定程度上起到了对于社会民众的环境教育作用,也实际促成了一些环境问题的解决,更重要的是,引起了社会公众对于环境问题的广泛重视和强烈反响。比如全国人大环境与资源保护委员会发动全国数百家新闻媒体开展的"中华环保世纪行""海疆万里行""爱我黄河"及全国环境保护执法检查活动。这些活动将环境教育从单纯的教育活动扩展到社会领域,为此后的环境教育社会化、全民化奠定了基础,探索了途径。

世界环境大会召开后,中国政府为响应其精神通过了《中国21世纪议程——中国21世纪人口、环境与发展白皮书》,以此回应《21世纪议程》。受世界环境大会思想的影响,《中国21世纪议程》对环境教育表示了高度重视,将其视为中国可持续发展的必由之路。对中小学、高中、高等院校中如何开展环境教育做出了指导并提出了明确要求,尤其是要求"灌输受教育者的可持续发展观""提高公众的环境意识"及"培养学生的环境情感和社会责任感"。

在《中国21世纪议程》通过之后,国家环保局迅速制定了配套实施文件——《中国环境保护21世纪议程》,在"议程"中将环境宣传教育定义为:"环境宣传教育,就是提高全民族对环境保护的认识,实现道德、文化、观念、知识、技能等方面的全面转变,树立可持续发展的新观念,自觉参与、共同承担保护环境、造福后代的责任与义务。"重申了保护环境是一项基本国策的重要地位,而环境教育是贯彻这一基本国策的基础要求。

这一阶段,全国环境保护工作会议的召开是我国环境教育发展过程中的标志事件,它标志着环境教育事业被正式纳入职责范围从而明确了具体的行政责任,由环保部门和教育部门作为环境教育管理责任的主要机关。在相关机关的协作推动下,此阶段的环境教育事业取得了快速的发展。

(四)多元发展阶段:1996年至今

我国的环境教育事业从1996年开始进入到新的发展阶段,环境教育事业引发了社会各界的普遍关注和重视,各阶层、领域通力合作,使得此项事业的发展呈现出明显的多元化倾向。

1.环境教育的受重视程度不断提升

1996年国家环境保护总局、国家教委及中共中央宣传部联合发布了《全国环境宣传教育行动纲要(1996—2010年)》,在"纲要"中,把环境宣传教育提升到与精神文明和民族素质相关联的地位,将其视为"精神文明建设的重要组成部分",认识到了其对环境保护工作所发挥的"先导、基础、推进、监督"这四重作用。随着全国环境教育体系日趋完善,对环境教育的规范化和法制化,也被正式提上了议事日程。

人类进入21世纪以后,环境保护成了世界主流思潮,我国环境问题的紧迫性也使得政府对此高度重视,在"党的十七大报告""十一五规划纲要"等政治文献中都对环境保护做出了专门阐述,党的十八大更是将生态文明提升到前所未有的高度,绝大多数同环境保护相关的法律文件中,都强调了环境教育的重要性。

2.环境教育走向法制化

随着国家法制化程度不断加深,法律体系不断完善,环境立法也走入了繁荣的新局面,环境教育的立法工作正式开始。就当前来看,我国尚未就环境教育进行统一的专门立法,但是在许多的环境单行法中,都对环境教育予以了重视。无论是在总则中对环境教育的行政职责予以明确,还是从防止污染、环境信息公开的角度,又或者在一些关于清洁生产、绿色生活倡导性条款当中,都体现对环境教育以及环境教育法制化的关注。如《中华人民共和国环境保护法》第九条规定:"各级人民政府应当加强环境保护宣传和普及工作,鼓励基层群众性自治组织、社会组织、环境保护志愿者开展环境保护法律法规和环境保护知识的宣传,营造保护环境的良好风气。教育行政部门、学校应当将环境保护知识纳入学校教育内容,培养学生的环境保护意识。新闻媒体应当开展环境保护法律法规和环境保护知识的宣传,对环境违法行为进行舆论监督。❶"在其他一些单行法如《环境噪声污染防治法》《固体废物污染环境防治法》《放射性污染防治法》中,都又关于环境教育的规定。在此阶段,环境教育不再是法律单纯予以关注的问题,而是开始对其进行法律构建来进行更全面的保障。

3.地方环境教育立法实践

国家普遍认识到了环境教育立法保障的必要性,虽然目前尚未对其进行统一的中央立法,但在许多地方都进行了地方性的环境教育立法实践,积累了许多宝贵的经验。以下几个地区尤其值得我们关注:

黑龙江省。黑龙江省于2003年颁布了《黑龙江省人民政府关于开展全民环境教育工作的决定》,该决定中将环境教育视为"实现可持续发展的根本性措施",并对如何开展全民环境教育做出了具体的规定,既包括总的教育理念比如其指导思想、基本目标和主要任务,也包括职责划分、教育方式等。

---

❶ 参见《中华人民共和国环境保护法》第九条。

海南省。海南省是比较早关注生态文明建设和环境教育的地区,在其颁布的《海南生态省建设规划纲要》中,明确要求通过环境教育来提高公众的环境意识。海南省在环境教育的实践中最引人关注的是,针对不同的受教育群体,对其进行不同形式的环境教育,其中青少年和党政干部是受教育的中点群体。针对党政领导干部,主要进行可持续发展和生态环境保护知识培训,而针对中小学校,则是结合其地方环境教育课程,着重以学会、协会为依托,力求中小学生在生动、形象的课堂氛围中学习。

宁夏回族自治区。在环境教育的地方性立法方面,宁夏回族自治区已经取得了重大成果。开创我国地方性环境教育立法先河的《宁夏回族自治区环境教育条例》已于2012年1月1日正式开始施行。该条例旨在增强公民环境意识、建设生态文明,具体的制度设计则围绕"组织管理、学校教育、社会教育、保障监督"这几个方面,尤其是对于环境管理的行政职责的强化、具体职责的分配,都为今后统一的中央环境教育立法提供了实践借鉴。作为环境教育专门立法的首次尝试,宁夏回族自治区的立法实践存在着一些明显的不足,有待于国家层面立法的补充。与之相似的是天津市,同年11月1日,《天津市环境教育立法条例》正式施行,全国各地对于环境教育立法的积极回应进入实践阶段。

二、我国环境教育立法的问题研究

(一)我国环境教育存在的问题

通过多年的实践积累,我国的环境教育已经初步具备比较鲜明、富有层次的教育体系。环境教育无论是在环境事业还是教育事业中都占有十分重要的位置。但是受我国国情的影响及各级政府重视程度的不同,我国环境教育还存在着许多不足之处,主要表现为以下几个方面。

1.环境教育受重视程度欠缺

自改革开放以来,我国的经济建设取得了举世瞩目的成就,人民的生活水平得到了显著提高,但是我国的经济发展存在着地区间发展不平衡的问题,不同地区之间无论是经济发展水平还是人民生活水平都有着很大的差异,这些差异在教育方面直接表现为不同地区之间对教育的重视程度和投入的比重。尤其是对于环境教育,欠发达地区往往不重视,或者无力重视这一问题。对于环境教育的忽视主要从以下两个方面影响环境教育的有效开展:一是政府对环境教育的重视程度不足。对于欠发达地区,政府不得不集中全力进行经济建设,在环境工作上的投入自然而然会有所欠缺。而当经济建设同环境保护之间发生冲突的时候,牺牲环境来换取经济发展的情况也并不鲜见。二是公民对此项问题的重视不够。受经济发展水平的制约,民众受教育水平较低,缺乏必要的环境知识,而在需求层次上,对于物质条件的追求也是更为迫切的,主观上没有接受环境教育的意识,客观上也不具备接受环境教育的便利条件。

在我国,人们的环保思想还没有完全转变过来,而政府总体上对于环境教育的投入力度还没有跟上其发展的速度,环境教育还存在许多不足,主要表现在以下三个方面:第一,师资队伍建设落后,师资素质低下;第二,环境教育的教材建设滞后,缺乏新思维和新理论,很难适应新形势下的可持续发展需要;第三,教学方法单一,不能充分调动学生的积极性,致使环境教育效果不佳。

2.环境教育地区间发展水平不均衡

如前所述,经济水平的地区差异直接影响着教育水平的差异,其中也包括环境教育水平。就我国而言,教育水平总体上呈现出东部沿海整体水平较高,二内陆中西部地区欠发达的现状。中西部地区环境教育的落后性主要体现在以下几个方面:一是缺乏专业的师资力量,师资水平素质欠佳,难以有效开展环境教育;二是环境教育的教材、设施等相对落后,难以适应新时代、新形势的要求,无法使受教育者接受最新的环境知识和科学的环境观念;三是教育方法比较单一,传统的教学方法降低了受教育者的兴趣,降低了参与环境教育实践的积极性。教育水平的地区不平衡对于环境教育是非常不利的,因为环境问题是一个复杂的区域性问题,在一些教育水平欠发达的中西部地区,也存在非常严重的生态环境问题,但是受其总体教育水平的制约,环境教育的水平也较为落后,不能适应生态环境治理、保护的总体需要。而在东部地区,教育水平比较高,环境教育的师资力量、硬件设施和教育思维都比较先进,受教育者能掌握比较丰富的环境知识,教育所取得的效果也是比较理想的。

3.环境教育体系内部不完善

环境教育发展至今,已经不单纯作用于环境问题的解决,对于公民素质的培养页发挥着重要作用。经过30多年的摸索,我国的环境教育已经初步具备了自身的特色,形成了一个多部门协作、多领域参与的环境教育体系。无论是受教育的对象范围、参与人数,还是教育的深度、广度,都有了很好的发展。总体来看,这30年来的实践积累了许多宝贵的经验,但是从细节上看,我们不难发现,当前的环境教育同发达国家和地区相比,依然存在非常多的不足。

当前我国的环境教育主要是按照受教育者领域的不同分为学校教育和非学校教育,其中学校教育又可区分为基础环境教育和专业环境教育。这样的区分方式有一个明显的优势,即根据所处领域的不同,进行不同形式、不同内容的环境教育,更为科学、有效。但是,在这个看似合理的系统内部,依然存在着不协调:长期以来,对于学校环境教育的重视程度和所取得的实际效果都超过了非学校教育;而在学校环境教育当中,基础教育的受重视程度也不够理想,远远不及专业环境教育。大多数高校并没有开设有关环境保护的选修课或者公共课,对于非环境专业的学生来说,接受的环境教育是极为有限的。这些内部失衡都使得环境教育的覆盖面受限,教育的成果也受到了影响。

4.环境教育在环境综合立法中的缺位

作为环境保护工作的基本法,《中华人民共和国环境保护法》中对环境教育做出的规定是一条倡导性的内容,其具体表述为:"国家鼓励环境保护科学教育事业的发展,加强环境保护科学技术的研究和开发,提高环境保护科学技术水平,普及环境保护的科学知识。"该条文内容虽然对环境教育做出了指导性、原则性的规定,但由于其内容过于宽泛,可操作性大打折扣。就其表述而言,依然是将环境教育的内容局限在"科学知识"的普及方面,忽视了环境伦理观、可持续发展观这些先进的观念列入其中,不符合时代潮流和环境保护的内在需求。

关于环境教育的内容,在有关环境保护的单行立法中也都有所提及,在教育界的规范性文件中也有涉及,但是其表述各有侧重,也未能形成统一的立法思想,彼此之间缺乏有机联系,未能使环境教育形成统一的法律生态链。例如,在《化学矿山环境管理暂行规定》中,要求相关行业的大专院校、技术学校、技工学校设置环境保护课程,在条件允许的情况下还应设置环境保护专业人才。在《九年义务教育全日制小学、初级中学课程计划(试行)》中,明确表示将环境教育融合进自然、地理、生物等多个学科中,使环境教育渗透进各个学科之中。又如,在《进一步加强和改进中等师范学校德育工作的几点意见》中,将可持续发展的观念注入教育理念之中。这些立法方面的实践显示了我国的环境教育已经初步具备了别具特色的教育模式,在立法文件中也不断地注入了科学、崭新的环境观念,这些都是环境教育制度构建中不容忽视的方面,为我国环境教育立法奠定了一定的基础。但是,这些立法存在一些比较明显的问题,即为,在层次较高的法律当中,关于环境教育的规定往往比较空泛也不便操作,又或者是表述上各有侧重,未能形成统一的体系和生态链,而一些规定的较为细致的规范性文件,内容上往往具有局限性,并且效力层次较低,不能很好地服务于环境教育工作。总体上而言,环境教育立法在环境立法工作中处于"时常被提及",但从没予以高度重视和细致构建的地位,立法的缺位使得环境教育工作缺乏了有力的法制保障。

5.政策性文件过多,行政色彩浓厚

在对环境教育进行专门的立法之前,一直是政策性文件在指导环境教育的管理和执行。不管是国务院,还是教育部门,环保部门,都曾出台一系列的规范性文件来指导环境教育,内容包括对环境教育的理论内涵、重要意义进行探讨和指示,也包括一些具体的活动安排、制度构建和指标体系,一定时期内对于环境教育工作的开展和推广起到了积极的作用。政策性文件具有自身的独特优势——针对性、操作性强,内容大多比较具体,但是不容忽视的是,规范性文件也有其弊端,最主要的是其效力层次较低,因而适用的实践和范围都比较受限,无法起到长效反应,当发生部门利益冲突的时候,规范性文件往往不能作为有力的法律依据。但是,通过这些规范性文件的设计,探讨出了一些适合我国的制度和机制,为我国的环境教育立法提供了重要的参考。

(二)我国环境教育立法应该关注的几个问题

在经过一段时间的经验积累和理论探讨之后,我国的环境教育立法开始正式起步,目前在一些地区已经进行了地方性的环境教育立法,为统一的中央立法奠定了实践基础。进入21世纪以后,世界范围内的环境保护思潮有了新的成果,无论是理念上还是具体的制度构建都有一些值得借鉴之处。我国的环境教育立法不仅应当吸收其他国家或者地区已经取得的立法经验,还应当吸收这些崭新的理论和具有闪光点的制度,使我国的立法更加趋向于完善、科学。以下几个方面的问题,是我国的环境教育立法所应当关注的。

1.可持续发展的教育观

环境教育诞生于20世纪六七十年代,而可持续发展教育是伴随着"可持续发展"这一概念的产生而出现的,正式出现在20世纪90年代。虽然这两个概念所产生的背景极为相似,即都是源于全球范围内的环境危机和社会危机。随着环境问题日益严重和复杂化,对环境教育的理论认知也不断加深,使其从生态和自然领域逐渐扩展到社会生活、伦理观念等方方面面,经济、社会、文化等因素也被纳入其理论体系,并着重研究理论基础对环境教育所产生的影响。而这一方面的考虑也同样地受到可持续发展的重视。因为这些相似之处,理论界开始关注环境教育同可持续发展教育之间的内在关联,并在深入探讨的基础上形成了不同的看法,主要的观点有五种:一是认为二者因为产生背景、基本概念、教育内容和方法上都极为相似,因而是一对等同的概念;二是将可持续发展教育视为是环境教育的组成部分;三是将环境教育看成是可持续教育的组成部门;四是认为二者虽然在某些方面有相似点,但在本质上仍属于不同的两组概念;五是将可持续发展视为环境教育发展过程中一个比较高级的阶段。

毫无疑问,环境教育和可持续发展之间的客观关联是不可否认的。二者之间在不断的发展之中也存在着良性的互动。环境教育作为比较早诞生的概念,有了较好的理论积淀和实践经验,这些都为可持续发展提供了发展的前提和基础。联合国教科文组织于1997年发表的《教育为可持续未来服务》报告中,对环境教育为可持续发展教育所做的贡献予以了肯定,称"可持续发展教育根植于环境教育之中",环境教育所起的作用不仅仅是一门课程,而是对教育重新定向这一工作起了很重要的支持作用。同时,不容忽视的是,可持续发展教育作为在崭新的理论思潮诞生之后形成和完善的概念,为环境教育注入了新鲜血液,也提供了全新的发展方向:一方面,环境教育在其内涵的发展上日趋广阔,其面向可持续发展的定位可以视为可持续发展教育对其所产生的影响;另一方面,可持续发展教育也借鉴了环境教育中比较成功的教育形式和方法。

可持续发展教育不仅仅是要解决人类社会的可持续发展,其根本的目的是为了促进作为社会的一个子系统的"人"的持续发展。[1] 因此,环境教育同可持续发展教育在目标上存在不同之处,虽然这两组概念存在诸多相似点:目标上追求人类与自然的和谐共处,实践上强调民主参与,但总体而言,它们是一对互相影响的不同概念。但不容忽视的是,可持续发展在内容和形式方面的发展,在立法理念和实践上,都有诸多值得环境教育关注和研究的方面。环境教育立法必须注意到这些方面,在立法理念上融合可持续发展教育立法的精华,为其提供科学的方法论指引。

2.公众参与原则

我国的《环境保护法》在总则部分第五条明确规定:"环境保护坚持保护优先、预防为主、综合治理、公众参与、损害担责的原则。"在其他的一些有关环境保护的单行法中(比如《污染防治法》),都对公众参与在环境保护方面的重要作用予以了肯定和倡导。党的十八大,将生态文明提升到同经济、政治、文化、社会建设同一战略高度,而在生态文明建设中,公众参与将起到巨大的驱动力量。

现代的公众参与有其固有的模式,在环境保护和生态建设这一问题上,公众作为最重要的方面处于内核位置,而这两项活动的具体实践处于外层,为公众参与实践搭建桥梁的是行政部门。公众参与对环境问题的解决所起的重要作用已经得到了普遍性的重视,在学者深入研究之后,也进行了具体的制度设计和立法工作来保障有效参与。公众参与作为环境法领域最重要的原则之一,有下述制度对其进行

---

[1] 王民.论环境教育于可持续发展教育[J].北京师范大学学报(社会科学版),2006(3).

保障:环境信息公开制度、环境立法参与制度、环境行政参与制度和环境权利救济制度。对于环境教育立法来说,尤其应该关注环境立法参与制度。环境立法参与制度,是指公众依照法律的规定,遵从法定的程序,参与国家的环境法律和行政规章以及法规的制订过程,影响国家的环境立法制度。❶ 公众参与环境立法,可以说是做到了从源头参与环境保护工作。同样地,环境教育立法工作也应当充分保障公众参与的途径。

如前所述,环境教育立法吸收了可持续发展教育立法而具有了科学的立法理念作为方法论指引,而公众参与在环境教育立法中最大的价值是为环境教育法制建设提供了十年的切入点。在环境教育中公众处于内核位置,行政部门所起到的桥梁作用通过公众参与来实现环境教育这一外围内容。如果在环境教育立法中缺失了对公众参与的有力保障,环境教育实践性将大打折扣。

3."绿色社区"和"绿色学校"

前述两点分别是从立法理念和基本原则对环境教育立法应当高度重视的方面做出规定,而"绿色社区"和"绿色校园"是吸收了国内外在环境教育相关工作方面进行的比较具有亮点同时又具有反复适用性的活动,在环境教育立法予以推广,丰富环境教育的形式,鼓励对环境教育进行大胆的创新。"绿色社区"与传统社区最大的区别在于,其硬件设施符合环保要求,具备较完善的环境管理体系,尤其是有多样化的公众参与机制。绿色社区的设施分为硬件设施与软件设施,前者主要指绿色建筑、社区绿化、垃圾分类、污水处理、节能节水、新能源等设施;后者包括其管理组织,主要是由政府有关部门、民间环保组织、居委会和物业公司等组织组成;此外还要求具备一定数量的志愿者、绿色家庭,以及持续组织的环保活动等。在国外,绿色社区已经是一个比较完整的概念,建立在绿色建筑理论成果之上,虽然尚未形成独立的绿色社区评价体系,沿用的是立足于该国国情、在该国绿色建筑评价体系的基础上,将评价体系、评价对象由绿色建筑延伸到社区,如美国的 LEED-ND 社区规划与发展评价体系、英国的 BREEAM Communities 可持续社区评价体系。❷

环境教育立法对绿色社区加以关注的重要性主要基于以下几个方面的原因:第一是绿色社区要求具备常规性管理组织,由行政部门指导、社区居委会为领导组织,所服务的对象十分广阔,这些基层组织作为构成城市社会的细胞,在环境教育中也将发挥巨大的作用(农村地区依然可以参照绿色社区的评价指标,由村委会牵

---

❶ 王超.公民参与生态文明法律制度研究[D].北京:中国林业科技大学,2013.
❷ 叶青,赵强,宋昆.中外绿色社区评价体系比较研究[J].城市问题,2014(4).

头进行"绿色乡村"建设);第二是绿色社区在创建伊始,就离不开NGO的协助和推广,例如北京市的绿色社区建设便是由"地球村"这一志愿者组织在其作品其中发挥作用并成功推广到其他地区,这一点同样符合环境教育工作的现实需求;第三是绿色社区建设当中的量化指标,弥补了环境教育在具体的目标设定上存在的重学术探讨而略显空泛的不足。可以这样说,绿色社区的建设,为环境教育工作在实施群体和评价体系上都提供了极佳的借鉴,绿色社区评价体系中的部分内容同环境教育的内容存在重合,因此,在环境教育立法中关注绿色社区这样一个发展比较成熟的概念,对于环境教育立法的实践道理具有很好的借鉴意义。

绿色社区对于环境教育最大的借鉴意义是对于居委会这一基层组织和NGO等主体的利用,使得环境立法在实践中的辐射面更加广阔,而绿色校园为环境提供了专业环境教育的经验积累和信息反馈。

第四节 中国环境教育立法构想

一、我国环境教育立法的结构设想

(一)环境教育立法的意义

1.环境教育立法的必要性

对某一社会关系用立法的方式来进行调整和规范,充分体现了其重要性。环境教育立法的必要性是非常明显的,包括经济、社会、人口、资源、法律等多个方面,具体而言包括:

首先是解决环境问题、确保社会发展的需要。环境问题在20世纪就已经初现端倪,给全球的经济和社会发展笼罩上一层阴霾。但是,对于此项问题的重视程度同人类破坏生态环境的强度不相协调,当前,生态环境已经十分脆弱。"即使没有核战争,生态环境的破坏也足以毁灭人类自身,足以亡家亡国。"因此,人类亟须对自己的观念加以改变,树立与自然和谐共处的观念,最终实现自然—社会—经济的可持续发展。

其次是实现可持续发展的需要。环境教育对于教育的改革和发展做出重新审视,使其理论和实践的发展上升到一个新的境界,同时此项活动也是从可持续发展的战略高度来进行。对于一系列人类发展过程中产生的新问题,比如人口急剧增长、资源严重缺乏、环境状况不断恶化、生态严重破坏等诸多问题,要不断致力于旨在实现资源节约化、生产过程清洁化、废物再生化、环境无害化、农业生态化、社会公平化、国际交往平等化等可持续发展的观念、理论、技术与实践能力的教育；要着力塑造公民可持续发展的环境伦理观，在生活中倡导绿色的行为方式和生活方式等；更为重要的是，通过环境教育来培养具有良好环境伦理观念、社会责任观念和高水平环境知识与技能的公民。

最后是维护公民环境权的需要。设立权利的目的是为之提供充分的保障，保护是权利的应有之义。公民环境权的提出和发展，是在人类文明进入到新的时期，对于作为主体的人自由和尊严越来越受到应有的重视的背景下。在我国，公民环境权还没有以立法形式对其予以明确，对我国公民来说环境权尚且属于应有权利还没有具体行使。但随着世界范围内环境权的受重视程度的加深，我国法学界对于环境权也表现出了极大的热情。环境教育立法对于公民环境权的保护具有十分重要的意义，为公民环境伦理观的塑造，以及充分利用多种资源来落实环境保护工作，提供了制度性的保障。

2.环境教育立法的可行性

要对环境教育进行专门立法，除了具备一定的必要条件外，还需具备相当的可行性。除了需要考虑政府在此项问题上的重视程度，是否具有一定的政策铺垫之外，还要参考公众的接受程度和整体教育水平等。就我国的基本情况而言，环境教育立法已经具备了现实的、充分的可行性。

首先是充分的理论基础。随着可持续发展理论的不断发展，越来越多的国家根据可持续发展的行动纲领做出了许多应对性举措。可持续发展理论要求公众关注环境保护的紧迫性，并对政府及公众的具体行为提出了要求，因此为环境教育立法奠定了理论基础。此外，生态伦理学、环境法学的发展为环境教育立法奠定了必要的知识基础。生态伦理学是由法国哲学家、医生、诺贝尔和平奖获得者A·施韦兹和英国环境学家A·莱奥波尔德创立的，是一门关于人和自然的道德学说。其实践指向上要求人承担其对自然的道德责任为环境伦理观的塑造带来极大的启发。而环境法学在世界范围的兴起为环境教育立法奠定了直接的理论基础。

其次是丰富的政策基础。如前所述，我国的环境教育立法工作已经有了一定的实践积累，具体表现在一系列相关法律法规、政策性文件的出台。无论是教育部门，还是环保部门，都通过制定政策来促进环境教育工作的有效开展。虽然未能形成严密、完整的法律体系，也没有强有力的制度保障，但是为环境教育立法工作提供了必要的政策积淀和实践积累。

最后是必要的社会基础。环境教育法能否在具体实践中起到塑造公众环境伦理观和环境保护意识、提升环境知识和技能的效果,同一国的社会基础密切相关。日本的环境教育立法便是尽可能地激励公民的"自觉意识",从而为环境教育提供良好的社会氛围。在我国,近些年来,环境问题十分严峻,对公众的生活造成了明显的影响,也使得公民的环境保护意识得到了显著的提高。企事业单位、社会团体也在环保工作中发挥着越来越积极的作用。这些变化都为环境教育立法提供了比较好的社会基础。在目前环境教育法律缺位的情形下,现有的法律法规不能适应环境保护事业的需求,而当前民众的认知水平已经具备了充分的立法可行性和执法可行性。

此外还有充足的资金保障。美国、中国台湾地区的环境教育立法都充分考虑到了资金保障这一问题。随着我国对环境教育的重视程度的加深,在环境教育方面的资金投入也越来越充足国家对环境教育的投入逐年增多,已经明确规定各级政府应当将其纳入国民经济和社会发展的计划当中。并将环境教育的经费纳入各级政府的财政预算。在环境教育上的资金投入也为此项工作的开展奠定了物质基础。

综上所述,针对我国的环境现状及环境教育现状,进行专门的环境教育立法势在必行。同时,我国也已经初步具备了进行环境教育立法的现实可行性。

(二)环境教育立法的基本理念

1.立法目的

立法工作都是为了实现特定的目的而进行的制度构建。对于环境教育而言,其终极目标是推动我国环境与社会的可持续发展、促进生态文明建设。但是不能将环境教育立法的目的同环境教育的目的一概而论。环境教育立法是将环境教育活动加以法制化,从而为其提供法制保障,二者之间并不完全等同。环境教育立法的终极目标当然也是实现人的可持续发展——使其具备较好的环境素养。但环境加与立法的直接目的还是通过立法手段对环境教育活动进行必要的监管,并为其提供完善的制度保障,使其走向专业化、法制化和规范化。具体而言,环境教育立法的目的主要涵盖:塑造公民的环保意识和环境伦理观;为环境教育提供科学的方法论指引和多元的制度保障;助力我国环境法制建设和环境保护事业。

2.立法模式

立法模式主要是指一定的国家机关按照法定职权和程序,制定专门法律法规时所采取的、法律范式或立法体例。❶立法模式受一国经济文化水平和立法特色

---

❶ 郑成良.现代法理学[M].长春:吉林大学出版社,1999:75.

的影响比较重,但同时也影响着所指定的法律的权威性和实效性。目前,环境教育立法的模式在世界范围内主要有三种:一是以美国为代表的专项性立法,它要求采用此种立法模式的国家对环境教育投以极大的重视,不仅有中央机构来进行主导,也具备常规的执行机构;二是以澳大利亚为代表的行政立法,此种模式主要基于国内环境教育实践经验丰富,仅以行政立法对其加以指导和规范,其效力层级低于专项性立法;三是主要被一些发展中国家采用的附加立法,即在环境相关法律法规中对环境教育加以表述。

以上几种立法模式,是基于不同国家的法律背景、行政制度和司法习惯而加以不同的选择。就环境教育的有效性而言,专项型立法更能起到有力的保障作用。因为有专门的机构加以执行和监管,能确保政策能够落到实处,明确责任划分。但是专项型立法要结合一国的行政体制,创设性的机构设置难免造成行政部门繁多、机构冗杂的问题。而行政立法对于一国已经进行的环境教育立法实践提出了比较高的要求,一些发展中国家则不具备此种立法模式的现实可能性。附加性立法对环境教育发挥的作用受到相应的约束,无法对环境教育提供切实有力的保障,但在环境教育的法治探索尚不深入的时候,能够起到一定的政策指向作用。

当前我国对环境教育的立法是以附加立法的方式,在环境保护相关法律、法规及其他规范性文件中予以表述,这样的立法模式不利于我国环境教育工作的有效开展。地方性环境教育专项立法已经在我国部分地区进行了尝试,为环境教育在我国的中央立法进行了实践积累。因此,在总结既往环境教育的实践经验、吸收地方环境教育立法的成果、借鉴国外环境教育立法的精华的基础上进行统一的中央立法,具有可行性和必要性。

3.环境教育的立法层次

对于环境教育的立法层次的明确定位,将很大程度上影响立法成果发挥的效应。此前的环境教育立法,大多是效力层级较低的政策性文件,所适用的空间范围或者行业领域比较小。而立法具有明显的规律性,即针对某一门法律关系,在进行众多的法规规范和分散的立法之后,再以统一、集中的形式将其集中到某一步专门性立法当中。在此过程中,最先制定的政策性文件的适用,充分发挥了政策的灵活性、实用性,同时也能发挥政策及时、便捷的优势,规避法律的滞后性。而在时机成熟之后,就应当对其进行整合,对于不同法律文件之间互相矛盾的地方予以明确,对于不适应现实需要的部分予以革除,增加新的法律规范。使法律规范的内部逻辑严密、体系完整、内容协调。

就当前的环境教育现状而言,已经有不同的立法主体进行了各种立法实践。

关于环境教育的法律法规、政策性文件比较多,但总体上却无法对全国性的环境教育工作的实践起到应有的指导作用。究其原因,主要是:一是立法层级较低。虽然在《环境保护法》为代表的环境保护法律中对环境教育予以了表述,但是缺乏对环境教育工作的具体设计因此不具有实践层面的操作性。而其他的法律性文件效力层级较低,所适用的空间范围和行业领域比较局限,一些富有成效的制度设计和实践经验无法被推广。同时也无法为环境教育工作提供有力的法律保障。二是法律角色定位的不明确。对于环境教育,到底是一个环境法方面的问题,还是教育法方面的问题?在其立法的指导思想和秉承的基本原则中,到底应该坚持哪一学科的理念?在相关的立法中都没有予以明确。教育部门所进行的规定大多是针对实践过程中学校所应负起的责任和相关的具体执行问题,而环保部门所出台的法律文件大多是进行总的纲领性的规定,大多是宣示性的规定。角色定位的不明确使相应的规定有明显的脱节,其整体思路无法达成协调统一,割裂了教育活动本身的思想性和实践性,从而削弱了立法所发挥的效应。

在当前的形势下,已经具备了进行专项性立法的必要性和可行性,因而对于环境教育立法的效力层级、角色定位也应当做出明确。作为对全国的环境教育工作加以指导的一部法律,应由全国人大常委会予以制定,以赋予其较高的效力层级,使其在具体的实践中能发挥重要作用。在其角色设定上,应当是一部教育法,虽然其最终目的是为了环境保护事业,但其内容和方法上的教育法意味浓厚,其具体的制度上虽然更多的吸收了环境法的制度设计,但归根到底要通过教育的手段来体现和保障。

(三)环境教育法的基本原则

在阐释这一问题的时候,需要厘清一个问题,即环境教育法的基本原则同环境教育立法的基本原则之间的关系。很显然,二者是截然不同的两个概念。环境教育法的原则,是指作为调节环境教育活动过程中所涉及的社会关系的法律,在运行过程中应遵循何种原则。而环境教育的立法原则则具体指在进行环境教育立法的过程中,应当秉承何种原则。前者解决宏观层面上法律体系的走向问题,后者解决微观层面法律设计的逻辑起点问题。前者对法律体系构建的发展起潜移默化的影响,而后者则是直接决定了法律设计中的科学性。在谈及环境教育立法的问题时,有必要分别探讨环境教育法的基本原则和环境教育立法的原则。

对于法律原则,布莱克法律辞典的解释是:法律的基础性真理或原理,为其他规则提供基础性或本源的综合性规则或原理,是法律行为、法律程序、法律决定的决定性规则。环境教育法总体上体现着以下原则。

一是激励与约束相结合原则。此项原则是指环境教育法在总体思路上通过各种激励手段来调动公众参与环境教育的热情,同时也具有法律固有的约束性、强制力。但在实践中,其约束性还需强化,尤其是责任的强化。如前所述,环境教育法其政策性指向十分明显,以其内容来体现国家对于环境教育的总体思路,同时也通过一系列的政策来保证其有效开展,此外,在专项性立法之前更是通过诸多政策性文件来进行了理论与实践的探索。但不容忽视的一个问题就是,政策具有固有的缺陷性,例如,稳定性的缺乏,效力层级较低,强制力不足等,这都给环境教育的开展,尤其是强化行政部门的职责造成了一定的困难。因此,在环境教育法中呈现出的一个趋势就是,对于主体责任的明确化。无论是行政部门还是企、事业单位,又或者社会团体,都应当服从环境教育法的约束。如果过度强调其激励性手段而忽视了作为法律本身的约束性,那么环境教育法最终会走向夸夸其谈的误区。当然,结合美国和日本的实践来看,其国内的环境教育法对于激励手段的重视和运用都是比较成熟的典范,但是结合我国目前实际来看,虽然激励手段尚不全面,但对于约束性的强化仍是首要考虑的问题。

二是通识教育与专业行业教育相结合的原则。此项原则充分考虑到了环境教育的受众范围的特点,符合教育的基本规律。通识教育之所以应当重视,是因为环境观念的塑造、基础性环境知识和环保技能是每个公民都应当尽可能掌握的,国家也应当为其提供必要的条件去加以保证。通识教育的保障措施可以结合我国的义务教育来进行,在义务教育的全阶段和整个过程都有意识、有计划地开展环境教育。当然,环境通识教育需要比较充分的硬件设施的保障。专业行业教育的重要性在于,能够间接地对环境教育乃至环境事业相关的问题产生影响。具体而言,针对党政机关尤其是领导干部进行的环境教育,在党政机关对于环境问题的重视程度,甚至一些对环境产生巨大的影响的决策上,都会发挥积极的作用。党政机关的环境保护意识缺失、环境知识缺乏,是环境保护工作在面对政绩考核、经济增长指标等问题时时常要面对和克服的难题,党政机关尤其是领导干部进行有针对性的环境教育,对于这一问题的解决将发挥积极的作用。而针对以高等院校、技术院校为代表的专业型人才进行的环境教育,则是主要通过激励的手段,激励关于环境教育和环境保护的科学研究和人才培养,这对于环境事业的发展,其意义不言自明。对于企业进行的环境教育,主要是通过明确企业在生产过程中的不当排污和环境破坏行为将面临何种违法处罚,同时也有针对性地进行技术培训等,来使其具备必备的环境技术知识。此外,对于社会团体、基层组织进行的环境教育,对于公众积极参与环境事业,提供了保障。

三是政府主导与公众参与原则。环境教育在实践环境,必须以公众参与为桥梁。但这一路径中,需要行政部门负担起行政职责,也需要多元的制度保障。尤其是真多我国环境教育的现状而言,发展比较晚,成效尚不突出,还没有系统化地在范围推行,因此需要行政部门肩负起管理职责,对环境教育的开展进行统一的规划和部署。在明确政府职责的问题上,需从以下几个层面来加以保障:首先是机构设置,在中央有对环境教育进行统一领导的专门机构,在地方各级政府,也要将环境教育的具体职责落实到相关各部门,并成立专门的考核、监督机构;其次是将环境教育的考核工作纳入工作考核的指标体系,并制定相关的年度工作计划和考核体系,并对考核不通过的行政部门及其主要负责人予以相应的处理;再次是将环境教育的经费纳入财政预算,对其提供充分的经费保证,并监督其具体使用情况等。政府所主导的是管理职责,但更重要的是有多元的公众参与机制来保障公民能有效参与。公众参与原则作为环境教育的基本原则,应当有具体的制度设计对其进行保障。在公众参与的过程中,应充分利用社会团体,尤其是在环境保护问题上有着实践经验的环保团体,并结合新闻媒体的重要作用,来营造良好的社会氛围,提高社会关注度。此外,基层组织如社会居委会也应当越来越受到重视,结合我国的城镇化建设和市民社会建设,强化这些组织在社会管理方面发挥的积极作用。

立法原则主要解决在具体的法律构建中法律的方向性问题,其直接作用是为了更好地实现环境教育立法的目的,归根结底是对立法的成效产生影响。在环境教育立法中应当遵循如下原则。

一是立法的可持续发展原则。可持续发展原则作为环境问题中非常重要的理论成果,已经成为环境法律的基本原则之一。对于环境教育立法而言,对可持续发展这一原则的重视程度更甚。一方面,可持续发展原则立足于人与社会的永续发展,为环境教育立法活动提供了物质基础和研究对象。可持续发展原则的贯彻和实践,是环境工作有效开展的必由之路,也为环境教育事业提供了客观的物质基础。另一方面,可持续发展原则在数年的发展之中,对其他学科的渗透也使一些新的理论浮出水面,如前文所述的"可持续发展教育",环境教育对可持续发展的重视页必然会吸收可持续发展教育的一些理论成果。对这些理论的关注,丰富了环境教育立法的内涵,使其立法的指导思想更为先进、科学。

二是立法的整体性与差异性相结合的原则。环境问题兼具整体性和差异性,而环境教育实践也呈现出同样的特点。环境教育在我国,整体上处于实践发展较快但总体水平欠佳的状态,但不同的地区间,经济水平的差异使得其环境教育水平也有明显的区别,不同地区环境问题外在表现的差异也使得环境教育的侧重点应有所不同,此外,针对不同领域、不同行业、不同受众,开展环境教育的方式也应该是有差异的。因此,在环境立法中,要做到整体性和差异性相结合,针对不同区域环境问题的特点、不同领域、行业所展开的环境教育在立法活动中做出的考量和差异性规定不能削弱立法的统一性。

三是科学立法原则。我国《立法法》规定:"立法应当从实际出发,适应经济社会发展和全面深化改革的要求,科学合理地规定公民、法人和其他组织的权利与义务、国家机关的权力与责任。"党的十八大报告进一步指出:"要推进科学立法、严格执法、公正司法、全民守法,坚持法律面前人人平等,保证有法必依、执法必严、违法必究。"科学立法是立法活动中一贯坚持的重要原则,同时也是完善和发展法律体系的价值追求。对于科学立法的内涵,主要包含三个方面:一是立法要符合规律性。马克思认为:"立法者应该把自己看作一个自然科学家,他不是在创造法律,不是在发明法律,而仅仅是在表述法律,他用有意识的实在法把精神关系的内在规律表现出来。如果一个立法者用自己的臆想来代替事情的本质,那么人们就应该责备他极端任性。"[1] 二是立法要符合有序性。对秩序的尊重和追求是立法活动的目标指向。三是立法要符合和谐性。立法的和谐性从微观上意味着立法要追求和解决人们的利益矛盾,实现正义的需求,从宏观上讲则是追求妥善处理人与人、人与自然、人与社会之间方方面面的关系[2]。在对科学立法的内涵形成了比较清晰的认知以后,对于环境教育立法中如何坚持科学立法原则也有了明确的界定,即环境教育立法应当符合规律性,不仅应当遵从环境保护的规律性,还应当遵从教育活动的规律性;环境教育立法应当符合有序性,在制定法律的过程中,即便是为了出于环境教育的需要,也不能够用激进的方式打破原先的社会秩序;此外还应当符合和谐性,环境教育立法归根结底是为了人与自然的和谐相处,因此,在通过立法来调整社会关系的时候,不能忽视了这一终极目标。

四是开门立法原则。开门立法是群众路线的产物,是指在立法过程中尽可能鼓励和引导公众参与,保证立法信息的公开透明,从而使得立法成果从一开始就能体现公众的意愿,从而保证立法的民主化和科学化。长期以来,我们采用的是"闭门立法"的方式,由部门来主导立法的过程,由相关部门拟定草案、交由同级人大常委会审议。这样的立法方式最大的弊端就是立法更多地体现和维护了部门利益,因而近几年当中,开门立法越来越受到重视和采用。开门立法最大的特点是立法

---

[1] 马克思,恩格斯.马克思恩格斯全集[M].北京:人民出版社,1995.
[2] 冯玉军,王柏荣.科学立法的科学性标准探析[J].中国人民大学学报,2014(1).

过程的公开透明,最大的优点是使公众能够直接参与到立法过程,最大的价值是保障了立法的公开和民主。环境教育立法应当坚持开门立法,需从以下方面加以保障:首先是要建立和完善多元化民主立法的方式,使社会的每个阶层都有表达自己观点的机会,也要尽可能地扩展公众参与立法的主体范围和途径。其次是强化专家、学者在立法当中所发挥的作用,就环境教育而言,设计许多专业性的问题,无论是环境科学领域、环境法学领域还是教育学领域,单纯依靠行政部门来进行,是无法达到其科学性的要求的,专家、学者作为立法活动的参与者,其主体地位同普通公众并无二致,但是由于其认知水平和专业技能的原因,提出的建议、看法更具有现实的可采性,因为将会发挥更重大的作用。另外,环境教育立法的开放性还需要一定的程序性保障,比如信息公开程序、参与公众的选任程序、协商程序和意见反馈程序等,如果忽视了程序保障,那么开门立法也无法真正被落实。

五是民主立法原则。民主立法、科学立法和开门立法之间,存在着共通的地方,尤其是民主立法和开门立法,有的学者在进行探讨的时候认为是完全等同的概念。当然,这三者之间的关系是非常紧密的:开门立法是民主立法的一种外在表现和实现途径,也是为科学立法服务的。但是,开门立法并不完全等同于民主立法。因为民主立法除了需要通过开门立法来扩宽公众参与立法过程外,依然不能忽视传统的立法路径当中对民主的保障。也就是说,所谓开门立法,指的是主体多元化的主体参与,但是民主立法,是涵盖了两部分主体:一是作为法定主体的各级人大代表,二是作为法定主体补充的社会公众。因此,对法定主体在立法活动中的民主性的保障,也是十分重要的。要在环境教育立法中体现对于民主立法原则的坚持,应着重从以下方面展开:首先是应当建立立法建议反馈制度来保证民主立法过程中的合理建议能被吸收和采纳;其次是针对民主立法举行的听证会、座谈会、发布会等应该设立监督机制,否则会成为"走过场"而进入形式主义的误区;最后是对部门主导立法的传统立法形式加以限制,避免立法过多强调部门利益;此外还应当采取多种鼓励措施来激励公众参与立法活动。

(四)环境教育立法的制度设计

对具体制度的设计直接影响着岁创设法律的可操作性,如果缺乏具体的制度设计,那么环境教育的践行便无从着手,成为一纸空文。具体来说,环境教育立法当中下述制度必不可少。

1.环境教育行政责任划分

当前的环境教育工作强调行政管理职责,因而必须对其行政职权进行明确具体的规定。结合中国的行政机构的设置,可以借鉴我国台湾地区的行政机构设置,在中央国务院组成部门内部专设环境教育的工作部门来对全国的环境教育事业进行统一的管理;而在地方上,由各级政府来负责辖区内的环境教育工作。但是要竭尽可能地将工作落实到具体组织,保证环境教育有效开展。

2.环境教育的评价考核机制

环境教育的执行状况直接影响着公众环境教育的成果甚至影响着环境教育的整体发展,因此,针对这一事业构建一个完善的评估体系和监察机制十分必要。其主要针对的还是行政部门、社会组织是否切实履行自己的行政职责。这个评估体系也必须获得法律的确认和保障并由专门的机构来操作,具体可分为评估—反馈—整改三个步骤,通过这样一个和周期性的考察,对于一段时期内的环境教育工作进行评估和信息反馈,再进行有针对性的调整,从而达到不断完善的目的。

3.环境信息公开制度

在我国的环境教育实践中,广东省对于环境信息公开的重视程度取得了比较好的反响。对于环境信息的及时公开,使得环境教育摆脱了枯燥的政策宣导,使公民能感受到同自己息息相关,信息公开也是行政法领域非常关注的一个问题,对于公民行使监督权有直接的影响。面对复杂、专业的环境数据,公民同行政部门之间处于不对等的地位,因此行政部门必须切实履行这一职责,确保公民能知悉相关的环境信息。对于行政部门的工作职责,环境信息的公开渠道和方式都应当通过法定程序加以保障。

4.师资专业化制度

环境教育工作是一个跨学科的行业,具有较强的专业性,不仅要求教育者具备一定的环境专业知识,同时,具备专业的教育方法也是必不可少的。环境教育师资专业化,要求环境教育的从业人员必须具备相应的环境知识,通过正规的学习获得环境专业认证的学历,或者是通过另一渠道——参加劳动部门环境资格认证考试,成绩合格获得证书,另外,为确保环境教育从业人员知识储备的新颖、前沿和科学,需对其进行定期的培训。这一要求大大提高了环境教育从业人员的行业准入,确保了师资力量的专业化,保证了环境教育的成效。

二、《环境教育法》基本框架

结合我国环境教育的现状,在总结实践经验、吸收国内外立法成果的基础上对《中华人民共和国环境教育法》的基本框架做如下设计。

(一)总则

总则部分主要是对环境教育法所做出的概括规定,起到指导作用。总则的精神贯穿、渗透于分则的具体规定之中,通过具体的制度来实现。在总则部分,主要阐述下述内容:立法目的,环境教育的概念、对象、地位,立法的指导思想和基本原则等内容。

(二)组织管理

此部分内容主要对环境教育工作的行政管理职责做出具体的规定。在立法中要突出政府的主导地位、强化行政职责,也要符合我国国情,充分利用我国的行政层次和区域划分,避免行政机构过于庞杂。对于环境教育工作,在中央专门设立环境教育管理机构进行统一管理,统筹和协调全国的环境教育工作,在地方由各级政府行使环境教育的行政管理职责,并对其他机构、单位、组织等需负责的事项做出明确的规定。此外,要求设立专门的机构负责环境教育的考核评价工作。

(三)学校环境教育

在这一部门主要对学校环境教育这一环境教育的重点领域做出规定,针对不同的学习阶段和专业领域,需要侧重的方面也各有不同。在具体事项上,首先是肯定学校教育的地位和作用予以肯定,对其具体的实施方式和教育活动中的要求加以细化,学校需负担的职责等。同时,关于环境教育的教学大纲和专业的师资队伍建设也应当在这部分加以明确。

(四)社会环境教育

这一部分的内容主要涉及非学校环境教育即社会环境教育,在这部分内容中,主要对社会组织、基层组织在环境教育中起到的作用加以阐述,明确其职责,针对不同性质的社会组织赋予其不同的职责。尤其应该关注的是,由于非学校环境教育涉及的人数众多,领域较广,行业众多,因此在立法中能充分贯彻对于公众参与原则。

(五)环境教育的保障

如果缺乏有力的法律保障机制,那么法律的内容必然难以有效践行。环境教育的保障机制主要包括经费保障和激励机制两方面的内容。对于环境教育的经费,在立法中应该借鉴台湾地区的做法,对其来源和用途加以明确。而环境教育的激励机制,则主要借鉴美国、日本的做法,成立环境教育基金会、接受慈善基金赞助支持、设立奖学金等多元的激励机制,确保环境教育有充足的经费、多远的激励机制,为环境教育吸引和培养更多的专业人才。

(六)环境教育的国际交流与合作

环境教育在发达国家已经取得了良好的成效,而我国起步较晚,需要充分借鉴其他国家或者地区的成果,因此,在立法中对于环境教育的国际交流与合作加以提倡十分有必要。主要内容围绕环境教育对外交流与合作的人才培养的方式、认证等内容。

（七）法律责任

对于违反法律所要承担法律责任的规定,是保证法律权威性的必由之路。在立法中,要明确违反《中华人民共和国环境教育法》的行为及其法律后果。主要可以从行政责任、民事责任、刑事责任三种类型加以区分。

（八）附则

此部分主要规定《中华人民共和国环境教育法》的生效时间,例外情况的适用等问题。

参考文献

[1] Joy A.Palmer.21世纪的环境教育:理论、实践、进展与前景[M].田青,刘丰,译.北京:中国轻工业出版社,2002.

[2] Rachel Carson.寂静的春天[M].吕瑞兰,等,译.长春:吉林人民出版社,1997.

[3] 蔡守秋.人与自然关系中的伦理与法[M].长沙:湖南大学出版社,2009.

[4] 崔建霞.公民环境教育新论[M].济南:山东大学出版社,2009.

[5] 李久生.环境教育论纲[M].南京:江苏教育出版社,2005.

[6] 马桂.环境教育学[M].北京:科学出版社,2007.

[7] 汪劲.环境法律的理念与价值追求:环境立法目的论[M].北京:法律出版社,2000.

[8] 吕忠梅.环境法新视野[M].北京:中国政法大学出版社,2006.

[9] 叶俊荣.环境政策与法律[M].北京:中国政法大学出版社,2003.

[10] 刘爱军.生态文明与环境立法济[M].济南:山东人民出版社,2007.

[11] 徐汇.国际环境教育的理论与实践[M].北京:人民教育出版社,2002.

[12] 徐祥民.中国环境法学评论[M].北京:科学出版社,2011.

[13] 常纪文.环境法前沿问题:历史梳理与发展探究[M].北京:中国政法大学出版社,2011.

[14] 王树义.环境法前沿问题研究[M].北京:科学出版社,2012.

[15] 汪劲.环境法治的中国路径:反思与探索[M].北京:中国环境科学出版社,2011.

[16] 崔浩.环境保护公众参与研究[M].北京:光明日报出版社,2013.

[17] 蔡守秋.确认环境权,夯实环境法治基础[J].环境保护,2013(16).

[18] 曹明德.对修改我国环境保护法的再思考[J].政法论坛,2012(6).

[19] 王曦.规范和制约有关环境的政府行为:为《环境保护法》修改建言[J].环境保护,2013(16).

[20] 竺效.论中国环境法基本原则的立法发展与再发展[J].华东政法大学学报,2014(5).

[21] 竺效.论公众参与基本原则入环境基本法[J].法学,2012(12).

[22] 吕忠梅.中国生态法治建设的路线图[J].中国社会科学,2013(5).

[23] 叶俊荣.环境立法的两种模式:政策性立法与管制性立法[J].清华法治论衡,2013(10).

[24] 褚宏启.论教育发展方式的转变[J].教育研究,2011(10).

[25] 徐祥民,等.环境法学研究30年:回顾与展望[J].法学论坛,2008(6).

[26] 姜明,蔡守秋.论可持续发展视野下的环境教育立法[J].中州学刊,2009(7).

[27] 王民,王元楣.从教育法角度看环境教育立法[J].环境教育,2010(3).

[28] 王民.巴西国家环境法解读[J].环境教育,2009(6).

[29] 王民.环境教育法国际比较与思考[J].环境教育,2014(2).

[30] 卢晨阳,袁正平.试析美国的环境教育对我国的启示[J].兰州教育学院学报,2014(6).

[31] 王民,王元楣.国际视野下的中国环境教育立法探讨[J].环境教育,2010(4).

[32] 刘大微.第一部环境教育法的诞生地[J].环境教育,2007(10).

[33] 李树,等.环境立法、执法对环保产业发展的影响:基于中国经验数据的实证分析[J].上海经济研究,2011(8).

[34] 竺效.评《环境保护法修正案(草案)》之信息公开条款群[J].郑州大学学报(哲学社会科学版),2013(4).

[35] 何向东.关于制定《中华人民共和国环境教育法》的思考[J].西南大学学报(社会科学版),2007,33(4).

[36] 沈洪涛.舆论监督、政府监管与企业信息披露[J].会计研究,2012(2).

第三章 公众参与环境保护视角下的环境信息公开研究

概 述

党的十八大做出了生态文明建设与经济建设、政治建设、文化建设、社会建设"五位一体"的中国特色社会主义事业总体布局。环境保护是生态文明建设的重要组成部分。生态文明建设的一个重要的起点便是,环境不能再持续的恶化。在当前总体环境污染比较严重的形势下,遏制污染的继续为其首要,其次是加大力度改善与提高环境质量。环境保护就是保护我们的环境不再持续恶化、不再受到破坏,使其满足人们健康生活的需要,保证人们身体健康与生活小康同步提升。但是,环境保护不能仅靠政府机关的执法或者企业自我的约束,在当前以 GDP 为主导的社会发展模式下,政府机关的环境执法具有一定的柔弱性,企业在追求自我利润时具有一定的盲目性。人的生存离不开周围的环境,因此,环境保护既是每个人的义务,也是每个人的权利。在当前环境严重影响人们生活的形势下,人们的环保意识较之前有很大的提高。此时,进一步发挥社会公众的力量,使社会公众参与到环境保护上来,是一件极具社会意义的事。我国最新修订的《中华人民共和国环境保护法》也已把"公众参与"明确为环境保护应当坚持的原则,为公众全面参与环境保护提供了合法性依据。

当前,我国正大力推进全面深化改革与全面依法治国,不断深化实现政治民主化与公共事务国家治理的共管共治。环境治理是其中紧要的与必要的一个方面,同时,环境因其本身的复杂性及其所涉问题的复杂性,也决定了对其治理民主化和多元主体参与共管共治的必然趋势。要做到民主化和多元主体参与环境治理,必须要能够打破"信息孤岛"现象并以此进行有效的信息沟通。从以往的法规、规章的颁布来看,我们既可以发现环境治理在国家治理民主化层面的重要性与独特性,也可以发现作为基础与前提的信息的重要性,如作为单独环境治理方面的规章《环境信息公开办法(试行)》与《中华人民共和国政府信息公开条例》就是同一时间起施行的。从现实以及社会主体行动层面来看,每个社会人所进行的社会行为都或多或少的带有一定的目的与计划,而这些目的与计划的开展实施则是基于对当前信息的充分掌握与分析,否则将会提高行为的盲目性,甚至会导致错误行为或违法行为。公众参与环境保护顾名思义,就是众多的社会个体共同行动、积极参与到环境保护这一目的上来,如果这众多的社会个体没有权威的、统一的、准确的信息作为桥梁连接起来,就会各行其是,按照自己的所思所想进行行动,很难达到行动的一致性。对于环境问题来说,它不是一般的公共事务问题,当它严重涉及每个人的生命健康时,人们的情感因素会急剧膨胀,就会体现出严重的个人色彩。同时由于现代环境问题常涉及生物化工等专业知识,普通大众在没有相关信息的疏导下,就会疑惑甚至恐慌,这时他们聚集在一起进行一致行动的结果常常会走向一个恶性的极端。环境治理民主化,就是要在共同理性的基础上,达到民主的一致性,对环境改善进展具有实质性,这才是所应提倡与追求的公众参与环境保护。

第一节 环境信息公开之公众参与环境保护视角的学理探究

对于环境信息公开问题的研究,已有相当丰富的研究成果,但是从现实的情况来考察这些已有的学术成果,则可以发现它们对推动改善现存的环境信息公开问题作用不大和效果不明显。分析原因,会发现现有的学术论文普遍存在这样两个问题:一是单纯的论述环境信息公开制度本身,问题不够突出,并且结构宽大,覆盖面广,导致泛泛而谈,论述不够细致;二是多从政府和企业的角度出发,以主体义务为本位展开论述,而不是以公众权利为本位展开论述。制度的建成与完善不是一蹴而就,在制度基本框架已有的情况下,就要从点滴的问题开始去完善制度。而问题的得出不在于经验借鉴,不在于中西比较,亦不在于对义务主体进行义务扩充,而是在于需求,尤其是作为权利主体的权利需求。我国的法律体系以权利为本位,以权利存在确定义务履行。因此,以公众的权利需求来促进环境信息公开问题的解决,才是正确的路径选择。

一、概念的厘定

随着时间的齿轮向前滚动,科学技术飞速发展,人类社会生活不断发生巨大变化,前一秒我们还处在 IT(Information Technology)时代,这一秒我们已身在 DT

(Data Technology)时代。因此,与我们息息相关的一些概念,虽其文本没有发生改变,但其内涵与外延较之以前却可能已有很大不同。在时代的进步与更替中,一些概念并不是一成不变的,尤其是与时代特征紧密相连的概念。作为学术研究既要注重对现实问题的回应,也要善于发现社会的发展变化对本领域的影响。学科发展往往比较滞后于社会发展,在科技飞速发展的今天显得尤为明显。环境法学因其研究对象的特殊性,决定了其要紧跟时代的发展,适时地对相关概念进行更新或者做出符合时代特征的解释。

(一)环境信息

环境信息作为环境法学领域中的基本概念之一,需要对其进行深入的研究,以确保环境法学研究在概念使用上能够做到精准化。对"环境信息"这一概念进行研究,首先要考察"信息"这一概念的产生及发展变化。人类生活有史以来就与环境和信息密不可分。首先,最初人类与自然环境是融为一体的,人类需要从自然环境中获取生存必需的物质。其次,人类社会存在与发展的过程是对客观世界的表象进行不断探索的过程。因此,自然环境作为一种客观存在,决定了信息的普遍存在。信息在此种程度上可以被认为是对客观世界存在的各种物质特征的反映。其后,在人类历史发展的过程中,先后经历四次信息革命:一是语言的出现,从质与量上大大地丰富了信息交流;二是文字的出现,使信息得以记录,打破了时间与空间对信息传递的限制;三是印刷术的发明,使信息流动和扩大具有了直接的社会性质和大众化的规模;四是电子通信设备及计算机的产生,使人类社会进入了信息技术时代。❶现在,随着科学技术的发展,对信息一种比较全面的概括是:信息是客观存在的一切事物通过物质载体所发生的消息、情报、指令、数据、信号中所包含的一切可传递和交换的知识内容,是表现事物存在方式、运动状态、相互联系的特征的一种表达和陈述。❷由此,信息的内涵可以认为是对客观现象的陈述及以此形成的知识和知识的传递。信息的外延则可以认为是一切可视的、可听的、可嗅的、可触的现象与事物及与它们所蕴含的能引起人类进行思维的内容一起所形成的整体。

随着人类对信息的不断研究,不仅对信息的概念内涵有了全面而准确的认识,而且对信息特征也有了比较全面的认识。一般来说,信息的主要特征有:可识别、可转换、可存贮、可传递、可再生、可扩充、可压缩、可共享等特征。对信息的研究,

---

❶ 高振荣,陈以新.信息论、系统论、控制论120题[M].北京:解放军出版社,1987:40-42.
❷ 马丽扬.系统论、信息论、控制论、通俗讲话[M].河北:河北人民出版社,1987:80-81.

极大地提高了人类处理与运用信息的能力,也增加和丰富了人类的智慧。信息的价值在于对它的利用,对信息的研究是为了能够更好地对之利用,提高社会生活的便捷与社会生产的效率。社会现代化的主要特征之一,就是社会的信息化。这表明了信息在促进人类自身进步,在社会发展与社会治理中的基础性作用。同时,科学工作者根据信息在解决复杂性问题中的重要作用,提出了信息方法。如今,信息方法已成为一种科学方法而存在,对社会性难题的解决提供了极其有效的支持。信息方法就是用信息概念作为分析和处理问题的基础,揭示问题之间的信息联系,实现有针对性的控制问题与解决问题。

正是由于信息存在的普遍性、作用的基础性以及信息方法的有效性,各个领域的科学工作者都积极地把研究视角投向与本领域有关的信息,探讨本领域的信息在现象解释、问题解决、价值应用中的作用。在环境科学领域,科研工作者们聚焦环境信息就是为了有效应对日益复杂的环境问题,此时,环境信息的概念主要表达环境科学领域的相关现象与内容。当需要通过法律制定来保护环境时,法律规范中的环境信息就具有了法律的属性,是环境法律领域里的一个范畴。此时,环境信息的概念就要受到法学领域的影响。因此,在特定的环境法学领域对环境信息进行界定,要在坚持信息固有的内涵与外延的基础上,以法学为源本,运用法学特有的思维理念,吸收环境科学领域对环境信息的相关认识,做出准确的表述。准确的环境信息界定,可以提高国家环境法律的精确性,提高环境法律治理的针对性。

国外关于环境信息的界定的典型代表是《奥胡斯公约》中的第二条,其表述为"环境信息是指下列方面的书面形式、影响形式、音响形式、电子形式或其他任何物质形式的任何信息:(a)各种环境要素的状况,诸如空气和大气层、水、土壤、土地、地形地貌和自然景观、生物多样性及其组成部分,包括基因改变的有机体,以及这些要素的相互作用;(b)正在影响或者可能影响上述(a)项范围内环境要素的各种因素,诸如物质、能源、噪音和辐射,及包括行政措施、环境协定、政策、立法、计划和方案在内的各种活动或措施,以及环境决策中所使用的成本效益分析和其他经济分析及假设;(c)正在或可能受环境要素状况影响或通过这些要素受以上(b)项所指因素、活动或措施影响的人类健康和安全状况、人类生活条件、文化遗址和建筑结构。"[1]我国《环境信息公开办法(试行)》中关于环境信息的定义是"本办法所称

---

[1] 在环境问题上获得信息、公众参与决策和诉诸法律的公约(奥胡斯公约)[EB/OL].(2015-10-20). http://www.hjajk.com/lawInfo/Display.aspx? id=6710.

环境信息,包括政府环境信息和企业环境信息。政府环境信息,是指环保部门在履行环境保护职责中制作或者获取的,以一定形式记录、保存的信息。企业环境信息,是指企业以一定形式记录、保存的,与企业经营活动产生的环境影响和企业环境行为有关的信息。"可以发现《奥胡斯公约》中关于环境信息的定义是以环境要素和影响环境要素的因素等客观现象为核心,进而涉及一切基于此而形成的各种认识。而《环境信息公开办法(试行)》中则只涉及有关环境的客观现象的陈述,明显不够准确。但《奥胡斯公约》在准确界定的同时,把环境信息所涉范围一并确定了,并且是一种无限范围,不具有概括性,与我国固有的语言习惯和法律法规的结构形式不相适应。因此,基于以上的分析,我们认为,法律意义上的环境信息的概念可以定义为:环境信息是附于一定载体的对有关环境要素及其影响因素的现存状况的描述以及围绕环境问题而为的各种行为及其结果状态的表述。

(二)公众参与

公众参与是一个组合概念,要分析其所表达的含义,首先就要分别对"公众"和"参与"两个概念进行分析。

公众通常指基于共同的追求、共同的利益、共同的诉求等某些非特意为之的联系结合而形成的特定时空下的群体。与以往"公众"的含义相比,如今的"公众"要特别强调是在特定的时空下的公众。由于现代交通技术和计算机网络技术的发展,时空对人类活动的限制被无限地减小,人们聚合与离散的方式也打破了传统的方式。因此,现在的"公众"较以往而言,更加没有一个稳定的状况。但其仍然有别于大众或群众这样彼此无联系的松散的集合体概念,也区别于单个的社会团体或组织。在不同的语境中,"公众"也往往表现出不同的含义,因此,其在话语之中通常表现出俗语的色彩,而非一个严谨的学术概念或官方的正式用词。官方正式使用公众一词及政治学、法学、社会学等社会科学领域对之进行广泛的研究,一定程度上是社会组织形态发展变化的结果。随着民主观念的不断深入,社会主体对环境保护、公共政策的制定、文化认同等一系列公共议题的关注度越来越高,并期望表达自己的意愿,进而对决策产生影响。但单个的社会主体难以影响或难以改变公共当局的单方意志,个体的联合就应运而生,而至社会自组织纷繁而现,并且扮演着越来越重要的角色,成为不可忽视的力量而存在。公众则成为国家社会一元结构向国家和社会二元结构转型中使用最为广泛的词语。

"参与"有参加、加入等表面之意,其隐含的深层之意有商讨、出谋划策的含义。可以表达单纯的只参与某项活动,如娱乐、运动比赛、庆祝典礼等活动,也可以表达对活动的谋划、分歧的协商等。学术研究中常见的参与,多指围绕公共问题或争议问题而进行的多方互动、意见交流的过程,旨在通过一项合理的决策和保证决策的有效执行。因此,参与的目的在于决策,是决策过程中各方意志相互影响的外在表现,以及基于决策而进行的执行、监督等活动。

综合上述的分析,公众参与的概念可以定义为:在特定的时空下具有共同诉求和利益的社会主体加入或介入公共当局关于公共事务决策的过程中,对决策进行有益的影响并参加到决策的执行与监督的活动。其是现代民主国家与民主社会发展的最具代表的形式,因此,学界也有将公众参与环境保护的原则称为环境民主原则。

二、公民环境权理论下知情权与参与权的统一

自蔡守秋先生发表《环境权初探》以来,我国环境法学界关于环境权的探讨已近35年。环境权理论在不断发展的过程中,不仅受到其自身流派分化的影响,也受到环境权反对者多方的质疑和批评。[1]由于诸多困境,确切的环境权始终在法律中难产。加之关于环境权理论的探讨,并未对我国环境问题的治理产生实质性的意义。因此,诸多的环境法学者纷纷倡导环境法学研究的转身,[2]强调注重对现实问题的回应。以至于在当下的环境法学研究中,反对或摒弃环境权的声音甚高。[3]

不可否认,环境权因其自身聚合着诸多的辩证关系,不同于其他主体、客体、内容相对简单的法权,在法律文本中容易界定,在社会中容易运行。也即在法律文本中确定环境权,容易导致实际运行中环境权的绝对化或泛化。这极易导致对环境权本身的伤害。通过分析,不难发现早期关于环境权的研究是概念法学(规范分析方法)在环境法学领域中的最直接与具体的表现。其"力图寻求一种法律得以展开的逻辑基础和概念前提,因此,他们不遗余力地挖掘、整理、提炼概念,并从概念出发推导法律"。[4]这是一条经由理论体系建构导向法律文本制定并最终进行社会实践以应对环境问题的路径,是一种自上而下的建构过程。这条路径自行至今,虽仍难以有新的突破,但不能成为反对或摒弃环境权的理由。从环境法学的未来和前途,从法律的核心要素——由权利与义务组成的权益结构等角度看,都不能摒弃环境权。

最新修订的《中华人民共和国环境保护法》不仅体现了环境权理论的研究成

---

[1] 王小钢.近25年来的中国公民环境权理论述评[J].中国地质大学学报(社会科学版),2007(7).王社坤.环境权理论之反思与方法论重构[J].山东科技大学学报(社会科学版),2012,14(1).
[2] 吕忠梅.环境法学研究的转身——以环境与健康法律问题调查为例[J].中国地质大学学报(社会科学版),2010(7).
[3] 陈海嵩.环境保护权利话语的反思——兼论中国环境法的转型[J].法商研究,2015(2).
[4] 谢晖.论规范分析方法[J].中国法学,2009(2):42.

果,而且为环境权理论的发展提供了一条新的路径。具体体现在对环境知情权和参与权的规定及对环境公益诉权的规定。分析言之,环境知情权和环境参与权得以通过正式的环保法律的规定是环境权理论与知情权和参与权理论共同发展的结果,否定任何一方的理论贡献都是不客观的和偏见的。有了法律意义上的环境知情权和环境参与权,公民知悉环境信息和参与环境事务就有了确切的保障,公民要求获取环境信息和参与环境事务也就是正当的权利诉求。从环境权的角度看,公民要求获取环境信息和参与环境事务就是在积极地行使公民个人的环境权。应当肯定,无论是公民环境知情权还是公民环境参与权的实现,首要保证的是公民能够及时获取充分的、有效的环境信息。换言之,公民能够及时获取充分的、有效的环境信息,本来就是公民环境知情权和环境参与权的应有之意。在本文的角度就是,针对当前的环境信息公开所存在的问题进行有针对性的解决,完善环境信息公开制度,不断满足公民的环境权利诉求,不断提高公民环境权利实现的效果。也应当能预见的是,随着公民不断地利用其手中的环境知情权和环境参与权,必将会为环境权的具体化提供大量的具有高价值的案例,为环境权的理论研究及当前状态的突破提供新的视角。概言之,就是通过一些诸如环境知情权、环境参与权等具体的环境权的社会运行,走自下而上的经验提炼理论的道路,促进环境权理论的不断完善和提高环境权研究应对现实环境问题的效力。

公民的环境知情权和环境参与权统一于环境权,是环境权体系下两个具体的子权,为环境权的进一步研究提供了巨大的动力。但是,其能否真正地为环境权的进一步研究提供动力,关键就在于其在社会中能否有效地运行。为保障公民环境知情权和环境参与权的有效行使和权利实现、促进环境权理论的进一步发展、有效应对现实的环境问题,积极完善环境信息公开制度就势为必要。

三、环境信息公开与公众参与环境保护的关联

环境信息公开的理论基础在于公民知情权,公众参与环境保护的理论基础在于公民参与权。作为民主实现形式的两项基本权利具有不同的侧重点,知情权主要指公民对国家的有关重要决策、政府的行政行为及日常生活中所发生的与公民有关的重大事件,有得知了解的权利;参与权主要指公民对与社会公共事务有关的活动全程享有的参与其中的权利。虽然两者的侧重点不同,但两者的内容极其广泛,有着一定程度上的相互影响及相互促进实现的关系,在环境保护这样涉及广泛的领域,更加能凸显其中的关系。

（一）环境信息公开对公众参与环境保护的基础作用

人脱离自然状态进入社会组织状态，就由一个无序存在转而到了有序存在，个体就不能为所欲为，必须进行组织协调，已达到互利共生。组织协调的过程就是信息公开与传递的过程。随着社会生活日益复杂，需要越来越多的规则对社会成员的行为进行协调，而这些规则如不被人所知，就很难起到预想的效果。社会生活的日益复杂化，也在不断地扩张着政府的权力，公众如果不知政府行为的目的、程序，则权利有被损害的危险，不能及时有效地防止政府权力滥用。社会生活的复杂化还带来了社会问题的复杂化，单一的行政管理越来越难以解决一些复杂的社会问题，政府越来越需要公众的参与协助。在环境问题上集中体现了这两个方面，而这一切问题的解决需要以信息公开作为基础，信息公开可以使公众发现问题是什么以及为什么。公众对环境信息无法充分获取，抑或是获取渠道有限，而无从获取，就无法对特定的环境行为做出合乎理性的正确判断，也就无法达到与有关单位和政府进行充分有效的沟通与合作的状态，公众参与环境保护的效果就会大打折扣。

公众参与环境保护是一种理性和利己的行为，但行为的实施如果没有相应的信息对之进行引导就会寸步难行，甚至会演变为盲目的与冒进的行为。理性与非理性之间的界限就在于是否对当前的情况做出客观的分析与评价，客观就是反映真实性减少不确定性，而客观与否又取决于是否对当前的信息有着全面与整体的了解和掌握。公众参与环境保护，源于公众对自身利益和公共利益的关切，自始至终都是在对环境信息不断了解及利用的过程。但普通的民众囿于自身的条件，对环境信息知之甚少，甚至是一无所知，只能靠切身的感觉去感知环境状况。这样就无法知道具体的环境问题是什么，影响环境的因素具体有哪些，进而就无法有效地参与环境治理。与普通的民众不同，环境问题的主要制造者企业对自己对环境的影响和污染情况有着精确的知悉，政府对其所在区域的整体环境情况有着准确的了解。他们是特定环境与整体环境信息的拥有者，只有他们把环境信息公开，使公众真正地了解，公众才能参与环境治理。

环境信息公开，是实现公众参与环境保护的必要途径和私益与公益实现的必然要求。没有环境信息全面与客观的公开，就没有公众的广泛与充分参与。同时，限制环境信息的公开或只是部分的公开，让公众觉得没有参与意义的情况下，公众就会丧失参与的积极性。在环境问题不突出的情况下，公众就会怠于参与，在环境问题突出严重的情况下，公众又会情绪化的参与。这两种极端情况的解决关键就在于环境信息公开，解决环境信息的不对称问题。因此，满足公众的环境知情权，给其以充分的环境信息支持，是促进公众参与环境保护活动的基础条件。

（二）公众参与环境保护对环境信息公开的推动作用

我国社会的主要特征之一是政府主导型社会,长期以来,党领导的中国各级政府是推动我国社会各个领域改革的主要力量。由于政府的力量太过强大,民间的活力经常会遭到相当程度的忽视,政府包干所有的事情,致使公众的不参与和片面依赖。[1]因此,在相当长的一个时期里,环境问题主要靠政府的力量得到减缓,环境信息公开的动力也来源于政府内部。但政府常常面临着环境问题和发展问题的两难境地,并往往是以牺牲环境为代价,走先发展后治理的路子。在环境问题上表现出明显的力量减弱和动力不足的现象。随着经济社会的高速发展,环境问题也在快速的集聚,待到一定程度时,一改以往部分显现的特点,呈突然的、全面的爆发现象,让人们措手不及。此时,公众参与环境保护的积极性较之前大为提高,形成一股强大的外部力量,拉动政府与企业转变方向,积极地面对环境问题。公众对环境信息的需求度也比以往有了很大的提高,对环境信息的公开提出了更高的要求。

从《环境信息公开办法(试行)》的制定与实施,可以看出政府是有推动相关部门和有关企业环境信息公开的意愿,只是在具体的实施过程中受到了各方面因素的影响,而导致环境信息公开的现状差强人意。具体分析,可以归纳为这几个方面原因:一是《环境信息公开办法(试行)》本身的问题,包括其法律位阶、规定的环境信息范围、公开方式、责任追究等方面;二是政府与企业基于利害关系的衡量,进行有选择的、有优化的环境信息公开;三是公众的利用度低,长此以往,容易给环境信息公开的义务主体造成公开也没人关注的假象,认为是在做无用功的心理,进而去应付了事。一切的问题,只有在实践中、在互动中、在生产生活中,才能被真正的发现。实践中的问题也只有在实践中才能被真正地解决。严重的环境问题激起了公众参与的热情,公众参与的过程中必然会涉及环境信息的利用。随着环境信息利用度的提高,有关义务主体就会不断的正视自己的义务,不断地提高环境信息公开的质量。环境信息公开的局面,在政府有内在的意愿和公众外在的需要这两个方面的互动下,就会被打开。

环境信息公开的局面被打开,并不意味着其会顺利地进行下去。上述分析提到,政府与企业基于利害关系的衡量,会进行有选择的、有优化的环境信息公开。但是,公众参与环境保护对环境信息不仅是被动地接受,而且是主动地获取;不仅是简单地关注,而且是能动地反馈;不仅是单纯地获得,而且是积极地利用。在这些过程中,环境信息公开主体与受体之间必然会产生一定程度的博弈。随着移动互

---

[1] 李强,张莹.社会运行视角与社会学的本土化[J].社会学研究,2015(5):31.

联网的发展,并不断深入社会的生活,人们获取信息及进行信息沟通的效率大为提高,一条信息就可以串联起众多的公民。在参与方式更为迅捷,参与力量更为强大的基础上,作为权利主体的公众在博弈的过程中将会进一步地推动环境信息的公开。

第二节 环境信息公开有效性对公众参与环境保护的积极效应

根据信息论的观点,信息具有系统性和目的性。一个最简单的信息系统包括信源、信道、信宿三个部分,信息从信源通过信道发送到信宿的类型主要有两种:一种是主动发送,如自然界中广泛存在的信息都属于自发的发送;另一种是被动发送,即有意识的人为的发送。❶在后一种的信息发送,都具有明显的目的性,我们所说的环境信息公开也是指后一种的信息发送。在此,我们可以把环境信息公开的义务主体以一定方式把环境信息传递到公众那里的过程,看作是一个有目的性的系统。这个系统的目的就是为了更好地应对环境问题,而为了达到这个目的,就要保证系统内部信息及其传递(环境信息及其公开)具有明显的目的性。根据系统要素之间的联系性,系统前端环境信息公开状况的良好与否,直接决定了系统末端公众参与环境保护的状况。为此,首先就要尽可能地保证环境信息公开能有效地进行。

一、有效环境信息公开的要求

从社会科学的角度看,现代社会是一个民主与平等的社会,从自然科学的角度看,现代社会又是一个信息技术与数据技术的社会。实现社会生活与社会治理的民主与平等,越来越需要信息与数据技术。通过信息的获取、处理、共享、反馈等建立信息沟通与交流机制,打通社会协商与政治沟通的渠道,实现群策群治,达到各方利益动态平衡和公共利益最大化的效果。理论上来说,在一个信息完全透明并且能充分流通的社会里,不同环境治理手段的社会效果并不存在实质的差异。然而,实际情况是,我们生活在一个信息总量巨大但可用者少、可用信息有之但却闭塞不流通的信息非对称的社会里。因此,环境信息公开不仅要保证其量,还要保证其质,从环境信息公开的内容、时间、方式等方面保证公开的有效性。为了及时地、

---

❶ 高振荣,陈以新.信息论、系统论、控制论 120 题[M].北京:解放军出版社,1987:29-30.

深入地、广泛地促进公众参与环境保护,《环境保护公众参与办法》第五条有关环境信息公开的规定就比较好,如其所述:"环境保护主管部门向公民、法人和其他组织征求意见时,应当公布以下信息:①相关事项或者活动的背景资料;②征求意见的起止时间;③公众提交意见和建议的方式;④联系部门和联系方式。"因此,环境信息公开应当效仿《环境保护公众参与办法》第五条的规定,从内容、时间、方式等方面进行细致的规定,提高环境信息公开的有效性。

(一) 环境信息公开的内容要求

"内容"一词有三层意思,一是指物件里面所包容的东西,二是指事物内部所含的实质或意义,三是指哲学名词,指事物内在因素的总和和"形式"对应。这里所述环境信息公开的内容是指第一层和第二层的意思,也即环境信息公开的内容是环境信息及其所含的实质意义。

环境的客观状态与人的有关环境的事实行为是环境信息的来源,因此,公开的环境信息首先必须保证是真实的,也即是准确的。这主要包括两个层次:一是尊重环境现状的客观性;二是反映环境变化的真实性。由于信息具有可扩充、可压缩的特征,这就使得在处理收集到的环境信息时有很大的操作空间。环境信息的真实性要求公开的义务主体及其工作人员从客观的实际出发,全面翔实地反映环境的现状和变化,既不能夸大也不能缩小应有的环境信息,在加工处理中避免使之变异和无谓的修饰,尽可能地降低环境信息的模糊度,并且努力消除假象。

信息的不完全性是其固有的属性之一。任何有关客观现象和事实的描述都不可能达到完全状态,人对其的认识和知识积累是一个过程。但不能以信息的不完全特性去否认信息的全面性。环境信息公开关乎公众的生命健康和福祉,尤其要注重公开的全面性。环境信息的全面性,既能够完整地反映环境现状和发展变化及相关环境行为的全过程。环境信息以其单个为存在状态,以其整体、系统存在而发挥作用。环境的发展变化受到多种因素的制约和影响,而义务主体在收集、发布环境信息与公众在获取环境信息时,往往是从单个环境信息开始的,容易忽略或割断因环境影响因素的发展变化而带来的不同环境信息之间的内在联系,造成因认识不够全面而采取措施不够有效的问题。这就要求义务主体在环境信息公开之前就要注意和避免此类问题的发生,尽可能地从大量的环境信息中发现存在的相互关联、相互影响的现象,并形成以信息进行综合的、全面的公开,从而促进公众认识和了解客观环境变化的内在规律与发展趋势。

现代环境问题的产生是工业生产发展的结果,因此,具有科技属性是现代环境问题的典型特征之一。如酸雨、臭氧层的破坏、由大量使用农药带来的水土污染、温室效应、大气污染等,都具有特定的科技属性。再如环境影响评估报告书是通过规划相容性分析、污染防治对策分析、环境风险评价、排污总量控制的分析和选址合理性的分析来综合评价建设项目对环境的影响情况,这其中所涉及的数据分析与科学推论必然很多。[1]虽然我国公民知识水平总体提升,但并没有达到专业化程度,并且环境信息可以说涵盖了任何的专业领域,在术业有专攻的情况下,公众并不能广泛地理解环境信息所包含的大量的跨领域的专业化科学知识。但总体知识水平的提升,意味着整体理解力的提高。只要有适当的解释和引导或者进行通俗的表述,就不会导致公众的不解。

综上,环境信息公开的内容,要求环境信息是真实的、客观的与准确的,要求环境信息是全面的,同时还要求环境信息易于被公众所理解。

(二)环境信息公开的时间要求

时效性是环境信息所具有的一个外在特性。在农业社会,人们的生产生活对环境的影响远小于生态环境的承载力,环境在相当长的一段时间内是稳定的,这期间的环境变化多属于自然现象,如四时之变化、节气之变化、电闪雷鸣、刮风下雨、地震海啸等。人们根据这些变化所反映出来的环境信息,安排着各自简单的生产生活。此时,由环境变化所带来的环境信息,除预示着马上要刮风、下雨、下雪等类有较强的时效性外,其他的时效性就显得没有那么强烈,但仍有抢收、抢种的说法。近代以降,科技进步迅速、人口规模不断扩大、工业生产也迅速的大规模的发展,人类的生产生活对环境的影响,不断逼近或超出环境的承载力。环境的变化除了自然因素外,越来越凸显人为的因素。在初期,环境的变化还难以使人察觉,但现在,人越来越能感觉到环境的瞬息变化。现代环境变化,具有错综复杂的因素,每一个特定因素的变化都产生特定的环境信息,而且具有强烈的时效性。环境的变化越快,环境信息的时效性就越强。

环境信息的时效性,一是在于环境的瞬息变化;二是在于公众需求的时间要求;三是在于公众对未来活动的安排。这三个方面是层层递进的关系。而进行环境信息公开的目的,一是为了使公众充分地了解实时环境状况;二是为了满足公众的利用需求;三是为了促进公众参与环境保护。这三个目的之间具有统一的关系,要保证这三个目的统一的实现,就要抓住环境信息时效性的三个层面,以这三个层面为切入点进行具有时效性的公开。

需要指出,滞后性也是环境信息的固有属性之一,即环境信息的产生与传递总

---

[1] 钟卫红,陈可杰.论政府环境信息公开对公众参与有效性的影响[J].探求,2014(3):59.

是在环境事实发生之后。[1]因此,善于发现环境事实的发生与变化,是在环境瞬息变化的情境下,有效把握环境信息时效性的关键。环境信息公开有主动公开和申请公开两种类型。在主动公开的场合,就需要环境信息公开义务主体在环境信息获取时间、处理时间上进行快速有效的反应,缩短公开的时间。在申请公开场合,需要义务主体根据请求者请求时间及其需求的缓急情况做出恰当的反应,保证公众能及时有效地对之进行利用。同时,有关环境法律法规制定、环境规划、环境决策、环境影响评价等事务的信息,亦要在谋划、意定之初进行公布,以保证能有足够的时间进行集思广益,公众能有效地安排自身活动以腾出时间参与其中。环境信息的时效性预示着环境信息的先兆性,公众除了关注之外,正是基于其内在的先兆性而进行生产生活和参与环境保护的。因此,环境信息公开就是要最大限度地提高环境信息的先兆性。

(三)环境信息公开的方式要求

环境信息公开的方式决定了公众获取环境信息的可能性,以及公开的实际效果。环境信息公开的提出适逢计算机网路技术的快速发展,随着个人电脑的普及和网络的全域覆盖,极大地提高了以新媒体形式公开的应用价值。随着环境信息获取能力的不断提高,需要公开的环境信息量也在不断地增加,传统方式的公开越来越受到工作量大、效率低的困扰。现在,普遍的一种公开方式是进行网上公开,实践证明,网上公开也是有效的。

电子政务的提出与不断实践,使政府及其部门的网站建设趋于完善,进行环境信息网上公开的技术障碍被逐渐排除。在一些大型企业中,其自己有能力和资金建设与维护自己的网站。因此,环境信息主动公开,对大型企业与政府及其部门来说不存在资金与技术的障碍。但对一些中小型企业来说,容易受制于资金与技术等的不足,其主动地公开环境信息就会受到影响。因此,有必要建立一个统一的环境信息公开平台,既方便于中小企业主动地公开环境信息,也方便于公众的检索。当前我国正大力推进政府职能转变,以现代服务型政府为建设目标,通过公共服务与公共产品的提供,来满足公民日益增长的公共需求和公共利益诉求,[2]是其中应有之意。政府在积极履行自己环境信息主动公开的义务同时,应承担解决众多中小企业公开困境的责任,积极构建一个统一的环境信息公开平台。

在申请公开的类型中,当环境信息是既有关公共利益,而又关涉商业利益、个

---

[1] 所谓环境事实,是指有关环境的所有事实,包括环境要素和环境要素影响因素的实时变化以及国家社会主体为环境问题而为的所有行为。

[2] 朱友刚.服务型政府视角下的政府信息公开研究[D].济南:山东大学,2012.

人隐私或国家安全等一般不向公众公开的信息时,但申请者又有特殊需要,可以在采取相关措施下,以阅览、口述、复印、电子邮件等形式向特定的申请者进行特定的公开。❶在无关商业利益、个人隐私或国家安全时,应在进行特定的公开的同时,进行互联网公开。

应当认识到,以新媒体形式公开自有其公开的优势,但不能忽略传统公开方式的优势。虽然当下我们身处大数据时代,传统网络终端和现代移动终端非常盛行,但如果以网络特征来区分人群,仍可以明显地发现有互联网人群和非互联网人群的分化现象。这与计算机网络在我国发展和普及的时间长度有关。即使移动终端非常普及,大部分的也只是充当简单的通信工具,并且仍有相当一部分人不习惯网上阅读。这就需要发挥报纸、广播、电视等传统媒体的优势,为非互联网人群提供便捷的环境信息获取渠道。

环境信息公开的方式,要求把传统媒体和现代新媒体相结合,进行最广泛的环境信息公开。

二、有效环境信息公开对公众参与环境保护的影响

诚然,公众作为环境保护系统组成的一个重要因素,在当前其参与环境保护效果仍具有一定程度的不确定性。这种不确定性一部分来自公众自身因素,如公众参与意识、知识水平、组织化程度的具体情况;另一部分来自外部制度因素,如公众参与制度、参与程序规则机制等保障情况。但本书以公众参与环境保护的视角,来研讨环境信息公开所存在的问题,其直接目的就是为推进与提高我国环境信息公开的制度建设与具体的公开水平和效果提出合理化的建议。因此,针对公众自身因素与其他外部制度因素所带来的公众参与环境保护效果的不确定性,需要做出技术化忽略的处理。也即假定公众参与意识、知识水平、组织化程度、公众参与制度、参与程序规则机制等,都处在一个良好的状况中。以此来回应有关读者针对本部分提出,有效的环境信息公开就能直接保证公众有效的参与环境保护？有效的环境信息公开主要会对公众参与环境保护的广泛性、时效性、深入性三个维度产生积极的影响。

(一)公众参与环境保护的广泛性影响

公众参与环境保护的广泛性首先体现在参与人员的广泛性。人员的广泛性又表现为两个方面,一是人数多,二是涉及领域广。在特定的区域内,环境信息公开

---

❶ 我们倾向于把此种环境信息公开单独的称为特定的环境信息公开。

的方式越多,则可能的受众人数就越多,进而参与环境保护的人员就越多。众多的人员参与环境保护能更加突出环境规划、环境决策、环境治理的民主性,可以有效防止大量的公民因不知晓相关环境事务而引发的群体性事件。当环境信息公开的受众人员基数达到一定的量时,必然使其中所涉的领域拓宽,从而使参与的人员结构更趋合理化。如所参与人员的知识背景、行业背景、年龄层次等。这也就表现出由广泛性而带来的代表性。但人数多有一缺点,即影响参与的效率。为避免这样缺点,可以采取双重代表性,即人数代表与领域代表的结合。

公众参与环境保护的广泛性其次体现在参与环境事务的广泛性。环境事务的广泛性可以分为纵向的广泛性和横向的广泛性。纵向的广泛性指某一项具体有关环境事务的全过程,如环境法规的制定,包括立项、起草、审查、决定与公布、备案审查等程序环节。横向的广泛性指环境事务的种类复杂多样,包括环境法律法规的制定、环境规划、环境决策、环境治理、环境监督等。公众参与环境保护就是要充分的参与每一项环境事务及每项事务的每一过程,如果不知道环境事务的发生、经过、结果,就谈不上参与其中,有效的环境信息公开就保障了这一点。

公众参与环境保护的广泛性还体现在参与方式的广泛性。传统的公众参与方式主要有公众听证会、公众座谈会、群众访谈、专家咨询、问卷调查、热线电话等,这些方式在特定的时期起到了绝对的作用。但随着互联网的发展,以"网络社区"等概念和交流形式的出现,使得公众参与的方式更加的广泛,突破了传统的参与方式,尤其是当下"互联网+"理念的提出与推行。环境信息以传统媒体和现代新媒体的方式公开,可以直接催生传统线下参与和现代线上参与的结合。把线下参与的真实感和线上参与的及时性进行有机的统合,实现公众广泛地参与环境保护。

(二) 公众参与环境保护的时效性影响

时效性不等于立刻、马上,其意含着具有一定的时间区间。公众参与环境保护的时效性,意指在每一项的具体环境事务中,公众都可以在了解相关环境信息的基础上,尽早地参与进来,突出的体现在公众有时间充分地参与一项具体环境事务的全程。如在公众参与环境影响评价中,我国的环境影响评价可分为准备阶段、正式工作阶段和报告书编制阶段,公众参与的时效性就体现在:①在准备阶段应将涉及环境的有关政策、规划或建设项目向公众广而告之,让公众对其可能带来的不利的影响有充分的认识,并及时反馈自己的意见,参与政策、规划或建设项目的设计讨论,尽可能地降低设计在环境保护上的不足;②在正式工作阶段应将随时发现的对环境可能造成影响的问题告知公众,让公众尽可能早的知道具体情况并帮助其辨析,以达到防患于未然的目的;③在报告书编制阶段应将具体问题的解决措施、保护敏感与脆弱目标的方法提前告知公众,及时收集公众的反馈意见,修改环保措施存在的不足。❶如果环境影响评价通过审批并进行项目建设,则还意味着公众能实时地参与监督,对其中偷工减料、不按先前制定的标准与保护的目标进行施工的行为,进行及时的举报,采取有力措施规范施工情况。因此,可能造成重大环境影响的建设项目在建设的过程中,亦应及时地公开施工用料、具体建造等信息,促进公众及时有效地监督,有效防止危害结果发生。

公众参与环境保护的时效性是还指公众具有充分的时间参与某一具体环境事务的具体环节。由环境问题引发的群体性事件,除了因为环境信息公开的受众少之外,环境信息公开的时间短,使公众来不及考虑,或没有充分的理解,也是一个主要的原因。现代生活节奏快、流动大,以及由于公众自身的事务安排,常出现虽长居于此,但又不常在此的现象。公众的参与往往是在临近决策,或决策之后,这种匆忙的与滞后的参与,在疑惑较多和矛盾突出的情况下,要么是决策难产,要么就是冲突陡起。既影响了工作效率,也影响了社会的安定和谐。因此,环境信息及时的公开,给公众预留更多的时间,就有效地避免了部分公众因短期的不在而没有知晓环境信息,或者由于知之甚晚而引发的诸多问题。

总之,环境信息的有效公开,对公众参与环境保护的时效性影响,集中地体现在早期介入和全程参与两个方面。

(三)公众参与环境保护的深入性影响

公众参与环境保护的深入性也可称之为公众参与环境保护的实质性。公众参与的实质性,与"不参与的参与"相对应,"不参与的参与"即公众的参与只流于形式。在本书的角度,忽略其他因素不谈,只从环境信息公开的因素来看,造成这种"不参与的参与"的现象主要在于以下几个方面:一是环境信息片面的公开,有些项目在公示内容上"做手脚",只说项目的好处,对环境风险只字不提,或一笔带过,❷致使公众成为听众;二是巧妙地利用了环境信息本身所存在的模糊性,由于语言本身的模糊性和环境现象的错综复杂,致使环境信息的表述难以达到绝对的精确,也即提高它的精确度很难,而扩大它的模糊度却很容易;三是使用了大量的艰涩难懂的专业词语,使公众难以和相对方进行有效的对话。因此,对环境信息公开的内容提出的要求,就是为避免此种现象的发生,进而提高公众参与环境保护的深入性或实质性。

---

❶ 王丽琴,黄明.环境影响评价中公众参与有效性研究[J].企业技术开发,2006,25(10):67.
❷ 陈媛媛.公众实质性参与还要等多久?[N].中国环境报,2012-02-29.

公众参与环境保护的深入性体现在公众可以和相对方进行充分的交流。公众不是听众,亦不是看客,针对环境问题,如果公众只是被动地被行政机关、环评机构,或企业拉过去看他们各自的独角戏,不能体会到切实的参与感,只会让公众越来越疏远环境保护的阵地。所掩藏的问题暂时被掩藏,所忽视的问题暂时被忽视。与公众进行充分的交流,让公众进行充分的发言,既可以满足公众的参与感,又可以总结出公众所关注的焦点。针对焦点问题协商出切实可行的解决办法,这样就可以让公众真切地感受到参与的成效,进而支持相关的环境决策。

公众参与环境保护的深入性体现在公众对潜在环境问题提出的实质性与提出建议的实质有效性。公众所参与环境保护的地方,大部分是公众长期居住的地方,对周围的环境状况有着清晰的了解。公众在对环境信息有着全面理解的基础上,并结合自身对周围环境的了解,会发现环境规划、环境决策中遗漏的或忽视的相关问题,对一些隐性危险的排除能起到特别的帮助。同时,参与的人员越多及参与人员的专业背景越是不同,对一项规划或决策就越能从更加全面的视角进行审视,就能对环境规划、决策、治理的科学性和有效性的提高具有实质性的贡献。

第三节 公众参与环境保护视角下环境信息公开所存问题与对策

世界是普遍联系的,但有强联系和弱联系之分,当弱到一定程度时,就会忽略它们之间的联系,对它们进行分别的探讨;当强到一定程度时,既要对它们进行分别的探讨,又要关注它们之间的联系,以它们之间的联系为基础,进行整体的探讨,并以此联系为相互的视角,去发现它们各自所存在的问题及解决之。此观点运用到法律领域亦可行得通。不同的法律制度有自己单独的问题关涉领域,也有与其他多个法律制度共同指向一个社会问题。在多个法律制度共同应对一个社会问题的时候,这些制度可能是独立平行的去应对,也可能是具有前后逻辑顺序的联系在一起去应对,还可能是这两种情况共存的去应对。环境法律制度以应对环境问题为其首要要义,其更加关注的是整体的生态环境问题。因此,环境相关法律法规的制定在注重其单个制度能否有效应对在特定领域中的具体环境问题时,更加注重其所包含的所有制度在协同应对整体的环境问题时是否具有较高的效力和较好的效果。当环境法律制度得不到正确执行,或者被违反,其本身无法自解时,它才会援引民事、刑事、行政等领域的法律制度,如环境民事诉讼、环境刑事诉讼、环境行政诉讼等。因此,完善环境法律制度所存在的问题,在面对与其他制度关联性弱的制度时,要注重以此制度的内在统一与对现实的作用效果为视角去发现问题并提出合理的对策;在面对与其他制度关联性强的制度时,还应以彼此之间的联系互为视角去发现问题并提出合理的对策。

一、环境信息公开存在的问题

(一)环境信息公开主体的狭窄性问题

统观我国环境法律法规,我国环境信息公开的主体主要有政府的环境保护主管部门和企业这两大类。新《中华人民共和国环境保护法》的施行,扩大了环境信息公开的主体,在原有的基础上把负有环境保护监督管理职责的部门也规定为环境信息公开的主体。这是立法者在意识与行动上的进步,但这种进步是微弱的,如新《中华人民共和国环境保护法》第五十三条第二款规定:"各级人民政府环境保护主管部门和其他负有环境保护监督管理职责的部门,应当依法公开环境信息、完善公众参与程序,为公民、法人和其他组织参与和监督环境保护提供便利",其中"其他负有环境保护监督管理职责的部门"的这一说法就非常的模糊。这种防止挂一漏万的立法技术是法律制定的需要,但明显削弱了它的明确性和履行的确定性,在这些部门没有依据此规定制定出相应的细则时,只能期待这些所谓的"其他负有环境保护监督管理职责的部门"主动地去履行这一规定。同时,从我国政府机构的设置来看,这一规定明显的把乡镇一级政府环境信息公开的责任给排除了。在某种程度上,乡镇一级政府所掌握的信息资源与人们的生活工作环境最为贴近,更能直接地、具体地反映环境状况。尤其在我国南方和东部沿海经济较为发达的地区,乡镇一级人民政府在环境保护方面的责任意义更是重大,因此,将乡镇一级政府排除在政府环境信息公开的主体范围之外,稍有不妥。[1]

2015年1月1日起施行的《企业事业单位环境信息公开办法》,明确了企业事业单位应当按照强制公开和自愿公开相结合的原则,更为细致地规范了企业事业单位环境信息公开的有关事项。该办法将强制公开的主体范围确定为重点排污单位,并对重点排污单位的确定采取了更为灵活的办法,有效地使对环境影响大的单位进行环境信息公开。但对不在重点排污单位名录上的单位在发生有重大环境影响的事故当时,是否应当公开相关环境信息没有规定。而且,在自愿公开的原则下,虽有鼓励非重点排污单位公开环境信息的措施,但现实效果并不理想,更多的企业不

---

[1] 孙茂庆.我国环境信息公开中义务主体的作用研究[D].济南:山东科技大学,2007.

会主动公开,有的企业公开也只是片面的公开。当这些非重点排污单位的数量达到一定级别时,它们共同对环境的影响就会很大。因此,从获得环境信息量最大化的角度看,环境信息公开的企业范围明显过于狭窄。

环境信息公开应有义务主体、权利主体及权力主体之分,对于政府及其职能部门而言是权利与义务的统一,对于企业而言是权力与义务的统一,对于公民和公益组织而言则应当界定为权利主体。碍于现实的困境或基于现实的考量,我国环境法律法规并没有对权利主体进行环境信息公开的相关规定。在环境信息公开方面,作为权利主体的公民或公益组织等公布的环境信息既面向其他的社会公众,又面向一些经营性企业,还面向政府及其部门。对于政府主管部门来说,环保社会团体发布的环境信息是政府环境信息收集中的重要来源,同时对政府的行政执法和管理具有重要的导向作用;另外,还可以弥补政府信息收集和发布中的不足,更有利于政府环境保护工作的开展。❶ 当下,一些环保公益组织的机构设置相当完整,环境监测、数据收集、处理、存储等技术已非常先进,如果继续将之排除在环境信息公开的主体之外,对我国的环境保护事业则是一种很大的损失。

(二)环境信息公开内容的低质性问题

环境信息公开内容的低质性主要表现在:①环境信息公开的不够全面。就政府环境保护部门而言,环境信息的公开完全由其自身的认识进行,当他们能想到需要公开的某一方面时,便会有相应的信息公开。换言之,环境信息的公开完全由各级环境保护部门自己的意志决定,由其主导公开的内容。这从不同层级的环境保护部门的网站建设就可以看出,通过浏览这些网站,我们可以发现它们风格各异、栏目各有特色,但很难找到我们想要的信息。如我们想要查找《环境信息公开办法(试行)》第十一条第九项:"排污费征收的项目、依据、标准和程序,排污者应当缴纳的排污费数额、实际征收数额及减免缓情况";第十项:"环保行政事业性收费的项目、依据、标准和程序";第十一项:"经调查核实的公众对环境问题或者对企业污染环境的信访、投诉案件及其处理结果"等都很难找到。再如2015年施行的《办法》第七条规定:"设区的市级人民政府环境保护主管部门应当于每年3月底前确定本行政区域内重点排污单位名录,并通过政府网站、报刊、广播、电视等便于公众知晓的方式公布",也很难查到这些名录。在企业方面,大部分的企业(无论是重点排污单位还是非重点排污单位)根本没有进行与本企业相关的环境信息公开。②环境信息公开的内容不能全面地、客观地、准确地体现环境状况的发展变化,如

---

❶ 孔晓明.环境信息法研究:以完善立法为目标[D].北京:中国海洋大学,2008.

在氯气泄漏事故中,所发布的信息应包括氯气的总量、浓度、扩散速度、人中毒量是多少等,掺杂的化学反应等,这才能真正为公众所用。③环境信息公开的内容存在着宽泛笼统、模糊表达等情况。在某些情况中,政府与企业公布的环境信息或语焉不详或答非所问,从既有信息不能推断某项环境事务的性质与影响,这既不能满足公众知情的要求,也不能使公众形成明确的认识,无助于公众参与环境事务的选择。❶④环保部门与企业所公布的环境信息或者对公众答疑的内容里面,充斥着大量的化学符号、化学表达式、计算公式及各种专业术语,没有附随相应的注释或者辅助文本,使公众望而生畏、欲言又止。

从环境信息的表达形式来,其主要有数据、图像、表格、文字等表达形式,更多的是这几种方式的组合。环保部门公开的环境信息应灵活运用这几种方式,以便于公众理解。在促进公众全面、准确理解的基础上,使公众真正了解到对我们生活、工作、身体健康产生影响和危害的污染物有哪些,当它们达到何种程度会对我们产生危害,危害程度又是多少,该如何防护等,进而拉动公众参与监督等。

(三)环境信息公开时间的滞后性问题

针对不同的事项,环境信息公开的时间对之影响不同。但无论什么事项,及时地公开相关环境信息,并对之做出客观的说明与引导,对事务的发展总是有利的。一般来说,越是容易引起公众猜疑的,或者超出公众认知的环境事项,越要尽早地公开相关信息。在自媒体盛行的时代,信息传播速度是几何级的。单个的社会个体在微博、微信、QQ等上发出的一个疑问或者基于自己的认知对有关事项的分析,在其内容涉及的是公共事务并关乎公众利益的情况下,极有可能引起广泛地关注。而这种关注有可能演变成集体的非理性,进而对政府发出更广泛的质疑或者是广泛的恐慌。在民众质疑之后,才欲说还休地披露有关信息,这时政府就很容易陷入舆论学上的"塔西佗陷阱",即当政府部门失去公信力时,无论说真话还是假话,做好事还是坏事,都会被认为是说假话、做坏事。❷公民合而为众时所呈现的非理性很难在短时间内做到有效改变。现阶段,这种现象在我国广泛存在,这其中主要的原因就在于环境信息公开的时间太过滞后。

(四)环境信息公开方式的单一性问题

首先,应当提出的是,新《中华人民共和国环境保护法》中虽然有独立的信息公开和公众参与一章,但在具体的规定上并没有环境信息公开方式的规定,是一处

---

❶ 钟卫红,陈可杰.论政府环境信息公开对公众参与有效性的影响[J].探求,2014(3):59.

❷ 龙小农,舒凌云.自媒体时代舆论聚变的非理性与信息公开滞后性的互构——以"PX项目魔咒"的建构为例[J].浙江学刊,2013(3):206.

比较大的立法漏洞。作为规定环境信息公开领域最基本的法律,缺少环境信息公开方式的规定,不利于其他对之进行细化的下位法的制定,也容易造成公开主体选择公开方式的任意性。其次,现存有关环境信息公开方式的规定,多表现出孤立的、原则性的特点,致使现实中突出了环境信息公开方式的单一性特征。如《环境信息公开办法(试行)》第十三条规定:"环保部门应当将主动公开的政府环境信息,通过政府网站、公报、新闻发布会以及报刊、广播、电视等便于公众知晓的方式公开。"《环境信息公开办法(试行)》只是单纯的有这一规定,而对公众知晓环境信息是否真正的方便及其不方便时应当采取的措施并无规定,此规定具有明显的孤立性。同时,此规定只是笼统地规定环保部门采取便于公众知晓的方式公开,没有细分具体的情况,因此也具有明显的原则性。

由于法律法规制定的缺失与粗糙,加之公开主体本身所具有的惰性,现实中的环境信息公开不尽人意。一方面,公众所赖以获得环境信息的途径非常少;另一方面,公众很难查询到自己想要的环境信息。随着互联网技术进一步的发展,人们对互联网操作的不断娴熟,互联网的便捷、高效及对人力、物力、财力有很大的节约特性被充分地显现出来。因此,利用互联网公开成为主要的公开方式,甚至是一些企业和部门唯一的公开方式。一些传统的公开方式从公众的视野中消失,如广播、电视等新闻媒体,只有在遇到重大的突发性事件,或者一些被披露的影响较大的环境污染事件中,这些公开方式才会在特定的时间段内出现。从我国目前的情况来看,使用互联网的人群多集中在城市之中,而且是中青年群体,以及学生群体。当前我国城镇化率还不足60%,❶这意味着还有相当一部分的农村社会群体以及城市中的并不熟悉网络的中老年群体,无法通过网络及时有效地获得环境信息。这就造成了,在日常生活中,公民获取环境信息的困难,提高了公民获取环境信息的成本,降低了公众参与环境保护的程度及社会运作的整体效率。

从整体上看,通过网络公开环境信息是一种方式。但如果细分的话,网络方式亦可以分为多种方式。如网站主页、网络推送、微博平台、微信公众号、网络TV等,这其中网络推送具有更高的主动性,网络TV比传统电视更具灵活性。而当前网络公开主要集中在网站主页这一方式上,虽然也有部分环保部门开通微博与微信,但开通的少,对它们的利用更少。❷ 同时,即便是通过网站主页进行公开,这些网站

---

❶ 国家统计局:2015年中国城镇化率为56.1%[EB/OL].(2016-01-19).http://www.ce.cn/xwzx/gnsz/gdxw/201601/19/t20160119_8371558.shtml.

❷ 王芹,等.政府环境信息公开与公众参与的实践与推进策略——以苏州市为个案研究[J].电子政务,2014(10).

的建设也是五花八门,有的极其烦琐,有的极其简单,有的站内搜索竟不能用。这些都加剧了环境信息公开方式单一化给公众参与环境保护所带来的不利后果。

二、环境信息公开制度的完善

环境信息公开制度的完善主要包括两个层面:一是制度本身的安排;二是内部之完善。关于制度本身的安排,是指在不同位阶的法律法规中制定不同的有关环境信息公开的规范,使之成为详细而又系统的有机整体。我们知道,某一具体法律的法律位阶越高,效力就越高,适用领域也就越广泛。我国《环境保护法》虽有规定环境信息公开,但不够详细,详细规定环境信息公开的《环境信息公开办法(试行)》是环保部(前环境保护总局)制定的部门规章。在我国,部门规章虽然属于广义法的范畴,但它似乎更像是一种部门的自我约束,而不像法律施予的义务;体现更多的是一种纵向的行政管理职能,而不是普遍的、横向的面对环境保护的权利与义务关系。其主动地履行与执行相应的规范,都缺乏一定的积极性。如何使环境信息公开制度的安排更加合理,需要学者们集思广益。我们在此只针对上述的问题,提出自己的建议,也即重点探讨环境信息公开制度内部的完善问题。

(一)环境信息公开主体规定的完善

现实中存在的一些法律规定的不确定性,一部分是由于语言本身的特性造成的,无法做到绝对的确定;一部分是由于没有对表述方式进行优化,提高了规范含义的不确定性。法律定义方法有描述法和列举法。描述法以对象的公共属性为基础进行表述,可以尽可能地把所有对象都包含进去。列举法可以借助某一具体的特性,逐个地将具有这种特性的对象列举出来。描述法可以包含所有的对象,但不具体确定。列举法具体确定,但往往不能穷尽所有。因此,绝大部分情况下,我国的立法者采用了以描述法和列举法相结合,同时辅以兜底条款的立法技术,进行相关规范的表述。这样,可以最大限度地降低法律规范的不确定性,提高义务履行的确定性。

我国政府从中央到地方的组织机构设置复杂,并且级别与区域的不同,使得上下级之间、平级之间的机构设置也多有不同,但主要的职能部门与机构大体相同,基本都可以满足本区域的社会管理需要。社会的生产、生活与环境息息相关,因此,必然存在许多的政府职能部门在日常行政管理中,需要收集、处理和应用相关的环境信息。而这些部门与机构各有各的主要职能,并不负有环境保护监督管理职责,这样他们就会缺乏环境信息公开的意识,进而就不会进行环境信息的公开。但是,我们应当看到,一些部门的主要职能虽然不是环境保护与监督管理,但它们主要与构成环境的自然要素相关,如国土资源部、农业部等。还有一些部门机构的主要职能,已经涉及了环境保护与监督管理,如水利部、林业局等。我国《环境保护法》第五十三条第二款在只明确规定环境保护主管部门的基础上,便以"兜底"的形式规定其他的公开义务主体,没有综合利用上述的立法技术,这就使得他们信息公开的重点不会落在具体环境质量、污染情况等上,而是集中在政务信息上的公开。因此,《环境保护法》首先要对什么是"负有环境保护监督管理职责"做出具体的说明;其次要明确列举一些主要的部门,如水利部门、林业部门、国土资源部门等,以扩大环境信息公开的义务主体,并明确他们的主体责任。

随着我国社会的发展,城乡一体化建设步伐加快,城—乡的二元结构体系将被逐渐打破,乡镇政府在行政管理职能上也必将发生相应的变化。就当前来说,在一些富裕的乡镇上,已经聚集了相当数量的工厂企业。另外,有一些乡镇地方矿产资源丰富,这也容易吸引大量的资源型工业聚集于此。对于这些乡镇政府而言,无论有没有明文规定他们的环保义务,在实际工作中,他们都或多或少地做出相关环境行为。因此,应当把乡镇一级行政机关纳入环境信息公开主体的范围。相应地,也就应当把《环保法》信息公开中有关"各级人民政府环境保护主管部门"、"县级以上地方人民政府环境保护主管部门"的表述,更改成"各级人民政府及其环境保护主管部门"的表述,以达此目的。

针对我们所述《办法》中存在的部分问题,应当灵活的运用该《办法》第三条所规定的原则内容,即"企业事业单位应当按照强制公开和自愿公开相结合的原则,及时、如实地公开其环境信息"。从本《办法》中可以看出,适应强制公开的条件只是被列入重点排污的单位,而重点排污单位名录的确定是每年三月底前,这就存在了一个时间差,即四月以后至下一次名录更新前这段时间,在这段时间内如果发生应当强制公开的情况就无法可依以致无所适从了。因此,应当加入"虽未被列入重点排污单位名录,但当企业发生符合被列入名录的情况时,适应本办法对重点排污单位的规定"这一条款,这样就可以很好地填补这一漏洞。同时,从环保部门的人员配置及用以环保的财政支持情况来看,环保部门不可能做到大范围的、密集的环境监督管理。为了能够尽可能地收集所有的环境信息,使环境信息收集的更准确有效,应当在自愿公开的原则下,规定非重点排污单位定期向政府报告或递交生产排放情况,便于政府统计,使政府公开得环境信息更能反映整体真实的情况。

基于客观、公正、技术及社会影响等方面的考量,《环保法》《环境信息公开办法(试行)》均未对公民个人及环保组织的环境信息公开作出规定,是一个巨大的缺憾。但从《环保法》第五十八条的规定来看,对于具备一定条件的环保组织,已具有环境公益诉讼的资格,突破了民事诉讼法规定,说明环保组织的价值作用、法律地位得到了正式的肯定。因此,为了更加有助于环境信息公开、有助于公众参与环境保护、有助于提高环境民主,应当把一些有条件的环保组织纳入环境信息公开主体的范畴。同时,为了保证公开信息的可信性,可以参照《环保法》第五十八条之规定,设定一定的准入条件。

(二) 环境信息公开内容规定的完善

环境信息公开内容规定的完善,在已经分析了解环境信息公开内容质量低下具体表现的情况下,关键的就是要解决如何对环境信息公开内容的质量做到恰到好处的评价。所谓恰到好处,就是既不苛刻,也不至流于形式化。换言之,即不能要求凡涉及环境的信息都要加以收集与公布,所公开的内容通俗到每个公民都能轻易理解,稍带专业性的环境信息就充斥着大量的解释说明,这样就会加大公开主体的负担,造成人力资源的浪费;亦不能放宽公开主体,在形式上按要求公开环境信息,但并没有实质性的改进,甚至是出现"踢皮球""拉锯式"应对的现象。环境信息公开不同的受众对环境信息内容的理解的程度存有不同,同一环境信息对一部分人来说可能难以理解,但对另一部分人而言则可能是极易理解的。同样,存在这样一些情景,针对不同的人群,环境信息提供的全面与否,也是不同的,有些可能是提供者想不到的,但对公众来说却是非常重要的。因此,如果统一通过法律普遍的规定环境信息公开的内容应达到某一具体标准,就会致使法律存在"僵化""一刀切"的弊病,不能应对易变、多样的现实。我们也看到,法律的确没有如此规定,只是期望现实中各方能积极配合,达到无须法律规定亦能良好运转的社会效果。但现实是令人失望的。既然不能制定出统一的标准来规范环境信息公开内容所应达到的要求,就必须另求其他路径来解决这一问题。

环境信息公开的内容直接关涉到公众参与环境保护的深入性或实质性,因此,对于环境信息公开内容的质量进行评价,公众最发言权。有必要引入公众评价这一机制,尤其是在城市扩建、项目建设、社区开发等与公众密切相关的事务以及诸多申请的情况中,建立一个动态评价与反馈调整的合作机制,不失为一个有效的解决路径。公众在参与或利用的过程中,可以亲身地感受到环境信息公开内容的质量情况,发现的问题更有针对性,提出的要求或建议更有可受性,环境信息公开主体对环境信息公开内容的改善也就更有效。当然,这一机制也只有在理想情况下才能完美地运转。现实中更多的情况不是合作,而是博弈,且存在着长久的或零和的或夹杂着损益的博弈。为了避免此种情况的发生,需要在这一机制中引入专家组织辅助评定环节。也即以第三方的评定为标准,来决定环境信息公开内容有没有继续改善的必要,如果需要则可请专家组织辅助改善。在遇到突发性环境事件时,则可以直接引入专家组织进行引导公开,以尽可能的消除公众的疑虑。

综上,针对环境信息公开内容低质性的问题,我国《环境保护法》可以规定"公众在参与环境保护或申请利用环境信息时,认为环境信息公开主体所提供的环境信息不能全面、真实、清楚地反映事实状况,可以要求公开主体进行改善,公开主体应当进行改善;对双方争议不能及时解决的,可以引入环保专家组织进行辅助评定;对发生重大的突发性环境事件,应当直接引入环保专家组织进行引导公开环境信息。"这不仅可以解决环境信息公开内容低质性的问题,而且也体现出了真正的公众参与和环境民主。

(三)环境信息公开时间规定的完善

在移动互联网时代,信息的传播不再受时空的限制,每个公民随时随地都可以借助移动网络工具发表自己的见闻、心情等。在这种背景下,每个公民都是信息源,每个公民又都是信息的接受者。与之前以电视、报刊为主的媒体时代相比,公民传播信息更有主动性和便捷性,公民接收读取信息也更具选择性。能使大量的互不认识的公民关注同一信息,除了新闻娱乐,就是这条信息可能与大家的共同利益有关。这与熟人社会的口口相传有着本质的相似性。公民传播关涉大家共同利益的信息,大体可以分为三种情况:一是有实有据,二是真伪不明,三是捕风捉影。但无论是哪一种,只要这条信息反映的是不利的情况,伴随着信息的广泛传播,民众的非理性因素也在悄然的聚集。针对不同的情况,需要不同的处理方法,但最优的应对办法,都是要及时地发布权威信息,对公众进行利导。近年来,环境群体性事件频发及突发性环境事件引起的社会性恐慌主要的原因之一,就是环境信息公开滞后,各方有效沟通时间较少,致使公众不明真相做出非理性的行为。须知,移动互联网给公众发布与传播信息带来的改变,对于环境信息公开主体而言并不是例外的,环境信息公开主体要做的就是,根据时代变化适时调整和积极应对。

环境信息可以分为业务性环境信息、事务性环境信息及利用性环境信息三种。业务性环境信息,是指环境信息公开主体在日常工作中为履行环境信息公开义务而常规性公开的环境信息。事务性环境信息,是指在城乡规划建设、项目规划建设、突发性环境事件中,为了最大限度地满足公众参与的需要或最大限度地对公众进行利导,而公开发布的环境信息。利用性环境信息,是指公民、法人及其他组织为满足自己需要而申请公开的环境信息。

针对我国环境信息公开时间的滞后性问题,不能简单粗暴地把原来有关环境信息公开期限的规定,全部予以缩短的形式来应对。应当根据不同的情况,做出不同的调整。在调整的同时,达到双层目的,一是改变不加区分统一性规定的现状,二是很好地满足不同情况下对环境信息公开时间的不同需求。

(四)环境信息公开方式规定的完善

我国环境法律法规关于环境信息公开方式的规定,并没有要求公开主体必须以确切的某一种或某几种方式公开,而是在以要求便于公众知晓的条件下,给予公开主体更多的选择空间。这种做法照顾到了,因地区间情况的差异,而对公开方式选择的不同。并使得各地区不因公开方式的不同而影响到公开的效果。然而,选择的空间越大,简单应付的惰性就越大,尤其是在没有后续考核与评价的情况下。问题不是出自法律之身,而是出自法律所规定的人。但当人出现问题,而法律无法处之之时,就需要对法律进行完善。

通过上文对环境信息公开方式所存问题的分析,我们可以得出环境信息公开方式的单一性,主要是由于环境信息公开主体对公开受众不加区分的以各自的网站为工具进行公开。由于以熟不熟悉互联网为特征来区分我国的公民,存在着范围相当的互联网人群和非互联网人群之分。因此,必须根据不同人群的情况采取不同的公开方式。为此,在现阶段,对我国环境信息公开方式的规定,应当做出采取线上与线下相结合的方式进行公开的规定。线上意指现代的互联网方式,线下意指传统的报刊和广播电视方式。这是总的两大方式。随着互联网技术的发展,在采用互联网方式进行公开时,亦应强调公开主体采取多种网络途径进行公开,如网站主页与网络推送这种静态与动态相结合的方式。这是一种通过缩小环境信息公开主体自由选择空间并扩大其必选方式的形式,以达到环境信息公开方式较好的适用不同的人群。

此外,应当注意到环境信息公开主体之间的差异性,应当有所区分的对他们加以要求。更具性质、技术、实力等的不同,环境信息公开主体大体可以分为政府及其环保主管部门、大型企业事业单位、中小企业三类。对于政府及其环保主管部门而言,应当严格地规定他们采取上述的方式进行公开。对于大型企业事业单位而言,则可以放宽对他们的要求,可规定他们在做好互联网公开的基础上有选择地进行其他方式的公开。而中小企业由于人、财、物等方面的限制,不能对他们做过多要求。政府应当予以辅助,也即政府应当建立一个综合性的环境信息公开平台。综合性环境信息公开平台的建立,不仅可以帮助中小企业进行环境信息公开,而且可以方便公众的查询,更是多渠道公开的表现。

(五)环境信息公开范围规定的完善

环境信息公开范围问题的核心,是应当公开,还是不应当公开的问题。一般来说,环境信息概念的内涵与外延决定了环境信息的范围,但即使环境信息的概念非常的清晰,它所表示的范围也是一种宽泛意义上的、不明确的范围。因此,我国环境法律法规以肯定式列举的形式,明确了具体的环境信息范围,也就此明确了环境信息公开的范围。环境法律法规所明确列举的关于环境信息的项目,都是应当进行公开的。只有在确认它们涉及国家秘密、商业秘密、个人隐私时,才不应当公开。也即不应当公开是应当公开逻辑演绎下可能的结果之一。逻辑演绎的条件就是将要公开的环境信息是否涉及国家秘密、商业秘密、个人隐私等,以及当时的社会情境。从既有的环境法律法规中,可以确切地知道,在环境信息不涉及国家秘密、商业秘密、个人隐私时,都是应当及时公开的;在涉及国家秘密时,是绝对不公开的;在涉及商业秘密、个人隐私时,一般不公开,只有在权利人同意或不公开可能对公共利益造成重大影响的情况下,是可以公开的。这也就是"公开是原则,不公开是例外"的准确表达与表现。

  我国环境法律法规在规定环保部门环境信息公开的义务同时,做出了其需要对环境信息进行保密审查的规定。环保部门对环境信息进行保密审查既是一项权力,也是一项义务。相对于公民社会是一项权力,相对于环境信息内容所涉的各方主体是一项义务。但环保部门于公或者于私,都没能对这一集权力和义务于一体的行为有较好的把握,甚至是借由此掩盖自己的不足,致使上文所述现象屡屡发生。通过上文对环境信息公开范围例外性问题的分析,可以发现,准确地对不公开的条件进行判断,是解决问题的关键。一个公正的、有效的条件判断机制,将使得公开主体无法再以"例外"为由拒不公开。由于,环境信息公开主体过度的以"例外"为由不公开相应的环境信息,源自于其本身所拥有的环境信息保密审查权。因此,如果发生环境信息是否应当公开的争议,就不能再是环保部门的自我审查和自我决断,应当引入第三方的评判机制。对此,《环境信息公开办法(试行)》有类似的规定,如第十二条规定环保部门对政府环境信息不能确定是否可以公开时,应当依照法律、法规和国家有关规定报有关主管部门或者同级保密工作部门确定。但这一规定与需要引入第三方评判时的情境有着根本的不同。

  环境信息公开范围的例外性问题多出现在对事务性环境信息和利用性环境信息进行公开的情境中,公民、公众、法人或其他组织都是确定的。当问题出现时,基于应用、知情继而实质参与的目的考虑,首要的应是各方平等的、坦诚的进行协商。如果发现问题的关键并不是应当公开还是不应当公开,而仅仅是以此为借口掩盖其他原因,在条件允许的情况下,可以给予公开主体必要的期限,进行环境信息的收集、整理与公开,但应当把情况记录在案,并之后进行责任追究。如果确因应当还是不应当公开而发生争议,则就应当引入第三方的评判。此处的第三方应是对相关环境信息所涉内容的理解与认识更具专业性的权威的机关或机构,以保证结果的公正性。

综上,针对环境信息公开范围例外性的问题,环保法律法规可以做出如下的规定:"有义务公开环境信息的部门应当充分的公开环境信息,对社会主体申请公开的以及公众参与环境保护时所要求公开的环境信息,属于义务部门应当公开的,义务部门不得以其他事由拒绝;义务部门因无故没有收集、整理其应当公开的环境信息,致使无法提供的,应当请求相对人的原谅,并积极地进行收集、整理和公开,对于积极弥补过失的相关人员,可以免除行政处分。申请主体或公众与环境信息公开义务部门有关环境信息是否存在不公开的情况或是否可以公开存在争议不决的,应当依照法律、法规和国家有关规定报有关主管部门如工商部门、法院、国安部门或者同级保密工作部门确定,以上部门所做出的评判结果应当得到尊重。"

现阶段,在全面深化改革的推动下,我国的政治、社会、经济都处于转型的重要时期。但转型是以法治为前提,并最终走向全面依法治国的道路。环境问题是一个牵涉经济、社会、政治等多领域的综合问题,任何一个单一的解决路径都无法做到有效地化解当前严重的环境问题。而传统的以政府管理的形式应对现代环境问题,不是"心有余而力不足",就是"力有余而心不忍",显示了诸多的弊端。随着民主政治的发展、治理理论的兴起,以公众参与为主要形式的多元主体协同治理的论调成了时代的强音。这种理念与中国共产党领导下的全面依法治国战略不谋而合,并在环境法治领域不断地予以体现。

以公众参与环境保护为核心的多元主体协同的环境治理是一项巨大而复杂的工程,既需要理念的跟进,也需要制度的落实,也即以理念为导向,以制度为保障。环境信息公开制度除了有其自己独特的价值取向外(保障公民环境知情权的实现),一个重要的价值作用就是促进公众参与环境保护(促进公民环境参与权的实现)。虽然,知情和参与是民主的双翼,缺少任何一翼都谈不上真正的民主,但是,无公开便无民主,更无参与,决定了公众参与必以公开为前提。公众对环境知情权和环境参与权的权利诉求,都源于对环境问题和自身生命健康的关注,最终的目的都是为了保护与改善环境。本书即以这最终的目的为依托,研究了公众参与环境保护视角下环境信息公开存在的问题,旨在为环境信息公开制度的内部完善提供智力支持。文章以厘清概念、关系探讨、理想状态描述(应然的)、现实问题发现(实然的)、提出对策建议,为逻辑进路进行论述。对"环境信息""公众参与"的概念做出了具有普遍性的高度概括;对环境信息公开与公众参与环境保护的关系进行了探讨,并对环境信息公开对公众参与环境保护的基础作用和公众参与环境保护对环境信息公开的推动作用这两种关系进行了充分的论述;从环境信息公开的内容、时间、方式三个维度论述了环境信息公开的有效性,并以此论述了对公众参与环境保护的广泛性、时效性、深入性的影响;根据近因的原理,探讨了对公众参与环境保护具有直接影响的环境信息公开问题,主要存在着公开主体范围狭窄、公开内容低质、公开时间滞后、公开方式单一、公开例外较多等问题,并针对问题,客观地提出了对策建议。

参考文献

[1] 童卫东.《中华人民共和国环境保护法》最新问答[M].北京:法律出版社,2014.

[2] 张建伟.政府环境责任论[M].北京:中国环境科学出版社,2008.

[3] 叶俊荣.环境政策与法律[M].北京:中国政法大学出版社,2003.

[4] 徐祥民.环境法学[M].北京:北京大学出版社,2005.

[5] 蔡守秋.环境资源法学[M].湖南:湖南大学出版社,2005.

[6] 吕忠梅.环境法新视野[M].北京:中国政法大学出版社,2000.

[7] 陈焕章.实用环境管理学[M].武汉:武汉大学出版社,1972.

[8] 汪劲.环境法学[M].北京:北京大学出版社,2006.

[9] 李艳芳.公众参与环境影响评价制度研究[M].北京:中国人民大学出版社,2004.

[10] 杨贤智.环境管理学[M].北京:高等教育出版社,1990.

[11] 王华.环境信息公开理念与实践[M].北京:中国环境科学出版社,2002.

[12] 胡静,傅学良.环境信息公开立法的理论与实践[M].北京:中国法制出版社,2011.

[13] 赵俊.环境公权理论[M].北京:法律出版社,2009.

[14] 刘飞宇.转型中国的行政信息公开[M].北京:中国人民大学出版社,2006.

[15] 黄明健.环境法制度论[M].北京:中国环境科学出版社,2004.

[16] 李步云.信息公开制度研究[M].湖南:湖南大学出版社,2002.

[17] 韩德培.环境资源法论丛[M].北京:法律出版社,2001.

[18] 卓光俊.我国环境保护中的公众参与制度研究[D].重庆:重庆大学,2012.

[19] 朱友刚.服务型政府视角下的政府信息公开研究[D].济南:山东大学,2012.

[20] 马彩华.中国特色的环境管理公众参与研究[D].北京:中国海洋大学,2007.

[21] 王灿发.环境信息公开与环境保护[J].环境保护,2008(13).

[22] 李爱年.中欧企业环境信息强制公开制度比较研究[J].法学杂志,2009(12).

[23] 任春晓.环保公众参与的政治社会学研究[J].哈尔滨工业大学学报(社会科学版),2013(5).

[24] 祝晓光.打造环境公众参与的战略格局[J].环境教育,2012(7).

[25] 丁玲.公共政策制定中的公众参与问题[J].长春大学学报,2011(3).

[26] 刘慧芳.公众参与与环保 NGO 法律问题研究[J].太原大学学报,2008(3).

[27] 梅献忠.论环境保护中的公众参与[J].韶关学院学报,2007(4).

[28] 李大勇.信息公开与公众参与关系之透视[J].中共福建省委党校学报,2011(10).

[29] 李富贵,熊兵.环境信息公开及在中国的实践[J].中国人口资源与环境,2005(4).

[30] 蔡禾.从利益诉求的视角看社会管理创新[J].社会学研究,2012(4).

[31] 张密生.论企业环境信息公开[J].湖北社会科学,2007(12).

[32] 肖晓春,段丽.中国环境信息公开制度的现状及其完善[J].社科纵横,2007(7).

[33] 陈昕.推行环境信息公开意义深远作用重大:《环境信息公开办法(试行)》解读[J].兰州学刊,2008(S2).

[34] 鞠昌华,赵洪波.环境信息公开:现状、问题及对策[J].中州学刊,2013(9).

[35] 吴义太.我国政府环境信息公开法律问题探析[J].江西社会科学,2010(4).

[36] 张建伟.论环境信息公开[J].河南社会科学,2005(2).

[37] 刘超,林亚真.政府环境信息公开的方式选择及其完善——以环境社会学为视角[J].河南师范大学学报(哲学社会科学版),2009(6).

[38] 金迪.环境信息公开例外情形法律问题研究——以"巴斯夫门"所涉及商业秘密公开为视角[J].宁夏大学学报(人文社会科学版),2011(4).

[39] 申进忠.我国环境信息公开制度论析[J].南开学报(哲学社会科学版),2010(2).

[40] 刘爱良.低碳经济视野下环境信息公开的运用与发展[J].中国能源,2010(9).

[41] 许燕杰.完善公众参与环境决策机制的法制探讨[J].中国环保产业,2010(2).

[42] 孙巍.我国环境公众参与法律制度的立法完善[J].学术交流,2009(8).

[43] 杨沛川,潘焱.环境公众参与原则理论基础初探[J].经济与社会发展,2009(1).

第四章　环保产业促进专门立法研究

概　述

从 20 世纪初西方国家开始关注环境问题至今已经过去百余年,世界各国都在为保护我们共同赖以生存的环境不懈地寻求解决方案,从全球性的国际条约的共识,再到各国自身的生态保护法律政策出台,无一不体现着法律在环境领域中的重要作用。面对现今社会纷繁复杂的国情、世情,伴随着科技进步、人口素质提高等,人们对于生态环境的重视程度达到了一个空前的高度,与此同时不能忽视的是我们赖以生存的生态环境的恶化趋势却没有根本改善,依旧在缓慢地走向恶化。尤其自 21 世纪开始至今,当人们正确认识到环境保护与经济发展之间的协调关系后,环保产业的发展逐渐地被人们所看待为是一个标志,一个用来衡量环境保护发展程度的重要指标。环保产业在我国的发展时间尚短,尚很多问题亟待解决,尤其是在全球化日益发展的今天如何应对来自世界各地的竞争成为我国环境保护产业发展所面临的首要难题。

环保产业最早发展于 20 世纪五六十年代的西方发达国家,这些国家希望通过借助环保产业这一助力,以缓解日益激化的经济发展与环境保护的矛盾问题。将环保产业的发展的核心置于转变环境问题治理思路上,从传统的末端治理模式逐渐转变为全过程治理监控模式,唯有如此才能从根本上解决不断恶化的生态环境及日益激化的经济发展与环境保护的矛盾。

我国环保产业发展至今已历经三十余年,虽然有着高速的发展但依旧存在着许多弊病,长期以来以环境污染为代价的经济增长模式已然达到一个"瓶颈"[1],本书主要从环境与资源保护的法学角度来提出针对这些弊病的解决方案。本书研究思路起始于对环保产业的全新定义,伴随着日新月异的社会发展趋势社会经济中的各产业也在不断地发展,不能拘谨于以往的研究给予的参考,更多的还是

---

[1] 孙崇瀚,孙红梅.环境库兹涅茨曲线与我国环保产业的发展[J].中国环保产业,2017(2).

要进行与时俱进的改变。通过对环保产业的内涵重新界定并以此为依据分析我国现有的环保产业相关法律呈现出的发展状况,随着环保产业内涵的不断完善造成相应的法律规范可能会出现滞后、脱离实际等问题,适时的对相关法律进行重新修订是保障环保产业顺利发展的重要一环,在这一部分我们着重关注的是在新的时期环保产业相关法律面临的问题与不足,分析其与环保产业相脱节的地方。

随着环保产业的发展促使着环保产业进行专门立法的时机也在逐渐成熟,如何对环保产业进行立法研究也是本书要着重解决的问题。本书采用了产业经济学分析方法,历史分析方法及比较分析方法,同时还综合运用数据分析方法。通过传统的分析方法,我们可以从法学思维的传统角度,对环保产业促进专门立法进行由浅入深的分析研究,利用产业经济学的分析方法,虽突破学科限制却又能在逻辑上存在联系;综合利用历史分析方法与比较分析方法,在把不同历史时期的环保产业相关法律进行梳理的同时对其进行抽象化分析,并着重与现阶段的环保产业状况进行对比,从中发现新阶段应当更加重视那些问题。利用符合现代社会发展趋势的数据具象化分析方法,对相关环保产业促进专门立法进行科学的分析,从数据中寻找到相关的共性结论从而为传统分析方法提供更多的实证性支撑。

第一节 环保产业及其法律规范发展的现状

随着社会经济的飞速发展,科学技术的革命性进步,传统的环保产业也正在发生翻天覆地的变化。面对社会发展的大势所趋,对于环保产业的定义不应再局限于传统的产业领域,应当对其进行重新离清与定位。本书的写作也是建立在与时俱进的环保产业的内涵之上的,作为整个研究的起始环节,如何给予现代环保产业一个准确的内涵界定是首先需要突破的难点。

一、环保产业的概念与分类

（一）环保产业的概念

对环保产业的具体定义的首次出现是在20世纪90年代国务院出台的《关于积极发展环境保护产业的若干意见》中,作为保护环保产业发展的首个规范性文件在该意见(1990)中从宏观角度对环保产业进行界定,从国家经济结构的产业布局出发确认其为经济发展过程中影响环境保护的重要环节,其主要侧重于对环境保护技术、设备、工程、服务范围的说明,以此来给环保产业进行列举式的定义。在我国"十五"期间为了更好地平衡经济发展与环境治理的关系国务院相关部委制定了《环保产业发展"十五"规划》并以此作为指导文件,该规划中对于环保产业的定义有了更为系统的认知,基于传统的产业格局划分将环保产业范畴界定为三大领域分别为环保产品的生产与经营、自然资源系统性开发与保护、相关信息服务,明确环保产业的重要目的是为环境保护与治理提供相应的技术支持、设备保障、信息服务等软硬件基础。面对现阶段我国循环经济发展的要求,实现社会主义和谐发展的崭新目标,促使环保产业的内涵也得到进一步的丰富,2012年国务院下发了节能环保产业在"十二五"期间的相关发展规划,将环保产业作为下一阶段重点发展的新兴战略性产业,并对环保产业的范围进行重新界定。2013年国务院印发《关于加快发展节能环保产业的意见》,提出资源环境制约是当前我国经济社会发展面临的突出矛盾,并将发展节能环保产业看作是促进我国经济结构升级的重要任务,对于环保产业的发展提出具体目标要求,并首次提出将环保产业作为国民经济的新支柱产业。2016年3月,全国人大第四次会议通过了《中华人民共和国国民经济和社会发展第十三个五年规划纲要》,其第四十八章中专章指出要加紧推进环保产业的建设,并指出"培育服务主体,推广节能环保产品,支持技术装备和服务模式创新,完善政策机制,促进节能环保产业发展壮大"的发展方针。21世纪的第一个十年后至今,可以看成是环保产业发展的一个新时期,笔者将该时期界定为创新发展阶段,该阶段的特征就是冲破传统环保产业的束缚为环保产业的发展不断寻求创新发展点。

其实不难看出环保产业从产生到发展至今其内涵是在不断发生着变化的,伴随着我国第十三个五年规划的出台环保产业的发展又有了新的目标与任务,这也促使环保产业的发展有了新的内涵。学界中将环保产业划分为"狭义"与"广义"两种,前者侧重的是环境问题的末端治理而后者则更加强调的是环境问题的全过程治理。"广义"的环保产业是本书所持的观点,环保产业的范围应当是涵盖产品的生命周期的全过程,这既是环境保护的客观要求也是符合国家宏观经济发展的必然选择。根据"十三五规划"的精神及环保产业所处的创新发展这一崭新阶段,我们更愿意将环保产业定义为:为实现发展循环经济、建设资源节约型环境友好型社会、促进环境保护与科学发展、保障社会主义生态文明的目标,从各产业链的全过程出发为达成前述要求目标的而提供物质基础、技术条件、文化教育服务等的战略性新兴产业。

(二)环保产业的分类

通常学者们对环保产业进行分类不外乎是:从产业经济学的角度,将环保产业划分为环保工业、环保农业、环保服务业;从环保产品的角度,将环保产业划分为环境保护产品、环境保护服务产品、清洁生产产品、资源循环利用产品等;从环保产品产出的角度来看,将环保产业划分为污染治理型环保产业、自然资源综合开发型环保产业、生态保障恢复型环保产业等。学者们根据自己的理解的不同对环保产业进行了不同的划分,虽然各种分类的依据、种类各不相同但其结果都是殊途同归。本书笔者也将对环保产业进行划分,以更好的分析我国现有环保产业相关的法律、法规、政策对于环保产业发展的影响。有学者从产业经济学的角度对环保产业进行的划分,这虽然有利于整体上对环保产业进行分析,但是却不利于觉察其具体问题的影响因素特别是无法准确确定环保产业相关法律法规政策对环保产业的重要作用及具有哪些现实实施过程中的不足。也有学者从传统的环保产业的产品及产品产出角度进行分类,这一分类可以避免按照产业经济学进行分类带来的一些弊端打破产业之间的界限,可以更加准确地分析环保产业各具体生产要素的发展对环保产业相关法律的需求,其存在的不足在于环保产业是一个各种产业技术要素混合在一起的综合性产业很难将其准确全面界定而许多学者企图将所有的分类都考虑到,这一做法难以实现。

综上所述,我们比较赞同的是第二种观点从环保产品的角度对环保产业进行的划分,为了避免上述观点导致的问题笔者不再对环保产业整体进行划分,本书采用的分类方法是以环保产业现阶段着重发展、着重关注的点来进行划分,不再企图涵盖整个环保产业的所有产品分类。本书从以下几个重点产品进行划分。

其一,固体废物污染预防治理产业。其具体是指包含工业、农业固体废弃物及城镇生活垃圾等在内的废物,通过集中化综合处理从全过程角度出发对固体废弃物污染性进行控制,最终实现对固体废物全过程的监督管控与综合治理的产业。

其二,水污染治理产业。其具体是指与水资源利用与保护相关的所有产品、技术、设备等的产业,还包含了动态预警、应急处置等相关产品服务。

其三,大气污染防治产业。其具体是指为保障人们生活在一个健康舒适的大气环境中,与保障空气洁净相关的所有产品、技术、设备等的产业。包括各类废弃的治理、空气清洁及大气污染的行为实时监控与管制等产品与服务。

其四,重金属防治与土壤修复产业。其具体是指着眼于社会经济发展的基础以改善土壤环境为核心要点,从预防污染到末端治理全过程角度出发,对重金属污染防治与土壤修复的综合治理的产业。

其五,资源循环利用产业。该产业涵盖上述产业的部分内容,其核心在于通过各种技术手段、设备、产品达到将各种资源进行循环利用的目的以减少资源能源的消耗。这一产业并不是单独的产业其范围涉及所有的环保产业组成部分,是整个环保产业中贯穿的一个"主线"。

其六,环境影响评价与环境人力资源服务产业。其具体是指依据国家法律法规依法成立的,遵循相关环境标准对各种施工项目进行环境影响评价的服务产业;为环境保护相关产业发展提供各类亟须人才,提供相关人力资源专业性培训、环境保护知识教育等服务的产业。

通过该分类在后续进行研究时,我们可以就这些重点部分进行更加具有针对性的分析,同时该分类更加符合相关环境保护产业法律法规的立法状况,有利于分析比较现有的环保产业对于法律的需求点,提出更加具有针对性的意见完善现有法律体系。

二、环保产业的发展历程

(一)环保产业产生的前因

自19世纪70年代第二次工业革命以来,伴随着人类科学技术的突飞猛进使得人与自然的矛盾日益突出,经济发展与环境保护的关系逐渐成为人们不得不关注的问题。在20世纪初期,由于人类的发展水平、科技水平等限制环境问题与社会经济发展的矛盾并未凸显,但随着人类的进步与科技的发展环境问题呈现出了"集聚爆发"的趋势。尤其在第二次世界大战结束后,世界进入到整体和平发展的崭新历史进程之中,各国社会相继进入稳定的高速发展时期,世界经济总量呈现快速增长的趋势,但在这巨大经济财富创造的背后却暗藏着人类对生态环境的任意透支。

从震惊世界的八大环境公害事件到今天日益肆虐的温室效应及全球性的气候异常变动,这些问题的出现是社会经济发展的必然结果也是人类必须承担的后果。随着社会文化进程的推进人们思维意识不断进步,发现保护赖以生存的生态环境的突出地位,同时也是人类在社会经济发展中追求更高生存质量的要求。面对这些人类自己种下的恶果各国都在努力地寻求着解决的方案,并为治理这些环境问题付出了高昂的代价。也正是为了满足这些环境问题治理的需求,从而催生了一个全新的产业——环境保护产业。

(二)环保产业发展进程

蕾切尔·卡森打破了人类对于人与自然关系的认识,引发人类对传统人与自然相处模式、思维模式的深度思虑,这是对过去相当长时间形成的社会意识的强烈冲击,同时也为人类的环境意识觉醒提供了启蒙。正是在这一"思想革命"的推动下,导致环境保护领域的生态思维意识模式产生巨大变革,"引爆"民众对于生存环境状况的关注,同时也促使各国就环境保护议题达成一致共识,有力地推动全球性环保组织的建立及跨国性环境保护合作事宜的达成。中国作为负责任的大国在这场"绿色潮流"中起着举足轻重和不可替代的作用,我国的环保产业发展进程也是紧跟着这场重要的变革。

1.20 世纪 70 年代——环保产业的初始阶段

1972年在瑞典的斯德哥尔摩召开了联合国第一次人类环境会议,参加此次会议的国家地区十分广泛,可以说是人类环境保护领域第一次如此规模空前的环境会议。在此次联合国人类环境会议上通过了《人类环境宣言》,该宣言将保护和改善生存环境看作是全人类最迫切的希望,以及世界各国执政者的重要职责,这不仅是社会进程发展的重要问题更加关系到人类整体享有的共同生存权利。

面对新中国成立初期不计后果的快速工业化发展导致的严重环境问题,治理工业污染首当其冲。党中央国务院展开了全国范围内的工业"废水、废弃、废渣"的治理工作,由于当时我国恰好正处在计划经济阶段,当时为进行环境治理所投入的设备、产品等都是有国家行政部门统一采购统一调配,在这种强有力的行政指令的作用下,使得我国的环保产业开始初步发展。在这一阶段我国环保产业的突出特点就是它极具政治色彩,并依靠着国家财政与国家力量的支撑(根据相关数据统计可知,自我国全国环境保护会议召开的十年中国家财政投入的专项资金达到了5.04 亿元,大约占到当时国内财政收入的千分之五[1])完成其初期的快速发展,也正是这种行政指令式的发展模式使我国环保产业初始建立时并未受到太大的阻力得以顺利地成长。我们将这一阶段界定为环保产业发展的初始阶段,该阶段实现了其从无到有的演进过程。

2.20 世纪 80 年代初到 90 年代初——环保产业的初步发展阶段

从某种意义上来讲,我国 20 世纪 70 年代建立起来的行政指令式的环保产业并非真正意义上的"环保产业",因为无法形成其自身良性循环发展,仅仅依靠外部助力很难完成整个产业的进一步推进。80 年代初期我国逐渐摆脱计划

---

[1] 杨冠琼,黄骥翰.环保产业——21 世纪的绿色浪潮[M].贵阳:贵州人民出版社,2004:158.

经济的束缚,并在全国范围内推行"改革"与"开放"的新国策,从经济基础上开始向着有利于环保产业发展的方向行进。1979年,我国出台的第一部《中华人民共和国环境保护法》,标志着我国环境法治建设取得重要的阶段性成就,并在《中华人民共和国环境保护法》出台后的十年间又相继制定了十余部与污染防控、生态资源防护有关的法律法规,基本确立我国环境保护法制体系。正是在这时期逐渐形成"预防为主、防治结合""谁污染谁治理"等环境保护管理理念,并建立了一系列的与环境保护有关的管理制度,随着环境监管制度的不断强化使得环保产业发展充满了更大的空间。

1983年,国务院下发了《关于环境保护工作的决定》,在该文件中明确提出了环境保护资金来源的"八条渠道"。次年,中央七部委联合发布了对于环境保护资金来源相关渠道进行规制的规范性文件,就环境保护资金来源提出了具体的规范要求。使我国环保产业发展资金来源呈现出多元化的投资格局,进一步拓展筹资路径拓宽筹资主体,不断引入社会多样性资本缓解政府作为投资主体的压力,有效地弥补了政府财政在环保产业发展中投入的不足的问题。

我们将该阶段划分为初步发展阶段,该阶段的两个主要现象是:其一,为环保产业的前景日益明朗,同时相关的环境保护法律体系逐步完善为其发展保驾护航;其二,为不断拓宽的筹资渠道,以及多元化的政府投资格局,为环保产业的发展提供了充足的经济基础。

3.20世纪90年代——环保产业的高速发展阶段

20世纪末作为环保意识发展的承接时期,在此期间国际、国内都发生了众多有关环境保护的重大事件。1992年,在巴西里约热内卢举行了联合国环境与发展大会审议并通过了《21世纪议程》和《里约环境与发展宣言》这两个划时代的国际环境保护合作协议,借此提出了可持续发展的全新环境理念,该理念应当作为人与自然、人与社会等关系的重要指导思想是未来社会发展的重要观念,对新世纪的环境保护的国际化产生深远影响。1990年,国务院出台的《关于积极发展环境保护产业的若干意见》首次给予环境保护产业的范畴具体表述,将环保产业确定为国民经济结构中与环境保护相关的产品、设备、技术、服务的生产、研发、交易等活动,并在该文件中指出环境保护产业的重要性还在于为保护和改善环境、防治污染和消除其他公害提供相应的物质条件和技术基础。1996年,国务院发布的《国务院关于环境保护若干问题的决定》中提出积极开展环境科学研究,大力发展环境保护产业。这些相继出台的环保产业相关法律法规为环保产业的发展提供了充分的法制保障,再加上强有力的政策与资源的倾斜,使得环保产业进入了一个相对高速发展的"黄金时代"。

我们将这一阶段界定为环保产业的高速发展阶段,在此期间环保产业呈现出高速发展的态势,另外强而有力的政策倾斜、完善的环境保护规范的保障是这阶段体现出的其他重要特性。

4.21世纪的第一个十年——环保产业的稳步发展阶段

经过20世纪末期的高速发展,进入21世纪后我国环保产业的发展进入一个相对平缓的阶段。在"十五"纲要中,党中央提出科学发展观并将其作为我国社会主义现代化建设务必长期坚持的重要思想,也正是在该思想的影响下掀起了环境保护领域法治建设的热潮。2002年我国出台了第一部循环经济法——《清洁生产促进法》,2005年国务院颁布《关于加快发展循环经济的若干意见》,作为新世纪党中央工作的重点之一循环经济法治建设日益成了社会主义建设事业的着力点。全新的循环经济发展样态要求环保产业从生产的全过程进行控制,从传统的末端治理模式变为全过程治理模式。在"十一五"建设中,党中央将全面贯彻落实科学发展观与节约资源作为基本国策,并加快推进建设节约资源能源、与生态环境和谐相处的小康社会。从"十五""十一五"规划中,不难看出在循环经济、节约型经济的建设过程中环保产业的内涵早已不是传统意义上的狭义的环保产业。

我们将这一阶段界定为环保产业的稳步发展阶段,该阶段环保产业的特征体现在其内涵的极大扩充,新的循环经济、资源节约可持续发展理念的注入,从传统末端治理模式到全过程治理模式的转变。

三、环保产业相关法律规范发展的现状

自20世纪70年代以来,我国环保产业发展历经多个阶段但其政策指引性与保障性的特征却是未曾发生改变。面对不同的历史发展时期的要求保障环保产业的有序发展,国家根据具体实际出台了不同的环保产业法律规范,发展至今也形成了较为系统全面的规范体系。

(一)环保产业相关法律的数量与内容

1.环保产业相关法律的数量

我们利用北大法宝对于环保产业相关法律条文进行检索,以环保产业为标题关键字共检索出中央层面的行政法规及部门规章共计20余条,经筛选有用的信息

为 14 条❶;地方层面的法律法规及规范性文件共计 147 条,经筛选有用信息为 100 余条❷。根据相关的统计分析其实不难看出,我国环保产业的相关法律数量是相当丰富的,且呈现出逐年增长的趋势(见图 1),特别是在"十二五"期间环保产业相关的指导性规范文件的增加数量呈现"井喷式"。

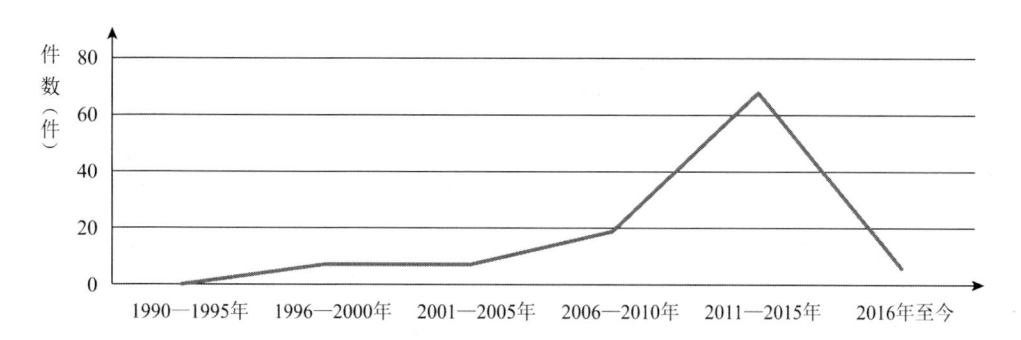

图 1　环保产业相关法规增加情况

注:图 1 所示 2016 年至今折线图呈现陡然下降的趋势,主要是由于统计时间的差异并不代表整体的增长趋势的变化。

从 20 世纪 90 年代至今的 20 余年,从国务院到中央各部委针对环保产业出台的行政法规规范性文件多达 10 部,这些文件为环保产业的不同发展阶段提供了重要的保障。中央层面的法律法规更多地偏向政策性的指引作用,因此从相关的法律法规的层级来看中央层面的环保产业法主要采用的是形式灵活、具有宏观引导性的指导意见、建议等。在此期间全国各省、自治区、直辖市等各级地方,根据相关中央环保产业法律法规、政策的精神并结合本地区的环保产业发展的实际情况,相继制定出了具有实际操作性的细化实施规定,其数量已达 100 部。这些规范性文件的颁布实施,为地区性环保产业的发展提供重要法律保障。地方层面的环保产业法律法规更加的偏向于具体的实施,因此地方性的环境法律法规更多的是为了适应中央层面的政策要求而制定的,其主要的表现形式为法律效力更加"微弱"的通知、实施意见等。

可以预见到的是,伴随着"十三五规划"的出台对环保产业的重视程度进一步

---

❶　例如,《国务院关于加快发展节能环保产业的意见》《国家经贸委等关于加快发展环保产业的意见》等。

❷　例如,《北京市关于促进环保产业发展的若干规定》《海南省人民政府办公厅关于加快发展节能环保产业的实施意见》《肇庆市人民政府关于支持绿色环保产业发展的指导意见》等。

加深,对于环保产业有关法律法规的出台也将会有迫切的要求。将环保产业作为未来五年国民经济支柱产业其重要地位不言而喻,这种重要地位反映到具体的实施过程中必将需要更加规范、系统的法律法规来为其"保驾护航",促使环保产业健康、高速的发展。因此在今后的五年甚至更加长的时间内,我国环保产业有关法律规范的出台数量还将会不断地增长。

2.环保产业相关法律的内容

从上述的分析中可以得出环保产业相关法律的数量丰富,但是如此丰富数量的法律规范的背后却存在着严重的环保产业法律"缺失"的问题,面对如此矛盾的局面又是何原因呢？我们在进行有关法律规范搜集的过程中发现,从中央到地方,从各部委到各级职能部门不管是行政法规还是指导意见、实施细则都有一个共通的缺陷就是其同质化程度太高,中央的指导性规范到了地方依旧是"指导性规范"其所做的仅仅是将中央的指导精神进行再次的阐释。严重的同质化所导致的问题就是看似丰富的规范性法律文件其实质上对于环保产业发展的保障十分局限,当环保企业发展过程中遇到问题时无法利用这些法律规范来保障自身的利益,不同地域的环保产业所面临的问题也各不相同,同质化的法律规范也无法很好的解决不同地域环保产业发展中所遇到的问题。环保产业法律规范"同质化"现象凸显的同时,在其内容的制定上又出现了两个极端:一方面,在规范制定的过程中其规定指导性、政策性太强缺乏必要的具体实施条款,在这些指导性意见的背后缺乏相关的具体标准、细则的支撑因而难以真正的执行；另一方面,制定出来的法律规范过于的局限,如不少省份在制定环保产业相关法律规范时将某些环保设备、技术等作为规范的主要主体从而忽视了其他环保产业重要组成要素,立法技术上存在的一定的不足而后期的立法后评估无法对这些问题进行更正,最终导致许多的地区性环境法律规范脱离实际难以为环保产业现阶段的发展提供支撑。

(二)环境保护法律规范体系与环保产业法律规范体系

1.我国环境保护法律规范体系

根据约瑟夫·拉兹关于法律体系的观点,认为在某种程度上法律体系与法律的概念是一致的而法律体系更加强调的是法律的体系特征[1],作为大陆法系国家虽然我国还同时兼具着独特社会主义法制文化,但我国环境法律体系从结构上来看主要还是由法律规范来构成的。自1979年全国人大常委会通过并颁布了我国

---

[1] 约瑟夫·拉兹.法律体系的概念[M].吴玉章,译.北京:中国法制出版社,2003:246-247.

第一部环保法,到《中华人民共和国大气污染防治法》《中华人民共和国水污染防治法》《清洁生产促进法》《循环经济法促进法》等各种环境保护单行法的相继颁布实施,再到2015年1月1日新《中华人民共和国环境保护法》施行预示着我国环境保护法律体系正在一步步的完善中,不得不说过去的三十余年中我国环境保护法律的发展取得了突出的成就。我国最终形成了以《宪法》第九条、第十条、第二十二条相关环境保护的规定为依据,以具有环境保护基本法性质的——《中华人民共和国环境保护法》为核心,并包含环境与资源保护单行法、环境标准、其他有关环境保护行为的法律规范及中国加入或签署的国际公约等的环境与资源法律体系。在这一体系中既有宪法至高权力的保障,又有"环境基本法"的指引,同时结合环境单行法对水、大气、土壤等特殊环境要素污染防治的专门性立法,还与民法、刑法、行政法等实体法中有关环境保护的法律规范互为表里、密切联系。

完备的环境保护法律体系对环保产业的发展具有积极的促进作用,作为环保产业发展的基础之一环境保护相关单行法律中有关环境保护设备、技术、评估等的规定直接为环保产业市场的扩大提供机遇,例如,《固体废物污染环境防治法》《大气污染防治法》《水污染防治法》等法规中有关鼓励清洁生产,要求企业优先适用资源高使用率、污染物排放量少的产品、设备,责令一定期限内更新落后的生产工艺和设备。随着这些规定的出台对使得环保产品的需求量猛增,促使环保产业链弊端的延伸,使得环保产业的内涵更加的广泛。

2.我国环保产业相关法律规范体系

环境与资源保护法律体系日臻完备的同时,环保产业相关法律的现代化进程却显得相对迟缓。通过前述的研究分析,我们发现环保产业相关的特殊法律规范的法律位阶普遍较低,不管是从中央还是到地方其普遍采取的形式都是实施意见、指导意见等行政法规、部门规章,到目前为止没有一部由全国人大及其常委会制定通过的具有高法律位阶的法律规范。由于上位法的缺失直接导致了环保产业相关法律下位法缺少相应的立法依据,造成的恶性循环就是下位法只能根据位阶较低的行政法规、部门规章等来制定致使其法律效力更加低下,当适用法律发生冲突时难以为环保产业的发展提供充足的保障。虽然环保产业相关法律的数量众多却难以形成一个完整的法律体系,环保产业法律体系的缺失严重影响力环保产业法律制度的建设与发展。

我国环保产业法律体系缺失的另一方面体现在其法律规范的"凌乱",通过对环保产业有关法条的搜集,我们发现在众多的环境保护法律中都蕴含着丰富的环保产业法律规范,例如,《中华人民共和国大气污染防治法》第三十三条、第三十六条、第四十一条等都规定有对大气污染防治的设备、技术、标准的强制性要求;《中华人民共和国水污染防治法》第十七条、第二十一条、第四十条、第四十一条等都涉及对于水污染预防、治理所必备的装置、工艺做具体规定;《清洁生产促进法》《循环经济促进法》中更是着重提出清洁生产、资源能源的循环利用的要求;为有关环保法律规范而进一步出台的诸如《环境污染防治工程专项设计资格证书评审办法》《建设项目竣工环境保护验收管理办法》《环境保护产品认定管理暂行办法》的相关标准对企业的生产提出要求,其实不难发现这些散落在不同环保法中法律规定对环保产业的发展起到至关重要的作用,由于这些单行法律规范的出台使得企业为到达到法律法规的强制性要求从而不得不关注自身的生产技术以资源的循环再利用等问题,促使企业对于环保商品、技艺、服务的需求猛增,环保产业的市场进一步的扩大。上述的列举仅仅只是很小的一部分,这些散落在中法律法规、行业标准中的众多法律规范作为环保产业发展的重要基础却缺乏着体系化的完整性。这种分散化的环保产业法律规范无形中为其适用增加了难度,当环保企业试图运用这些法律规范拓展业务是会发现一个尴尬的局面那就是明明"有法可依"却因缺乏必要的合理执行机制而又变成了"无法依法"。缺乏一个完善的环保产业法律体系,尽管环保产业法律规范在其他环境保护法律中不断增长却依旧无法避免法律适用障碍(不是由于缺乏法律规范的适用困难而是由于规范过多难以抉择的适用障碍)。

综上,我国环保产业法律规范现阶段呈现出的特征就是环境保护法律体系完备与环保产业法律体系缺失并存。伴随着我国环境保护法律体系的不断完善,学界的关注重点也从整体的体系建设转向了更为细致的研究领域,是我国环境保护法律研究更加深入的表现。与环境保护法律体系不断完善趋势相对比,环保产业法律体系缺失严重不管是从法律效力的位阶还是从法律内容的具体规范上都存在着不足,"凌乱"的环保产业法律规范使得其法律体系建设存在着重大的挑战。

第二节 环保产业促进专门立法的必要性与可行性

从前文的研究论述看以看出,自 20 世纪七八十年代以来我国环保产业得到了迅速的发展,与此同时作为其保障的基础相关的环保产业法律规范也相继出台并取得可丰硕的成果。我国传统经济发展模式忽视自然环境的承载能力追求高速增长的唯"GDP 论",并以自然资源的大量耗用为代价支撑经济的发展。❶ 缺乏质量的经济发展增加生态成本的同时还削弱了生产力,忽视产业升级的需要对资源的索取超出生态承受限度,伴随着社会发展进程的推进、人民环保意识的不断提高、国际环境保护的新要求等,传统的经济发展模式早已经不合时宜亟待转变。在传统经济发展模式转型的过程中我国面临着产业结构调整、企业建设中的"三同时制度"如何运行、清洁能源生产与大气污染防治、基础城建中的环境保护与发展等一系列的问题❷,面对如此纷繁复杂的问题对环保产业的发展提出了更高质量的要求,尽管我国环保产业法制体系在日臻成熟,但不得不承认在现阶段该规范体系依旧存在着诸多的不足。

立法资源的稀缺性决定我国各级拥有立法权的机关在立法上采取审慎的态度,如何保证一个立法建议能够真正进入立法程序?其首先要对该立法建议的必要性、可行性进行分析,只有该立法建议为现阶段所迫切需要才能占用如此稀缺立法资源。环保产业的发展到今天仅仅依靠其自身的内在动力进行发展已经难以保证,法律作为国家进行产业调控的最具强制性、规范性、权威性的手段已经拥有了不可替代的地位。正因如此环保产业的发展亟须一部可以统筹环保产业发展全局的环保产业促进专门法,以保障现有环保产业的健康稳步发展。

一、环保产业促进专门立法的必要性

与传统产业发展路径不同,我国环保产业的产生不是始于市场而是始于政策。从环保产业发展的阶段可以看出我国环保产业始于 20 世纪七八十年代的计划经济时期,计划经济时期最突出的特征之一就是其高度的行政指令性发展模式,也正是这种缺乏市场参与的"先天"不足,催生了我国环保产业发展对相关法律、政策的高度依赖。

(一)环保产业市场需要法律的推动

虽然环保产业与传统产业有着诸多的不同,但其依然具备着传统产业的某些特征,例如环保产业发展与市场之间的关系等。在对环保产业法律必要性研究是既要看到环保产业市场的共性也要看到其差异性,从不同的角度分析才能更加清晰的了解其重要性。

1.环保产业市场的构建对法律的依赖

环保产业作为国民经济中的重要新兴战略性支柱产业,具有传统产业的重要

---

❶ 吕忠梅.环境法新视野[M].北京:中国政法大学出版社,2007:235-244.
❷ 曲格平.我们需要一场变革[M].长春:吉林人民出版社,1998:235.

共性即在环保产业市场的发展规律上，环保产业的发展在很大程度上依然受市场价值规律的限制与市场竞争机制的制约。进入 21 世纪以来，人们环保意识已经达到了空前的程度生态文明建设也已经为人们所认同，因此从供求关系的角度来看环保产业的市场在不断扩大。这种由需求带动市场的状况符合社会主义市场经济发展的本质，这就决定我国环保产业市场发展具有内在的动力。伴随着社会市场经济制度建设的不断推进环保产业市场的发展程度却远远滞后，难以形成一个成熟的环保产业良性运行市场也无法对环保企业产生有效的刺激，从而使得环保产业的内在发展的动力不足。作为市场主体对于经济利益的追求才是其的重要目标，从经济法学的视角切入，作为完全市场中的环境权利的交易以自由的选择为基础其本意可以利用市场将资源进行合理配置，作为自利的主体若是市场不能形成足够的吸引力就很难使市场主体参与到环保产业发展建设之中。当内在拉动力存在不足时，亟须外部的力量来带动环保产业的发展。从"美国罗斯福新政"等重要的历史事件中，我们可以看出法律、政策作为重要的外部力量在干预市场发展中起着至关重要的作用，可以从很大程度上克服市场内在发展动力不足的问题，环保产业作为市场经济中的一环其进程推进也必将深受法律、政策的影响。

　　法律对环保产业市场需求影响的另一种表现形式体现为：环保产业有关法律传统产业来说其发展时间较短，作为新近发展起来的产业其产业基础相对薄弱，如何运用环保产业相关法律提供的增长点来保障如此薄弱的产业基础？国外发达国家环保产业的发展路径也是从严格环境法律、政策开始的，通过法律创设全新的环境保护制度必将会带来相应技术、设备等的需求猛增，客观上有力推动相关环保市场的不断扩大，例如在美国这一资本主义市场高度发达的国家，环保权利成了可以交易的对象使得排污权交易市场的形成，排污权交易制度还带动了环保信息咨询、交易等第三产业的发展；在我国为保障经济项目建设对环境破坏最小化而提出的"三同时制度"，该制度强制性要求企业项目建设必须经过相应的环保审核，一方面推动环保产业设备、技术市场的发展另一方面使得环保产业咨询服务业市场扩大。作为人都有其自利性，体现在市场主体中也是不例外的，与其说是由于环保产业相关规范的出台创造新的市场，不如从另一角度理解为：是在法律、政策的强压下企业对于环境价值的全面认识自主做出的对经济价值进行选择的行为，是企业获取竞争优势的另一种表现形式。环保产业法律规范的实行可以为其产业市场的构建提供新的思路与新的方法，有利于相关市场形成可以有序地循环展。

　　我国环保产业产生于计划经济时期，随着社会经济发展态势的转变许多那一时期的历史遗留问题越来越成为掣肘环保产业市场发展的重要因素。其中之一就是我国环保产业从发展初期开始就长期处于高度指令性的发展模式之下,严重缺乏对于环保市场发展的敏感性,这种计划经济时期延续下来的发展模式严重背离了现代企业的市场运行机制,使环保产业发展缺乏竞争意识难以形成良性循环。如何处理环保产业法律与市场的关系并寻找到两者的平衡点,在保证环保产业市场健康的同时又不会使其失去对市场的敏感性,正确看待环保产业市场构建对于法律的依赖,成为对环保产业立法的重要要求。

2.环保产业市场的规制对法律的依赖

通过对相关环保产业立法的解读,我们在其中发现了一个共同的特点:环保产业法思想的保守。环境保护法作为一门新兴的部门法,其重要的特点就是突破传统的部门法界限看问题,其指导思想不再仅限于那些传统的社会法律关系主体间的问题处理的原则与习惯而是拓展为以整个人类的共同生存为主要目的。环保产业法律规章作为环境保护法律体系的组成基石,其立法思想应与环保法保持一致,然而在现有的环保产业立法中却更多的偏向与将其作为传统的产业立法来看待从而致使环保产业相关法律立法指导思想中掺杂了过多的产业立法痕迹经济指导性较为严重,如在《山东省人民政府关于加快我省新能源和节能环保产业发展的意见》中提到其立法的指导思想"应当将市场作为向导,调动企业的积极性,不断扩充环保人才队伍,促进环保科技的不断进步,加快技术转化进程使新环保技术不断注入环保产品之中,在不断扩大环保产业基数的同时采用精益思想调整传统产业结构";《江苏省人民政府关于加快发展节能环保产业的实施意见》中更是以"深入贯彻落实党的十八届三中全会决定和国务院相关文件的精神"作为相关立法的指导精神。人们对生存状况改善的要求日趋强烈,环保产业的发展不目标再单纯的集中于工业、农业等传统产业,更应当走入普通的群众中、走入千家万户的日常中。传统的环保产业立法模式更多的只是集中于对环保产业如何服务于其他传统产业已达到节能环保的目的,但现阶段随着人们需求的转变,以家庭为单位的环保产品需求猛增,而在环保产业的立法中我们却鲜少见到相关的规定,从立法的指导思想上其有悖于"以人为本、服务人民"的立法本意。环保产业的发展是跟随市场需求的变动,因而环保产业的发展超过立法指导思想的发展,使得环保产业的相关立法滞后于环保产业的发展。

前文所述环保产业的发展趋势与人们的环保意识之间的差异,成为阻碍环保产业发展的关键因素,同时环保产业的内在拉动力与其公共性之间的矛盾也成为掣肘相关产业市场完善的重要限制。当面对市场的负外部无法从内部寻求解决方案,而法律规范作为人们所公认的调整方法在对环保产业市场进行规制中起着关键的作用。传统的行政手段可以对环保产业市场进行规制其思维初始是"对于环境风险的规制"[1]，环境保护的特殊性要求我们要从整体向对环境风险进行把握，而公共资源的有限性却不可能允许我们对所有的风险进行规制。环保产业作为整个环保体系中的重要组成部分，具有环保领域发展的共性也正因此在对环保产业市场进行行政规制时仅能从部分风险出发无法从整体角度进行考虑。加之传统的行政规制手段具有很大的妥协性通常是行政机关、企业等各方进行博弈的结果，更多是侧重于利益的选择而缺乏对风险与收益整体协调性的考量；传统的行政规制手段主要关注的是对直接风险的管控往往会忽视附加风险，而环保产业中附加风险的影响有时远大于直接风险，这种潜在的风险可能由于其更贴近人们的生活因而更具有致命性。传统行政规制的缺陷决定了其无法单独完成对环保产业市场的规制。人们环保意识的提升从很大程度上可以促使环保产业的市场发展，伴随人们意识的转变对于环境问题的关注对于克服环保产业固有的经济负外部性有着积极作用。但是环保意识(亦可称之为环保文化)的提升却无法从根本上解决现阶段环保产业市场发展所面临的问题，人类作为一个自利的群体其根本属性无法发生改变，尽管环保意识的提升可以对人们的自利性行为进行约束但这种约束力是极其微弱的很难达到应有的效果。这就决定了对于环保意识的培养只能是会环保产业市场发展规制的一个补充，其缺乏足够的强制力来予以保障。

从以上的分析可以发现，其任何一个手段都无法但对完成对环保产业市场发展的规制，环保产业法律对其市场的规制可以从很大程度上克服上述手段的缺陷。法律规范的指引性与预测性是对传统行政手段缺少对潜在问题进行考量的不足的有力补充，法律规范的强制性又是对文化意识手段缺乏执行力的有力补充。在现阶段我国环保产业市场并不成熟的情况下要支撑起高速发展必须依赖法律规范来对市场发展进行补充，通过法制化的手段可以实现环保产业市场内部拉动力与外部的推动力相结合，恰当的利用多重手段使其具备独立发展的能力、实现产业市场的内部良性循环才是最根本目的。

(二)环保产业发展需要法律的引导

环境保护行为所产生的既得利益很难为个体所单独享有，故而公共性与负外部经济效应成为环保产业的突出特征，同时也这些特性也成为该产业成长的最大制约因素。环保产业的发展受诸多的因素影响，其中人们日益增长的市场需求是推进其进程的最重要的利益环节，然而环保产业固有的公益性必然会与这种追

---

[1] 刘超.环境风险行政规制的断裂与统合[J].法学评论,2013(3):75.

求利益的自利性行为产生不可调和的矛盾。如果没有强有力的引导力,环保产业的发展进程就可能会出现偏差,因此亟须一个具有强制力的手段来保证道路的正确。

1.环保产业投资需要法律的引导

环保部发布的《2011年全国环境保护相关产业状况公报》显示我国环保产业发展迅猛,相较于2004年环保产品、服务等都有较高的增幅,环保产业技术水平稳步提升,产业规模不断扩大。面对环保产业的高速发展光赖于政府财政拨款现已无法维持,需要引入更多资本形式,公益性的性质决定了环保产业又无法像传统产业那样给予投资者以独享的经济利益,因此需要通过一系列的刺激手段形成经济利益以吸引投资者。环保产业法律的制定有利于统一规范各样激励行为,形成财政、税收、补贴等多种样态的经济激励形式,通过不同的优惠政策的程度可以引导投资者对于具体环保领域的投资方向及投资的资金数额,从形成产业的"宏观调控"。根据相关调查我国"十三五"期间环保产业的相关投资规模或将超过2万亿元,如此庞大的投资如何正确地利用需要恰当的指引。环保产业的相关法律对投资进行引导具有强制的规范性特点,从而可以克服市场的外部不经济性多带来的投资弊端,保障环保产业投资的合理运用。

2.环保产业技术进步需要法律的引导

环保产业是具有很强的政策指引性的新兴产业,与传统产业依靠市场变化进行技术创新不同,环保产业作为公益性产业的基本属性决定其难以充分依赖市场需求的带动。根据社会经济学、管理学的基本原理可以分析得知,作为企业但凡进行技术突破与革命就是企业战略中最具风险的行为,因此企业在做出技术革新的选择上往往会采取审慎的观望态度,尤其作为环保产业这类具有较高技术性且技术更新速度快的产业,企业的选择会更加谨慎。伴随着环境问题的加剧、社会生产技术的提高对环保产业进行技术革新又是势在必行的,如何才能保证环保产业技术转型的要求呢?在内部市场无法进行调节的情况下,以法律手段为代表的外部调节手段起着积极作用。利用法律规范的强制力通过国家机器对环保产业技术进步进行大力支持,为环保产业技术的发展提供必要的资金、设备、税收、财政等具体的条件保证技术创新的成功。在新技术研发成功后,利用法律规范、政策的强制引导性有利于快速将先进的环保技术规范推广到整个环保产业,从而带动整个产业的进步。从以上分析不难看出,在环保产业技术进步中环保法律法规起着重要的指引作用。

3.环保产业贸易壁垒破除需要法律的引导

随着我国加入 WTO 进程的不断深入世界市场成了环保产业发展的一个机缘同时也是带来了巨大的挑战。进入 21 世纪以来有关环境保护的国际准则相继出台,作为国际间环境保护合作的基础这些标准逐渐为各国所认同,但是这些标准主要由西方发达国家制定,所依据的基础往往是其自身国情并不完全适应其他较为落后的国家。面对环境标准国际化趋势的发展我们只能顺应潮流,但这种不符合发展中国家国情的标准化潮流使我国环保产业受到的冲击也是最为巨大的,随着社会经济市场开放程度的加深我国环保企业不可避免地要"走出去",不仅要与国内企业相竞争还要立足国际市场与世界级的跨国公司进行竞争。外来国际环境的竞争压力一方面给我国环保产业带来踏入全球市场的机会另一方面也暴露出国际化标准所形成的技术与进入壁垒,因此在进行国际竞争时我国环保产业必须转变思路重新对环境保护产业市场进行定位,寻求破除壁垒的新路径。此时,为应对外国对我国环保产业设置的各种贸易壁垒,应当强化法律规制行为的引导和保障作用:一方面为环保产业满足国际环境标准提供资金、税收、财政等多种支持,促使其尽快破除国际间技术壁垒的限制;另一方面为应对他国恶意保护行为实施反贸易壁垒的相应举措,利用本国法律对相应国家进行反制性的措施以敦促其利用公平的国际贸易手段进行交易,保障我国环保企业在国际上的合法合理利益。

除了国际间的贸易壁垒的破除需要依赖环保产业相关法律的指引外,我国地区间的区域壁垒也同样需要相关法律规范予以规制。我国独具特色的社会主义市场既具有自由性特征又有计划性特性,因而我国环保产业市场是一个不完全竞争的市场。同时我国环保产业相关标准缺乏具体规定,各地区间在执行相关标准时又具有很大的自主性,这就为地区保护主义的盛行埋下了深刻的伏笔。环保产业的地区保护主义盛行导致环保企业的流动性变差无法获得更多先进技术信息,缺乏竞争创新能力,故步自封式的发展最终将会导致整个环保产业发展的减缓甚至是停滞。而解决这一问题的方法还是需要依赖环保产业相关法律,通过法律规范的规定制定统一的技术标准实施细则以减少地区间"自主权"的行使,从而使得环保产业发展具有"无障碍"的国内市场。利用法律规范的指引性可以引导环保产业市场的不断完善使其利用市场经济的内在动力,形成一个有序竞争、良性发展、可循环稳定的市场。故破除地区壁垒引导环保产业市场的完善离不开法律。

(三)环保产业规范标准需要法律的明确

环境保护相关的标准作为环境保护具体实施中的重要组成部分其重要性不言而喻,从 1973 年我国颁布第一个有关环保标准的文件以来,历经四十余年的完善使我国现行环境保护标准已达 1642 项(截至 2015 年)。这些标准的出台是环保产业发展中不可或缺的"一把矩尺",环境保护的标准在促进产业架构升级、治理技术进步、激发环保产业市场潜力、拓展与确定环保产业发展方向等方面都具有重要推动作用。❶ 2015 年正式实施的新《环境保护法》中对于如何保护各环境要素的都提出了新的要求,如何使环保产业健康发展明确环保产业的产业规范标准成为不可忽视的重要问题。环保产业规范标准的重要地位要求对其的制定、出台、实施必须有严格的程序,学者们普遍认同环保产业的相关标准是环保产业法律体系完善的重要部分,是环保产业法律规范得以实施的重要依据。

1.环保产业标准的制定需要法律的明确

党的十七大提出要建设具有鲜明社会主义特性的法制的立法规划,"转变长久以来形成的以管理法为主,控权类、监督类的立法为辅的局面;以'重商'立法为重心的立法思想,转向以人为本、统筹兼顾、注重生存质量为主的社会保障的立法理念等"❷,在此背景下我国环境保护相关的法律规范的出台与更新也越来越频繁,截至 2016 年,我国颁布实施的环境法有 7 部,在生态保护、资源利用、环境污染治理与预防等方面的单行法达到 15 部,为这些法律规范相配套出台有关实施标准与细则更是达 400 余部。这些众多的法律法规中,都会或多或少的涉及有关环保产业的规定(具体举例上文已经叙述),作为一项新兴的产业战略性产业国家给予环保产业足够的重视在其发展初期起着积极的作用。但是,我们无法忽视的一个问题就是,如此众多的法律法规怎样才能保证其之间不会相互冲突呢?面对如此众多的环保产业相关规范应当如何对其进行正确的梳理以保证其能够为环保企业所正确使用?这些"散落"在各个环境法律规范、单行法、环保标准中的有关环保产业的规范,从某种程度上为环保产业法律规范体系的形成制造了无形的障碍,如何恰当整合这些有关环保产业的法律规范等,成为现阶段建立体系化的环保产业法律规范所面临的重要问题。

从环保产业的定义中我们可以知道其与其他产业存在着重要的差别,这也决定其发着的路径注定不是单一的且与其他产业存在着较大的不同。然而,不管是从学界还是从中央、各级政府部门都将环保产业与其他产业看作是同等的产业模式进行规制。生态系统庞杂的特性决定与其有着密切关系的环保产业也极具复杂

---

❶ 熊跃辉,谷雪景.环保标准对环保产业的影响分析[J].中国环境管理,2015(3):1-3.
❷ 郭道晖.立法理念与重心的与时俱进——以十七大精神审视我国法律体系[J].政治与法律,2008(6):3.

性的特征,立体化的生态系统决定了环保产业的发展不可能是简单的点或者线❶,从末端治理到全过程治理、从自然资源的有效利用到循环再生重复利用等都只是体现环保产业的局部,正因为对环保产业发展认识的不足在其相关法律的制定进程中存在局限,最终致使法律体系不甚完备。我国环保产业现有的法律规定主要集中于管理某些具体的问题,缺少对环保产业发展整体要素进行合理管控的立体化立法。我国各地环保产业示范园区等重点工程的建设不断加快,对于环保产业立体化、系统化建设的呼声不断高涨,如若继续依照传统的产业法的立法发展路径不但无法解决法律法规"零散化"的状况,相反可能促使环保产业相关法律的建设与环保产业发展相脱节。

我国现行的环保产业法律规范重要特点之一就是其"零散性"。对环保产业予以规制和保障的主要法律规定散落于各个环境与资源保护单行法之中,且为保证各法律规范的实施而配套出台的相关环境保护标准应当具备强制力的保障,否则会使相关环保法律的可实施性缺乏依据。❷ 环保产业相关法律规范零散性带来的另一个问题就是各种法律规范之间的冲突,例如,在《中华人民共和国水污染防治法》《中华人民共和国大气污染防治法》等法规中对于限期治理都有所规定,但其中在有关限期治理的实效、权利赋予等问题上存在着较大的差异,各级政府在依据这些规定制定具体实施细则的标准时就会无所适从增加社会公共服务的成本。❸ 环保标准的制定面临着诸多的问题,其重要原因之一:现行的环保标准缺乏上位法的支撑,没有同一、规范、完善的法律准则系统,例如虽然我国正在积极致力于《土壤污染防治法》的制定但其出台尚需时日,目前有关土壤环境污染的法律相对较少,缺乏有力的上位法的支撑,致使土壤修复产业缺乏行业标准、行业内部企业质量参差不齐等,在土壤修复市场上趋利性行为使整个市场秩序严重被打乱。❹从中可以看出,法律是保障环保产业标准进一步完备的有利基石。

2.环保产业标准的执行需要法律的明确

通过对环保产业相关法律的解读,我们发现环保产业法律机制运行实施主体呈现出多样化的特点,例如,国务院下达的《关于加快发展节能环保产业的意见》作为相关产业的阶段性指导文件并在其最后附录中规定了相应环保产业发展任务的负责部门,如组织实施节能技术与装备产业化示范由发展改革委、工信部、财政

---

❶ 刘国涛.绿色产业与绿色产业法[J].中国人口·资源与环境,2005(4):98.
❷ 刘超.存废之间:限期治理制度的绩效考察[J].云南大学学报(法学版),2008(2):80.
❸ 刘超.断裂与耦合:环境执法语境中的代执行制度与限期治理制度[J].政法论丛,2007(6).
❹ 曹芳萍,等.后工业化时代的环境(土壤)修复产业投融资机制创新研究[J].生态经济,2014(10):43.

部、科技部负责实施等,而实施主体的众多造成的一个重要问题就是主体的模糊性。我国目前为止还没有出台一部环保产业基本法,尚无法明确确定环保产业的管理主体❶,加之环保产业相关法律中对于相关责任主体存在着不同的划分,从而导致环保产业法律机制在具体运行实施时主体模糊。环保产业的立体性、复杂性决定了其涉及范围的广度与深度是其他传统产业所无法比拟的,作为具有高度综合性的产业缺乏一个明确的管理责任主体将会严重阻碍相关法律制度的运行,多部门的分管机制不但会使决策时间大幅延长无形中增加了环保产业内部企业的运行成本,也不符合法经济学的相关内容。环保产业法律机制运行实施主体的模糊,将会导致环保产业处于"无人监管"或者"监管过严"的两个极端之中,最终将会导致环保产业的发展受到严重影响。

环保产业法律制度的建立和运行带有浓重的政治性色彩,因此其中的相关责任进行具体划分权限时会存在权责的模糊性。我国行政机关职权的划分并没有专门的法律予以规制,其权利来源主要是由上级部门根据下级各部门的实际需要进行划分并报经国务院进行最终审批❷,对环保产业进行管理的相关各级部门也具有相似的情况。这种缺乏明确权限划分的运行机制,将会直接导致各部门之间利益冲突的激化,各自基于本部门的利益忽视整体社会经济发展利益从而导致相关职能部门权限的重复与缺失并存。由于各职能部门之间的分工不明确极易造成相互之间的推诿扯皮这也是环境行政执法中所最常见的问题,一旦这种情况出现在环保产业领域会导致环保企业无所适从从而增加其负担。同时各职能部门也会为了相互之间的利益而产生冲突,最常见的就是不同权力机关利用不同的名目对同一行为进行的处理,这直接导致环保企业负担加重。环保产业法律机制运行实施主体权限的不清,既有我国行政体制运行的原因,也存在着环保产业自身特殊性造成的原因。

上文分析的环保标准在制定中对法律的依赖,同时环保标准在实施中对法律也存在依赖性。环保标准的出台其本身缺乏相应的执行力与强制力仅从其本身来看无法对环保产业的发展起到良好的推动作用,缺乏法律规范的保障会使得环保标准的执行、监督、检测等具体行为中给予权力者很大的自主裁量权,无必要规制的权力往往会出现"弄虚作假""权钱交易"等问题,这些问题会在很大程度上将会妨碍环保标准的执行进而会导致整个环保产业受到制约。故而,强化环保标准并

---

❶ 庄尚志.我国环保产业法律促进机制研究[D].重庆:重庆大学,2010.
❷ 庄尚志.我国环保产业法律促进机制研究[D].重庆:重庆大学,2010.

提升其强制力与执行力势在必行,合理运用法律手段可以更好地使环保标准执行工作得到有序开展。

二、环保产业促进专门立法的可行性

(一)可转化性政策支持

我国环保产业发展已历经三十余年,逐步形成了以污染防治、资源能源节约及环境服务为主体涵盖产品设备设计制造、服务咨询、设备运营维护等多元化的产业格局。"十一五规划"时期,中国环保产业以每年16%左右的增速迅速成长,截止到2010年我国环保产业总产值已逾2万亿元。其中仅节能服务业2010年的产业总值就已接近600亿元,相关服务企业增至500余家从业人数突破13万人。[1] 在刚刚过去的"十二五规划"中我国环保产业发展增速保持在年均20%左右,2014年环保产业投资额已经达到8240亿元占到国民经济的1.6%,呈现出大量环保产业投资流入公共设施建设领域。根据环保部测算,"十三五规划"期间环保投入预计将会增加至年均2万亿元左右,社会环保投资总额有望超过17万亿元是"十二五规划"期间的两倍。如此迅猛发展的背后是国家政策的大力扶持,从20世纪初始"十五规划"中,给予环保产业明确的定义首次以国家长期发展战略规划的形式将其作为发展的重点。再到"十一五规划""十二五规划"中进一步对环保产业的可持续性给予新的要求,同时在环保技术研发推广、环保企业税收、环保产业财政补贴等方面给予多种形式的扶持。这些支持性政策主要分为四个具体类别:其一为中央的引导性政策包括《国务院关于培育战略性新兴产业的指导意见》《关于支持循环经济发展的投融资政策措施意见》《节能技术推广名录》等;其二为环保产业的约束性政策包含明确对各地方政府的环保规划约束性指标、工业产品能耗标准、重点行业市场准入制度、固定资产投资项目环评制度等约束性规范制度;其三为具体激励政策包括《节能技改财政支持》《能源合同管理财政奖励》《节能产品政府采购》等财政支持及对符合条件的环保企业实施合同管理项目给予相应的税收优惠政策;其四为支持性与试点示范政策包括建设环保领域的具有权威性的研发基地、构筑环保产业科技创新联盟强行推进环保产业先进技术、构建环保产品、工艺研发风险补偿机制,以及分地区、分行业建立不同的示范试点等。通过以上的分析可以看出,我国环保产业政策内容广泛包含环境污染防治、生态资源节约保护、国际生

---

[1] 赵刚.中国节能环保产业的发展现状及政策建议[EB/OL].(2011-04-29).国际新能源网,http://finance.ifeng.com/usstock/mgggpj/20110429/3957568.shtml.

态环保政策等多个方面,这些政策从实施的角度还可以划分为强制性政策与非强制性政策(亦可称之为环境经济政策)。❶ 宽严结合软硬相适应的环保产业政策共同作用于环保产业的发展是长期从事环保工作得出的经验,历经实践的检验许多政策性的文件已经具备立法的基础。

环保产业政策对环保产业促进立法的支持还体现在转化路径的便捷性与必要性上:其一,党中央的立法指导思想为我国环保产业相关政策转换为法律提供了理论支持。在我国将国家政策转换为法律是我国特殊国情所决定的,亦是建立健全社会主义法制的特殊要求,2002年在党的十六大中首次提出将党的意志转化为国家意志的主张,次年党中央在《中共中央关于加强党的执政能力建设的决定》中进一步阐释了,要不断强化党对立法工作的重要指导作用,并运用合理合法的途径将党的意志上升为国家意志,形成不以个人的意志为转移的国家法律规范。❷ 其二,环保产业政策转化为法律具有内在基础。马克思主义理论在有关法律的本质的论断中指出"法律是统治阶级意志的体现",作为社会主义国家我国法律应当是符合广泛人民群众的共同意志。由于中国共产党作为我国的执政党的根本性质是"中国工人阶级先锋队,中国人民和中华民族的先锋队",决定其应当秉持严谨作风代言人民的根本权益,反映全国各阶层各地区人民群众最真实的民意。从这一角度保障环保产业建设推进的法律与政策二者都是人民意志在有关环境保护领域的共同体现,这也是环保产业政策向环保产业法律的转化的关键性内在基础。其三,环保产业政策转化为法律具有外部基础。政策向法律转化需要良好的制度基础,要保证人民民主权利、实现政治民主、保障社会主义法制建设的统一,严格遵循正当立法程序并将其作为转化的必要前提,通过程序正义保障实体正义以达到法律转化的目的。❸ 我国的立法中已经有了多次的实践,将政策转换为法律的外部保障制度建设逐渐成熟,这为在环保产业领域内进行立法转换提供相当的经验借鉴。

(二)相关立法经验基础

进入21世纪伴随的社会经济的发展与人类法律意识的提升,传统的立法模式正在受到冲击,亟待出现不同于传统立法模式并能够更好符合现阶段社会经济发展需要的新型立法模式。在此背景下,作为与传统意义上以具有强制性力为特点的立法不同的"促进法"立法模式应运而生,其所具有的"软法"特性为应对现阶段

---

❶ 张嫚.调整环境政策发展环保产业[J].中国环保产业,2002(2):34-35.
❷ 方世荣.论政策转化为法律的基础和条件[J].湖北行政学院学报,2006(4):5-6.
❸ 孙才华.关于政策转化为法律的制度构建[J].湖北行政学院学报,2006(4):12-14.

经济发展新趋势提供重要指引,这类"促进性"立法模式也是政府干涉市场经济发展的具体体现,正好弥补传统立法对现阶段社会经济发展不相适应的缺陷。❶近些年来我国相继出台多部促进性立法,例如,1993年的《中华人民共和国科技进步法》、2002年的《中华人民共和国民办教育促进法》与《中华人民共和国中小企业促进法》,2009年的《中华人民共和国循环经济促进法》及2012年新修改的《中华人民共和清洁生产促进法》等❷,这些法律中既有以"促进法"明确进行定名的也有在名称中虽未明确出现相关字样但实质其性质亦为促进性立法的。在现阶段学界有关立法模式的观点虽有所差异但从本质上认同"以实证主义法学为主脉络兼顾部分自然法学派的精髓,即将社会主义价值观、国家政策、文化意识等其他社会规范的内涵注入传统的法律规范立法体系之中"❸,这一立法模式的形成既符合我国依法治国法律机制建设的总体要求又满足市场经济自由发展的客观需要。

促进法的法律逻辑结构与传统的法律规范既存在着共通又存在差异,有学者提出"实证主义法学在关于法律规范性上的观点认为不论是命令性的强制还是裁量性的强制,不论是以法律作为规范的事实还是法律规范的作用机制,均应当从实证的角度对其'规范性'特征进行阐释……"❹。但是法律规范存在着动态变化的特性且其体系本身还具有复杂性、联系性,面对如此庞杂的法律现象人们对于法律的规范性亦存在着不同的认识。法律规范作为从人类思维中抽象出来的一种意识形态由于所处的社会阶段、历史时期等的不同,不仅会使法律规范的形态、结构存在差异还会影响法律规范逻辑思维结构。传统法律规范在逻辑模态和构成要素上的缺陷是固有的,促进法不必进行强制性、规范性的要求可以通过道德约束力、社会舆论压力等灵活调整规范。我国促进性立法模式的出现时间并不长,但不难发现我国在促进法立法技术方面相较于20世纪90年代初始时期已有了长足的提升,从理论研究到具体的立法程序再到法律的实施与立法后评估等方面都具有丰富的实践性。各种与环境资源保护相关的产业促进法的出台,标志着我国将促进法正式引入到环保产业法律领域,对比新旧两部《清洁生产促进法》我们还发现我国促进法的立法更加的趋向合理,例如新的法律加入"强制性的激励政策"相较于旧法中"软性的激励政策"就更具实施性。环保产业作为社会经济发展在现代的

---

❶ 李艳芳."促进型立法"研究[J].法学评论,2005(3):100-103.
❷ 郭俊.如何做好"促进型立法"工作[J].人大研究,2008(2):29-32.
❸ 刘志强.法律规范的结构基础与主体选择[J].重庆社会科学,2013(8):27-28.
❹ 朱继萍.法律规范的意义、结构及表达——一种实证的分析理论[J].法律科学(西北政法学院学报),2007(4):38-40.

产物其规制的特殊性决定其更加适应促进性立法这一模式。

第三节 环保产业促进专门立法的基本定位与主要原则

从前文的分析表述可以看出在我国对环保产业进行专门立法势在必行,如何选择正确的立法模式成了摆在学者们面前的一个重难点。而环保产业作为我国最重要的新兴战略性支柱产业之一在我国"十三五规划"中的到了进一步的确认,如何突破传统产业立法的局限在新兴产业领域实现立法的进步?又是我们不得不解决的另一个问题。产业政策的兴起成为产业立法的"前站",也对产业经济发展推进起着有力的促进作用,但如果要让环保产业政策克服其固有弊端进行法制化就是必要的路径。正因此在研究环保产业立法模式时应当明确现阶段对我国环保产业立法的定位,进而保证相关立法模态下的规范行为具备可实施性。

一、环保产业促进专门立法的模式与位阶

我国自春秋战国以来形成的法文化一直强调制定法的重要性但却更加突出法的执行,一国之法有却无法执行比"无法"更加具有损害性。如何保障法律的实施是现代环境法律体系建设首要关注的问题,环保产业的发展根植于整个环境保护体系,而传统环境法律体系的制定法却又无法全面应对日新月异的环境问题使得环保产业立法存在着局限性。也正因此在进行环保产业立法是更应关注其立法定位,确保"使法必行之法"。

(一)环保产业促进专门立法的立法模式

1.政策性立法模式

长久以来在环境保护领域的政策性指引规范远远多于环境保护法律规范,作为政策性更强的环保产业领域这一状况更加明显,从短期来看政策的扶持确实保障我国环保产业高速发展,但若要保证环保产业的长期、有序发展仅依靠政策的扶持无法达成。从社会学的角度理解政府政策实质上是国家对于市场的干预也是对自由市场固有缺陷弥补的手段,但是"凡有权力必生腐败"这句古老的法谚也同样在告诫我们"权力寻租"发生的必然,而政府政策缺乏法律的约束其结果将会使自由市场陷入混乱。"凡有权力必有监督"反映到立法领域就是利用法制化的路径使政府政策受到应有的监管保证公权力的实施,这既符合宪法赋予的职责同时也

是依法治国的必然要求。[1]产业政策法制化成为产业立法的新模式,这一立法模式以各国的国情为基础跨越多个部门法对国民经济内部资源进行整合的法律规范,[2]20世纪中叶至今各国在此理论的基础上对环保产业政策法律方面的探索有了长足的进步,主要是以日本等国为代表的倾斜性立法模式与以欧美等国为代表的竞争性立法模式,他们在产业政策法方面的探索为我国环保产业法的立法提供了不少的借鉴,同时环保产业政策法的立法模式日益为国际社会所认可。[3]但我们需要关注的是倾斜性的立法模式强调的是倾力扶持,却忽视对于良好竞争环境的建立窒碍环保产业的有序发展;而竞争性立法模态突出的是对完善竞争环境的建设,却忽视对环保产业发展的必要支持,在市场自利性的作用下会使得环保产业缺乏必要的生存空间。上述两种模式虽然存在弊端却适用于其国家,这很大程度上是由于该国社会历史条件的特殊性所决定的,我国与日本、美国等国不管从经济发展模式还是社会意识形态方面都存在着诸多的不同,这就决定了现有环保产业政策法律体系在中国的适用存在着问题。从我国环保产业发展状况来看,无论从产业基础还是产业结构都与欧美日等发达国家必然着存在差距,故传统的环保产业政策立法在我国究竟是否适用,就成为我国环保产业立法中面临的一个选择。

2.传统促进型立法模式

上文中对促进法的立法经验作了简要说明,不难看出我国在促进法领域研究已具备实操性,不管从立法经验还是立法技术都可以保证促进型立法的顺利出台。但是,现阶段在我国直接运用传统的促进型立法模式对环保产业进行立法却存在着障碍:

其一,传统促进型立法的固有弊端。作为促进型立法模式其固有问题在于缺乏管理效能,在该立法模式下更多地突出政府责任的综合化从而忽视其他主体的法律责任。[4]传统的促进型立法模式对行政政策依赖性强、受行政主体的干预程度大,形成了以行政行为为主导的法律促进形态,其核心在于政府行为的良好执行,而促进型立法模式恰恰强调的是对于政府权力的授权却缺乏必要的监督管制。"无法律责任的法必然缺乏执行力""没有必要的规制很难保证法制的顺利施行"作为学界达成共识的观点使我们不得不思考传统促进型立法模式将政治、法律、道德等责任整合起来是否真的能够促进产业发展。

---

[1] 王先林.产业政策法初论[J].中国法学,2003(3):17-18.
[2] 杨紫烜.关于产业政策和产业法的若干理论问题的认识[J].法学,2010(9):16-20.
[3] 王健.产业政策法若干问题研究[J].西北政法学院学报,2002(1):119.
[4] 李艳芳."促进型立法"研究[J].法学评论,2005(3):105.

其二,传统促进性立法实施存在问题。作为传统的促进型立法模式其指导性强而实施性不足,若无健全的配套制度建设将会使相关立法缺乏必要的实施基础而导致执行困难。而环境保护作为一个系统性的工程其身具有相当的复杂性与技术性对相关配套法律制度要求严格,以我国《可再生能源法》为例其出台仅为可再生能源的推广搭建一个法律平台但对于具体的技术标准、实施主体、奖惩措施、实施细则等均未能做出具体规范,在法律实施的进程中需要依赖相关部门制定的有效规章、制度等作为支撑[1],但是就目前的可再生能源法制框架而言其实施细则存在统一标准缺失、地区性壁垒严重等问题,导致可再生能源产业的发展受到迟滞。[2]

其三,传统促进立法的立法架构侧重性强。我国环境保护领域有一个潜在的立法特点:"环保法律解决现实生存中最迫切的问题",这就导致在环境立法中立法者的价值平衡选择问题,体现在环保产业立法发展中就是在不同时期国家对于环保产业内部组成扶持的立法重点存在较大差异。其实不难想象在这种侧重性较强的法律规范的引导下,必然会使得环保产业在一段时期内市场发展不平衡、产业结构严重失衡等问题,在环保产业发展初期,这种失衡现象并不能造成太大的影响,相反重点扶持的做法还可以促使环保产业在某些领域的重大革新从而推动环保产业的进步。但伴随着我环保产业规模的不断扩张、国际性跨国环保企业的冲击、WTO规则的限制等,将环保产业中的失衡现象被无限扩大严重阻碍产业的发展、降低产业的竞争力。促进型立法模式在如何平衡侧重点与均衡发展的关系成为其立法的成败重要点。

从上面的分析可以得知传统的促进型立法模式存在着诸多的问题,但不可否认的是促进型立法模式作为现代法律立法制度发展出的新型模式具有鲜明的时代发展趋势性,其是在社会经济发展需要的推动下产生的。同时促进型立法模式的特点使其比其他立法模式更符合环保产业立法的需求,故而以促进型立法模式作为环保产业立法模式是一个优化选择。

3.新型促进型立法模式选择

上文中我们对现代社会中环境保护两种立法模式进行分析,可以发现不管是政策型立法还是传统促进型立法都存在着不少的缺陷,若直接作为环保产业立法的模式会有不少阻碍。经过多年的立法实践我国在促进型立法研究上,不断深化形成符合社会演进新需求的立法样态,伴随着2012年新《清洁生产促进法》的出台

---

[1] 李艳芳,岳小花.论我国可再生能源法律体系的构建队[M]//肖国兴,叶荣泗.中国能源法研究报告.北京:法律出版社,2010:64.

[2] 张立锋,李俊然.中国可再生能源产业发展促进法研究[J].河北法学,2016(4):130.

标志着我国新型促进型立法模式的完备。新《清洁生产促进法》突破原有的促进型立法的弊病,例如,在《清洁生产促进法》第八条中规定"……编制国家清洁生产推行规划"这一规定确立清洁生产推进规划制度将传统促进型立法的"软法治理模式"推进到"强制治理的模式";在《清洁生产促进法》第三十五条、第三十六条、第三十七条、第三十九条中规定对政府责任、企业责任、评估监理部门责任都进行详细的界定,其中还将政府、企业、评估监理部门的不作为行为单独予以规制,具有行政性处罚、民事处罚、刑事处罚等多种法律责任承担形式,突破传统促进型立法对于法律责任的弱化的现实状况,强化了促进性法律的强制性特征等。[1] 其实,新型的促进型立法模式不仅从执行力、法律责任方面有所突破,其还在执法主体(行政、执法、监管等主管部门)、强制性推进制度建设等多方面进行有力的实践。有学者认为"新型的促进法越来越趋向于传统的强制性立法"但我们并不认同这一观点,首先,作为促进法在本质上与传统意义上强调管理的强制性立法不同其更多侧重于指引性的规范模式,即使新型的促进型立法模式中强化了对强制性制度的建设并不减损其基本属性;其次,从理论基础上来看两者之间亦存在差异,促进法是以国家意志转为人民群众意志通过指引性规范推行积极环保意识,而强制性法律是以国家意志为核心运用国家权力强行规制人们的行为,尽管新型促进型立法模式强化法律主体的法律责任但并未突破这一理论基础。从总体上看,新型促进型立法模式是适应环保产业立法的一个优化选择。

  本书中所持观点就是在新型促进型立法模式的基础上,根据以上两种立法模式"取其精华,去其糟粕"演变而来的。我们将其命名为环保产业促进专门立法的模式,该模式应兼具产业集中保护与市场自由发展两种优点,在促进型立法的基础上加入政策性立法的部分内容使得促进型立法中的"软法治理"法制化路径更加明晰,不断完善新型促进型立法模式中的"强制性治理模式"(亦成为管理型法律模式)强化各法律主体的法律责任。该立法模式符合环保产业在当代社会演进进程中的客观需求,在不过度干预环保产业市场的前提下又可以保证环保产业具有稳步前进的动力,有利于平衡产业结构的发展注重产业市场的整体进步,将环保产业政策法律化可以为产业发展提供强有力的制度保障。

(二)环保产业促进专门立法的法律位阶

  环保产业本身固有的复杂性与关联性注定其无法像其他产业局限于某一法律

---

[1] 宋丹娜,白艳英,等.浅谈对新修订"清洁生产促进法"的几点认识[J].环境与可持续发展,2012(6):14-16.

规范领域,如何整合跨越多个法律领域的规范就成为环保产业立法是否合理的关键。在学界对于法律位阶的含义有着不同的释义,通说认为"所谓的法律位阶就是法律规范所处的位置问题,具体而言就是在法律体系中不同法律规定之间的相互联系且其内在关系并不对等,以此形成不同层级的法律使整个法律体系呈现阶梯状"❶。而"法律体系是一国法律位阶制度的依存领域"❷,有学者认为法律层次并不是截然分立的应该是不同法律维度相互交叉支撑的立体体系❸,这种法理观点符合环境保护法制化发展的客观要求,同时也为环保产业规范体系建设提供重要的理论路径,突破传统单一的法律位阶立法模式使以综合性为特征进行更加全面规制的立法成为可能。法律位阶制度的产生其最主要的意义是解决相同或相似法律之间的适用性分歧问题,同时"所谓的法律位阶本身也是一项法律规范,故而依据职权进行法律位阶的划分成为我国立法机制的必然要求"❹。

虽然学界在有关法律位阶的划分上还存在着分歧,但在其基础法律位阶构成上还是具有共性的。通常位于第一位阶的是宪法,其是其他所有法律的权力来源,其作为国家根本性法律的地位无可动摇,在2015年最新修改的《中华人民共和国立法法》(以下简称《立法法》)的总则中规定"……根据宪法,制定本法""立法应当遵循宪法的基本原则……",《立法法》作为其他法律、行政法规、地方性法规、自治条例和单行条例及国务院部门规章和地方政府规章的制定、修改和废止均须依据的规范,其在法律位阶上略高于依据其而制定的法,而宪法作为《立法法》的依据其法律位阶应更高即为所有法律的上位法;第二位阶为法律,该位阶的规范是由全国人大及其常委会制定其效率层级为仅次于宪法,同时该层级规范的制定受到《宪法》与《立法法》的规制,虽然学界将《立法法》归类到此层次但其实际上所具有的效力要略高于其他普通法律形式。在第二位阶的法律形式中通常将由全国人大制定在某一具体领域为该领域内其他法律规范提供依据以及具有重要性、全局性的法律称之为"基本法律"❺,基本法律的法律效力应当高于同一位阶其他非基本法律的法律效力;第三位阶为行政法规。2015年新《立法法》第六十五条规定国务院有权进行行政法规立法的两种具体形式,并指出相关立法不得与现行的宪法和法律相抵触,故而由此明确我国行政法规的范畴且确立其法律效力弱于普通法

---

❶ 邓世豹.法律位阶与法律效力等级应当区分开[J].法商研究,1999(2):57.
❷ 胡玉鸿,吴萍.试论法律位阶制度的适用对象[J].华东政法学院学报,2003(1):39.
❸ 刘大生.法律层次论关于法律体系的理论重构[M].天津:天津人民出版社,1993:6.
❹ 许秀华.法律位阶论[J].南京人口管理干部学院学报,2003(4):35.
❺ 韩大元,刘松山.宪法文本中"基本法律"的实证分析[J].法学,2003(4):8-11.

律[1];第四位阶为地方性法规、自治条例与单行条例。新《立法法》第七十二条到第七十五条该层级的法律形式的立法范围、立法权限等做出详细的规定,除此外该位阶的法律规范同时还受到宪法、民族区域自治法等的限制并不得与其制定依据法产生抵触,由此不管是从制定主体的地位还是其依据的规范均可以看出该位阶的法律形式要低于法律、行政法规[2];第五位阶为规章,在新《立法法》第四章第二节对规章规范进行具体的阐释,规章作为最低效力的法律位阶其制定主体的权限范围主要是对其他法律的执行等提供详细的、具备实际操作性的保障性制度规范。此处提及规章分为中央各部委发布的部门行政规章与地方人民政府发布的地方行政规章,由于两者间不存直接的隶属关系,因此在法律位阶上的判别问题上[3],应同属于法律规范的最低位阶。

纵观我国环境保护法律体系不难发现作为环境保护领域"基本法"的《环境保护法》其法律位阶并不高于其他非基本法,虽然有学者认为2015年正式实施的新《环境保护法》一定意义上作为环境保护的基本法,但却缺乏成为基本法的必要条件,即其制定权力机关为全国人大常委会而非基本法要求的全国人大为必要的制定权力机关。这就决定了处于环境保护法制构架之中环保产业法律受其上位法(《环境保护法》)的限制无法适用"基本法"这一立法位阶。通过上文对环保产业相关法律的统计数据可以看出,在现有的环保产业规范中存在的主要法律形式就是位于第三至五法律位阶的一系列的行政法规、规章,通过实践发现现有的环保产业立法无法满足新时期环保产业的发展其主要体现在:其一,现有的环保产业立法基于传统的环境保护法律而来,1989年《环境保护法》与2015年新《环境保护法》之间相差26年而在这26年间环境问题的发展程度远超人们的想象,这就造成相关环境保护法律的立法目标、立法原则等都严重滞后于社会发展的速度,与此同时,环保产业的飞速发展对于立法的要求不断提高但环保产业依据滞后的环境保护目标、原则进行的相关立法,这就造成现有的环保产业立法难以保障环保产业的发展要求;其二,现有环保产业立法的法律位阶较低使其本身存在固有的弊端,作为政策性法律其本身的责任追究制度不完善、缺乏明确的管理主体、法律执行效力缺乏必要保障等等,这些弊端事实上制约着现有环保产业的发展。综上,在不同程度基本法律与行政法规、规章等都对环保产业立法的发展起着制约,因此这些法律

---

[1] 张淑芳.论行政法规与行政法律的界限[J].比较法研究,2012(2):11.
[2] 吴恩玉.上下位法间的效力优先与适用优先——兼论自治法规、经济特区法规和较大市法规的位阶与适用[J].西北政法大学学报,2010(6):31.
[3] 许秀华.法律位阶论[J].南京人口管理干部学院学报,2003(4):36.

位阶都不是未来进行环保产业立法的最优选择。

二、环保产业促进专门立法遵循的主要原则

立法的基本原则是"立法主体进行立法活动所依据的重要准则,也蕴含着立法者的思想意图"[1],基本原则作为立法活动的准绳可以保证国家意志顺利转化成为法律规范,同时确保所立法律符合立法指导思想实现立法活动的一致性。

(一)环保产业促进专门立法遵循的一般原则

立法基本原则贯穿立法始终可以起到填补漏洞的作用,作为一种立法的内在价值取向可以指导法律体系的完善。环保产业立法作为新兴的环境保护领域的立法具有其特殊性,"私法手段无法全面有效的解决全部环境纠纷,公法原则性的规定成为弥补法律漏洞的重要手段"[2],伴随着立法进程的不断深化原有的立法原则不仅成为环保产业立法的关键依据更成为环保产业立法的基本组成,在环保产业法制规范领域立法原则的法制化现象更为显著,因此确定环保产业立法原则将有助于环保产业立法进程的顺利。

我国立法的原则具有同一性,为立法者所应首先考量与遵循的关键因素,是确保所立法律为良法的基础。以科学性为依托进行立法是保证相关法律规范具有可实施性的重要原则,以合理性为阀门进行立法是确保相关法律规范具有法治基础的重要原则,以民主性为取向进行立法是实现全民参与法治的重要原则。科学性原则、合理性原则、民主性原则等是所有立法均需要依照的一般性原则,这类立法原则是所有立法过程中必不可少的意识指导,更是维护国家法治权威、确保最广泛民众的意志、实现社会主义法治统一的重要保证。为环保产业促进专门法作为我国法律体系的组成部分,在其立法过程中首先应遵循这些一般性原则,可以确保所立法律符合授权权限并能得到有效实施。本书不再就立法的一般性原则进行详细介绍,将主要侧重于在环保产业促进专门立法过程中所应遵循的,具有其独特性的立法原则进行详细阐释。

(二)环保产业促进专门立法遵循的特殊原则

1.生态意识前瞻性原则

法律作为"国家意志的体现是统治阶级的统治工具"一经制定颁布实施就具有强制效力,在我国统治阶级是广泛的民众正因此我国法律体现的是人民的共同

---

[1] 周旺生.论中国立法原则的法律化、制度化[J].法学论坛,2003(3):29.
[2] 柯坚.环境法原则之思考——比较法视角下的共通性、差异性及其规范性建构[J].中山大学学报(社会科学版),2011(3):164.

意志。自古以来统治者就认识到维护统治的安定就必须要有一个稳健的法制环境,这就决定法律切勿"朝令夕改"随意变动即法律应当具备必要的稳定性。在我们社会主义国家对于法律稳定性的要求更加突出,安定的法制环境促进社会经济的平稳发展也有助于实现社会主义的共同目标。同时我们必须认识到随着人类历史进程的推进,经济、政治、文化等社会生活的各个方面都在发生的巨大的变革,但受到法律稳定性的制约使其变动不能过于频繁,故而要求法律在订立阶段必须具有一定的前瞻性,否则法律将会严重脱离社会经济发展趋势并对其造成阻碍。这里我们强调的法律稳定性是相对的,在《慎子·内稿》中提到"治国无其法则乱,守法而不变则衰"法律也要因时因势发生一定的变动❶,不可否认的是法律从立法到出台或从制定到修改都有一个较长的时间过程,当我们察觉社会进程与法律存在分歧再去对原有法律进行修正时实际上已经滞后于社会前行的趋势,这就要求在立法时要为滞后性留出必要的缓冲即要求立法具有前瞻性。

  滞后性在环境保护领域尤为明显,作为环境保护领域内最具创新性的环保产业其变革速度远超过其他产业,如何才能避免这种滞后性带来的不利影响成为环保立法领域亟待解决的问题,因此在环保产业立法中我们要贯彻前瞻性的原则即对环保产业未来发展趋势进行合理的预测分析,发现未来可能出现的问题现象并对其进行预期的规制。环保产业本身的共同性与公益性特征要求我们从立法思维意识上也要具有前瞻性,传统立法模式的指导思想往往侧重于经济发展而环保产业的立法指导应该侧重于生态保护,将生态意识作为立法前瞻性的指导思想进行合理的立法后行为预测,可以将生态理念最大程度注入环保立法进程中,更加符合未来生态化法制建设的要求。我们将生态理念与前瞻性相结合提出的环保产业立法原则,从法理的角度看是对法律的可预见性原则的一种扩展打破传统的法律思维模式的一种尝试;从立法实践看,运用生态意识前瞻性原则可以使环保产业在立法时,能正确预测环保产业发展的趋势从而对未来发展可能出现的事项进行提前规制,符合我国生态化法制建设的总体要求。

  2.市场干预与放任平衡原则

  市场干预是指在现有环保产业发展中国家运用多种形式的法律规范为其市场的稳定、有序、可持续的发展提供保障与规制;市场放任是指在现有的环保产业市场发展中建立完善的市场运行法律保护机制,不对市场直接进行干预使而运用市场自身内在动力独立发展旨在保护其良好的运行秩序。我国环保产业产生于计划

---

❶ 周新铭,陈为典.试论法律的稳定性、连续性和权威性[J].社会科学,1999(5):104.

经济时期其产生受到政府干预特征明显,从上文对相关环保产业的法律规范的分析中还可以看出,我国对于环保产业的政策性、指导性特征明显采用直接干预相关环保产业市场的形式,强调利用法律、政策等手段扩大环保产业市场推动环保产业进步。以西方发达国家为代表崇尚自由市场,他们采用的是对市场运行体制进行规制而不直接干涉市场,主张充分发挥市场对产业发展的调节作用政府仅充当"守夜人"的角色。其实不管是我国采用的市场干预还是西方采用的市场放任都有着明显的缺陷:其一,强化的市场干预会直接影响环保产业市场的完善,无法形成可持续的环保产业市场运行机制从而降低环保产业对于市场需求变化的敏感度,伴随着我国"入世"进程的深化,环保产业面对的是整个世界市场不再局限于国内竞争,无法及时把握市场动态无疑将会给国内环保产业带来灭顶之灾。为达到WTO规则要求的市场开放程度及遵循通行国际准则的要求都需要我国环保产业对市场需求有良好的把握,可以把握时机进行产业结构的及时调整。❶ 其二,强化的自由市场将不利于环保产业的发展会使其被市场所淘汰,在自由市场的竞争中市场主体的趋利性特征决定其在利益的权衡中更加侧重于经济利益,环保产业具有的公共性致使其无法像其他产业那样以经济利益为最终目标,若长此以往缺乏有力的支撑将会导致环保产业市场内在发展动力的缺失。

在环保产业立法时需要坚持市场干预与放任平衡原则,即要在环保产业立法中合理运用政府的干预手段给环保产业市场发展留有充足的竞争空间,加强对环保产业市场运行的法律保障形成一个可持续的、有序的市场运转架构,适度的干预与市场自由竞争并存平衡好两者的度以确保环保产业市场发展的充分竞争与良性循环。市场干预与放任平衡原则应当是对环保产业立法整体的考量强调整体的立法价值不能割裂其中的联系,其对立法技术的要求甚高但却又是立法中必须进行的权衡。这一原则贯穿立法的始终旨在防止市场失灵对于环保产业的破坏同时警惕政府"命令—指令式"的行政干预对于环保产业市场的过度保护,恰当运用这一原则是保障立法合理性的基础。

3.环保产业促进与反制原则

环保产业促进原则是指利用法律规范创制新的制度或规定并利用国家权力强制推行为环保产业发展提供市场空间,即利用国家强制力推行新的环保制度、环保技术等扩大整体产业市场需求从而为环保产业的发展带来机遇。环保产业反制原

---

❶ 王权典.加入WTO后我国环保产业发展的法律保障[M]//李爱年,等.适应市场机制的环境法制建设问题研究——2002年中国环境资源法学研讨会论文集.西安:西北政法大学出版社,2002:598.

则亦可称为环保产业制约原则,是指对于环保产业的行业标准、法律责任、实施程序等的规范以确保环保产业市场的规范化、有序化发展,即通过对促进原则进行限制,设置相应的规范要求,实现环保产业标准化发展。有学者提出"在现有的环境保护行为中,平衡好各方利益诉求是确保环保产业有序运作的关键,利用对环境资源使用者或收益者的义务的界定,使得排污企业付出环境成本同时治污企业能够得到独享收益,充分实现在生态开发中的权利义务对等性,形成一个长效约束机制"❶,在环保产业立法实践中保障性促进立法最多,无论是政策规范文件还是散落在其他环保法律中的相关规定都侧重于对环保产业发展的保障,缺乏对于相关促进性规则的制约、监管,环保产业市场利益主体之间的平衡正在被打破,无序的政策扶助行为会使得环保产业市场混乱阻碍其进一步发展。

环保产业的发迹依赖于产业政策的"保驾护航",但缺乏必要规制的权利会带来负面的影响。通过对环保产业规范的相关分析我们发现,如何平衡好环保产业立法中的促进与反制是保证所制定法律实施效果的关键。一方面,对环保产业发展进行授权;另一方面,对于授权进行必要的约束,保证环保产业发展的必要法律需求同时完善必要的法律制度防止权力的滥用,恰当的选取促进与反制之间的平衡点避免保障过多与约束过严的两个极端。环保产业立法过程是促进与反制措施的博弈也是成本与利益的博弈,既要保证环保产业发展所必要的市场利益又要控制产业成本,既要防止产业本身固有的负外部性又要避免过度干预妨碍产业活力。

4.责任双轨制原则

责任双轨制原则其内涵相对丰富可以抽象的理解为行政责任与法律责任并行,其中不管是行政责任抑或法律责任都有其各自完整的内涵,两者并行则共同构成环保产业法律规范责任体系。所谓行政责任是指在环保产业法律规范中规定负有管理、监督职责的行政主管部门及其负责人怠于履行或履行不到位阻碍环保产业发展所应当承担的行政处分。其责任主体主要指环保产业相关的行政主管部门及其负责人,所承担的后果即行政性的处罚主要是由上级主管部门对于下级部门做出。所谓的法律责任是指违反环保产业相关法律规范的单位或个人所要承担的民事赔偿、刑事处罚、行政处罚等责任。法律责任规范的主体广泛既包含环保产业从业主体又包含环保产业行政主管部门,其责任形式多样化既有民事处罚又有刑事处罚还兼具行政处分。责任双轨制立法原则就是将行政责任与法律责任作为并行的两个机制分别加以规定,从立法行为角度整体考量对两者进行平衡恰当划分

---

❶ 张璐.环境产业的法律调整:市场化渐进与环境资源法转型[M].北京:科学出版社,2005:130-138.

责任处罚管辖范围,促使整个法律责任体系的完备弥补环保产业法律责任追究制度的缺失。

立法中缺乏对于法律责任的规定会直接导致法律执行力不足的问题,从未很难真正意义对法律主体形成威慑。环境保护领域立法中存在着共通的缺陷就是对环境责任的不明确并由此造成环境立法实施效果差,这一不足在环保产业立法中更加突出,从前文的分析中可知环保产业立法作为政策指导性立法其中主要以引导性、指导性的规范为主对于法律责任的规定欠缺。责任双轨制原则就是弥补环保产业在法律责任体系中的缺失,用以保障环保产业的可执行性。责任双轨制原则提出两个法律责任体系内涵庞大不仅要对其主体、客体、法律关系等有明确的界定还要对其性质进行定位、处罚形式进行划分,因此将责任双轨制立法原则注入环保产业立法中不单纯是对违反法律者的处罚适用原则还是对环保产业中相关法律关系的明确。

第四节 环保产业促进专门立法框架构想

一、总则

总则作为大陆法系国家立法中重要的组成部分,其主要对"法律设立的目的、所应遵循的原则、指导思想、法律主体及其关系、所涉及的基本概念等做出法律上的界定"❶。环保产业立法的总则将明确环保产业的概念及范围、发展原则、法律关系主体、管理体制等,使公众可以清楚地理解法制的基本内涵从而形成内心的认同,有利于法律规范的实施。

(一)基本概念

对于环保产业立法中涉及的相关概念予以明确是环保产业立法框架建立的首要问题,为保证立法的顺利实行应对以下几个基础性概念予以具体阐释:其一,明确环保产业立法中所依据的法律法规,确立立法的合法性、合理性;其二,明确产业的立法目的、指导思想,确保环保产业立法符合社会经济发展的必要要求。同时明确环保产业促进立法的定位,作为政策性较强的立法受环境保护公益性影响其法律定位需要明确,才能切实的保证立法的实施;其三,明确环保产业的基本概

---

❶ 吴化碧.制定"循环经济促进法"的立法构想[J].西南政法大学学报,2006(3):28.

念、范围,确定环保产业立法的适用范围,有利于公民对相关法律的理解从而确保其得到民众的广泛认同。

(二)基本原则

所谓的法律原则本质上"是客观的价值取向,是立法根本要求的具体体现,其贯穿于法律的始终决定了法律制度的根本属性,是法律规范中基本概念等的标准化基础,具有协调法律实施、保障法律制度治理稳定的动态平衡作用"[1],"环境与资源保护法律规范是国家经济发展与环境保护协调的重要依据,不同的单行环保法律规范间无法避免的会出现冲突,保证相关环保法律的有效实施需要基本法律原则予以指引"[2],在党的十八大中对于生态文明建设提出新的要求促使环境保护法律的基本原则的变化,把生态环境与资源保护作为我国的基本国策以推进生态文明建设,并将促进经济社会可持续发展理念注入环境保护法律基本原则中,并明确环境保护坚持保护优先、预防为主、综合治理、公众参与、污染者担责的新阶段综合治理原则。[3] 作为环保产业立法的基本原则与传统立法模式相比最大的不同在于其公益性、生态性的特征显著,环保产业法律规范中的基本原则应当在坚持以人为本、合理有序、公平公正的基础上突出生态环境保护意识确立生态资源的可持续发展法制理念。法律基本原则也是法律文化构建的思想理论基石,法律文化相较于社会文化的演进历程具有一定的迟滞性,通过将法律文化"精英化"形式转变为人们共同理解的"大众化"形式路径推动整体社会法律观念的前进以弥补这一不足[4],反映到环保产业立法中就是可以用条文的形式将法律原则予以固定,更加充分的确保环保产业法律的实施符合立法的本意。

(三)管理体制

自党的十五大将依法治国作为基本国策至今已经历经十数载,我国在社会主义法制建设进程中不断推进,但不可忽视的是在法制建设的过程中更多的关注法律的设立而对于法律的执行缺乏必要保障最终出现"有法无治"的现象。法律的执行能力是法制建设的关键环节,若没有良好的执行力则无法实现真正的"依法治国",法律价值的实现不在于其立法而在于其能在实际中合理规制个人、集体的社会行为。法律得以有效实施的关键一方面在于法律规范的可是实施性,另一方面

---

[1] 冯玉军.论完善中国特色社会主义法律体系的基本原则[J].哈尔滨工业大学学报(社会科学版),2013(4):41.
[2] 汪劲.环境法学[M].北京:北京大学出版社,2011:93.
[3] 竺效.论中国环境法基本原则的立法发展与再发展[J].华东政法大学学报,2014(3):10.
[4] 张波,刘继平.现代行政法基本原则的确立及其对行政法律文化创新的作用[J].徐州教育学院学报,2005(2):29.

是负有法律职责的法律主体依照法律规范程序恰当行使法律权力,环保产业立法零散性、公益性、政策性的特征决定其对于执法主体的要求高,既要明确环保产业中的执法主体又要保证其具备必要的法律素养能够胜任。从行政法学的角度可以将执法的主体界定为国家行政机关❶,具体到环保产业中其应当是具有相应的环境保护职责的部门,如中央层面的环保部、发改委等。

二、环保产业促进的政策保障

环保产业立法框架的第二部分为环保产业促进的引导与推动,本法的立法目的在于建立良好的环保产业市场空间促进环保产业的结构化升级,为达成这一立法目标弥补环保产业市场的缺陷,需要通过政策性引导、规范性的推动等国家干预的手段并以国家规范法的形式予以明确。❷环境税费等政策性规定从反向约束的角度,减少资源的耗用,促使环保相关产业的发展。❸ 从前文中可知在现阶段环保产业中存在着诸多的问题而现有的法律规范无法解决,只有依靠新的立法规范形式进行合理规制才能保障环保产业的未来发展动力。作为环保产业未来发展需要的政策法规性指引,应当既包含着法律意识上的引导又蕴含着具体行为上的推动,在此基础上建立健全科学合理的产业促进机制。

(一)行为推动性政策措施

法律具有引导人们行为的作用,既表现为规制人们应该为或不应该为一定行为并承当违反规定的否定性法律后果,又表现为人们可以为一定行为并承担肯定性法律后果❶,在环保产业促进立法中也是义务性规范与选择性规范并存,环保产业的公益性特征决定更加侧重于选择性规范的运用。环保产业发展需要法律的保障但同时也要把握平衡,以环保产业市场化行为为主导着力于实现市场在产业中资源配置的基础性作用,辅之以政府的干预强化环保产业发展中的薄弱环节弥补产业发展的不足。所谓行为上的推动,是指利用国家强制力在尊重市场客观规律的基础上保障环保产业的稳定发展,通过政府干预的手段推动环保产业加速升级。通过环保产业专门化立法的方式将国家政策性的规定予以明确下来,有利于环保产业的未来前进目标的明确。

---

❶ 东志鹏.试论法律执行[J].西北政法学院学报,1990(6):19.
❷ 张璐.环境产业的法律调整——市场化渐进与环境资源法转型[M].北京:科学出版社,2005:169.
❸ 杨志安,王金翎.新常态下财税政策节能环保产业发展研究[J].云南社会科学,2016(2):72.
❹ 张文显.法理学[M].北京:高等教育出版社,2011:64-65.

(二)意识引导性政策措施

在法律立法过程中不仅仅需要法律行为上的规范,更应注重法律意识的觉醒与法律素养的提升。"十三五"的出台明确提出了建设社会生态文明的具体路径,环保产业作为重点扶持的新兴战略产业其指导思想应当紧紧围绕生态文明建设的总方针不动摇。这里的意识上的引导不仅是指法律意识的引导还包含生态意识的引导,两者并行共同作用于环保产业的立法中。"法律意识在狭义上是指法律现象的模态,具体表现为法对社会关系的调整、如何保证法规范内容的实现等,同时其还是具有不同内涵、跨越数个领域、划分多重部分的一个复杂社会体系"❶,在法律立法到执法、司法过程中不同阶段所蕴含的法律意识存在着差异,可以说在法律规制的过程中法律意识发挥着不同的作用。在党的十八届四中全会中对于依法治国内涵提出新阶段的要求,这也促使在历史发展新阶段"法律意识形态应当充当着不同利益集团的动态调节器,具有强大的包容性、协调性可以融合不同社会价值取向。也可以将法律意识看作是不同群体利益诉求与价值取向的整合,在规范处理人类社会关系的重要沟通交流程序上具有积极作用"❷,通过不同利益集团的相互碰撞、妥协,形成具有统一价值观的认识基础,从而构建出合理的社会法律价值体系。通过合理的环保产业立法可以提升民众的环保法律意识,统一价值意识形成后又可以保证环保产业立法的顺利实施。作为意识引导的另一方面民众生态意识的进步将会有力保障环保立法的社会基础,从前文中可知环保产业初始的因素之一就是现代人对环境保护的不断重视从而对生存环境提出更高要求;持续的生态环境恶化使得多样化的环境问题此起彼伏加之各种环境制度的出台,使人们对于环境问题的认识不断加深,树立正确的生态环境意识成为保证环境保护法律实施的重要一环,这些因素都间接促使环保产业市场需求的旺盛。在环保产业立法中注重生态意识的养成,一方面可以扩大环保产业市场并促进其健康发展,另一方面可以达成共同的社会价值认识减少法律实施的阻力并保证其顺利的执行。

三、环保产业促进的激励措施

环保产业立法框架的第三部分为环保产业促进激励措施。法制的最高理想在于运用强制性法律形式保证"非强制力"的激励性措施的实施,法律的本质不是"严刑峻法"应当是利用激励机制引导人们从事为社会所认可的价值行为。❸环保

---

❶ 李步云,刘士平.论法与法律意识[J].法学研究,2003(4):77-78.
❷ 季卫东.论法律意识形态[J].中国社会科学,2015(11):144.
❸ 丰霏.法律激励的理想形态[J].法制与社会发展,2011(1):142.

产业的立法形式是新兴的促进型专门立法,与传统的管理型立法模式有着一定程度的差异。法律规范形式的不同导致激励的力度、效果存在差异,通常认为专门性规范法律其实施力度要优于仅在制定法中个别条款规定的形式,具体性的激励规范比宏观指导性规范的实施效果更优化。❶ 管理型立法模式是国家干预市场经济最直接最常见的模式其符合现代国家职能要求,将法律赋予的权利渗透进社会生活的各领域并逐渐为人们所共同认可。❷ 管理型立法的法理基础是法律主体权利与义务的对等,强调的是利用国家的强制力从国家整体社会经济发展角度进行综合调控。促进型立法排除强制性法律规范对公众的干预,强调的是政府职能的转变从"规制者"到"引导者"、从"强制者"到"服务者",减少对法律主体权利义务的设置,运用法律的引导性作用达到治理目的。环保产业立法的激励措施是整个立法框架的核心内容,作为促进型立法其形式多样、规范灵活有助于激励措施恰当地运用到环保产业发展中,但促进型立法对于使用者的法律素养、道德意识要求较高。同时激励措施的基本属性就是通过实现个人利益需求达到引导人们行为的目的,在环保产业的立法中应为激励措施的提供合理的规范,提高立法技术保证立法的恰当性。在环保产业立法中通常将激励措施分为经济性与非经济性两种,本部分主要从经济性激励措施进行规制。

(一) 市场激励措施

良好的市场秩序本身就是最好的激励措施,凡是法律的出台对市场都会存在限制。本书所述的市场激励措施其核心要点在于环保产业市场的构建,其本质目的是确保相关市场秩序的建立健全。通过对市场整体规则的完善,使其具有完备的自身风险抵御机制,以确保在环保产业发展过程中能够实现自身的独立性。上述观点具体到环保产业的立法中,如何恰当的通过法律的路径将市场的运行机制得以充分的保留,是保障环保产业良性发展的关键。

(二) 财政激励措施

在环境问题的治理中财政支持始终处于关键地位,在依法治国背景下进行生态环境治理需要对环境财政政策进行必要的限制,通过寻求不同法律形式以保证财政的激励措施得到发挥。环境治理中国家规制、经济平衡、公众参与三者相互作用互为补充,这就决定单一的财政激励形式无法保障环境的综合性治理,是故要求在现代环境治理过程中财政激励措施应具备复杂性、系统性的特征。❸ 财政激励

---

❶ 胡元聪.我国法律激励的类型化分析[J].法商研究,2013(4):39-40.
❷ 李艳芳.促进型立法研究[J].法学评论(双月刊),2005(3):102.
❸ 熊伟.环境财政、法制创新与生态文明建设[J].法学论坛,2014(4):64.

政策虽然形式多样,但其基本构成原则采用奖惩双向机制即主动激励与被动惩治相结合确保财政激励政策的威慑性作用。[1] 除了对企业、个人的激励措施以外,对于政府的激励措施也是必不可少的,各级地方政府作为国家公权力的享有者具有强力的威慑力,同时其也是社会公共利益的维护者,这就决定了政府的地位高于社会生活中的其他经济组织。[2] 政府作为公共利益的代表者其权威性不言而喻,但这也导致统治者的意志对政府职能行使的影响,政府各级组织作为独立的行政机构其领导者都是理性的"经济人"因而领导者会从本部门的利益出发寻求最佳的管理效能。环保产业的发展作为公众事业不仅是单一行政部门就可以完成的且其产生的绩效也无法归属于某一行政部门,这就产生各行政部门之间冲突与推诿的基础,因而需要建立一个内、外部综合的约束机制通过奖惩手段引导领导者正确选择。

（三）金融激励措施

金融业是各国社会经济发展的风向标,其资金的流向代表着社会经济结构的偏向,金融手段的运用很大程度上影响着产业的发展趋势。20世纪90年代"绿色金融"在西方国家兴起,其主要内涵:运用投资融资等市场方式对绿色产业进行资金支持,利用对各类经济资源的"可控性"形成可持续发展的经济模式,助力于生态环境的改善。[3] 金融业起源于西方资本主义社会,作为资本主义的产物其趋利性特征明显,加之传统思维中第三产业不会对环境造成危害的意识严重,导致长久以来对于金融手段在环境保护中的作用有着错位的认识。现阶段需要重新认识金融业在环境保护中的地位,虽然金融行业本身不会对环境造成破坏但金融行业所代表的资金流向对社会资源的再配置起着导向作用,这种资本的引领性对于环保产业的发展起着不可或缺的作用。[4]

（四）税收激励措施

西方经济学家西蒙·库兹尼兹在在20世纪60年代曾提出:随着经济发展人均收入与收入差距呈现倒"U"形的关系曲线（Kuznets曲线）,环境经济学家认为环境污染程度与人均收入之间也存在着这样的关系,并称之为环境的Kuznets曲线。我国正处在经济转型的战略机遇期,随着收入差距的加大我国环境问题日益加剧,如何在保证经济健康发展的同时又能避免达到环境Kuznets曲线的峰值? 此时亟

---

[1] 王金南,董战峰,等.建立国家环境质量改善财政激励机制[J].环境保护,2016(3):28.
[2] 诺思.经济史中的结构与变迁[M].陈昕,陈郁,译.上海:上海人民出版社,1994.
[3] 李树.金融业的"绿色革命"及其实施的策略选择[J].商业研究,2002(3):80.
[4] 王玉靖,江航翔.环境风险与绿色金融[J].天津商学院学报,2006(6):16.

须要政府的干预,而税收作为国家宏观调控的重要手段成为恰当的选择。[1] 西方国家的产业演进历程也表明,环境税收政策应当作为调整经济结构、转化产业发展方式的工具,通过完善环境税收政策,"促使我国环保企业走内涵扩大再生产和清洁生产的道路,发展资源节约型、环境友好型、质量效益型、科技先导型的产业和企业"[2]。对环保产业立法中所称的税收激励措施可以分为两个角度:其一是针对污染企业实施的税收强化政策;其二是针对环保企业的税收优惠政策。对于环保企业的税收优惠可以体现在对于环境保护技术研发的优惠、环境技术人才培育的优惠、对于环保产业创新企业的税收优惠等,对于环境污染企业加大税收力度主要体现在对于环境资源税的开征、环境污染税收执行力加大等。

四、环保产业促进的监督措施

环保产业立法框架的第四部分是对环保产业发展的监督。在我国社会所处的发展阶段全民法律意识还未建立,法律执行效力难以发挥,立法、执法、司法法制环境不健全,要解决这些弊端就要加强法律实施的监督,从监督主体到监督制度都要予以必要的保障。[3] 但在现阶段环境保护法律实施监督存在着监督主体的缺位与监督制度的不完善两方面的问题[4],因此在环保产业促进法律实施的过程中应当强化法律监督的相关措施,以确保法律规范的有效实施。生态环境作为全社会所共有的公共资源,生态环境问题的解决应当依靠公众的共同协助,通过完善环境监督主体的权利与义务明确其职责,不断强化环境生态意识的引导形成合理有序的监督制度。[5] 在环保产业促进立法中的监督形式应当是灵活多样的,不仅包括传统的立法、司法、执法监督,还包括社会公众监督、新闻舆论监督等形式,以复杂多元化的监督为法律的实施提供制度保障。

(一)环保产业市场的监督

自党的十五大明确提出有关市场体系的论断以来,对于政府职能的履行提出新的要求,改变传统行政强制性的职能特征,强化对自由市场进行宏观调整的职

---

[1] 李慧玲.环境税费法律制度研究[M].北京:中国法制出版社,2007:11-12.
[2] 厄恩斯特·冯·魏茨察克.中国环境经济政策研究:环境税绿色信贷与保险[M].叶汝求,任勇.北京:中国环境科学出版社,2011:33-35.
[3] 张智辉.法律监督三辨析[J].中国法学,2003(5):24.
[4] 刘邦凡.略论我国环境监督执法存在的问题及应对[J].中国集体经济,2013(36):53.
[5] 肖俊.环境监管法律关系理论解析与立法完善[J].中国环境管理干部学院学报,2010(1):13.

能,将政府的市场监督职能法制化对市场经济机制形成必要保障。[1] 环保产业作为新兴产业其市场构建基础薄弱,利用立法的手段将市场监督具体规范予以确立有助于环保产业市场的稳定。同时应当警惕环保产业市场中不正当竞争行为、垄断行为等,确保其运行的有序,利用监督规范的法制化可以更好地发挥法律的威慑力。

(二) 环境标准实施的监督

我国环境保护法律实践发展至今已历经40余年,为切实履行相关环保法律而制定的环保标准超过1700余个,逐渐架构起以污染物排放与环境质量为主导的"两级五类"的环保标准体系,在环境保护法律体系建设中占有重要地位。2012年2月新的《环境空气质量标准》正式出台,其突破传统污染控制标准的管理模式转化为以环境整体质量及人类生活适宜性为标准的新型管理模式。[2] 随着新环保法的不断推进对于环境标准的制定执行提出更高的要求,环境标准决定着环境治理的效果应达到的最低限度,是生态红线划定的重要技术依据。[3] 同时环境标准也是对企业生产的一种限制对于未达标的企业将会被淘汰,有利于推动企业进行生产结构调整进而促进环保产业的需求扩大环保市场容量。也正是因为环境标准的市场潜在力、前景指引力,使其成为影响环保产业发展的重要因素,然而庞大复杂的环境标准体系在实践中存在的诸多冲突缺乏统一的规范制度从而无法有效地转化为环保产业发展的动力。要解决这一弊病首先应当强化环境标准的实施效果即强化环境标准的执行力,其次密切监控环境标准的实施状况并根据社会发展需要实施调整。通过对于环境标准的实施监督的法制化,为环保产业维护市场带来更具强制力的手段。

(三) 政策优惠享有的监督

现阶段环保产业处在以扶持发展为主的时期,从中央到地方各类政策性、法律性保障措施形式多样涵盖范围广泛,确实在某种程度上保障了环保产业的发展。但社会主体的趋利性特征决定其必然会趋向自身利益的最大化,会导致环保产业内对于国家优惠政策的滥用。在我国现有的社会体制下长期对于政策执行的监管不到位,导致行政权力过大,立法、司法制约机制效力失衡,加之相应的责任追究机

---

[1] 曹海晶,王建新.政府对市场竞争实施监督的法律问题研究[J].华中师范大学学报(人文社会科学版),2000(6):43-44.
[2] 熊跃辉,谷雪景.环保标准对环保产业的影响分析[J].中国环境管理,2015(3):2.
[3] 熊跃辉.发挥环保标准在生态保护红线中的支撑作用[J].环境保护,2014(4):22-24.

制不完善最终使得社会主体在行使优惠政策时受公权力的制约严重。❶ 对环保产业立法中政策性优惠的监督不仅仅包含对环保企业的监督还应注意对相关公权力行使的监督,运用法律条文的形式将监督机制进行明确,可以为政策的有序实施提供重要保障。同时通过立法的指引作用完善监督形式、扩大监督范围,实现环保产业主体对于相关规范的恰当实施。

五、环保产业促进的法律责任

环保产业立法框架的第五部分为法律责任。在一个完整的立法体系中必不可少的就是对于法律责任的规定,法律责任应符合社会发展的客观规律,这就要求其具有合理性,其本质在于平衡"社会的自我防卫"与个人的自由将前者的界限准则与后者的自由意志标准相结合,在"社会自我防卫"的基础限制内给予个体充分的自由权利。❷ 法律责任的设立不总是越严效果越好,严苛的法律制度会带来违法行为的反弹不利于达到法律预防与制止犯罪的目的,正因此在法律责任制定时遵循谦抑性,即在进行社会关系调整中应当首先使用其他形式的调节手段,在这些手段均为未能起到作用时才运用法律责任这一具有强制性效力的形式。法律责任的设立与节制还存在着社会运行成本的平衡问题,当法律责任过严会导致负面的社会运行成本的增加,当法律责任过松散则会使的法治目的无法达成,恰当的平衡其轻重是整个立法体系中的关键环节。但是在现有的环境保护法律体系中对于法律责任的诟病确实存在的,其中最为明显的就是关于违背法律后的责任成本问题,从《大气污染防治法》《水污染防治法》等诸多法律中不难发现其违法责任追究成本较低通常设置处罚上限,一般为违法犯罪所得额的1~3倍或者为违法损害造成损失的20%~30%,这些处罚成本相对于大型企业、垄断企业来说缺乏威慑力。环境法律责任的违法成本低造成污染企业将违法成本直接计入产品生产成本中最终将其转嫁到其他生产销售环节中,过低的违法成本可以被企业的高额利润所淹没难以起到法律的威慑作用。❸ 环保产业作为环境保护领域的新兴产业,其存在着环境保护领域固有的问题,因此在环保产业立法中应当对环保产业法律责任的设定给予足够的重视。在环保产业立法过程中应当平衡环保产业主体的权利义务关系

---

❶ 朱志强,姚璐.论我国政策执行监督机制的完善[J].内蒙古农业大学学报(社会科学版),2010(6):228-229.
❷ 叶传星.论设定法律责任的一般原则[J].法律科学,1999(2):11-14.
❸ 丁敏."环境违法成本低"问题之应对:从当前环境法律责任立法缺失谈起[J].法学评论,2009(4):92.

合理设置责任追究制度,规制环保产业内外部活动约束相关企业行为,并对其他社会主体予以恰当制度保护。❶ 党的十八大报告中指出新形势下对生态文明建设应当采取新的标准,环保产业作为"十三五规划"重点发展的新兴战略产业,其立法更应当符合新时期的需要,从生态文明的角度审视环保产业法律责任是环保产业立法的应有之义。❷

(一)环保产业促进的行政责任

我国行政责任从组成上来看,其责任主体可划分为企事业单位、政府职能部门及其行政主管人员、其他自然人、法人,❸由此可以将行政责任分为两类:第一类是由企事业单位、政府职能部门及其行政主管人员承担的行政责任;第二类是由普通自然人、法人承担的行政责任,这两种责任的适用基础存在不同,前者依靠行政机关上下级间的处罚来达成而后者则是国家行政机关依据法律赋权对违法者所作出的惩治。第一类行政责任因其政治色彩浓厚亦可称之为政治责任,这类责任的承担者作为公权力的享有者相较于其他自然人、法人具有更大的可能去逃避法律的制裁,这一点在环境保护领域中尤为突出,环境问题出现后在环境法律制度中对环境行政主管部门的制约严重不足,将其排除在责任承担体系之外。在现代法治建设实现社会民主政治中,更加强调对社会公权力的制约即强调对行政机关责任的追究,以成文法的形式对行政机关责任予以明确有助于行政机关运用公权力时严格守法。❹ 第二类行政责任主要体现的是法律赋权行政机关监管社会活动中的自然人、法人并就其违背法律而应承担的责任予以"提示",这类责任即为通常意义上的法律责任。这类责任也是法律规范中呈现的主要形态,在环保产业立法过程中对于此类责任应当予以关注。为弥补以往环保产业立法的不足,本立法框架中注重对第一类行政责任予以规制,将经济效益与生态效益共同作为行政考评的基础,建立环境决策综合协调集体负责机制、行政人事晋级与生态环境建设挂钩责任机制等。❺

(二)环保产业促进的民事、刑事法律责任

与政治责任、道德责任相比法律责任具备国家力量的权威性,但现阶段我国环境保护领域呈现出"有法不依、执法不严、违法难究"的现象,其源头在于法律责任

---

❶ 张璐.论环保产业责任与消费救济制度[J].黑龙江政法管理干部学院学报,2003(2):2.
❷ 徐以祥,刘海波.生态文明与我国环境法律责任的完善[J].法学杂志,2014(7):31.
❸ 王平,王明良.刍议我国环境行政责任的特点[J].云南环境科学,1998(1):29.
❹ 张贤明.政治责任与法律责任的比较分析[J].政治学研究,2000(1):14.
❺ 刘志坚.环境保护基本法中环境行政法律责任实现机制的构建[J].兰州大学学报(社会科学版),2007(6):113.

的界定不明从而难以实现法制保障。环保产业立法作为环境保护领域的立法其具有环境法律的共性特征,作为边缘学科其横跨民法、刑法、经济法等多个部门法领域,正因此其法律责任多元化特征明显且相互交叉相互作用。

参考文献

[1] 蕾切尔·卡森.寂静的春天[M].吕瑞兰,等,译.上海:译文出版社,2007.

[2] 柯坚.关于我国环保产业发展的法律思考[M]//武汉大学环境法研究所.中国环境保护产业发展战略论坛文集.武汉:武汉大学出版社,2000.

[3] 陈泉生.可持续发展与法律变革[M].北京:法律出版社,2000.

第五章　台湾地区"土壤及地下水污染整治法"研究

陈玲蔚

概　述

在过去中国台湾地区的工业水平与其他发达国家或地区有着较大的差异,但是在20世纪四五十年代,台湾地区经济大幅度增长。20世纪八九十年代,中国台湾地区的人们早期的环保意识较薄弱,随着工业的快速发展,对原物料流向、废弃物处理及最终处置情形均无严格管控,衍生出许多环境问题。中国台湾地区的"法律"制度,一直深受继受法的影响,其有关环境领域的相关制度亦是从公害防治开始着手,根据环境要素的污染程度,制定了"空气污染防制法""水污染防治法""废弃物清理法"等。"野生动物保育法公害纠纷法"的出现意味着中国台湾地区环境"立法"正式走出了公害防治的领域。在工厂的原料、产品及废弃物的制造、输送及储存与处置过程中土壤、地下水受污染的机会大增,土壤、地下水污染在世界各国均造成严重的环保与生态问题。过去致力于经济发展而搁置环境污染的理念,逐渐引起了人们的反省。中国台湾地区通过颁布"土壤及地下水污染整治法",设立专门性的相关制度或者授权相关部门管理污染场地两种方式,同时设立土壤及地下水污染整治基金,成立土壤及地下水污染整治基金管理会,对土壤、地下水的污染进行专项整治。经过数十年的防治经验,其有很强的可参考性,能够为大陆的立法提供借鉴。

本书的创新之处在于通过研究中国台湾地区"土壤及地下水污染整治法"相关制度,总结其对土壤及地下水进行污染整治的经验,进而为我国大陆地区的土壤、地下水污染整治方面的立法提供可借鉴性的意见,最终推动大陆地区的生态文明建设,构建全方位的污染防治立法体系。

目前,我国法学学界对于土壤、地下水污染的研究层出不穷,有部分学者对世界主要国家及地区的相关制度进行了分析,为我国的立法提供了建言,但是大陆地区学者很少有对台湾地区"土壤及地下水污染整治法"做整体分析。学者多是对台湾地区"土壤及地下水污染整治法"的个别制度进行介绍,比如土壤方面的管理经验综述、防治制度评析、污染场地环境管理及对管理与经验的总结分析等。

对地下水的研究很早便有了,但是就目前各学者的研究来看,大部分是从自然科学的角度研究地下水的开采及从地理生态的角度研究地下水的污染现状,很少有法律学者从法学角度研究地下水的,由于地下水污染相对于地表水污染具有隐蔽性、复杂性和周期性等特征,导致对大陆地区地下水污染防治方面的学术研究关注度不够,地表水和地下水方面的研究较早,而学术研究又较为滞后,这直接影响了学界对地下水污染防治立法的完善和进步。虽然地下水的学术研究不多,但是还是有诸多可贵的成果,在对地下水污染研究方面,大陆地区几乎没有对台湾地区地下水污染的研究文献。对于台湾地区的"土壤及地下水污染整治法"的研究大陆显得很不足,均是从理论层面或者对某一制度进行的研究,在司法、执法实践性及整体性缺乏相应的研究。纵观台湾地区"土壤及地下水污染整治法",诸多制度在大陆地区的研究尚不足。其诸多制度在司法实践中存在许多较好的效果,但是在大陆地区尚缺乏研究分析。

第一节 台湾地区"土壤及地下水污染整治法"的概述

一、台湾地区"土壤及地下水污染整治法"的"立法"背景、"立法"精神及"立法"目的

(一)台湾地区"土壤及地下水污染整治法"的"立法"背景

20 世纪 70 年代初,我国台湾地区对农地土壤的重金属含量进行了抽样检查,至此揭开了土壤污染防治工作的序幕。历时 20 余年,收集了大量的第一手农村土壤污染状况的数据,为此后的土壤污染进行"立法"提供了丰富的理论基础。但是初期的样本、数据很是粗疏,并不能完全囊括中国台湾地区的土壤污染的城市状况。随着工厂污染农地事件的陆续发生,1991 年土壤污染综合防治"立法"工作正式列入"立法计划"。台湾地区相关部门制定了"土壤污染防治法(草案)",同年 7 月递交台湾地区相关机构进行审议,当时台湾地区行政管理机构对提出的草案进

行了说明:"台湾地区土壤污染问题包括农地重金属污染,农地污染再导致农产品污染、工业废弃物弃置造成土壤污染等类型。此类问题,虽可依环保法令予以处罚,但对于已收到污染之土地及地下水却无法源据以规范复育整治事宜。"[1],由此可得,该"草案"的目的是针对已发生的污染整治。在此期间,桃源县等地区爆发了镉米事件。1980年美国无线电公司RCA(Radio Corporation of America),在我国台湾地区设立"台湾美国无线电股份有限公司"(RCA Taiwan Limited)开始进军台湾地区的市场。公司相继在桃园、竹北、宜兰等地设厂,主要从事电器产品、电子产品、电视机之电脑选择器的生产。1986年,RCA被美国奇异公司(GE)并购。随后,法国汤姆笙公司从美国奇异公司取得了RCA桃园厂的产权。不久汤姆笙公司便发现了RCA此前在桃园厂生产期间,将有机化学废料排入厂区造成厂区的污染问题,于是便将RCA桃园厂停产关闭,并出售了桃园厂厂区的土地所有权。1994年,台湾地区行政管理机构环境保护署署长赵少康公开揭发RCA在桃园厂厂区长期持续进行挖井倾倒有毒废料,使得桃园厂厂区及周围的土壤及地下水遭受了严重污染。

(二)台湾地区"土壤及地下水污染整治法"的"立法"精神及"立法"目的

纵观全文,其土壤及地下水污染的"立法"精神是以污染整治为主,预防为辅,以确保资源永续性,改善人们的生活,对生活质量进行改进。对于可能造成土壤及地下水污染的来源,依据"废弃物清洁法""水污染防治法""空气污染防治法"及"毒性化学物质管理法"等相关环境规定进行事前管制。"土壤及地下水污染整治法"的"立法"目的是为预防及整治土壤及地下水污染,确保土壤及地下水资源永续利用,改善生活环境……因此是在实施空气、水、毒化物、废弃物污染管制后,若有土壤及地下水因污染物的非法排放、泄漏、灌注或者弃置;中介或容许泄漏、弃置污染物;或未依法令规定进行污染物清理而遭受污染时,污染行为人除了应当承担民事损害赔偿责任与刑事责任外,还应当承担整治责任,同时针对污染地区采取一系列应变措施。

二、台湾地区"土壤及地下水污染整治法"的制度框架及修改进程

(一)台湾地区"土壤及地下水污染整治法"的制度框架简介

2000年台湾地区实行"土壤及地下水污染整治法"(以下简称"土污法")后,

---

[1] 王子英.法律不溯及既往原之研究——以土地及地下水污染整治法之溯及责任为中心[D].台北:东吴大学,2004.

台湾地区于2001年以"命令"的形式颁布了"土壤及地下水污染整治法实施细则"。"土壤及地下水污染整治法实施细则"是"土污法"的补充性规定,对"土污法"中的相关概念、制度及措施进行了细化,针对主管机关的职责、污染检测的程序、应当采取的必要措施、土壤污染评估的内容及划定污染控制场址提出的具体步骤与细节等,作为补充细化性规定,对"土污法"的实施有着很大的推动作用。此后,先后公布的一系列相关规定,如"土壤污染监督基准""地下水污染管制基准""土壤污染管制基准""地下水污染监测基准",2002年发布"土壤及地下水污染管制区管制办法""土壤及地下水污染控制场址初步评估办法""整治场址污染范围调查影响环境评估及处理等级评定办法"等,对污染监控标准、管制标准、污染控制场址、污染整治场址等进行了规范化规定,逐渐完善了土壤及地下水污染整治制度。

"土壤及地下水污染整治基金制度"作为土壤及地下水污染整治的重要制度之一,台湾地区也制定了一系列的配套制度进行完善。"土壤及地下水污染整治基金管理委员会组织规程""土壤及地下水污染整治基金收支保管及运用办法""土壤及地下水污染整治费收费办法""土壤及地下水污染整治征收种类与费率""土壤及地下水污染整治基金收支保管及运用办法"等,对基金的费用来源、用途、主要业务等均做出了明确而详细的规定。

(二)台湾地区"土壤及地下水污染整治法"特定修改进程

台湾地区于1991年制定了"土壤污染防治法(草案)"至2000年颁布实施"土污法","立法"名称的改变标志着台湾地区相关管理机构在土壤及地下水污染的整治重心是发生污染后的场址,核心是建立整治程序和责任体系,通过纳入多重机制和管理措施来保障制度目的的实现。最初的"土污法"由总则、防治措施、调查评估措施、管制措施、整治复育措施、财务及责任、罚则、附则八章组成,共计五十一条。

随后2003年1月8日公布修正了"土污法"的第十条、第三十四条、第四十二条,2003年修改"土壤及地下水污染管制区管制办法""整治场址污染范围调查影响环境评估及处理等级评定办法""土壤及地下水污染控制场址初步评估办法"等。在行政规定方面也进行了较为详细的规定,"土壤及地下水污染整治个案监督作业要点""土壤及地下水污染整治费之化学物品没收重量与收费费率""土壤及地下水污染整治收费办法之免收比例审查原则""设立、停业或歇业前应提供土壤监测资料之事业""污染整治费未依规定缴纳者利息计算原则""污染整治费出口退货审核原则"等。这些规定使得台湾地区在土壤及地下水的污染整治方面的

"立法"规定逐步完善。

随着污染场址类型、数量的逐年增多,污染调查工作也逐渐复杂,由于"土污法"所设定之制度不同于以往传统空气、水、废弃物等污染防治或管理规定,对社会各界而言均为陌生。2010年"土污法"进行全文性的修正并公布实施,将底泥纳入污染物的管制。与2003年的"土污法"相比,其章名均未做修改,仍由总则、防治措施、调查评估措施、管制措施、整治复育措施、财务及责任、罚则、附则八章组成,原条文第四十六条、第四十八条、第五十条内容均未修改,只是对条文顺序进行了改动。修改后共有八章五十七条,其主要是针对原条文的修改及扩增。新增了对底泥的管制、对潜在污染责任人的追责、对污染整治场址的规定、对整治场址调查评估计划书的规定进行了规范;新增了"土壤及地下水污染管制区管制办法"所涉及的内容、技师签证制度等。此外,责任形式也作了修订。在此基础上,此次修改删除了原文第一条、第四条、第六条、第四十一条。

这些修改从一定程度上使得中国台湾地区的土壤及地下水污染的制度框架得到了完善,形成了较为完善的制度体例。在"修正案"中,新增了责任主体,采用了美国的严格责任原则,将潜在的污染责任人纳入了责任主体,加强了污染土地关系人所承担的责任,对于未尽善良管理人注意义务的污染土地关系人,应当与污染行为人、潜在污染责任人等承担连带清偿责任。对土壤及地下水污染整治基金制度、场地识别与优先排序、场地调查、评估与修复程序、修复目标、修复技术,以及二次污染防治等进行了修正。经过近十年的实践,发现在实践中由于底泥污染严重,因此将底泥纳入污染管制主体范畴,修正第二条,为了对底泥污染采取必要的措施及手段,对相应的第六条、第七条进行修正,使得土壤及地下水污染的范围更加全面具体;增加了对潜在污染责任人的责任的追究,对潜在污染责任人进行了定义,增订第二条,修正第三十一条责任承担,使得责任承担的主体更加全面,全面落实了污染者付费原则;同时基于实践经验及与其他制度之间的重复及冲突,在该次"修正法"中,明确了"管制区管理条例""实施细则""预算法"等相关规定,同时摒弃了与"程序法"或者其他制度冲突的规定,删除了第四条、第六条,使"土污法"更加明确,避免"法律"间重复规定,具有可行性;在责任承担方面,对罚金、滞纳金等罚则的更改,更全面的贯彻落实了比例原则的规定。但并不是所有的修改都能有效推动"土壤及地下水污染防治法"的实施。"本法"第一条删除了与其他"法律"适用顺序的规定。使"该法"在适用上的优先地位不是很明显,不利于"土污法"的核心地位的树立,在实践中容易引发纠纷。"土污法"作为环境保护制度的重要组成部分,尤其在土壤及地下水污染方面作为"基准法",有着重要的作用,因此明确"法律"的适用顺序很有必要。

三、台湾地区"土壤及地下水污染整治法"的原则

"法的基本原则体现着法的本质和根本价值,是整个法律活动的指导思想和出发点,构成法律体系中的灵魂,决定着法的统一性和稳定性。"[1]汪劲指出"贯彻于法律运行的始终者方为基本法律原则,而部门法的基本法律原则能确保法律规则在法律的制定、解释、执行和司法各环节始终保持其统一性,并能有助于解决上述各法治运行环节可能出现的冲突。"[2]台湾地区"土污法"是土壤及地下水污染整治的专门性规定,对土壤及地下水污染的整治活动有着重要的指导作用,经过16年的经验总结,其部分理念具有先进性,能够体现其面对土壤及地下水污染整治的"立法"价值取向。

(一)法律明确性原则

法律规范的明确性是法律的基本属性,是法律作为社会规范区别于非规范性的决定、命令的基本特征。[3] 不同的法律有其不同的调整范围及对象。台湾地区"土污法"对调整的对象进行了明确的规定,即土壤、地下水、底泥污染。法律的明确性能够使民众从法律内容中预见何种行为系法律所允许的,何种行为系法律所禁止的,实施了法律禁止的行为后会受到何种处罚等。

(二)环境责任原则

环境责任原则是对污染者负担污染费用,对利用者进行补偿、由开发者进行养护、破坏者进行恢复的立法原则的概述。环境污染范围通常会涉及较为广泛,有些甚至是跨省、跨地区乃至跨国,因此"土污法"确立环境责任原则显得尤为必要。台湾地区的"土污法"中,通过明确污染行为人、潜在污染责任人对污染承担民事赔偿责任及刑事责任,对受土壤及地下水污染影响的居民进行补偿,建立土壤污染控制场址确立了由开发者进行养护,建立土壤污染整治场址进而确立了由破坏者进行恢复制度。通过环境责任原则的确立,能够对土壤及地下水污染有一定的抑制作用。[4]

---

[1] 迈克尔·D.贝勒斯.法律的原则:一个规范的分析[M].张文显,等,译.北京:中国大百科全书出版社,1996:469.
[2] 竺效.论公众参与基本原则入环境基本法[J].法学,2012(12):35.
[3] 张文显.法理学[M].北京:高等教育出版社,2003:62.
[4] 陈慈阳.环境国原则建构下之环境预防及救济机制[J].法学新论,2012(8):45.

第二节 台湾地区"土壤及地下水污染整治法"内容及特点

一、台湾地区"土壤及地下水污染整治法"内容

2010年修正的台湾地区的"土污法"是一部较为完善的土壤及地下水污染整治"法"。从2000年发布实施,历经10年的实践总结,台湾地区相关部门从术语、原则、制度等方面均作了较为全面的修改,使得土壤及地下水得到了更为全面的"立法"约束,在遏制污染方面起到了重要的作用。

(一)台湾地区"土壤及地下水污染整治法"总则的内容

2010年发布实施的"土污法"第一条指出其"立法"的目的是:为预防及整治土壤及地下水污染,确保土壤及地下水资源永续利用,改善生活环境……其"立法"目的明确,但是相对而言其预防地位相对较弱,尽管较为修正前有很大的改进,但是仍然有一部分缺陷没有得到解决,在诸多规定的内容上只有宣誓作用,较修正前的"土污法"其修改的意义很难得到彰显,删除了明确较其他"法"的优先适用,使得"土污法"的总法地位得到了削弱。

第二条对主要名词进行了说明。对土壤、地下水、底泥、土壤污染、地下水污染、底泥污染、污染物、土壤监测标准、地下水污染监测标准、土壤污染管制标准、地下水污染管制标准、底泥品质指标、土壤污染整治标准、地下水污染整治标准、污染行为人、潜在污染责任人、污染控制场址、污染整治场址、污染土地关系人、污染管制区进行了定义。台湾地区环保部门于1987年成立以来,一直致力于环境品质的提升,因此陆续在水质、空气、废弃物、毒化物、土壤,以及地下水等环境基质进行了整治,构建了较为完备的"法令"体系及检测技术规范等管理机制,但是针对底泥却一直缺乏管理规范。因此,在修订"土污法"时,为了解决这一"立法"空白,在第六条明确将底泥纳为整治项目,在其第一、三、四、五、七、八、九、十款皆增列底泥,明确规定"河川、灌溉渠道、湖泊、水库等水体之目的事业主管机关,应定期检测底泥品质状况,与底泥品质指标比对评估后申报备查"。

(二)台湾地区"土壤及地下水污染整治法"防治措施的内容

在"土污法"第二章主要涉及的是土壤及地下水污染的防治措施。在这一章主要规范的主体是主管机关及土地相关人,旨在建立信息收集、公开制度,较为全

面的规范了土壤、水、底泥污染的信息收集渠道：①通过主管机关进行定期检测收集信息：在第六条规定了各级主管机关有义务对辖区范围内的土壤、地下水及底泥污染进行定期检测,事业主管机构对区域内的土壤、地下水的污染潜势、对区域内的底泥品质及工业区等区域内土壤及地下水与河川等水体底泥的品质状况进行检测；②主管机关查证收集：第七条规定场所使用人、管理人或者所有人在主管机关查证时,应当提供资料；③主动报请备查资料：第八条规定了土地让与人在土地转移时,需要向主管机关提供资料,并报请备查。

在这一章中,为了更好地符合法定原则,其在第六条明确了相关主管部门定期检测土壤及地下水品质状况的权限,并授权相关主管部门颁布品质状况及申报备查等法规,这些主管部门的权限明确,有助于行政机关有"法"可依,能够有效地避免"立法"重复。第七条规定了各级主管部门对公私场所的土壤、地下水、底泥污染进行现场查证的权限及内容。同时基于农渔产品的采集、检测系农业及卫生主管部门权责,将主管机关明确定为农业及卫生主管机关；明确规定了应变必要措施的执行期限,从而避免因持续采取必要措施而未能达成污染改善的状况；明确了因采取应变必要措施使得污染浓度低于管制标准时,不得公告为控制场址,使得相关人能够采取积极有效的措施及时应对污染；规定了采取应变必要措施之执行期限及不得公告为控制场址的条件。第九条规定了公告事业在检具用地前需要提交的检测资料并报请备查。通过这三种渠道收集了辖区内的土壤、底泥及地下水污染的基本情况,使得主管机关在生产、生活中对能够这些污染进行一定程度上的风险防控。同时将这些收集的资料进行专册登记,有助于当土壤、底泥、地下水污染发生时,进行污染源的追踪排查,有助于对受污染者的保护。

(三)台湾地区"土壤及地下水污染整治法"调查评估措施、管制措施、整治复育措施内容

调查评估措施、管制措施及整治复育措施是"土污法"的第三章、第四章、第五章,其主要是对土壤、地下水、底泥等污染进行调查评估、污染场址管制和污染场址整治进行的规范,这三章在内容及约束对象上有着不可分割的关系。

1.调查评估措施

"土污法"作为土壤及地下水污染方面的"基本法",规定了调查评估的一般内容。第十二条将公告污染场址进行了分类：第一类是污染控制场址,是指公告土壤污染或者地下水污染来源明确且污染物浓度达到了土壤或者地下水污染管制标准的污染场址；第二类是污染整治场址,是指在污染场址被公告为污染控制场址后,有严重危害公民健康及生活环境情形时,将污染控制场址公告为污染整治场址。

就程序而言,污染整治场址更加严苛,污染整治场址较污染控制场址而言更具有危害性,因此需要所在地主管机构报请相关部门审核才能宣告。在将污染场址宣告为污染控制场址和污染整治场址后,均要登记在土地登记簿中以备查询。且须在七日内将污染整治场址列册,送交相关部门以供阅读。在被公告为污染控制场址后,污染行为人、潜在污染责任人在六个月内完成调查工作及拟定污染控制计划;在被公告为污染整治场址后,污染行为人、潜在污染责任人须在三个月内完成调查工作及拟定污染控制计划。当污染行为人、潜在污染责任人不明时,主管部门须采取必要的措施进行改善,土地关系人则须拟定污染控制计划。将土壤关系人列为补充与主管部门共同承担污染不明确时的责任,从而使得土壤、地下水、底泥污染在调查评估阶段能够得到有效落实。

"土污法"增加了对底泥污染的相关规定,在调查评估措施中,需对底泥污染的监控。在进行污染控制场址、整治场址公告后,其管理者需要对底泥进行检测,并对环境影响与健康风险、技术及经济效益等事项进行评估,从而确定是否需要对底泥进行污染整治。在这一层面,将底泥污染作为土壤、地下水污染后的一项检测措施很有必要。在生产生活中,人们通常会对底泥污染忽略,但是底泥污染往往是持续性的。通常情况下,水污染或者土壤污染得到临时性的整治后,并不意味着污染的解决,因此对底泥污染的规定实属必要。

针对污染物是自然环境存在场址时的情形,"土污法"在此章也有涉及。当自然环境存在冲刷、流布、沉积、引灌而导致的污染浓度过高而被宣告为污染控制场址时,由事业主管部门负责,必要时采取措施进行整治,同时授权相关机构制定评估条件、评估的计算方式等办法,在主管部门对自然环境存在的场址的环境影响与健康风险、技术及经济效益等进行评估后,认为确实具有整治必要和可行性时,由地方主管机关拟定计划报相关机构核实后实施。台湾地区的特殊地理环境决定了其饱受台风、地震等自然灾害的影响,因此对因自然环境造成的土壤、地下水、底泥等污染进行规范,能够有效地促使主管部门对此进行污染整治,能够有效遏制污染扩散。

"土污法"的重要主体之一的主管机关在土壤、地下水、底泥受到污染的过程中,收集信息渠道的多样性,在本章中也确定了若在执法过程中能够依职权主动收集调查污染信息并做出评估,根据污染场址的标准,进而对控制场址和整治场址进行划分。为了避免工作人员在处理污染的过程中,缺乏专业的知识、技术等知识作为支撑,"立法者"授权主管部门在确定为污染控制场址或者污染整治场址后,须请专家学者、相关部门工作人员协助审查及监督调查计划、控制计划、整治计划、健康风险评估及验证等工作事项。

2.管制措施

在"土污法"第四章"管制措施"中,对污染控制场址及污染整治场址进行了规定。主管部门为减轻污染危害或者避免污染扩大时,采取了一系列必要措施,包括停止作为、停业、停工,追查污染责任,必要时停止使用污染水源,设立告示标志、围栏,疏散居民和管制人员活动等,同时授权主管机关将污染控制场址或者污染整治场址划定、公告为污染管制区。被认定为污染管制区的污染场址,有着严苛的限定,在管制区内进出人员有着严格的限制,通常不得在土壤中置放污染物、排放废水,不得向地下水中注入废水,同时除了环境影响评估法中规定的开发行为、对污染控制计划、污染整治计划或其他污染改善计划需要的建筑物或者设施进行新建、增减、改建、修建或者拆除及相关主管部门对土地进行利用外,禁止一切土地利用,以备管制。

对管制区的管制不仅局限于对污染土地污染行为有规定,对管制区内的工作人员也有着严格的规定。管制区内从事土壤挖出、回填、暂存、运输或者地下水抽出的工作人员在工作时,亦需要将污染防治计划报请上级主管部门核定,方能实施,为避免主管部门的不作为,规定在三个月内须审核完成。为防止第十二条对农业、卫生等领域的生物体体内污染,"管制措施"中对农渔领域的污染进行了一系列的管制。对因土壤污染而受到污染的渔产品应当进行检测,受污染严重时,对渔产品进行管制或者销毁,或者限制农地耕种特定农作物。采取必要措施后,污染仍未得到有效缓解时,可依据第十八条的规定,必要时禁止污染管制区内进行种植食用性农产品、养殖牲畜家禽及其他水产动植物。

3.整治措施

在"土污法"第五章整治措施中,主要是对污染整治场址进行规定。污染整治场址通常具有严重危害性,因此其整治措施通常也更为严苛,其规定具有层次性。污染政治场址的污染行为人、潜在污染责任人在主管机关通知六个月内,应依照调查评估结果提出土壤、地下水污染整治计划。当污染行为人、潜在污染责任人不明确、消极不作为或者出现场址地下水污染浓度达地下水污染管制标准而污染不明确者时,主管部门及污染土地关系人须六个月内提出土壤污染整治计划。在确定为整治场址的土地后,不得任意更改其开发方式,若需变更应报请台湾地区主管部门核定,并提交变更开发利用计划后方可变更。

尽管整治措施的提出有着诸多严格的规范,但是"立法者"对整治计划的提出进行了弹性的规定。整治计划原则上需要列明污染物浓度低于土壤、地下水污染管制标准的土壤、地下水污染整治目标,但是当地质条件、污染物特征或者污染整治技术等无法达标时,可以通过报请台湾地区主管部门对此进行核准。与此同时规定了听众会制度,对于不低于管制标准的计划,需要举行公听会后方可决定该整治计划是否通过。原则上六个月需要提交整治计划,但是确有需要可以报请市县主管部门延期一次,仍有需要则报请台湾地区主管部门核定。延展期的规定有助于整治计划的落实,层级报备有助于督促制定者积极制定计划。

（四）台湾地区"土壤及地下水污染整治法"财务制度的内容

"土污法"第六章主要涉及财务及责任。财务制度是该"法"中最为完善的制度,其构建了土壤、地下水、底泥污染整治的财务制度的基本框架。"土污法"第二十八条建立了土壤及地下水污染整治基金。基金的来源主要涉及土壤及地下水污染的整治费用;对污染行为人、潜在污染责任人、污染土地关系人、土地开发行为人的罚金;环境污染的罚金;行政处罚的罚金等。基金的来源不仅来自对相关人的罚金处罚,还有社会其他环境基金的支持,通过有限制地管理基金组织,将基金用于投资,将孳息用于基金,有效的缓解政府、企业的压力。对基金的用途"土污法"第六章进行了严格规定,主要涉及五个方面:各级主管部门在进行查证、采取必要措施时,订立、审查、调查、评估、实施、变更计划所支出的费用;各级主管部门在对污染控制场址、污染整治场址及污染管制区进行污染范围、健康风险评估等进行调查时支出的费用;基金求偿、涉诉费用;基金、土壤、地下水污染预防及整治相关工作的人事、行政管理费用;在土地、地下水污染进行管制时的工作、征收、技术研究、推广、发展及奖励费用等。在其他必要支出的费用上,需要台湾地区主管部门的核准。明确基金来源,严格限制基金用途的规定使土壤及地下水污染整治基金的基金费用能够得到有效运作。基于土壤及地下水污染整治基金的公益性、特殊性,"土污法"第三十条对基金管理会的运作及管理进行了规范。在基金管理会层面,对于整治场址的审核、防治措施、管制措施、整治复育措施等措施的处理等级的评定、对于上述基金费用的支出、污染整治计划、整治目标的审查及核定等均需成立工作技术小组进行专项管理,且规定了管理会的委员的任期、专家学者组成人员及回避制度。管理会委员不仅自身对任期及届满后三年内的审核污染整治工作有回避的要求,其配偶、直系血亲及三亲等内旁系血亲也需要回避。这些限制性规定,保障了基金管理会委员的公正性,保障基金的运作。

（五）台湾地区"土壤及地下水污染整治法"责罚制度的内容

"土污法"责罚制度的在前述章节中均有涉及,第七章罚则主要涉及责罚制度的规定。在这一章中,详述了各种违法行为的责罚,对人身、财产等处罚限度进行了规范。在责罚制度方面,"土污法"在规范责任主体对责任的承担方式上进行了全面规定。污染土壤责任的承担主体包括了污染行为人、潜在污染责任人、土地关系人、土地使用人、管理人、所有人及公私场所的使用人、管理人、所有人等。在罚则制度上,责任承担的主体更是多元化,除了上述责任主体外,还包括清理及污染整治计划的实施者、土地让与人、污染防治计划的提出者、污染行为人、潜在污染责任人的负责人、股东、控制人等。在责任承担上,污染土地关系人需要尽善良管理人注意义务,否则对土壤、地下水造成的污染应与污染行为人、潜在污染责任人承担连带清偿责任;在土壤、地下水污染致人损害发生时,污染行为人、潜在污染责任人及污染土地关系人需要对污染损害承担连带赔偿责任;污染土地关系人因破产、重整时,若需要承担连带清偿或者赔偿责任时,视同到期的破产债权或者到期的重整债权进行处理等。

二、台湾地区"土壤及地下水污染整治法"的特点

台湾地区制度深受继受法的影响,在制定制度初期,相关人员往往会借鉴其他国家或者地区的法律进行参考。在对土壤及地下水污染进行规范初期,对其他国家或者地区的相关法律进行了研究,从而颁布了适合本地区的相关制度。

(一)综合治理避免"立法"复杂化

土壤及地下水作为整体"立法"进行整治,着重突出了土壤、地下水两者的联系。区别于单独立法的韩国及日本,中国台湾地区特别强调了地下水污染,将地下水污染与土壤污染进行综合治理,意识到土壤污染对地下水水质状况的影响,以及地下水污染对土壤质量的影响。此前,台湾地区的环境保护通常偏重于空气与水。镉米事件后,逐渐认识到土壤作为终极污染承载体,水作为其主要的污染源,土壤及水污染之间有着重要的联系,因此将土壤及地下水进行综合治理,能够有效地避免立法复杂化。从土壤与地下水的关系不难看出,土壤和地下水有着相当密切的联系,土壤中存在有水,水渗透在土壤中,土壤和地下水共同形成了一个生态整体。土壤的稳定性及水的流动性,造成地下水污染影响土壤质量,抑或土壤污染影响地下水的状况屡见不鲜。若将土壤、地下水污染预防及治理进行分别"立法",将会对土壤及地下水污染预防、整治产生一定的影响。因此将土壤与地下水污染进行统一预防、治理,形成复合性"立法",有效地避免了因相互影响而造成的管理混乱。

台湾地区"土污法"是台湾地区土壤、地下水污染预防及整治领域的"基础法",其不仅对土壤污染、地下水污染进行了总括性的规范,同时增加了对底泥污染的规范,将调整对象进行了进一步全面的考量。多年来,地面水体水质的管理及污

染改善已经得到了相当的改进,但是在底泥污染方面,却有着相当的缺陷。台湾地区相关部门为了配合底泥相关"法令"的需要,在2011年编列了预算单位进行"底泥污染来源及传输模式调查计划"的专案计划,并且先"以重点河川为例"了解其水质变化与底泥的相关性。同时建立"底泥品质基线资料档"对主要河川进行每年枯水期及雨水期各检测一次,根据此基线资料规划为期四年"污染潜势区细部检测调查计划"。完成后每五年进行一次普查,以制定新的"污染潜势区细部检测调查计划"。

(二)以污染整治为主避免重叠与竞合

土壤污染、地下水污染的主要来源是废水、废气、废弃物或者有毒性物质的任意排放、弃置所致。造成土壤污染及地下水污染的污染源具有多元性,因此容易对台湾地区的土壤或者地下水造成极大的污染、破坏。在此背景下,台湾地区相关部门拟定"土污法"确立了以污染整治为主的原则。在"立法"层面,尽管"土污法"最新修改中,删除了与其他"法律"的适用顺序的规定,但是从土壤及地下水污染制度整体上可以看出其是对土壤及地下水污染整治的总结,是在这一领域的"基本法"。"土污法"从内容上,尽管"立法者"对整治复育措施的进行专章规定,似乎体现其污染整治是"立法"重心,但对条文进行分析后,其管制措施、整治复育措施的实施目的并非只是为了土地的开发利用,同时将恢复污染土地的功能和用途作为一个事实目的进行规范。"土污法"着重于对事后污染的整治,因此其预防措施以监测与调查为原则,避免与其他规定的重叠与竞合,剔除了诸多的重复性规定,使其更为简洁。

(三)建立民众参与制度

环境污染问题关乎民生,土壤及地下水污染问题中尤为明显。食源于土,饮源于水,人们的生活离不开干净的水,健康的食物,因此土壤、地下水的健康在人们的生活中至关重要。土壤及地下水污染事件频繁发生后,人们对此问题的关注度也逐渐上升,行政部门主动将资讯进行公开,举行公听会,并建立公众参与机制,有助于民众了解土壤及地下水现状,面对污染发生时减弱恐慌,从心理上应对污染问题,并积极参与土壤及地下水污染整治计划书,建立政府与民众在处理问题间的共识。

此外,在核定整治计划前,主管部门须举办公听会,将相关信息揭露给民众了解,为民众表达意见提供机会。公听会政策除可保障在核定整治计划前,充分了解民意外,对污染场址的整治及后续开发也提供了沟通与协调管道。由于"土污法"所需提出的文件种类繁多,其内容亦具高度专业性,在无专业签证制度下,其资料品质较易参差不齐,此次修改配合增订地质调查、整治相关文件须经环工或应用等相关技师签证。在提出调查、规划与整治相关文件时,必须经过技师签证后才可提送,借由技师的把关,可提升相关规划与文件内容品质,进一步确保调查与整治工作的规划与执行更完善,确实达到预期效益。

(四)采取双门槛制度推动整治实务

"土污法"对土壤及地下水污染场址进行了分类。将污染场址明确,且污污染物浓度达到污染管制标准的,由其所在地主管机关公布为土壤、地下水污染控制场址。对有危害公民健康及生活环境的,在污染控制场址初步评估后,通过所在地主管机关报请台湾地区主管机关审核后公告为土壤、地下水污染整治场址。根据污染来源不同,将污染分为自然环境污染、非自然环境污染。针对污染来源为非自然因素时,其在责任主体及措施上有着较为全面系统的规范。针对因自然环境受到的污染,主要责任承担主体为各级主管机关,结合土地与地下水污染整治基金进行资金支持,能够在因自然环境造成污染时得到及时遏制,防止污染进一步扩大。根据污染土地的污染程度不同,将污染土地划分为污染控制场址和污染整治场址。由于污染整治场址有着更为严重的污染性,整治场址的调查评估措施、管制措施及整治措施均要严于控制场址。通过污染控制场址的双门槛规定,能够将不同污染程度的污染控制区采取不同整治措施,能够有效地推动实务进展(见图1)。

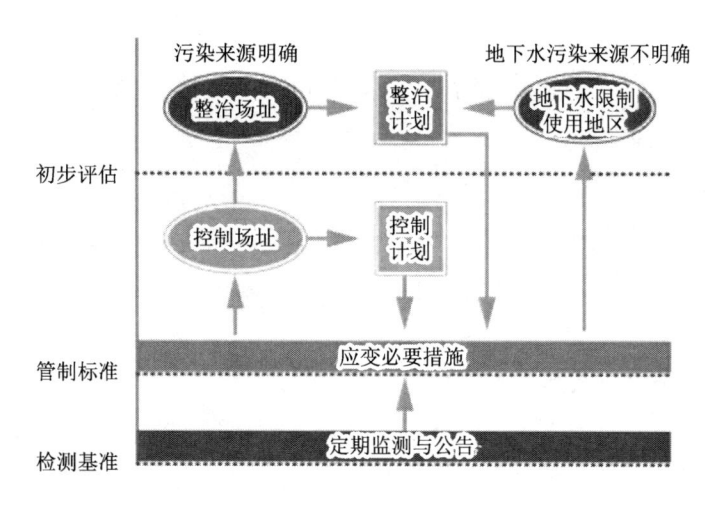

图1 污染场址公告程序

(五)责任主体多元化

土壤及地下水污染影响了相关的土地利用,妨碍了土壤及地下水的正常功能。

"土污法"对土壤及地下水污染来源明确了整治责任及整治费用的追偿。污染责任主体扩大至污染行为人、潜在污染责任人、土地关系人、土地使用人、土地所有人等。同时基于公平公正原则,污染行为人承担最终责任,确立了其他污染责任人对污染行为人的追偿权,强化了污染者付费的原则。

"土污法"对责任认定与费用求偿有较大幅度的修正。过去对于污染责任的认定,仅认定污染行为人为责任主体。但由于土壤、地下水之污染具有累积性,任何排放均有可能导致土地受到污染,因此,将潜在污染责任人的责任主体观念纳入其中,并对求偿规定进行了修正。未来只要有排放污染物到土壤或地下水中的行为,其均可能成为潜在污染责任人。对于污染场址的污染行为就应当承担相应的法律责任。

第三节 台湾地区"土壤及地下水污染整治法"实施后的效果

台湾地区土壤及地下水污染整治已有50余年的经验,而"土污法"颁布实施近17年。其在实施后效果如何,本书选取了其中两个典型领域,即土壤及地下水污染整治基金和土壤及地下水污染场址整现状,来分析"土污法"实施后的运行效果。

一、台湾地区"土壤及地下水污染整治法"实施后土壤及地下水污染整治基金的实施现状

自"土污法"公布实施以来,土壤及地下水污染整治基金管理会积极推动多项相关工作,包括污染预防机制、法规制度、基金收费制度、风险评估、污染土地再利用、环境品质监测体系、调查整治技术研发及场址调查整治工作,在实务上积累了相当多的经验。

(一) 土壤及地下水污染整治基金制度不断完善

台湾地区土壤及地下水污染整治基金在"土污法"的总体框架下,通过修订整治费收费办法,对征收对象进行了调整,从而使得产业利益进行了平衡,缓和了强制执行的冲突。基金会制度在不违背原则的情况下赋予新的生命力不断完善自己,使基金会得到了有效的运作。台湾地区的土壤及地下水修复工作有别于其他大多数地区,采取了对特定物质征收整治费,收取税费成立基金,这样避免了因预算不足或者污染防治所需金额增加而影响土壤及地下水污染修复工

作。基金管理委员会在决策方面,是由环保部门牵头,多方共同决策,因此其抉择能够最大程度保证基金运行的公正性,采取社会化服务为主,提高了基金使用的效率。

整治费用的征收主要分为两个阶段,第一阶段为2001年11月至2011年6月,在这期间主要征收对象以石油有机物等6大类125种化学物质为主。但在长期的调查时间中,研究者发现重金属污染较为严重,为了显示公平公正,扩大了整治基金的征收对象,纳入了铜、镍等废弃物。因此2011年7月后,整治费用的征收进入第二阶段,包含了7大类135种物质。截至2010年,基金实收金额已达64.7亿新台币,其主要来源比例(见图2)。

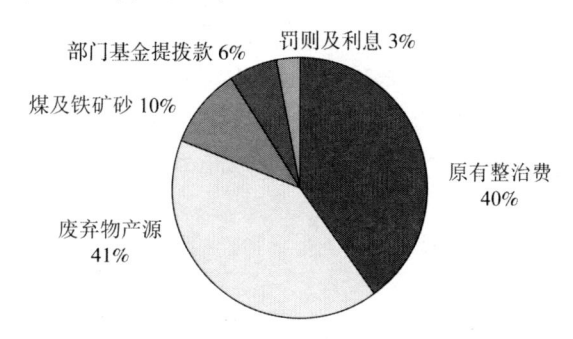

图2 土壤及地下水污染整治基金来源比例

(二)土壤及地下水污染整治基金日益受重视

为了让土壤与地下水污染得到重视,基金管理会举办了一系列的宣导活动,并通过传播媒体播放教育宣传片,在台湾地区累计播放已达数十万次,使其在环保领域得到了广泛的关注。为了培育人才,发展调查整治技术,自2000年起,每年提供至少2000万新台币以供各界人士进行研究计划与模拟实验申请辅助,借此鼓励学术研究单位对土壤及地下水相关政策、污染调查评估、整治复育技术进行研究,并协助民间进行研发。为了有效地掌握事业用地的土壤品质状况,及时发现可能遭受的污染,同时建立了土壤及地下水污染预防机制,基金管理会对事业类别、定义及检测污染物的项目等进行了修正、公告。

二、台湾地区"土壤及地下水污染整治法"实施后土壤及地下水污染场址整治现状

(一)土壤及地下水污染场址整治成果

自"土污法"公布实施后,越来越多的土壤及地下水污染案件被环保主管机关

调查披露,土壤及地下水经过调查后,若超过污染管制标准,环保主管部门将会依"土污法"第十一条公告列管。据台湾地区相关部门土壤及地下会污染资讯管理系统统计截至2011年11月,台湾地区已公告为"控制场址"的有659处,"整治场址"的共计48处,"地下水限制地区"共计19处。截至2014年,台湾地区共有971处被公告为污染场址,其中主要为农地709处,加油站82处,工厂及储槽106处。截至2015年7月,历年来各种类型的公告场址数累计多达3056处,其中已经解除列管数为2634处,解除比例达到86%,其中农业污染场址成功解除列管数量高达2495处,约占92%。

经过大量的资料分析可得,目前台湾地区的土壤及地下水污染场址类别可以分为6大种:农地污染、加油站、工厂污染、非法弃置场址、储槽污染及其他类型污染等。其中以农地及工厂类型场址数量及面积最多。污染物质可以分为油品、含氯有机物、重金属及其他类型污染物,其中以油品污染、含氯有机物污染、重金属污染所占比例最大约99.8%,其他污染物质如农药、戴奥辛等仅占了0.2%(见图3)。

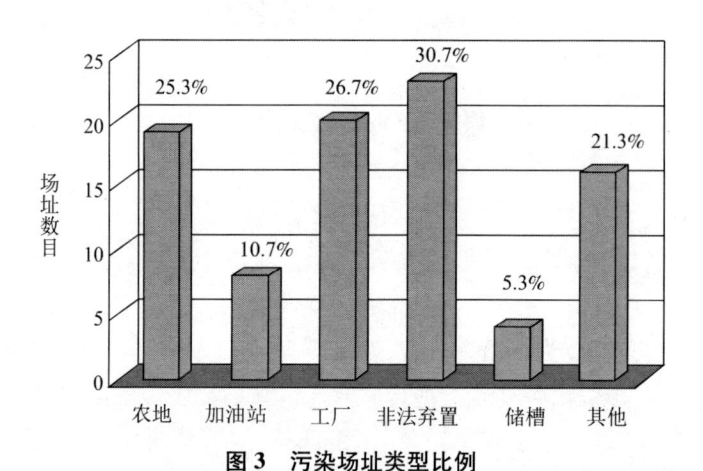

图3 污染场址类型比例

从已经成功解除列管的工厂类型重金属污染不难得出,在土地具有利用价值的情形下,高污染土壤立场处理配合低污染土壤的反转稀释最为常用。而含氯污染物场址困难程度相对较高,尤其是污染物一旦进入地下水,整治工作便会变得更为复杂。通常在污染场址进行整治时,通常采取整治序列组合或者整治列车概念进行整治方案的规划,即采取2~4种整治技术搭配使用。

土壤及地下水污染可能因工业制造、生产过程中原料存放、产品制作及废弃物质处置不当造成,污染地点可能因在运营的工厂、停止生产的工厂或者其他非法弃置地区,如桃园地区的镉米事件,是台湾地区第一件工业废水污染农田,进而影响到食用作物安全的案例,而随后 RCA 场址因工业废弃物处理不当,造成土壤及地下水污染,影响附近居民地下水使用安全。❶ 此外近年来由于工业废水、废弃物未妥善处理、不当掩埋或排放,造成各地非法弃置场址污染土壤及地下水事件时有发生。土壤及地下水污染整治工作较空气、水、废弃物、毒气物等环境污染防治工作而言,有其特殊性,除侧重污染整治工作外,因土壤及地下水污染不易察觉、复杂等特性,污染危害影响是日积月累的。

(二)污染场址整治手段更强化整治效果

在对污染场址进行整治时,企业常因"土壤及地下水整治法"的执行,被环保主管机关通知进场查证,甚至被列为污染控制场址或污染整治场址,要求限期改善。对此最急迫的问题是如何找寻适合且具有解决各项问题能力的专业机构。由于"土污法"涉及的专业领域非常广,因此实践中的做法是:在"法规"方面与行政程序的规定,可询问环保部门,另外,事业单位所在地之县市环保主管部门,为主要承办部门;当其土地被列为控制或整治场址,被要求进行污染整治工作,或因应"土污法"第八条或第九条,需要进行环境场址评估时,可委托专业环保顾问公司协助,在台湾地区有专项从事此项服务的公司,如中兴工程顾问公司、冠诚环境科技公司等;此外,"土污法"规定指定公告化学物质制造及输入者,征收土壤及地下水污染整治基金。土壤及地下水污染基金管理委员会每年评选专业公司协助征收工作,企业除询问土基会管理单位外,也可征询委办公司。近几年来,环境场址评估工作主要由中兴工程顾问公司负责,环资国际公司则负责维护土污基管会场址信息管理系统。通常土壤及地下水整治工作需要全方位考量,且工作内容具多样性,专业顾问公司不只从事调查、规划与设计工作,部分也会进行现场整治工程。因此局部的环境检测业或工程公司也跨入调查及整治工作,有时候也存在因应不同工作需求,组成多种工作团队,对此进行全方位的综合调查、整治。

台湾地区"土污法"实施后,由于其较为完善和具有特色的制度,使台湾地区的土壤及地下水污染整治取得了良好的效果。

---

❶ 丁力行.土壤及地下水污染整治法实务与因应对策[M].台北:台湾五南图书出版股份有限公司,2013:122.

第四节　台湾地区"土壤及地下水污染整治法"对大陆土壤及地下水领域的立法启示

在生态文明建设的过程中,我们应当用法律作为建设的保障。尽管我国社会主义法律体系已经基本建立,但是我国诸多法律仍不够完善。因此完善法律制度,使得环境法律生态化能够有法律作为最后防线,将"十三五"的重点规划得到有效实施。

2011年11月18日环保部发布了《全国地下水污染防治规划(2011—2020年)》。2015年3月7日环保部部长陈吉宁说,目前正在起草《土壤污染防治法》,制定土壤污染行动计划。9日,全国人大代表、全国人大环境与资源保护委员会主任委员陆浩在参加甘肃代表团审议时说,土壤污染防治法列入党的十二届全国人大常委会的立法规划,已经启动了前期工作。[1] 10月25日,《人民日报》官方微博公布了"十三五"的10个重点规划,成了党的十八届五中全会的一个重大看点。加强生态文明建设首次纳入五年规划规定在这十个重点规划之中。过去的"十二五"规划中所规定的24项经济社会发展指标中,有8项是关于资源环境的,但随着环境与资源问题的突出,"十三五"规划时期生态保护建设的压力却是有增无减。[2] 党的十八大报告中明确指出:"建设生态文明,是关系人民福祉、关乎民族未来的长远大计。"生态文明建设关系到人民的切身利益,乃至整个中华民族的永续发展与繁荣。生态文明理念的提出,将环境又一次提上了一个新的高度,充分表明了环境受到的重视程度。而目前环境领域诸多法律存在滞后缺陷,而有些领域则出现了法律空白。在生态文明建设的过程中,我们应当用法律作为建设的保障。尽管我国社会主义法律体系已经基本建立,但是我国诸多法律仍不够完善。因此完善法律制度,使得环境法律生态化能够有法律作为最后防线,将"十三五"的重点规划得到有效实施。

---

[1] 王博,白瀛.陆浩:土壤污染防治法列入立法规划,已启动前期工作[EB/OL].(2017-02-12)[2017-03-11].http://env.people.com.cn/n/2015/0310/c1010-26666161.
[2] 我国国民经济和社会发展十三五规划纲要[EB/OL].(2017-02-12)[2017-03-11].http://politics.people.com.cn/n1/2016/0306/c1001-28174869.

一、我国大陆土壤及地下水污染现状及立法现状

在环保部公布的《2015年中国环境状况公报》中,截至2014年年底,全国共有农用地64574.11万公顷,其中因建设占用、生态退耕、农业结构调整等原因导致38.80万公顷土地减少。在全国耕地质量评价成果中,显示2014年全年耕地平均质量为9.97,其中中等及低等面积比例超过70%,土壤质量总体偏低。在第一次水利普查水土保持情况调查中,显示我国现有土壤侵蚀总面积294.91万平方千米,占普查范围总面积的31.12%,水力侵蚀约129.3万平方千米。在5118个地下水监测点位中,水质优良级的监测点比例为9.1%,良好级的监测点比例为25.9%,较好级的监测点比例为4.6%,较差级的监测点比例为42.5%,极差级的监测点比例为18.8%,与上一年度相比良好级、较好级检测点比例有所上升,较差级、极差级比例有所下降。[1]

"十二五"以来,在生态文明建设理念的推动下,我国环境保护迈出了相当重要的一步,不仅首次完成全国土壤污染状况调查,还颁布了一系列"行动计划",如《大气污染防治计划》《重点流域水污染防治规划》《全国水土保持规划(2015—2030年)》《土壤污染防治行动计划》《生物多样性保护战略与行动计划》等。逐步形成以大气、水、土壤污染整治为重点的环境保护路线。《重点流域水污染防治规划》实施后,通过对全国地表面国控断面劣V类比例下降6.8%。不论是土壤还是地下水均面临着严重的危机,存在着诸多的问题亟须解决。[2]

在地下水污染防治方面,我国目前没有制定专门的法律。关于地下水污染防治笼统规定在2008年颁布实施的《水污染防治法》的第二条:"本法适用于中华人民共和国领域内的江河、湖泊、运河、渠道、水库等地表水体及地下水体的污染防治。"在《水污染防治法》中,主要涉及的是地下水的开采活动,如第十六条、第三十七条,对地下水污染的规定局限在表面,对其具体的手段、措施及责任人应当承担的法律责任等均没有做出具体的规定。1988年颁布实施,2016年修正的《水法》中,有部分条文是关于地下水的开发、节流等规定。但是针对地下水污染防治,《水法》中并没有涉及。相比于地表水污染,地下水污染具有隐蔽性、不可预见性、复杂性,地下水的污染更难发现,治理更困难。

---

[1] 2015年中国环境状况公报[EB/OL].(2017-02-12)[2017-03-11].http://www.zhb.gov.cn/gkml/hbb/qt/201606/W020160602411685220884.

[2] 中华人民共和国环境保护部.国家环境保护"十二五"规划[EB/OL].(2017-02-12)[2017-03-11].http://www.zhb.gov.cn/gzfw_13107/zcfg/fg/gwyfbdgfxwj/201605/t20160522_343254.

二、我国台湾地区"土壤及地下水污染整治法"对大陆立法的启示

(一)实行土壤及地下水污染综合立法

空气、废水、废弃物的污染都影响我们周遭的生活环境,例如,含污染物质的落尘、工厂未经处理的废水、随意弃置的有害废弃物,经过长期堆置累积,最终囤积在我们所生长的土地上,使我们赖以生存的农地、工商用地的土壤及地下水遭受到严重的污染,进而影响到我们的生活,严重威胁我们的健康。在我国,土壤与水污染的形势十分严峻,对土壤及地下水方面的管理工作刻不容缓,立法工作不能懈怠。随着地下水的开采,人们逐渐意识到地下水污染等问题的突出,这使得我国面临着巨大的水危机,面临着水质型缺水问题。但是正如对土壤污染防治规划一样,政府始终无法对地下水污染防治进行一个全面的计划。立法的缺失,行政部门规章制度的参差不齐,使土壤及地下水受到污染时未能采取及时有效的紧急措施进行治理,对治理后的土壤及地下水也未能进行后续跟踪复育。

《全国地下水污染防治规划(2011—2020年)》《土壤污染防治行动计划》的出台,标志着大陆地下水、土壤污染防治的工作已提高到了一个新的高度。"土污法"在台湾地区实施了16年,有着许多可以借鉴之处,经过不断的实践、修正,诸多制度得到了保留与优化,因此对台湾地区"土污法"的研习有着一定的借鉴性。

土壤与地下水之间有着密切的联系,对此进行综合立法还是分别立法学界有着诸多声音。台湾地区通过RCA事件及土壤的综合状况分析,经过了近20年的探究,最终认为地下水污染的整治与土壤密切相关,于2000年发布了"土污法"将地下水污染并入"土壤污染整治法",进行综合整治,避免了"立法"的重复及复杂。对于土壤及地下水污染的整治,我们参考过去的状态,更应该面对未来寻找合适的措施。

(二)健全污染整治行政体系

在污染事实发生后,通常会对污染场址进行污染整治,对生活环境进行处理,以及对人类的活动进行限制。因此在执行过程中,除了需要对管制方式、技术选择、整治经费、整治时程与整治成效等因素进行考量外,还需要结合行政机关进行整治。对土壤及地下水污染整治除了进行专门性立法外,在实践中需要各行政机关进行协商、调和,共同整治。各部门进行联合执法,有助于政府横向进行统一治理。

(三)污染场址分级管理

中国台湾地区充分地借鉴了国外先进经验,并与本地区的场地实际情况相结

合,寻找适合本地区各类型污染场地的管理方法,取得了良好的效果。我国大陆地广辽阔,随着工业化水平的加速,对环境的影响也日渐突出,土壤、地下水受污染程度大相径庭。污染事件发生后,由于部分土壤污染、地下水污染的潜伏性及爆发性周期较长,不容易察觉,因此在后期对污染场址进行调查、研究时应当对污染场址进行分级管理。对不同的污染场址采取不同的紧急措施不仅能够使污染源进行控制,也能够督促污染行为人对发现污染时采取积极有效措施,激发其主动性。

(四)多重整治措施结合治理

改善污染整治场址的策略,既要符合技术、经济和社会等各方面的要求,又要使得污染整治场址得到整治复育。因此在对土壤、地下水污染进行整治的同时,应当引入健康风险评估机制。我国地广,且地貌复杂,污染来源尤为丰富。即使完成了对污染场址的调查及进行整治技术的可行性评估后,仍可能出现因地质条件、污染物特质或者污染整治技术等因素而导致整治及污染浓度无法低于土壤、地下水污染管制标准的情形。因此对此情形的出现,可建立环境影响与健康风险评估机制。依照环境影响与健康风险评估结果,从而制定土壤、地下水污染的整治目标,从而提升土壤、地下水污染整治的有效性,使污染行为人能够采取有效的措施对污染场址进行整治,使土壤、地下水污染问题尽快得到改善。

(五)建立土壤及地下水污染整治基金

土壤及地下水污染调查及整治工作有特殊性与执行复杂性,很难在污染事件初期即确认污染关系人,此时需要政府采取紧急应变措施减轻污染危害或避免污染扩大;当污染行为人不愿意遵循规定执行污染整治工作时,由政府代为执行,因此建立一套稳定可行的财政支出对策有助于整治工作的推进。建立土壤及地下水污染整治基金,既能够减少政府财政的压力,还能在当污染行为人无法承担污染整治责任时,第一时间采取紧急措施控制污染扩散,对污染源进行处理。

(六)建立明确的责罚制度

在过去,由于人力成本低、环境责罚制度的缺失,外国诸多污染企业纷纷选择在我国建立工厂,给我国的环境造成了严重的后果。法律责罚制度的建立能够在一定程度上确保法律能够得到有效的实施。从目前我国已有的土壤、地下水污染防治相关法律、法规中不难发现,其责罚制度存在严重的缺失。这导致了我国土壤、地下水污染防治工作进展困难。因此,在土壤、地下水污染防治立法中,应当建立严格的责罚制度,确保对有相应的责任主体对其污染行为承担相应的法律责任。

参考文献

[1] 曹康泰,高而坤,王振江.中华人民共和国水法导读[M].北京:中国法制出版社,2003.

[2] 王晓昌,张荔,袁宏林.地下水资源保护与污染控制[M].北京:中国环境科学出版社,2009.

[3] 菲利普·贝蒂恩特,哈纳迪·S·里法尔,查尔斯·J·纽厄尔.地下水污染迁移与修复[M].北京:中国建筑工业出版社,2010.

[4] 兰楠,陈燕,彭泥泥.地下水资源保护立法问题研究[M].武汉:中国地质大学出版社,2010.

[5] 于幼华.台湾环境议题特论[M].台北:台湾五南图书出版股份有限公司,2012.

[6] 颜爱静.土地资源概论[M].台北:台湾五南图书出版股份有限公司,2013.

[7] 李晨.中外比较:污染场地土壤修复制度研究[M].北京:法律出版社,2013.

[8] 李静云.土壤污染防治立法国际经验与中国探索[M].北京:中国环境科学出版社,2013.

[9] 全国地下水污染防治规划(2011—2020年)贯彻实施于地下水水资源防治利用规划实务全书[M].北京:中国水利出版社,2013.

[10] 蔡守秋.基于生态文明的法理学[M].北京:中国法制出版社,2014.

[11] 吕忠梅.生态文明法律制度研究[M].武汉:湖北人民出版社,2014.

[12] 赵勇胜,等.地下水污染场地的控制与修复[M].北京:科学出版社,2015.

[13] 赵国俊.环境与资源保护法[M].北京:中国人民大学出版社,2015.

[14] 中华人民共和国国土资源部.区域地下水污染调查评价规范[M].北京:法律出版社,2015.

[15] 吕忠梅.依法治国背景下生态环境法制创新研究[M].武汉:湖北人民出版社,2015.

[16] 周锦国,刘伟杰.土壤及地下水污染整治法[J].理律法律杂志,2002(2).

[17] 陈谷汎,高志明,蔡启堂.土壤及地下水生物复育技术[J].工业污染防治,2002(4).

[18] 张尊国.台湾地区土壤污染现况与整治政策分析[J].环境保护,2002(19).

[19] 许绍峰,徐世荣.土壤污染整治政策之探讨[J].土地问题研究季刊,2002(1).

[20] 潘志伟.我国地下水资源的保护及其相关法律制度的完善[J].学术纵横,2006(3).

[21] 徐世荣,萧新煌.污染场址再利用政策之研究:美国与台湾之比较[J].都市与计划,2006(32).

[22] 曹可亮.土壤污染防治与地下水污染防治的协调[C].2007年环境资源研讨会,2007.

[23] 杨强,李金轩,丁伟翠.浅析地下水污染的主要途径、危害及防治[J].地下水,2007(3).

[24] 刘鑫瑶.台湾土壤污染防治立法及特色评析[C].2007年全国环境资源法学研讨会论文集,2007.

[25] 薛禹群,张幼宽.地下水污染防治在我国水体污染控制与治理中的双重意义[J].环境科学学报,2009(29).

[26] 叶贞汝.土壤及地下水污染整治法上多数污染行为人或污染土地关系人之求偿[J].全国律师,2009(11).

[27] 吴淑莉.从台碱案论企业并购者关于土壤及地下水污染整治责任之继受[J].台北大学法学

论丛,2010(74).

[28] 罗钧,陈怡伶,旷永铨.土壤及地下水污染整治费征收现况检讨与未来征收方案规划[J].中与工程,2011(112).

[29] 廖晓勇,崇忠义,阎秀兰,赵丹.城市工业污染场地:中国环境修复领域的新课题[J].环境科学,2011,32(3).

[30] 陈婷婷.完善我国地下水资源保护的对策建议[J].技术与科技,2012(11).

[31] 张皇珍.中石化安顺厂土壤污染整治管理监督之探讨[J].土壤及地下水污染整治,2014(1).

第六章 野生动物人工繁育法律制度完善研究

概 述

我国发展改革的方向从以消耗环境和资源为主的模式,转型成确保在保护生态环境不受损害的基础上进行合理的经济建设。现今国家对环境保护十分重视,并大力地支持了野生动物保护工作的进行。但是经统计,野生动物濒危程度较高的种群已达200多种,在这其中一部分种群的种群数量已经到达了最低繁衍程度的生存数值,这种严重的态势,使我们不得不去重视发展人工繁育的开展进行。其中,人工繁育野生动物是保护野生动物的重要手段,在多年人工繁育野生动物的过程中,我国已经对大熊猫、金丝猴等250多种珍稀濒危野生动物开展了人工繁育,其中部分的种群人工繁育活动已经取得了成功,并同时对20余种繁育的野生动物实施了放归自然、重建或扩大了其野外种群的行为。

野生动物保护与环境的改善具有相互影响的作用,虽然我国在法律上确立了对野生动物予以保护,但其规定保护的野生动物只是野生动物中很小的一部分,并且公众对野生动物保护的重要性认识程度有限,无法认识到野生动物对生态环境所产生的巨大影响作用。同时,由于野生动物赖以生存的栖息地被人类大规模占据,人类将野生动物的栖息地进行开发利用造成了野生动物家园被严重破坏,将一些本就处于濒危状态的野生动物再次遭受灭顶之灾,导致了众多物种灭绝。而人工繁育是在野生动物栖息地被损害及物种无法进行自我繁殖的情况下,维持生物多样性,以及保存种群的最为有效途径。

我国在人工繁育野生动物方面拥有着几百上千年的渊源历史,且人工繁育野生动物同时也是保护野生动物种群恢复的重要手段方式。人工繁育野生动物不仅是对濒危野生动物拯救,同时也会影响国民经济的发展、精神层面的娱乐及科学研究的进展,如马戏团中动物表演所涉及的是野生动物的娱乐方面,以及在一些地区所开设的野生动物狩猎园区,也是将一些已经形成规模的人工繁育野生动物种群进行开发利用,创造了较为可观的经济效益价值。从这些方面也可以看出野生动物人工繁育产业不单只具有拯救价值,同样也具备了经济价值和社会价值,而这种发展模式也促进了野生动物繁育可持续发展,使野生动物物种/数量可以得到有效的恢复。

党的十八大报告提出大力推进生态文明建设,树立尊重自然、顺应自然、保护自然的生态文明理念,坚持节约优先、保护优秀、自然恢复为主的方针。其核心思想是在尊重自然生态系统科学规律的基础上,将生态文明建设和各项生态环境融入保护工作中,促进自然生态系统和环境的保护放在优先地位,把良好的生态系统和环境保护下来,并充分发挥自然生态系统自我调整和修复的功能与作用,保护在先,治理在后。并于2016年十二届全国人大四次会议审议通过的国民经济和社会发展"十三五"规划纲要中提出:"坚持保护优先、自然恢复为主,推进自然生态系统保护与修复,构建生态廊道和生物多样性保护网络,全面提升各类自然生态系统稳定性和生态服务功能,筑牢生态安全屏障。"野生动物及其种群是生态系统和环境的重要组成部分,虽然在2016年我国对《野生动物保护法》进行了全面修改,对之前一些突出问题予以了完善和修改,但是由于改进力度不足,致使一些之前就已经存在的问题,并没有得到真正的改善。例如关于种群濒危、珍稀野生动物利用方面,法律中仅对保护做出了规定条款,而忽视了利用问题,并且缺乏对人工繁育野生动物的利用要求及发展配套产业实施的相关细则。我国目前对于野生动物人工繁育,制定有资源产权制度制度人工繁育许可证制度、经营利用、动物福利制度、致人损害赔偿制度等相关法律制度,在上述几种制度中都出存在着一些凸显的问题,这些问题亟待予以解决,并予以完善。

人工繁育野生动物是发展和维持生态环境方式,多年来已经取得了较为成功的效果,在国际中被众多国家所利用,并且都制定出了相对完备的制度体系。在本书的写作过程中,经过走访野生动物园、相关野生动物的种群繁殖基地及一些小型人工繁育野生动物的场所,通过实证调研的方法对这些场所出现的问题进行总结分析,通过将实际问题与法律规范做出直观比较,找出其规范中的漏洞问题,并对这些漏洞予以分析给出对策建议。相对于多年前的一些类似文章而言,本书所提出的问题是根据现实由于法律制度不完善,而产生的一系列实体上的问题予以总结。并做出了相对具体化和细致化的完善建议,从而将一些所了解到的漏洞予以弥补,望起到正面的积极促进作用。

第一节　野生动物人工繁育的相关概念

一、野生动物的概念

（一）生物学上的定义

野生动物保护方面的专家贾竞波教授，在《中国野生动物保护实用手册》一书中对野生动物在生物学层面做出了理论释义，"野生动物，国际上称作为 Wildlife。英文 Wildlife 一词的字面含义为一切野生的生物，包括动物、植物和微生物，但在一般情况下，Wildlife 是特指野生动物的。野生动物的概念是人为规定的，没有统一标准，它可以广义泛指脊椎动物和无脊动物，也可以狭义地指高等的脊椎动物，包括哺乳类、鸟类、爬行类、两栖类和鱼类，或指除鱼类以外的其他四类高等脊椎动物。"❶在不同国家对野生动物的定义都会存在着差别，"美国野生动物管理的创始人 leopold 在其著作 Game Management 一书中，把野生动物只是狭义的定义为大型狩猎动物。"❷但是随着对野生动物认识的不断深入，野生动物学家 Bailey，提出了一个新的观点，摒弃了之前的概念界定，即指野生动物是指那些"自由生活在他们有天然联系的环境中的脊椎动物。"❸我国野生动物保护学权威马建章院士和贾竞波教授认为，"凡生存在自由状态下，或来源于自由状态，虽经短期驯养但还没有产生进化变异的各种动物，均称为野生动物。"❹

（二）法律上的定义

在法律规定上，各个国家或地区立法的目的不同，导致其对野生动物范围的界定也不尽相同。如《智利民法典》中第六百零八条中对野生动物下了一个法律上的定义："野生或者未驯化的动物着重强调其处于不受约束的状态，独立于人类之外而生存，比如野兽和鱼等；家养的动物与之相反，其基本上都要依赖人类而生存，比如鸡、羊等；驯化的动物是指虽然其天性是野生的，但是长期处于被养殖的状态下，并且已经习惯了被人类控制的动物。驯化动物若习惯于被人类照顾或者控制的状态，那么其就适用于关于家养动物各方面的规定，相反若不再拥

---

❶ 马建章.中国野生动物保护实用手册[M].北京:科学技术文献出版社,2002:1.
❷ 马建章,贾竞波.野生动物管理学[M].哈尔滨:东北林业大学出版社,2004:7.
❸ 马建章,贾竞波.野生动物管理学[M].哈尔滨:东北林业大学出版社,2004:7.
❹ 马建章,贾竞波.野生动物管理学[M].哈尔滨:东北林业大学出版社,2004:7.

有这一习惯,那么将其重新划分到野生动物的范围。"❶

我国在《野生动物保护法》第二条对野生动物概念的界定是"珍贵、濒危的陆生、水生野生动物和有重要生态、科学、社会价值的陆生野生动物。"这一界定与我国学者在野生动物生物学上的定义是截然不同的,其明显缩小了野生动物涵盖范围。我国环境法学专家学者常纪文教授认为:"可以笼统地将野生动物定义为以森林、草原等自然环境为依托而生存的未经人工驯化的动物,也包括用于科学研究或展览目的但未经驯化的动物。"❷美国在《濒危物种法》上对野生动物的界定非常广泛,也是意指全部的野生动物范畴。在《中华人民共和国野生动物保护法》中所规定的"珍贵、濒危的野生动物"是指中国特产、稀有或者濒于灭绝的及数量稀少、有灭绝危险的或者分布地域狭窄有限的野生动物。对于濒危的野生动物,世界自然保护联盟(IUCN)也做出了较为细致的划分,即包括"灭绝、野外灭绝、极危、濒危、易危、低危几类,其中低危的又包括依赖保护、接近受危、需予关注、数据缺乏、未予评估等各类濒危等级。"其中,我国在法律上对"珍贵、濒危的野生动物",是按照保护名录确定,纳入保护名录的即为"珍贵、濒危的野生动物"。

(三)本书的定义

我国在《野生动物保护法》中,法律上对野生动物界定范围仅为珍贵、濒危和"三有"野生动物,其与实际所需要保护范围相差甚大。

目前国内、国际对野生动物的分类方法分歧意见较大,分类也较为复杂、说法较多,包括上文提到的脊椎动物类、哺乳类、两栖类、鸟类等,说法不一,各持己见。本书根据不同的意见和实际情况需要进行了分析和对比,从而认定为下列表述关于野生动物的定义是更适宜被确定为野生动物的相关概念范围。

本书所采用概念采用《中美野生动物法对"野生动物"的界定比较》中关于野生动物概念分类,指生活在天然自由状态的虽然已经短期驯养但尚未在产生进化变异的各种动物,包括不限于兽类、鸟类、爬行类、两栖类、鱼类,以及文昌鱼、珊瑚、软体动物和昆虫等,无论活体或死体,包括其任何身体部位和衍生物。❸该种分类,可以较为全面的涵盖野生动物种类,对野生动物保护与利用工作起到了更好的作用。

---

❶ 褚宏状.我国野生动物致人损害补偿制度研究[D].苏州:苏州大学,2015:4.
❷ 常纪文.动物保护法学[M].北京:高等教育出版社,2011:247.
❸ 刘元.中美野生动物法对"野生动物的界定比较"[J].野生动物,1988(2):2.

二、野生动物人工繁育的概念

(一)人工繁育的定义

从文义上对人工繁育进行解释,其含义为,人工是指:人为;人做的,与"自然""天然"相对;繁育是指:"繁殖培育的过程"。这样我们就可以很清楚地理解人工繁育其文义含义就是指:"在使用人力的情况下,通过相关工作人员亲自进行繁殖培育的过程"。

本书中所讲的人工繁育是在 2016 年修改《中华人民共和国野生动物保护法》中变更的,将之前的"驯养繁殖"转换为"人工繁育",其在实质上并没有发生改变,但从回归科学的角度来讲,把"驯养繁殖"改为"人工繁育"是因为一些野生动物难以驯养所以与"驯养繁殖"相比较,"人工繁育"一词要科学一些。至此,驯养繁殖许可证在《中华人民共和国野生动物保护法》中也改为了人工繁殖许可证,但在相关的部门法律中,其名称并没有予以变更。

(二)野生动物人工繁育的定义

人工繁育是指在人为控制条件下驯化、饲养、繁育、繁殖野生动物的活动。根据林业部发布的《国家重点保护野生动物驯养繁殖许可证管理办法》规定,驯养繁殖是指"在人为控制条件下,为保护、研究、科学实验、展览及其他紧急目的而进行的野生动物驯养繁殖活动"。❶

在对繁育的野生动物的定义问题上,大多都是其在人工繁育过程中,对野生动物的利用范围予以限制上的利用。我们对人工繁育野生动物在去除利用方式上的解释予以定义,其定义为"在人为控制条件下,对野生动物饲喂、照料以促进其种群繁衍扩大的活动。"

(三)本书的定义

以我国法律对人工繁育的定义及人工繁育的野生动物与其他动物的区别为标准,认为野生动物人工繁育指的是在人为控制条件下,对生存在天然自由状态下,或来源于天然自由状态,虽然已经短期驯养,但还没有产生进化变异的野外野生动物在人工管理的情况下,对该类野生动物予以驯化、养护、并扩大种群来保持物种繁衍的科学活动。

本书所采用的定义,在概念上与法律规定中的人工繁育解释有所区别,法律中所规定的人工繁育野生动物的目的过于狭窄,故不对其进行利用上的明确种类划

---

❶ 周训芳.环境法学[M].北京:中国林业出版社,2000:120.

分。根据人工繁育的基本目的予以定义,本书认为这种表述应是开展人工繁育野生动物的基本目的,也可以更好地发展人工繁育野生动物。

第二节 野生动物人工繁育法律制度的主要渊源与基本制度

一、野生动物人工繁育法律制度的渊源

(一)法律

1.野生动物保护法

1988年,全国人大常委会通过了《中华人民共和国野生动物保护法》,我国第一部关于野生动物保护与管理的法律,该法于2016年进行了全面的修改,修改后的该法中明确提出了野生动物人工繁育的概念,并在随后的管理部分,确立了从事野生动物人工繁育的条件及部分违法行为,并规定了法律责任上的承担。

在该法中规定了人工繁育许可证制度、经营利用制度等基本法律制度,为我国人工繁育提供了制度上的保障和管理上的相关依据,对人工繁育工作起到了极大的促进作用。

2.渔业法

1986年,全国人大常委会通过了《中华人民共和国渔业法》,该法从总体上规定了我国渔业资源的管理体制,国家对渔业生产实行以养殖为主,捕捞、加工并举,因地制宜,各有侧重的方针。虽然在该法中没有明确规定对野生鱼类进行人工繁育,但是为后续管理水生野生动物提供了法律上的借鉴,使我国在保护和发展水生野生动物上取得了骄人的成绩。

3.进出境动植物检疫法

1991年,全国人大会常委会通过了《中华人民共和国进出境动植物检疫法》,意味着动植物进出境检疫管理工作开始有法可依。这对人工繁育野生动物工作提高了要求,并对人工繁育野生动物用于出口贸易的物种在法律上进行了规范化管理,对人工繁育的管理水平和繁育条件起到了提升的作用,使我国人工繁育野生动物在管理水平上提升了几个台阶。

(二)行政法规、规章和其他规范性文件

1.《国家重点保护野生动物名录》

1989年,原林业部和农业部共同拟定公布了一份关于国家予以优先保护野生动物的名单种类,其中划分出国家一级重点保护野生动物和二级重点保护野生动物的名录数量,还对水生、陆生野生动物作了具体划分,明确了由渔业、林业行政主管部门分别主管的具体种类。并且在人工繁育野生动物中,明确要求仅可繁育该名录中的野生动物,该名录对我国野生动物的种群发展和保护起到了极大的促进作用,使大量处于濒危的野生动物在经过人工繁育后,在种群数量上取得了重大的突破。

2.《严禁收购、经营珍贵稀有野生动物及其产品的通知》

1986年,商业部发布了《严禁收购、经营珍贵稀有野生动物及其产品的通知》,规定了对国家重点保护野生动物的流通限制,并在形式和类别上做出了规定。

3.《国家重点保护野生动物驯养繁殖许可证管理办法》

1991年,原林业部发布了《国家重点保护野生动物驯养繁殖许可证管理办法》,在该办法中规定了驯养繁殖许可证的取得条件,以及相应的法律责任承担。

4.《陆生野生动物保护实施条例》

1992年,林业部发布了《陆生野生动物保护实施条例》,该条例主要是对《中华人民共和国野生动物保护法》中规定保护的陆生野生动物进行细致管理划分,对人工繁育经营利用、许可证申请办理等程序做出了细致规定。

5.《水生野生动物保护实施条例》

1993年,国务院发布了《中华人民共和国水生野生动物保护实施条例》,该条例主要是对《中华人民共和国野生动物保护法》中规定保护的水生野生动物进行细致管理划分,对人工繁育经营利用、许可证申请办理等程序做出了细致规定。

6.《关于禁止犀牛角和虎骨贸易的通知》

1993年,国务院发布了《关于禁止犀牛角和虎骨贸易的通知》,该通知严格禁止进出口这两类物品,并且取消了两类物品的药用可行性,同样对人工繁育出的该物种的使用也做出了绝对禁止性规定。

(三)缔结参与的国际条约

1.濒危野生动植物种国际贸易公约

1973年,在美国签署该公约,生效日期为1975年7月1日,我国在1981年加入该公约。《濒危野生动植物种国际贸易公约》也被称为《CITES公约》。根据公约完善了我国野生动物进出口贸易的许可证制度,成立了专门的管理机构来保证公约的执行,对野生动物贸易采用严格的贸易许可方式,严厉打击野生动物走私活

动,这些措施促进了我国驯养繁殖的野生动物及其产品的国际贸易活动的良性发展,也加速了我国野生动物人工繁育产业的国际化规范进程。

2.生物多样性公约

1992年,在内罗毕通过《生物多样性公约》,我国在1992年加入该公约,是最早加入该公约的成员国之一。野生动物作为生物中重要的组成部分,该公约对我国野生动物保护工作,以及人工繁育工作的开展影响意义深远,为我国在维护生物性多样化的工作推进起到了推进作用。

(四)小结

我国在法治国家的建设过程中,不断地对法律体系进行完善。为更好地保护野生动物,促进环境的发展和生态的平衡,制定出了一系列的法律、法规、规章制度等规定,为保护野生动物的种群起到极大的保障作用,并在这些法律、法规中对人工繁育野生动物行为,予以规范限制和明确,使野生动物的种群数量在有效的管理中取得了十分明显的效果。

首先,对人工繁育野生动物的基本条件,在法律中予以明确规定的条件要求,在实际情况中这些规定为管理起到了重要的促进作用,使我国在人工繁育野生动物的领域取得了较大的成功,对生态环境起到了很好地改善,为野生动物的环境起到了促进的发展作用。

其次,我国在管理野生动物的过程中,不仅制定了相关的法律,还根据法律中提出的规范要求,将这些规范在法规、规章中予以细化,正是根据这些法律、法规形成有力的保障,使人工繁育野生动物在短短几十年中就取得了傲人的成绩,为生态环境的保护起到了极大的作用。

最后,随着我国在世界上所承担的责任越来越大,本着一个负责任大国的态度加入了国际上对野生动物管理的条约,这些国际条约也将国外的先进管理理念、法律规定等先进内容,引入到我国,对我国的法律制定起到了推波助澜的促进作用,为我国的人工繁育野生动物起到了制度上的规范作用,使我国在人工繁育野生动物的工作进程中,将一些本可能会发生的问题予以了超前的规避。

二、野生动物人工繁育的基本法律制度

(一)资源产权制度

1.演化历程

在中华人民共和国成立初期阶段,由于多年以来的战乱以及历史遗留因素的影响,致使重心放在经济建设上,改善人民生活质量,大力发展经济与农业种植,无

法认知野生动物对自然环境的重要性。这个阶段的野生动物可以被随意猎捕进行交易,并没有设立相应的法律制度予以规范。在大力发展经济的进程中,野生动物的出口贸易为我国创收了大量外汇,使我国的外汇储备以及发展农业、钢铁等相关产业有了资金上的支持,与此同时国家也认识到了野生动物产生的积极作用,并开始制定相关的法律及部门法规、规章予以规定管理。

2.主要法律依据

我国对野生动物资源产权的规定为单一的所有制模式,所有人为国家,代表国家行使所有权的主体为国务院,关于野生动物资源产权予以规范的法律,主要在下列三部法律中予以规定：

第一,《中华人民共和国宪法》在第九条规定了野生动物资源归国家所有,由国家保护珍贵的野生动物,禁止任何组织或者个人用任何手段侵占野生动物,并对野生动物资源的合理利用予以保障。

第二,《中华人民共和国物权法》在第四十九条、第四十五条中对《宪法》中规定的所有权予以细化明确,明确规定野生动物资源所有权人为国家,并说明其权力行使主体为国务院,对野生动物资源产权在物权法上予以规定。

第三,《中华人民共和国野生动物保护法》在第三条中规定了被本法予以保护的野生动物的资源产权归属于国家所有,明晰了珍贵、濒危等野生动物的所有权,统一为国家所有。

3.理论释义

在资源产权的归属中,我国在上述三部法律中对野生动物资源的所有权人和行使所有权人予以规定,野生动物的所有权人仅为国家,其人工繁育所产出的动物也被归为野生动物,同样属于国家所有,所以可以直观了解我国现有的野生动物资源产权制度,其在法律中规定为单一的所有权,国家是唯一的所有权人,由国务院代表国家行使所有权。

(二)人工繁育许可证制度

1.演化历程

在人类历史的长河中,从中国古代到现在,将野生动物予以驯化利用的时间已经存在几百上千年,其中一些少数民族已经将野生动物融入本民族的文化中,故此也使得驯养野生动物的习惯一直被保留至今。并且,对于野生动物的利用而言,国外对野生动物的进出口数量也十分惊人,如美国在1986年一年就进口1300张猎

豹皮和129000张小豹猫皮。肯尼亚在1972年创年输出象牙150吨的最高纪录。❶

随着我国在法治化进程的不断深入,野生动物的繁育活动被逐渐的予以规范,并随之建立了驯养繁殖许可证的申请制度,并在现今已发展成为人工繁育许可证制度,使野生动物的繁育工作逐步走向正轨,并取得了骄人的成绩。

2.主要法律依据

我国由于环境恶化问题的严重,使得野生动物的种类以及种群数量都受到了严重的影响。而人工繁育野生动物是保障野生动物种群和数量发展的有效手段,所以为保障有序的繁育野生动物,建立了人工繁育许可证的申请制度,由野生动物的主管部门对人工繁育许可证予以管理,并规定了其中的授权发放的情形,对人工繁育许可证的申请和发放都做出了法律规定上的要求,主要在以下这四部法律、法规及规章中予以规定。

第一,《中华人民共和国野生动物保护法》在第二十五条、第四十七条中❷规定了申请人工繁育许可证的情形,并在该法条中对非法繁育野生动物的法律责任承担予以规定,在很大程度上保障了人工繁育野生动物的有序发展,使我国野生动物种群得到了恢复。

第二,《中华人民共和国陆生野生动物保护实施条例》在第二十一条、第三十八条中规定了驯养繁殖陆生野生动物许可证的申请分类及核发机关,并做出了特别规定以及相关法律责任承担的规定,在条例中对繁育陆生野生动物的具体申请事项和内容做出了系统的规定要求,其中关于动物园许可证的发放审批管理,授权委托给同级建设主管部门予以发放。使得人工繁育陆生野生动物在繁殖过程中,可以被有效地管理,并成功繁育出了部分陆生野生动物。

第三,《中华人民共和国水生野生动物保护实施条例》在第十七条、第三十条中规定了人工繁育水生野生动物许可证的申请分类及核发机关,并做出了特别规定以及相关法律责任,在条例中对人工繁育水生野生动物的具体申请事项和内容做出了系统的规定要求,使得人工繁育水生野生动物在繁殖过程中,可以被有效地管理,并成功繁育出了部分水生野生动物。

第四,《国家重点保护野生动物驯养繁殖许可证管理办法》在该办法中对申请

---

❶ 西蒙·李斯特.国际野生生物法[M].杨延华,成志勤,译.北京:中国环境科学出版社,1992:213.
❷ 《野生动物保护法》第二十五条:"国家支持有关科学研究机构因物种保护目的人工繁育国家重点保护野生动物。前款规定以外的人工繁育国家重点保护野生动物实行许可证制度"第四十七条:"违反本法第二十五条第二款规定,未取得人工繁育许可证繁育国家重点保护野生动物或者本法第二十八条第二款规定的野生动物,由县级以上人民政府野生动物保护主管部门没收野生动物及其制品,并处野生动物及其制品价值一倍以上五倍以下的罚款。"

驯养繁殖许可证的条件和目的、不予发放的情形作出规定,并对其他管理事项做出了管理上的规范要求,其中对吊销驯养繁殖许可证的几种情形予以明文规定,该办法对国家重点保护野生动物的许可证起到了具体的管理作用,为人工繁育野生动物的管理起到了正面的促进作用。

第五,《国家重点保护野生动物名录》该名录中规定了国家重点保护野生动物的名单种类,并分级别予以规定,人工繁育野生动物范围就是从该名录所规定的范围种类中予以选择繁育。

3.理论释义

我国在人工繁育制度中,首要解决问题是,国家重点保护野生动物的濒危状况问题,需要制定优先保护制度以实现对野生动物部分物种的重点保护工作,野生动物在生态系统中的作用常常被人们所忽略。[1]通过优先分级机制,形成多层次、全面的保护体系,可以更好地维护生物多样性,并促使环境得到了一定程度的改善。

在上述法律法规中,对人工繁育许可证申请条件和繁育范围做出了明文规定,并且规定了发放人工繁育许可证的两种例外情形,这两种例外情形为,科学研究物种保护为目的的繁育不需要许可证和动物园繁育许可证的申请由住建部门予以发放,以及对违反人工繁育的行为处罚的情形和方式做出规定。

(三)栖息地保护制度

1.演化历程

我国野生动物种类繁多,其种群数量和分布范围各不相同,有的分布范围广,种群数量大,如藏羚羊、雁鸭类等,而有的分布范围又相对狭窄很多,种群数量少,如莽山烙铁头蛇、朱鹮等。相应地,野生动物栖息地类型也是多种多样,主要包括森林、湿地、草原、荒漠、海洋、农田等各种生态系统类型。以少数放牧民族,蒙古族为例,其族民清楚地认识到,野生动物对于维持草原生物多样性、保持草原生态平衡具有不可替代的作用。[2]

2.主要法律依据

我国对野生动物的部分家园实行了栖息地保护制度,在法律中对野生动物的栖息地进行了严格的管理规定,由国家来保障栖息地的建设,从而保证野生动物的基本活动繁殖场所,其在相关法律中都做出了明确的规范要求,主要在以下这三部

---

[1] 蒋志刚.野生动物的价值与生态服务功能[J].生态学报,2009(21):28.
[2] 冰梅,王瑞恒.古代蒙古族野生动物保护法规之现代法学启示[J].北京理工大学学报,2008(6):35.

法律中予以规定。

第一,《中华人民共和国环境保护法》在第二十九条中[1]提出了国家对生态功能区的建设,并要求实行严格保护,环境保护的问题是我国现阶段发展中亟待解决的重要问题,通过保护野生动物的发展建设,对环境的保护将会起到重要的促进作用。

第二,《中华人民共和国野生动物保护法》在第十一条、第十二条、第十三条中规定了栖息地的建立,保护栖息地就是保护野生动物、维护其种群生存繁衍最基本的要求。对野生动物重要栖息地,应当明确区域、范围并公布,设定为生态红线,禁止破坏,并明确禁止在相关自然保护区域建设法律法规不得建设的项目,不仅仅是本法所规定的项目。

第三,《中华人民共和国自然保护区条例》在条例中对建设自然保护区以及违法行为、污染自然保护区的部分事项做出了法律责任规定,使污染环境的集体或个人,在违反条例规定后需要担负严苛的法律责任。

3.理论释义

我国野生动物种类繁多,其种群数量和分布范围各不相同,但是由于自然保护区对野生动物而言具有重大的意义,随着科学技术的发展,自然保护区的建设有了多种多样的手段。[2]

为保护野生动物栖息地,各级政府依据野生动物保护法、自然保护区条例、环境保护等法律法规的要求,建立了各种类型的自然保护区和禁猎区等,使大部分国家重点保护野生动物得到了有效保护,种群数量可达到稳定增长的状态。

(四)野生动物经营利用制度

1.演化历程

我国有着丰富多彩的历史和文明,作为农业的发源地之一,早期的华夏文明也是最早成功驯养一些野生动物的文明之一。家鸡及家蚕都是我国早期劳动人民的成功驯养典范。我国对野生动物的利用自古以来就开始形成并发展,通过不断地发展完善,野生动物制品已经作为一些少数民族和中药医学的图腾信物和药材来源,对当地经济发展和文化促进都有着不可或缺的重要作用。

2.主要法律依据

我国对野生动物制定了严格的经营利用的管制规定,所实行的是对国家重点

---

[1] 《环境保护法》第二十九条:"国家在重点生态功能区、生态环境敏感区和脆弱区等区域划定生态保护红线,实行严格保护。"

[2] 关博,崔国发,朴正吉.自然保护区野生动物保护成效评价研究综述[J].世界林业研究,2012(6):48.

保护野生动物的全面限制,仅对几种情况下对野生动物的使用做出了放开,如科学研究、文娱乐等五个方面,并在刑法条文中对非法猎捕使用野生动物进行了责任承担规定,其在相关法律中都做出了明确的规范,主要在以下这几部法律中予以规定。

第一,《中华人民共和国野生动物保护法》在第二十七条、第二十八条、第二十九条、第三十条、第三十一条、第三十二条中,对野生动物的利用做出了规定,并对国家重点保护野生动物的利用做出了明确的国家重点保护野生动物的利用范围规定,并确立了要在之后实行的人工繁育野生动物名录,以及在广告宣传上的禁止性规定。

第二,《中华人民共和国刑法》在第三百一十二条、第三百四十一条中,对窝藏和非法捕杀国家重点保护野生动物做出了法律责任规定,在刑法上对野生动物进行保障,使不法分子会受到严厉的刑事法律责任制裁,为保障野生动物的安全提供了法律上的坚强后盾。

第三,《全国人民代表大会常务委员会关于〈中华人民共和国刑法〉第三百四十一条、第三百一十二条的解释》在该解释中,对购买、食用等行为做出了解释性规定,并明确了处理的原则,使执法者和公众对刑法条文有了更为直观明确的认识,对一些"灰色地带"予以了弥补。

第四,《中华人民共和国广告法》在第九条、第十条❶中,对广告做出了限制性规定,其中对野生动物进行广告宣传就是符合该法条中的限制性规定。

3.理论释义

我国在对待野生动物上主要体现的原则是"保护优先",对所利用的野生动物及其制品的来源做出管理规定,在有关社会经济活动需要利用野生动物及其制品的情况下,积极引导其走人工繁育的道路,对野外种群做出了绝对的禁止性规定。

在上述条文中,对野生动物的利用做出了限制规定,在很大程度上保护了野生动物的发展,使野生动物的种群在这几十年中得到了壮大,在刑法上的保护对野生动物的发展也起到了极大的保护促进作用。

(五)野生动物防疫制度

1.演化历程

2003年"非典"事件发生后,我国高度管控野生动物致人共同患病防控长效机制建设,SARS的发生和流行暴露了野生动物保护法规和管理体制方面存在的问

---

❶ 《中华人民共和国广告法》第九条:"广告不得有妨碍环境、自然资源或者文化遗产保护。"第十条:"广告不得损害未成年人和残疾人的身心健康。"

题,对野生动物管理提出了新的考验。❶ 2005年初启动了对野生动物可携带疫情感染源及疫病防控监测工作。2011年辽宁省普兰店市出现过因疫苗免疫不良反应引起的水貂大批量死亡事件,经济损失高达2000多万元。由于野生动物所传染的疾病致病率及致死率都是极高,故制定相关防疫制度是关键且重要的。规定了《陆生野生动物疫源疫病监测防控管理办法》及在《中华人民共和国野生动物保护法》中予以明确。

2.主要法律依据

我国对野生动物防疫制度经过多年的完善已经较为完善,是在发生事故时大部分协作管理共同抵抗疫情疫病的扩散传播,其在相关法律中都做出了明确的规范,主要在以下这三部法律中予以规定。

第一,《中华人民共和国野生动物保护法》在第十六条❷中提出了对野生动物防疫工作的具体部署和管理分工,由于国家已经建立了相对完善的野生动物防疫工作的规定,故其在该法中对一些事项做出了相应的补充说明。

第二,《重大动物疫情应急条例》在该条例中对动物的疫情做出了细致的划分,虽然没有直接规定野生动物的相关疫情条例,但是在野生动物种群中发生疫情后,应按照该条例进行管理,对野生动物的疫情具有指导性意义。

第三,《陆生野生动物疫源疫病监测防控管理办法》该法总共二十八条,对陆生的野生动物设立监测站进行管理,并在条文中对具体监测的要求和人员的培训等具体行为都做出了明确的规定。

3.理论释义

根据上述法律条文中的规定,野生动物保护主管部门和兽医主管部门,在疫源疫病防治工作上进行了分工,野生动物对维护生物多样性、人与自然和谐都具有重要的促进作用,野生动物所携带的病毒的致死率在人类身上极高,制定野生动物的防疫制度是极为必要的。

所以对之前发生的疫情进行经验教育上的总结,针对可能发生的状况进行规定,为今后可能会发生的疫情疫病作出相应对的准备,使在真正发生疫情疫病时,有一个相对完善的制度可以处理。

---

❶ 姚志刚,吕晓雪.对SARS疫情后野生动物保护管理的思考[J].江苏林业科技,2003(2):37.

❷ 《中华人民共和国野生动物保护法》第十六条:"县级以上人民政府野生动物保护主管部门、兽医主管部门,应当按照职责分工对野生动物疫源疫病进行监测,组织开展预测、预报等工作,并按照规定制定野生动物疫情应急预案,报同级人民政府批准或者备案。县级以上人民政府野生动物保护主管部门、兽医主管部门、卫生主管部门,应当按照职责分工负责与人畜共患传染病有关的动物传染病的防治管理工作。"

（六）小结

人类在不断发展进化的过程中,时时刻刻在与大自然进行物质交换、能量循环和信息传递,正是在这种不间断的相互作用的有力推动下,人类社会才不断的发展和进步,而各种类型的自然资源则构成了人类社会与自然界相互作用与影响的基本物质载体。[1] 为了更好地进行人工繁育野生动物的工作,我国在法律上建立了管理的相关法律制度。相关制度在法律中予以宏观规定,在法规中予以细化管理,为管理人工繁育野生动物提供了法律上的保障和管理上的依据。

首先,在法律上明确规定了人工繁育野生动物的产权所有者及申请人工繁育许可证所需要的条件。这两个制度的规定,明确了相应的权利义务主体及发展人工繁育种群所应具备的条件。

其次,野生动物的栖息地保护制度为人工繁育野生动物种群提供了更好的繁育场所,以及在野生动物经营利用制度方面对人工繁育野生动物的相应规范限制、利用都体现出了我国对野生动物的保护态度和立场。

最后,野生动物和人类一样,都会生老病死。只要部分群居野生动物在患病后,就会很容易影响到人工繁育野生动物的种群繁育,并将疫病快速的传染给人类,而由于人类自身没有相应的抗体可以对抗由野生动物种群所产生的疫病,故被传染疫病后的死亡率极高。所以野生动物的防疫工作尤为重要,野生动物的疫情疫病暴发,会对我国人民群众的生命健康起到直接的巨大的影响作用,而建立完善的野生动物防疫制度可以在很大程度上避免这种事故的发生,并处理在疫情疫病发生后可能会出现的情形。

第三节 野生动物人工繁育法律制度存在的主要问题

一、资源产权制度方面的具体问题

（一）人工繁育野生动物所有权矛盾突出

1.实际所有权主体与法律规定所有权主体不同

现实中,我国对土地及其他自然资源实行的产权制度是国家所有和集体所有

---

[1] 张梓太.自然资源法学[M].北京:北京大学出版社,2004:6.

的二元所有制结构。❶ 我国现行单一的所有制模式并不符合现实状况的要求,并不利于人工繁育野生动物工作的可持续发展,相反而言,它只会限制其发展空间。

首先,人工繁育集体或者个人只要通过办理相关手续,就可以对其人工繁育的野生动物进行实质上的处分,但是未在法律规定中属于国家所有的野生动物或者其制品,例如,在两国友好建交的基础上,我国会将代表我国特色的野生动物赠予给该国,而被赠予的野生动物往往都是通过人工繁育得到的子代,在这种赠予的过程中,该被赠予的野生动物的所有权就发生了移转,而实际享有人工繁育野生动物的真正野生动物所有权人是这些集体或个人,他们的权利会受到侵害,而国家可以继续行使对野生动物的所有权移转,这种情况的发生与我国现行单一所有制模式产生了规定不一致的矛盾冲突。

其次,野生动物资源产权在法律上是属于单一的国家所有的,但是其在人工繁育野生动物上所表现的仅是一种形式上的所有,虽然国家批准处分这些资源,可被视作行使主体应还是国家,而处分和收益者并不仅是国家。人工繁育的养殖集体或个人才是真正的利益享有者,并且可以使用其在实质上的所有权,而这种行为在法律上处于一个矛盾的规定冲突,这也就造成了所有权在形式与内容上的不符。

最后,英国学者边沁认为,"在经济活动中应以个人的活动自由为原则,国家应为之事,只限于保护个人活动的自由和保护私有财产的安全,除此之外,不应作任何干涉"。❷ 内容上与形式上的不符,违背我国法治理念的基本要求,这样的矛盾存在,会使我国的法治工作陷入被动,无法更好地开展今后的野生动物保护工作,导致了诸多矛盾问题的不断发生,致使国家和实际行使野生动物所有权人的界定不清,从而将影响人工繁育野生动物的工作的有序开展。

2.人工繁育野生动物子代所有权归属问题

随着科学研究的深入发展与实质科研技术上的进步,人工繁育野生动物的成功率较之前的情况而言,已经取得了巨大成功。一些国家重点保护的珍稀、濒危野生动物,经过长期的努力,已经成功的繁育出子一代或子二代并已形成一定规模的人工繁育种群,可以完全不依赖野外种群配种进行有效的人工繁育工作。

首先,大数据的作用对环境法学者有着深远的影响,❸现今阶段由于受到人类活动影响、栖息地破坏等客观原因影响,国家重点保护的珍稀野生动物,在野外种群大规模数量下降,而借助人工繁育野生动物的技术是维持种群生存的重要手段。

---

❶ 韩德培.环境资源法论丛[M].北京:法律出版社,2002:159.
❷ 边沁.道德和立法原理导论[M].时殷弘,译.北京:商务印书馆,2000:45.
❸ 方印,徐鹏飞.大数据时代的中国环境法治问题研究[J].中国地质大学学报,2016(14):66.

例如,列入国家重点保护野生动物名录的梅花鹿,其人工繁育种群规模已经达到上百万头,成了一些地方重要养殖产业,与促进农民的收入增加息息相关,而对这种发展已经十分成功的人工繁育种群在所有权上却还是被规定为国家所有,这种规定的限制,在很大程度上挫败了人工繁育集体或者个体的大规模发展人工繁育国家重点保护野生动物的积极性。

其次,法律将这类成功人工繁育的种群,也被归为国家重点保护野生动物,但是在实际情况中,对这类人工繁育出来的子一代和子二代等野生动物的所有权移转产生了争议,该争议主要是集中在该类野生动物是否可以进行所有权上移转,人工繁育场所在交易这类国家重点保护野生动物的实际情况中,由于产权还是归属于国家,交易上造成了产权不明确,无法移转所有权交易的矛盾,对人工繁育野生动物场所或个体繁育野生动物的工作发展造成了阻碍。

最后,如果不对现行制度中存在的这类问题进行弥补,那么将会造成人工繁育野生动物行业的限制发展,对广大的繁育集体或个人而言都是极大的限制,也为一些需要利用野生动物资源的企业造成了企业发展的困境,在无法确定产权归属的情况下进行适用,企业在利用中的风险大大地增加,使其不敢进行繁育产业规模的扩大化和资金的加大投入。

(二)罚没野生动物制品与自然死亡野生动物死体产权问题

1.罚没野生动物资源的产权归属问题

人与自然和谐共处的理念主张人与自然息息相关,相互依赖,人与自然的相互关系不管是多么微小,对我们来说都是生死攸关的。[1] 我国边境公安、森林公安以及海关等相关执法部门,在执法过程中查处罚没了数量庞大的野生动物及其制品,其主要来源于走私偷运,以及在国内野生动物聚集区的非法猎捕,这类非法贸易、猎捕野生动物的案件数量还在不断地增加。

首先,我国在加入了濒危野生动植物种国际贸易公约之后,采取并实施了一系列国际上对濒危野生动物及我国重点保护野生动物禁止贸易措施,其中对一些濒危的重点保护野生动物有着非常严格限制,如虎骨、犀牛角、象牙等稀有动物制品。但由于这类野生动物及其制品的极度稀缺性,使得其在非法贸易的市场中价格极为可观,正是由于这种利益上的驱动,使得走私野生动物制品现象屡禁不止,造成了更多野生动物在野外被大量猎捕、杀害。

其次,我国在关于非法买卖野生动物制品的查处过程中收缴罚没了数量庞大

---

[1] 王千,万志前.动物权利与生态保护[J].华中科技大学学报,2005(3):49.

的野生动物及其制品,在这类物品被查处,按照现有的规定被收缴,即为国家所有,而国家对于这类收缴罚没的野生动物及其制品,在利用上大多都做出了全面性限制,使得大部分被罚没收缴的野生动物及其制品被"人道毁灭"或者焚烧销毁,在其中只有很小的一部分有可能被做成标本或其他科学研究活动所利用,在这些被罚没的野生动物及其制品中有相当一部分是人工繁育出的野生动物及相关子代,这种形式下造成了非法市场中野生动物及其相关制品价格的不断攀涨,对保护野生动物造成了实质上的损害。

最后,如果仅加强打击力度而忽略实际的所有权转移,那么将会对野生动物的保护工作造成更多无法弥补的损害,对在野外私自人工繁育或野外国家重点保护野生动物的偷猎、偷捕行为将会不断增加,使野生动物工作的管理陷入困境,无法有序进行,并在社会上造成十分不利于宣传保护野生动物的影响,使今后的工作无法有效的开展,也给人工繁育野生动物的繁育工作增加了更大的难度。

2.国家重点保护野生动物人工繁育死体产权归属问题

野生动物人工繁育的过程中,由于大部分野生动物的寿命相对于人类而言,显得十分短暂,其代谢周期是人类的几分之一甚至几十分之一,如此短暂的生命历程使得我国库存国家重点保护野生动物的死体,在数量上的积累已经达到了十分惊人的数量。

首先,就拿东北虎而言,其在野外的寿命大约为15年,园养的寿命为20年左右,当然其中也会出现生病等正常现象,正是生命的客观正常代谢的原因,野生动物会因为生命的流逝或疾病的危害而死亡,如哈尔滨东北虎林园从成立之初到现今为止都是在世界上规模和数量最大的人工繁育东北虎场所。2013年,哈尔滨东北虎园人工繁育东北虎数量已经达到1200余只。繁育如此庞大种群东北虎,意味着会产生高昂费用。仅就繁育中必要支出食物所需要负担的数额而言,其基本平均数值为每只100元左右,而这些东北虎平时还需要进行相关营养增加补充,面对已经如此庞大的支出,还要对已经死亡的东北虎死体资源进行保存,在实际运行中的基础成本就已需要数千万元,对不断增加的尸体冷藏的费用也是极为庞大,这样的发展模式造成了繁育中心在财政负担上的困境,由于这类野生动物在保护上是不允许销毁,并且如果进行利用还会违反相关法律。面对这种两难境地,使野生动物的人工繁育场所在经费的负担上十分沉重,并无法对其所繁育的成果进行实际利益的转化,造成了人工繁育场所的负担与日俱增。

其次,国家和地方的财政对不断发展的人工繁育产业而言,已经开始显得力不从心,无法长期足额的供给,使得人工繁育野生动物繁育场所,所面临的设备设施不断老化、人才引进无力等问题显得尤为突出。

最后,如果对于人工繁育的国家重点保护野生动物仅强调保护而不真正地将保护所带来的成果转化为物质成果,那么无论是对国家财政还是自然资源都是越来越大的负担,对于其他更需要资金投入的野生动物,就显得力不从心,无法面向更多需要保护繁育的野生动物种群。

(三)小结

资源产权的制度对人工繁育野生动物的发展有着长足深远的影响。在现阶段产权的人工繁育野生动物情况下,如果不对其进行明确的规定将会对人工繁育野生动物产生严重的制约。

首先,由于我国在野生动物及其资源所有权制度上所采取的是不同于其他如土地等资源的二元所有制结构模式,而是单一的由国家所有野生动物及其资源。并且在实际操作中,部分野生动物资源产权的权利行使却是由集体或者个体代替国家来行使,这种与法律规定不同的情况,美国生物学家哈丁教授提出关于"公有地悲剧"论述,人们关怀着自己的所有,而忽视公共的事务,对于公共的一切,只会关心涉及个人利益的部分,单一的所有权模式,将会导致这一悲剧的发生。[1]

其次,在法理上也无法讲通,由于这种保护和利用野生动物,并不只是国家单一的行使,这同时也是全社会、全人类都应肩负起来的责任,这也是权利人应该行使的权利。现在法律上规定野生动物及其制品的所有权都是归属于国家的,这种规定的做出很难使法律与实际进行统一。将野生动物所有权法律上规定为国家所有,从法理基本理念,权责相同情况看,即只有国家在义务上应对野生动物及其人工繁育活动进行保障,这与实际情况是不一致的,在众多社会力量的参与之下,野生动物的人工繁育工作才会得以健康有序的发展,而到最后自己的权利都无法进行保障,这对社会资源的利用,是不公平的做法。

最后,对于罚没和自然生陈代谢的国家重点保护野生动物的所有权单一规定为国家行使,使得许多难以获得的野生动物资源的价格更加离谱,造成了不法之徒对野生动物资源的觊觎,这种保护为上的资源产权制度,并没有根据实际上的情况来制定,导致了野生动物的不安全性有所增加。

二、人工繁育许可证制度方面的具体问题

(一)人工繁育许可证仅针对繁育国家重点保护野生动物

我国人工繁育野生动物制度在法律中规定,仅要求人工繁育国家重点保护野

---

[1] G Hardin. The tragedy of the commons[J]. Science,1998(280):682-683.

生动物需要申请人工繁育许可证。而不属于国家重点保护类别的野生动物,则不需要申请人工繁育许可证。

首先,在《中华人民共和国野生动物保护法》第二十五条规定中,对人工繁育许可证制度的范围做出了规定,仅要求国家重点保护野生动物需要申请人工繁育许可证。对不属于国家重点保护野生动物的人工繁育,并没有在人工繁育许可证中予以要求规定。

并且我国人工繁育许可证制度中对繁育野生动物的范围规定在《国家重点保护野生动物名录》中,该名录至今为止已经颁布了20多年,多年来这个名录都没有进行大范围的调整,只有2003年调整过一次,仅涉及一个物种"麝",而没有涉及其他保护物种,实践中产生了很多问题。彼得·辛格在其动物解放一书中提出了"任何种族、性别或物种遭受痛苦都应当防止或减少"[1]这一观点。许多在制定该名录时不属于国家重点保护野生动物的种群,遭受到了严重的打击,种群数量以及濒危程度远高于已经被保护几十年的国家重点保护野生动物,而由于没有人工繁育许可证的规定,这些非国家重点保护的野生动物无法得到有效的人工繁育要求规定,致使种群规模逐年不断减少。

其次,相比较于国家重点保护野生动物的人工繁育管理而言,对非国家重点保护野生动物的人工繁育不进行人工繁育许可证制度的管理并不正确。而由于这种制度的规定问题,使得一些在经济上可获得更高价值的非国家重点保护野生动物被大规模肆意进行人工繁育,压缩了国家重点野生动物的繁育场所和自然资源,将本就脆弱的自然资源超负荷开发养殖,造成了生态上的过量损耗,造成了与《野生动物保护法》目的相背离的实际状况加剧发生。以藏羚羊为例,在2006年由于非法盗猎使该物种数量急剧下降,在西藏、青海和新疆三个省区数量只有9万只。经过多年的保护,现在这个物种在三个省已经达到25万只,数量急剧恢复。但是,最近有调查显示,有些地方反映藏羚羊已经对天然草场造成了压力和破坏。

最后,如果不对这类不需要人工繁育许可证的非国家重点保护野生动物在繁育上加以限制,那么不久的将来,我们可能就没有足够的自然资源来繁育国家重点保护野生动物,从而导致生态物种的不断灭绝。在《中华人民共和国野生动物保护法》中,规定为每五年进行一次调整国家的重点保护动物名录,地方重点保护名录上没有时间要求限制。据联合国报告,在21世纪中期,将会有1/4的野生动物将

---

[1] 彼得·辛格.动物解放[M].祖述宪,译.青岛:青岛出版社,2004:17.

会灭绝。❶而在实际的调整过程中,《国家重点保护动物名录》已经多年没有更新,对一些新出现的濒危的野生动物并没有进入调整名录中。而各地方的重点保护名录也存在着相关的问题,仅仅是在形式上规定了一些本地方特有的野生动物,但是并没有根据实时的野生动物状态,对名录更新。这样也就造成了,多年以来人工繁育许可证针对的还是固定的国家重点保护野生动物,并没有真正的进行有效的种群恢复活动。

(二)人工繁育许可证后续管理上的不足

我国仅在前文叙述中相关的法律法规上对人工繁育许可证的申请条件和程序上做出了规定,没有对后续的管理要求作出规定,例如在发放后对人工繁育场所的管理往往流于表面,而对于内在实际发生的问题根本无法进行有效直接的管理。

首先,例如自1993年深圳建立起全国第一家野生动物园以来,各地区频频仿照该模式进行本地区的野生动物园建设工作。在这二十几年的发展过程中,我国已经建立野生动物园30多家,在数量上远超美国、日本、德国等国家。我国野生动物园的发展速度十分惊人,但是管理上的问题也是不断地凸显出来。在《陆生野生动物保护实施条例》第二十二条第二款❷中将动物园的驯养许可证的管理行政机关委托给建设主管机关,这里的建设行政管理部门是城建部门。在实际上的管理机关还是相关的建设管理部门,这样一来,关于驯养许可证的管理上又增加了难度,该建设单位对野生动物的情况可以说是一无所知,仅仅从建筑的角度来考量批复,那么显然对野生动物的人工繁育造成了极大的隐患。如一些野生动物根本无法在该地区进行繁育,而由于建设部门不具备相关的专业知识,无法判断其是否适宜在该地区被繁育,以及该繁育场所的条件是否符合应具备的必要条件等,这些相同问题的出现,也是显现出了我国在发放后的管理上的不足。

其次,在野生动物人工繁育许可证制度中,由于在法律法规上没有相应的后续管理规定,造成了很多问题的产生。如一些地方为了发展当地经济,各地区政府并没有结合本地区的实际自然条件及物质上的保障基础,盲目的进行人工繁育,繁育经济价值相对高的野生动物,造成了人工繁育工作的混乱发展。而由于自然条件等原因的限制,被人工繁育野生动物大规模的死亡,从而影响了野生动物保护发展工作进行,危害了当地生态环境。

最后,对待人工繁育许可证要进行全面有效系统的管理。如果在发现了问题

---

❶ 田德旺,朱捷.环境与发展导论[M].北京:中国环境科学出版社,1997:61.

❷《陆生野生动物保护实施条例》第二十二条第二款中规定:"动物园人工繁育国家重点保护野生动物的,林业行政主管部门可以委托同级建设行政主管部门核发人工繁育许可证。"

的情况下,不予以完善那么将会有很多不法分子、投机分子钻空子,造成其在严重影响环境及过多占用社会公共资源的情况下,却无法可依、无据可用,对今后的管理都会造成严重的负面影响。

(三)无人工繁育许可证的非法繁育处罚力度过轻

在地球存在人类之后,多种物种由于人类的行为,已经灭绝。❶ 而我国对于非法人工繁育野生动物的法律责任规定,仅在相关法律法规中做出了部分规定。其中针对的是无人工繁育许可证的情况下或私自繁育不在其繁育范围内的国家重点保护野生动物,私自人工繁育国家重点保护野生动物的主要处罚手段为没收、罚款或吊销繁育许可证。而对于非法驯养繁殖野生动物如此低程度的处罚方式,使非法进行人工繁育的个体或集体无法产生敬畏心理。

首先,在实际情况中,众多个体在没有人工繁育许可证的情况下,大肆进行人工繁育国家重点保护野生动物的工作,在条件上根本无法达到所需要人工繁育的标准。对野生动物的保护工作造成了很大的隐患,并且国家重点的保护动物被私自人工繁育在很大程度上是为"黑市交易"提供野生动物及其制品,如果在人工繁育过程中发现了该繁育行为,进行了简单的行政处罚之后,就一切都归于从前。但是如果在人工繁育过程中没有发现非法人工繁育的行为,那么这些没有被发现的人工繁育的国家重点保护野生动物将会流入进"非法市场"。对于这些国家重点保护野生动物在成为死体或相应制品后,对于其生前是由谁进行人工繁育的鉴定工作几乎是无法确定的。这种情况的出现,给这些非法养殖者创造了可获利的"灰色地带",使他们可以在承担很小的风险中,买卖其人工繁育的国家重点保护野生动物,对野生动物的保护工作产生极为不利的影响。

其次,在部分地区所建设的野生动物园为私人所有,其繁育野生动物的条件仅可繁育一些易生存的野生动物,并不具备繁育大型野生动物和对环境有着较高要求的珍稀野生动物。但因其拥有人工繁育许可证便可通过正规渠道去申请购买在野外才可以捕获的野生动物种群,而进行非法的交易买卖,这种交易往往都不会被发现。这种在正规许可下的保障,使得其根本无法受到法律上的制裁,这也是人工繁育许可证制度在法律责任上没有规定的漏洞问题。

最后,正是因为我国在人工繁育许可证上的法律责任的承担过于轻微,并没有有效的针对实际情况中出现的违法行为进行规制,利用法律上的漏洞来进行非法繁育的情况比比皆是。如再不对人工繁育许可证制度中的法律责任予以完善,那

---

❶ 金瑞林.环境法学[M].北京:北京大学出版社,1994:421.

么无论是对人工繁育野生动物的发展,还是对野外种群的保护都会造成难以想象的危害。

(四)小结

人工繁育许可证制度,是人工繁育工作中的一道保障防线。地球上的物种有记录的有150万~175万种,据估算至少有两倍于此的物种尚未发现。❶ 在物种不断减少灭绝的情况下,如果这道防线,还是像今天这样,不加以管控规范,那么就应该去商榷该制度存在的意义和价值在哪里。环境伦理是人与生态、环境紧密相关的关系,是人与自然的和谐共生的关系。❷

首先,我们要清楚认识到人工繁育许可证制度,是对繁育野生动物种群的关键保护手段。许可证制度形成对管理野生动物繁育具有重要意义,特别是在条件具备的情况下,将人工繁育的野生动物种群放归野外可以加速野生动物种群的恢复速度。但是不科学、不合理的人工繁育,会对野生动物造成极大的伤害和保护工作的负面影响。

其次,我国野生动物人工繁育许可证制度上存在着很重大的漏洞,导致了野生动物保护工作的难以进行。许可证制度不单单对人工繁育的集体或者个人产生影响,它也会对整个自然生态产生巨大的影响。如对野生动物的人工繁育工作不进行细致化的管理,并且还针对的只是国家重点保护的野生动物,那么将会对本已经脆弱不堪的生态环境予以更大的打击,并且造成资源上的浪费。

最后,对没有人工繁育许可证而进行人工繁育国家重点保护野生动物处罚力度上还是十分轻微,如果不加大惩处力度将会造成非法"黑市交易"的快速发展,将会产生不利影响。

三、人工繁育野生动物经营利用制度方面的具体问题

(一)对国家重点保护野生动物的利用限制过于严苛

我国在《野生动物保护法》第二十七条、第二十八条中对利用国家重点保护野生动物做出了规定限制,并对成功繁育的国家重点保护野生动物利用范围做出了规定。随着有关科研活动的不断发展,很多野生动物的人工繁育得到突破。其中一部分珍稀濒危的野生动物,经过长期努力,已经形成了可以不用依靠野外野生动物资源的人工繁育群体。与此同时,由于受到人类活动影响、栖息地破坏等客观原

---

❶ 陈艳.生物多样性及其价值[J].黑龙江八一农垦大学学报,2002(4):31.
❷ 吕忠梅.超越与保守[M].北京:法律出版社,2003:72.

因影响,上述物种的野外资源状况往往存在着极大的问题。这种情况下,如果还是对人工繁育野生动物以严格的标准来进行限制利用显然不合理。少数民族通过神话的传言,使部分少数民族地区,对野生动物有着更为神圣的理解和尊敬。[1]

首先,现实情况中,我国还是将大量财力物力投入到保护和繁育国家重点保护野生动物中,而对于这类野生动物在利用上却做出了禁止性规定,提出关于人工繁育名录的建立,在没有该名录的条件下对这类野生动物,依然还是要遵从现有法律规定中对国家重点保护野生动物利用上的限制规定,并且也并没有对人工繁育成功做出一个相应的标准。这样的限制性规定,在实际的人工繁育过程中,造成了野生动物资源的极大程度上的浪费。

其次,在我国严格的管控利用国家重点保护野生动物及其制品的控制下,正规人工繁育的野生动物及其制品无法流入市场,使得"非法市场"的野生动物及其制品买卖十分猖狂并迅速发展。正是由于这种稀缺性,导致了野生动物制品价格的不断抬高,这样严格地管控,使得"非法市场"不但没有遏制,还起到推动了其发展的作用效果。这就助长了人类对大自然肆无忌惮的掠夺和占有,导致了人自身理性与肉体的分裂,从而成为生态危机、人性异化的思想根源。[2]

最后,我国在现阶段没有制定出野生动物制品的市场准入制度,使得一些正规人工繁育成功的野生动物制品无法达到向经济上的转变。这种经营利用上的严格控制,也使得国家的资源和人工繁育集体或者个人的利益都遭受了严重的损失,在很大程度上打击了人工繁育集体或个体的繁育积极性,制约了人工繁育野生动物的发展进程。

(二)非国家重点保护野生动物管理无序

《中华人民共和国野生动物保护法》中规定受保护的野生动物是"珍贵、濒危的陆生、水生野生动物和有重要生态、科学、社会价值的陆生野生动物。"[3]并且对猎捕非国家重点保护野生动物在《中华人民共和国野生动物保护法》第二十二条中[4]做出了规定,不属于国家重点保护野生动物的种类包括地方重点保护野生动物和"三有"动物,在维护生态平衡和社会经济可持续发展等方面发挥着重要作

---

[1] 梦梦,尹峰,黄乘明.云南迪庆少数民族宗教文化与野生动物保护关系研究[J].野生动物,2012(3):27.

[2] 韩德信.还原论、生态整体论与未来科学发展[J].学术论坛,2005(12):2.

[3] 《中华人民共和国野生动物保护法》第二条:"本法规定保护的野生动物,是指珍贵、濒危的陆生、水生野生动物和有重要生态、科学、社会价值的陆生野生动物。"

[4] 《中华人民共和国野生动物保护法》第二十二条:"猎捕非国家重点保护野生动物的,应当依法取得县级以上地方人民政府野生动物保护主管部门核发的猎捕证,并且服从猎捕限额管理。"

用。非国家重点保护野生动物分布范围较广、种群数量较大,在科学、严格控制的情况下,对其适当开展的猎捕活动不会影响其种群安全,也不会对自然生态造成危害。但是对其限制范围仅规定在禁猎期禁止猎捕,并没有对猎捕数额做出明确规定。

首先,非国家重点保护野生动物的管理办法是由本地区省一级人大进行制定,关于制定标准没有统一要求。其中个别省份在这方面还未做出管理,给一些不法之徒留出了法律"灰色地带",在实际情况中,大面积的猎捕非国家重点保护野生动物,造成了种群的大面积下降,致使一些非国家重点野生动物濒危或灭绝,而随着自然环境的恶劣,使本就被压缩限制的野生动物的活动半径愈发减少,造成了更严重的环境问题。

其次,在非法贸易中被大量非法猎捕的野生动物,由于保护力度不能达到阻碍猎捕或偷猎等行为的出现,出现了被大规模的猎捕事件发生。非国家重点保护野生动物与国家重点保护野生动物在保护力度上有着极大的区别,国家在重点野生动物的保护力度上的投入是非国家重点保护野生动物的几倍以上,管控十分严格,但是对于猎捕非国家重点保护野生动物仅能对数额巨大的行为才能进行认定。

最后,对非国家重点和国家重点保护的力度,存在的差别性过大。[1] 如果对这类野生动物不进行有效管理,那么现在还没有达到濒危的相关种群,很有可能在这种放任的管理下达到濒危状态。造成濒危的野生动物种类不断增加,使人工繁育野生动物的工作负担持续加重,造成资金上无法进行有效的分配、投入程度上无法足额投入等事项的恶化发展。

（三）小结

野生动物的保护与利用是相辅相成的工作,不能缺少其中的任何一方,如果仅是一味地去强调保护而忽视了利用,将会对野生动物整体的发展与保护都会产生十分不利的后果。进行有效的利用,反而会对野生动物的保护工作起到推波助澜的促进作用。

首先,长期以来我国的人工繁育野生动物都仅是为了保护野生动物,由于这种理念及制度的存在,限制和制约着资源的开发和合理利用。我国关于野生动物及其制品利用历史悠久,涉及科研、药品、皮革、乐器、工艺品、标本、食材等。即使在现阶段,许多科学研究、文化传承、公共卫生、社会经济等活动仍然需要利用野生动

---

[1] 陈春艳.中国野生动物驯养繁殖法律制度的缺陷与完善[J].野生动物,2006(7):19.

物及其制品。我国还有许多相沿成袭的传统习俗,如有的鸟兽视为神鸟神兽而加以保护,有的鸟兽则被视为不祥之物而不敢加害,其内容虽不科学,但在客观上,对保护野生动物却起了积极的作用。❶

其次,因不在法律上明确规定出对非国家重点保护野生动物的利用,那么仅针对现有的国家重点野生动物进行保护也是徒劳的,对非国家重点保护野生动物的大规模猎捕,将会导致野生动物保护的工作举步维艰。

最后,对于野生动物的经营利用,我国在法律制度的规定中存在着过多的限制与制度上的规定空白,造成了野生动物保护工作中对人工繁育野生动物无法更好更全面的管理,往往都是拆了东墙补西墙,在资源上造成了极大的浪费。

四、人工繁育野生动物致人损害补偿制度方面的具体问题

(一)人工繁育野生动物致损补偿主体上的错位

《中华人民共和国野生动物保护法》第十九条❷中,仅对野生动物致人损害的补偿做出了相关的规定,本法条对具体实施补偿的细则授权给了地方立法。法律要求补偿办法由本地省一级政府进行制定,但是大多数地方政府迟迟不能出台关于这方面的规定。到目前为止,仅有北京、青海、云南、陕西、吉林等部分地区颁布了野生动物损害的补偿办法,而其他大部分地区并没有制定补偿办法使得补偿工作没有保障,致使由野生动物致损的受损者利益无法得到补偿。

首先,由于法律上对补偿的规定仅是提出了补偿的主体,在实际操作中没有可依据的补偿规定,将其中最为重要的补偿细则由各地区政府进行具体规划,这样的规定显然是在为各地区政府逃避责任而制定。我国各地方的立法水平参差不齐,而且也没有对具体实施的范围进行规定,使得各地方在制定该制度时无法做到周全,在具体认定过程中,对相关当事人的责任认定困难,以及政府财政负担上的困难处境,这样的状况导致了被致损当事人很难取得应得的赔偿,造成了双方矛盾的加剧。

其次,野生动物在法律上明确被规定为国家所有,国家享有所有权。因此保护野生动物和人工繁育野生动物的过程中,造成的人员伤亡情况,国家需要承担其应

---

❶ 崔鸿,汪亮.简论我国古代野生动物的法律保护[J].中国人口·资源与环境,2000(11):27.

❷ 《中华人民共和国野生动物保护法》第十九条:"因保护本法规定保护的野生动物,造成人员伤亡、农作物或者其他财产损失的,由当地人民政府给予补偿。具体办法由省、自治区、直辖市人民政府制定。有关地方人民政府可以推动保险机构开展野生动物致害赔偿保险业务。有关地方人民政府采取预防、控制国家重点保护野生动物造成危害的措施以及实行补偿所需经费,由中央财政按照国家有关规定予以补助。"

负的责任。并且根据宪法法律中的规定,公民自受到伤害后,并不能因为责任主体是国家就能够被免除责任。补偿规定的是无法满足于被害人所需要的医疗费用及精神上受到的创伤所需要的后续补医疗费用,这种补偿制度严重地损害了人们的合法权益及保护野生动物的积极性。我国在《中华人民共和国侵权责任法》中明确规定,负有赔偿责任的主体应对与自己所造成的事件、事物的损害进行赔偿的义务。套用这个规定得出,野生动物致人损害事件发生,国家应制定致损赔偿制度而不是补偿制度。

最后,在我国大力发展生态环境的今天,如果不制定出完善的补偿制度或者有效的赔偿制度,那么对处于野生动物繁育范围内或可进行直接接触人工繁育野生动物的相关人员的工作和生活都产生了极大地影响,也会因此造成更多的社会矛盾,影响生态化的事业的进程,阻碍人工繁育野生动物工作的长期发展规划。

(二)人工繁育野生动物致损补偿标准和范围上的不明确

我国的法律中并没有对野生动物致人损害的补偿标准进行具体规定。在实际发生的野生动物致人损害事件中,由于没有一个可确定的标准补偿,致使被致损人的切身利益无法得到保障,一些损害和伤害无法被判断为野生动物致损所造成,以至于在最终的补偿认定上,对相当大的一部分损失无法进行认定,使被致损人的财产利益和人身权益受到了极大的侵害。现有补偿模式中对补偿的范围仅针对了直接损害,造成了野生动物的被害人的实际损害无法获得补偿,这种补偿上的不完善造成了社会矛盾的凸显。

首先,在法律中规定,对于野生动物侵害造成财产损失,例如农产品被损害,如何界定损害标准,仅是针对直接的损害补偿还是对后续损害一同补偿,都没有具体规定。如果造成人身上的损害又按照何种标准进行补偿,是否可以先行垫付医疗费用,后续护理费用又如何归属,这些补偿上的细则都应被法律明确规定,不能仅依靠当事人去找政府协商来解决,往往在得不到答复或者有限的补偿后,在迫不得已的情况下,由被致损人自行负担野生动物致损所造成的费用。并且,我国在《中华人民共和国野生动物保护法》规定的补偿范围是本法所保护的野生动物也就是在第二条❶中规定的仅针对的是野生动物中很少的一部分,这类野生动物致人损害才会取得补偿。而对于不属于该保护范围内的野生动物致人损害事无法获得补偿。

---

❶ 《中华人民共和国野生动物保护法》第二条:"本法规定保护的野生动物,是指珍贵、濒危的陆生、水生野生动物和有重要生态、科学、社会价值的陆生野生动物。"

其次,如果没有国家来制定一个最低标准,仅由地方来制定本地区的补偿标准是无法真正使被害人获得应得赔偿的。地方的财政在经济发达省区还是运转良好的,但是往往在经济欠发达地区的地方财政,都投入到了基础建设中去,财政上根本无法保障补偿资金的来源。这样的补偿制度模式,会使双方的矛盾摩擦不断升温,产生更多不利于人工繁育野生动物工作的影响。并且野生动物致人的损害包括物质损害和人身损害。但针对物质损失方面赔偿,仅针对国家重点保护野生动物所产生直接物质损害。而对于这类事件在实际情况中所产生直接物质损害,现行补偿无制度法满足受害人实际损失。特别是在农业产区中,单纯的计算直接的损失而不去考虑间接损失,将会严重的损害当事人的既得利益。人身损害的赔偿方面,所给予补偿的金额过少,而往往人身伤害都十分严重,可能会达到伤残或死亡的情形,国家现实行补偿制度无法达到实际所需费用。

最后,在野生动物致人损害问题频繁发生的情况下,在法律上没有对补偿制度予以规定,对人民群众的保障也是一个极大的隐患问题,在人权上没有给其应有的足够保障使得,致损人没有法律上的依据去索要补偿费用,仅靠一个宏观上的规定来约束地方政府的主管部门进行有效的补偿,在实际的情况中根本无法起到应有的效果。由于无法获得间接上的损失补偿,使得野生动物致人损害案件发生后由于当事人没有获得相应的补偿,而造成了恶劣的社会影响,对宣传野生动物保护的思想、开展实质上的野生动物保护工作都产生了巨大的阻碍作用,公众对野生动物的保护会产生惧怕野生动物的思想,致使野生动物在被保护的过程中,无法获得公众参与的帮助,而仅依靠国家的力量,这是不足以发展和保护野生动物的。

(三)人工繁育野生动物致损补偿金无保障

保障救济是保障权利的一种形式,没有资金上的支持也就无法谈真正的保障。我国对野生动物致人损害的补偿是通过地方财政予以支付的,虽然提出了保险的概念,但是在实际中还是没有落到实处。并且每个省份的发展程度不一,针对相同客体所需要支付的补偿金额也并不统一,欠发达地区的部分省份在财政上对这类补偿金的支出也是举步维艰。

首先,从实际着眼,野生动物致人损害事件大多发生于野生动物人工繁育场所或野生动物园以及城市郊区等远离人群的地方,其中野生动物园是致人损害的高发地区,在实际情况中,地方政府的主管部门,都会让实际发生野生动物致人损害的管理部分,例如野生动物园进行补偿,而这些野生动物园在实际运营过程中,往往都是依靠地方财政的支持及门票来维持运营。动物园在支付了高昂的基本必要费用后,其也无力对被致损人进行足额的补偿。

其次，现行国家补偿制度存在缺陷，关于野生动物致人损害补偿资金，没有专项财政规划，地方政府并没有制定完善本地区补偿规则，在财政上对这类补偿经费，也无法进行保障。由于资金上十分匮乏，对于一些贫困家庭而言，野生动物致人损害由于无法获得应有赔偿，将毁灭这个家庭，甚至引发对社会的不满。

最后，国家财政将财政收入大部分到投入基础建设、公共设施上，无法对赔偿资金进行划拨。部分省份地方政府，由于地处偏远、经济落后等原因，又无力负担该笔财政支出。国家补偿仅是补偿所有损失中小部分费用，这种小概率事件发生，针对群体狭窄，仅需财政中很小比例来负担，但实际情况中却无法获得足额补偿。公平正义相辅相成存在，公民在遭受野生动物损害后，有请求国家救济权利，不能因为国家建设经济发展原因，就可以使被害人放弃其应有权利。这种情况若无法得到解决，将会对经济建设和可持续发展产生巨大的阻力。

（四）小结

现行野生动物致人损害补偿制度，在大多数的情况下，都无法使实际受害人获得应得到的补偿数额。这导致了社会问题的不断发生，对人工繁育野生动物的工作也产生了不利的影响。

首先，目前关于野生动物致人损害只规定了损害补偿制度，而没有规定赔偿制度，这使得被野生动物致损的物质和身体损害，无法得到有效的赔偿，使致损当事人的生活、工作等都受到了极大的影响。

其次，对野生动物致人损害补偿资金还是需要依靠财政，而一些地方财政并不相同，在发达省份与边远省份可能存在着巨大的赋税收入的差距，这样也就导致了，很多地方的财政无法负担补偿的费用从而使得被野生动物损害的当事人无法获得补偿。

最后，由于补偿的标准也并不明确，使得野生动致人损害的当事人没有相应的补偿标准诉求。以及地方政府由于各地的收入生活水平也不尽相同，所以也会造成野生动物致人损害补偿的无法进行。

五、人工繁育野生动物福利制度方面的具体问题

（一）野生动物福利制度立法上的缺失

在《中华人民共和国野生动物保护法》中并没有将野生动物的福利制度予以明确规定，仅在两条规定中提到了部分最基本福利，就是在该法第二十六条、第二

十九条❶中对其在利用上的目的和基本的繁育环境做出了最基本的要求,但是关于虐待野生动物并没有规定法律责任,这也使得野生动物在其被虐待的情况下,无法得到救助并且致害人无法受到法律的制裁,社会契约论以互惠关系为根据,否认野生动物的道德地位。高利红教授在其书中提到"互惠互利是一种具有生物性基础行为的,这是公正的基本要求,也符合人的道德直觉。拥有权利则负有义务,动物没有能力承担责任,当然也就不能享有权利。"❷而仅仅去依靠道德上的限制是无法遏制虐待野生动物行为的频频发生。

首先,近些年来,随着技术上不断发展,成功地实现了人工繁育野生动物种群数量大规模增长。然而,媒体报道中却不断出现在人工繁育野生动物中发生的负面现象,如部分人工繁育单位和个人养殖条件严重不适应野生动物正常生息繁衍需要,甚至还出现多次发生虐待被繁育野生动物,在社会上产生非常恶劣影响。但是由于没有对动物应有的福利进行明文规定,使得无法对实施虐待人工繁育野生动物的致害人进行法律上的制裁。

其次,在《中华人民共和国野生动物保护法》第二十九条第一款中,仅做出了道德上的规范指引。在社会文明已经被十分重视的今天,一些利用野生的动物及其制品的方式已经难以被社会公德所接受。如活剥兽皮、活取熊胆、活割鹿茸等行为,这些行为在利用方法上是绝对被社会公德所禁止的,但是其利用行为是被法律所允许的,是由人们物质生活条件决定并由社会舆论和人们内心信念保证实现的。❸如活取熊胆等涉及被驯养野生动物的制品取得时,还是会对野生动物造成极大的身体上的损害及心灵上的创伤,这种情况不断冲击着人们的道德底线,也促进着人工繁育野生动物动物福利要给予明确的法律规定,以及相关当事人应得到的法律制裁。

最后,人工繁育野生动物的福利制度如果不予以立法上的明确,那么将会造成更多悲剧的事情发生。动物福利是一个复杂、多方面的公共政策问题,涉及科学、伦理、文化、经济和政治等重要方面,必须充分考虑各种利害相关者的意见、

---

❶ 《中华人民共和国野生动物保护法》第二十六条第一款中规定"人工繁育国家重点野生动物应当有利于物种保护及其科学研究,不得破坏野外种群资源,并根据野生动物习性确保其具有必要的活动空间和生息繁衍、卫生健康条件,具备与其繁育目的、种类、发展规模相适应的场所、设施、技术,符合有关技术标准和防疫要求,不得虐待野生动物。"及第二十九条第一款中规定"利用野生动物及其制品的,应当以人工繁育种群为主,有利于野外种群养护,符合生态文明建设的要求,尊重社会公德,遵守法律法规和国家有关规定。"

❷ 高利红.动物的法律地位研究[M].北京:中国政法大学出版社,2005:230-231.

❸ 张美枝.法律与道德的互动[J].法制与社会,2008(2):37.

文化和宗教方面的敏感性。❶例如,在南方一些城市的小型野生动物园中,由于各方面的条件都有所限制,仅将老虎或者狮子圈养在笼子里,并在其生病的情况下也不进行医治,导致了悲剧的不断发生。因此,人工野生动物的福利制度的制定迫在眉睫。

(二)虐待人工繁育野生动物法律责任上的空白

人工繁育野生动物的主要目的是保护野生动物的发展、种群的增长。由于野生动物福利制度没有形成一个完整的法律体系,所以在野生动物受到不必要的痛苦或者虐待的行为时没有一个相应的法律责任。

首先,我国野生动物的所有权主体是国家,而实际上的所有者是人工繁育野生动物的单位或者个人,他们行使实际上的所有权能。例如,野生动物园、人工繁育场所都将野生动物作为一种资源及娱乐上的属性予以对待,使得一些游客基于没有法律上的惩治措施,对野生动物进行身体上的严重伤害。这也说明了我国在野生动物保护上的法律制度不完善,以及动物福利制度上的认知上的浅薄。

其次,野生动物被人工繁育的目的是为了更好地进行科学上的研究、为人们在提供娱乐的同时提供可以认知野生动物的渠道等。对于这些目标的实现我们国家做出了艰苦卓绝的努力,但是被人工繁育的野生动物却无法获得保障,这对野生动物的人工繁育工作来讲,是不平衡无保障的,对野生动物而言也是不公平的。

最后,如果不对这类攻击、伤害野生动物的行为做出应有的法律制裁,那么将会对野生动物的人工繁育场所的野生动物的安全产生极大的危险隐患,会对我们的社会道德造成冲击,会对人工繁育野生动物工作的开展造成负面的影响。

第四节 完善野生动物人工繁育法律制度的具体建议

一、野生动物资源产权制度完善的建议

(一)完善人工繁育野生动物所有权结构模式
1.建设多元产权结构模式

野生动物资源产权结构,由单一所有制向多元化产权所有制进行变革是势在必行的,一味地强调全部公有制或私有制都是不符合实际情况的,根据梁慧星教授

---

❶ 李克杰.动物福利全球大会及应采取的对策[J].世界农业,2005(15):48.

的观点,只需对民法"先占取得"制度加以限制即可。❶ 会对野生动物的保护工作起到相反的作用效果,所以应对现有产权结构进行调整,创制出多元化的产权结构模式。

首先,我们应在法律上,对所有权进行重新规定。转变单一所有制结构,建设属于野生动物资源产权制度专属的多元化的产权,使实际所有权人在法律上可以合法有效地进行占有,这种模式的改变会对人工繁育野生动物的工作起到正面的促进作用。罗马俱乐部一部著名的《私有制的局限》一书中阐述了,私有化下的野生动物权属制度,带来的是野生动物的大量减少,私有化的野生动物权属制度具有局限性,故此完全进行私有化的规定也是不切合实际情况所需的。

其次,现有的产权结构是单一的公有制所有模式,对现有模式进行多元化的所有权的筑建,亦是发展野生动物驯养繁育的大势所趋,同时也是当下市场经济模式发展的实际需要。在实际利用野生动物的过程中,由于实际利用野生动物者和法律规定上的所有者是不相同的,我们要在法律上对这种单一的资源产权制度进行变革,使实际利用野生动物的集体或者成规模的个人拥有所有权,在法律上对这种产权予以明确的规定。在私法自治的观念下,法律就私法上的生活关系,基本上不预设当事人应当遵循的强制规范。相反地,法律原则上承认当事人本于自由意思所为的标识具有法的拘束力,并对基于此种表示所形成的私法上的生活关系赋予法律上的保护。❷ 在国际上来讲,这种多元制的所有制模式已经成为当今的主流模式。在野生动物种群保护较好的国家美国和德国,通过保护野生动物团体和一些富有爱心的野生动物保护人士,通过集体的力量及私人财富的投入,使野生动物保护可以迅速发展,同时也会促使更多的爱人人士踊跃加入。

最后,我们建议,将野生动物的所有权制度由单一的国家所有模式,转变为多种所有制模式并行的新型模式。保护野生动物的思想早就存在,如"天人合一",追求生态和谐。❸ 这样可以使得野生动物的人工繁育主体在法律上享有权利,提高人工繁育野生动物主体的积极性投入,并且可以引入民间的闲置资金进入到人工繁育野生动物的工作中,加快种群的恢复和利用的有机结合。故此,建议对《中华人民共和国野生动物保护法》第三条进行修改,将现有的"野生动物资源属于国家所有"修改为"野生动物资源属于国家所有,以及人工繁育集体或个人所有"。

---

❶ 梁慧星.不宜规定野生动物资源属于国家所有[J].山东大学法学评论,2007(4):2.
❷ 詹森林.私法自治原则之理论与实务[J].台湾大学法学论从,1998(2):355.
❸ 王维德.试论野生动物保护的伦理基础[J].四川动物,2006(4):786.

2.人工繁育野生动物子代所有权可以进行合法移转

野生动物园或者其他野生动物人工繁育场所中,对申请进行人工繁育野生动物都做出了实际上的所有权移转,这种行为与法律规定上是相违背的,故此建议将所有权的转移在法律上予以明确,这样可以更好地保障权利人的利益及对人工繁育野生动物的有效保护。

首先,目前国际上的通行做法是允许有限度的利用野生动物资源,欧美一些国家除指定野外珍稀濒危野生动物保护方面的法律外,还指定家养动物保护方面的法律,以解决一些养殖技术成熟的野生动物的商业利用问题。例如鸵鸟曾因过度利用致使该物种的野外种群在阿尔及利亚、中非共和国等12个国家陷入濒危,被列入《濒危野生动植物种国际贸易公约》附录一,但公约禁止的只是原产于这些国家鸵鸟野生动物种群国际贸易,这些国家的合法养殖的鸵鸟是可以贸易的。

其次,在本法规定中,虽然对人工繁育技术成熟稳定的国家重点保护野生动物人工繁殖种群提出了特殊的管理规定,但是并没有将所有权转移的制度予以规范,在法律规定上,该类野生动物的所有权还是无法进行移转的,但是实际的运用上是可以进行利用的。而如果进行买卖的贸易行为,是需要所有权的,但人工繁育的公司或者集体及个人这种形式上的所有权使用,与法律规定上的所有权制度是不相符的。

最后,我们认为,应对这类人工繁育成功的国家重点保护野生动物的人工繁育种群的所有权转移进行规定,而对于人工繁育以经济目的动物,本身种群数量大且野性基本已丧失殆尽,国家莫不如对这类野生动物的所有权予以下放,可以促进人工繁育野生动物工作的积极性,使其可以得到更大的资本介入。[1] 建议在《中华人民共和国野生动物保护法》中拟增加一条,该条文为:"对于人工繁育成功的国家重点保护野生动物,在符合法律规定的条件下,并且不违反公序良俗下,可以进行所有权的转移。"

（二）完善罚没与自然死亡野生动物资源的所有权归属

1.罚没野生动物的制品产权的所有权完善建议

我国是野生动物及其制品的贸易大国,具有庞大的正规的野生动物及其制品的需求。但是我国对于野生动物的利用管控十分严格,这种严格的管控在很大程度上影响了野生动物及相关制品在非法市场上的需求,使不法商贩对野生动物进行大规模的偷盗、猎捕等违法行为,对一些珍贵、濒危的野生动物进行非法交易,获

---

[1] 杨雅雯,李希昆.试论野生动物的物权法保护[J].昆明高等专科学校学报,2007(2):41.

得高额的利润。

首先,在关于野生动物及其制品在执法过程中,我国相关的执法机关在执法过程中罚没了相当可观的国外野生动物及其相关制品和在我国领域范围内进行偷盗、偷猎的野生动物及其制品。这些被非法交易买卖的野生动物及相关制品,被完全限制利用交易,一是由于外来物种将会对现有环境造成生态破坏所以无法进行放生,二是这类被收缴的野生动物制品是在我国法律上或国际条约被禁止贸易往来的。但是将这类野生动物及其制品进行毁灭是对野生动物资源的极大浪费,并且会助长非法市场买卖行为的嚣张气焰。我国应对这类被收缴罚没的野生动物及其制品进行合理的利用安排,而不能仅是进行毁灭或者极小部分的利用。

其次,更好地利用制度才能促进更好的保障制度,这两者的影响关系一直存在,应融合二者的相互促进作用,使人工繁育野生动物工作更好地进行,完善建立市场制度,使这些罚没的野生动物制品可以合法的流入市场,并在流入市场的野生动物制品中做出明显的标识,用来区别于一般的野生动物。

最后,我们建议在《中华人民共和国野生动物保护法》中增加一条为:"在执法过程中,对收缴罚没相关野生动物制品,在国家野生动物主管部门的管理下合理分配利用,并且引入市场机制和拍卖机制,在合理的情况下拍卖罚没的野生动物制品,将所得的款项划拨给国家野生动物主管部门,并由其进行二次分配。"

建立一个合法并且完善的野生动物制品市场制度,将这类被收缴罚没的野生动物制品以合理的定价进入市场,打消民众对野生动物稀少而又昂贵的认识。

2.对自然死亡国家重点保护野生动物死体的所有权完善建议

对自然死亡的国家重点保护野生动物的死体进行利用是十分必要的。在实际发展过程中,人工繁育场所已经无法再进行负担死体的管护费用,这样的循环往复对发展人工繁育场所的建设工作,起到了极大的抑制作用,故此应对国家重点保护野生动物的死体进行规范利用。

首先,要将《中华人民共和国野生动物保护法》的立法目的进行转变,使保护与利用放在同等的位置上,摒弃单一的保护目的,将有效利用作为更好保护的催化剂,使人工繁育野生动物的保护工作有一个强有力的保障,对野生动物的利用也起到了极大的促进作用。

其次,在法律上对正常死亡的野生动物死体进行利用上的规定,划定合理的使用范围,并规定出禁止使用的种类情形,为野生动物的正常死亡死体的利用起到有效的规范保障作用。

最后,我们认为,我国应在法律上对该类野生动物进行规范,打破现有过分保护的利用方式限制,对死体野生动物进行有效的利用,故建议改变《中华人民共和国野生动物保护法》立法上的目的,将本法第一条改为"为了保护与利用野生动物"将利用提到与保护同等高度,这样才能使野生动物得到更好利用和保护。因为保护也是为了利用,对正常自然死亡的野生动物进行规范化的利用,并且在《中华人民共和国野生动物保护法》中增加一条关于正常自然死亡的国家重点保护野生动物的利用与非正常死亡野生动物利用的限制,对正常自然死亡的野生动物可有效地利用,并对非正常死亡的野生动物由相关部门进行处理保障安全或者其他性质的研究等有效合理的利用,该条为:"对野生动物的死亡进行区分调查,将正常死亡与非正常死亡进行区别化处理,引入市场机制与拍卖机制,在不危害健康的情况下,绝对禁止投入市场,并且要进行无害化销毁,将所得的款项返还给该野生动物的主管部门,进行二次分配。"

(三)小结

野生动物的产权重新划分界定对野生动物的保护发展将起到重要的推动作用,野生动物的保护依靠国家的力量是难以全面覆盖推动的,重新划分会刺激民间资本的涌入,在正面上推进野生动物的保护进程。

首先,我国建设多元化的所有权制度对野生动物的保护与利用的协调发展有着长远的意义。将人们对人工繁育野生动物的积极性更好地调动起来,促进我国生态建设起到重要作用,"野生动物"顾名思义即处在不为人所控制、支配的野生状态,应当属于无主物,不是所有权的客体。

其次,明晰所有权的移转和对罚没、自然死亡野生动物的合理归属作全面的规定,有助于减少政府在管理费用上的投入,这样也是为了将更多财力物力投入在野生动物保护与利用中。

最后,野生动物的所有权多元化建设、所有权移转和对罚没和自然死亡野生动物的产权归属制度进行规定,是大势所趋,会对我国生态环境的保护利用、经济上的迅速发展都将起到至关重要的作用。

二、人工繁育许可证制度完善的建议

(一)完善人工繁育许可证的建议

1.分级管理发放人工繁育许可证

野生动物人工繁育许可证制度需要进行完善,对不同等级野生动物均需要申请人工繁育许可证,并根据不同等级的野生动物,分别化的管理,但是要实行统一的监督管理。

首先,我们要扩大人工繁育野生动物许可证申请范围,进行全面的许可证制度管理。根据野生动物的生存环境和现有的技术水平来进行可行范围内的现代化的管理,并且要根据市场的需求来进行调节。国家在宏观上予以调控,同时要计算好相应的投入金额,综合考量生态、社会、经济等方面相关的内容,制定出相关计划,并且严格的对一些生存受到严重威胁的野生动物进行利用数量及方式上的限制。从保护和利用并行发展模式出发,规范野生动物资源人工繁育的方式及管理利用的方式,不断开展新技术来持续促进更多可以依靠被繁育出的子一代或者二代等,提高野生动物在利用程度方面的持续发展战略调控。

其次,完善许可证程序中申请与发放的环节,加大对许可证制度管控和操作,对野生动物人工繁育环境、条件、程序都要做出相应规定,确保程序上做到公开、公正并且要兼顾效率。在确定了颁发许可证主体后,也要完善统一的监督的管理,不能仅仅将许可证发放后就不管不问,要拓宽人民群众的监督参与途径,防止腐败和垄断的发生。

最后,我们建议将《中华人民共和国野生动物保护法》第二十五条进行修改,修改为:"国家针对所有权野生动物实行许可证制度,并分级管理;人工繁育国家重点保护野生动物的或非国家重点保护野生动物的,均需经省、自治区、直辖市人民政府野生动物保护主管部门批准,取得人工繁育许可证,并根据不同种类的野生动物进行不同模式管理。"

2.完善相关野生动物名录制定和更新物种原则

我国的《国家重点保护名录》多年来都没有进行相应的更新,致使一些近些年出现的濒危野生动物不在该名录中,使得该类野生动物种群保护力度微弱,无法达到与名录野生动物相同保护程度。并且我国野生动物的人工繁育许可证是在该名录中进行要求的,不更新该名录会使得人工繁育野生动物不合法,并要承担相应的法律责任。

首先,对《国家重点保护野生动物名录》的更新期限进行更改,由现行的每五年更新一次,建议更改为每两年更新一次。对野生动物的实际情况进行系统的全面的评估,并根据该评估标准对其中或并不在名录中的野生动物进行级别调整或者加入名录中予以管理,使该名录具有实际的存在意义。

其次,对"地方重点保护野生动物名录",在法律予以规定指导。各地方省级人大,要根据本地区野生动物的实际情况进行名录的制定,要符合该地区野生动物的实际生存状况、数量及环境是否可以继续自我繁殖等数据综合考量。不依赖《国家重点保护野生动物名录》来制定本地区的重点保护野生动物名录,在更新上的时间建议为每三年一次,并要根据特殊情况予以特别的规定。

最后,我们认为,我国在《中华人民共和国野生动物保护法》第十条中对该名录规定要求每五年进行一次调整,显然这并不科学。由于人口压力的增长野生动物的栖息地被很大程度上进行了压缩,致使大量的野生动物处于濒危的状态,每五年才进行调整是不符合实际情况的。我国要根据实时的情况对该名录进行更新,并且要完善地方重点保护野生动物的调整规范,不能仅是模糊地要求地方政府在科学评估后进行制定、调整,应该制定出相关的细则规范,为野生动物的国家与地方的双重保护形成更科学实际的数据依靠。建议将第十条改为:"国家重点保护的野生动物分为一级保护野生动物和二级保护野生动物。国家重点保护野生动物名录,由国务院野生动物保护主管部门组织科学评估后制定,并实时根据评估情况确定对名录进行调整,最低调整时间为每两年一次。国家重点保护野生动物名录报国务院批准公布。地方重点保护野生动物,是指国家重点保护野生动物以外,由省、自治区、直辖市重点保护的野生动物。地方重点保护野生动物名录,由省、自治区、直辖市人民政府组织科学评估后制定、调整并公布,最低调整期间为每三年一次。有重要生态、科学、社会价值的陆生野生动物名录,由国务院野生动物保护主管部门组织科学评估后制定、调整并公布,最低调整期间为每两年一次。"

(二)完善规定人工繁育许可证后续管理规定

在我国对于野生动物的许可证发放过程中,仅规定了野生动物人工繁育主体申请许可证的相关要求,但是对野生动物人工繁育许可证的后续工作要求,并没有做出要求。对人工繁育过程中出现的问题,没有相应的惩治措施和管理上的要求,这种空白的状态体现出了我国野生动物人工繁育许可证制度的不完善。

首先,应由发放人工繁育许可证的相关主管部门起草制定全面的许可证管理规定。如设定抽查期限对拥有人工繁育野生动物许可证的场所、集体或个体的场所设施、野生动物的健康情况、工作人员是否具备相关知识等情况调查了解,不能仅依靠繁育场所或者集体、个体的自治来进行管理。要在《中华人民共和国野生动物保护法》中明确予以规定,并在《中华人民共和国水生野生动物保护实施条例》《陆生野生动物保护实施条例》中将这些规定进行细致明确,使主管部门在管理的过程中有法可依,有据可讲,将人工繁育许可证的工作全面有效的管理。

其次,对于非法人工繁育野生动物的行为,要在现有法律中加大惩处的力度,使责任主体在触犯了相应的情形时受到严厉的惩处结果,并规范非法进行人工繁育野生动物的情形,完善之前没有规定的相关危害人工繁育许可证制度的规定,使进行非法繁育野生动物的主体产生畏惧心理。

最后,我们建议,应在《中华人民共和国野生动物保护法》中增加条文:"在发放人工繁育许可证后,野生动物主管部门要定期对野生动物人工繁育场所进行抽查管理,并定期对设施进行维护及繁育人员培训,对不符合继续繁育野生动物的场所进行取缔,对违规繁育的场所主管人员追责,在达到特殊条件的情况下,将追究相关管理人员的刑事责任。并对单位处以 5 万元以上 20 万元以下罚款。"

(三)加大对无证繁育野生动物的惩处力度

我国《野生动物保护法》中对于非法繁育的法律责任处罚规定,对未取得人工驯养繁育许可证法律责任处罚十分轻微,显然是无法做到相应惩治力度。由于大部分无人工繁育许可证非法人工繁育国家重点保护的野生动物的,都是为了进行非法目的的盈利,并不是为了维护生态环境的发展,故对此类非法人工繁育国家重点保护野生动物做出如此轻微的财产处罚,是无法达到惩处效果的。我们应在法律上进行严格的惩处,打击这种为"黑市交易"提供制品材料的非法人工繁育野生动物的行为。

首先,要增加非法繁育野生动物的认定,不能笼统地认定为"无证繁育"或"超证繁育",对进行人工繁育野生动物的物种予以调查,并根据实际来源进行规定,不能让偷盗、偷猎野生动物的行为在最后的责任追究中有这样的"避风港"来进行规避。

其次,对人工繁育野生动物的场所,如野生动物园做好监督管理工作,人工繁育的野生动物如果死亡或者生病等情况出现后,要及时地调查发生的原因,如果发现相关责任人员的违法、违纪行为要严格的予以查处,绝不能姑息。在处罚力度上,应加大对这些进行人工繁育的集体或个体的惩处力度,真正地起到打击威慑的作用。

最后,我们认为,应将《中华人民共和国野生动物保护法》第四十七条进行修改,将"未取得人工繁育许可证的饲养个人或者集体进行刑事上的责任制度,对其数量上和性质上做出要求,严格的对非法进行人工繁育的个人或者集体中起领导作用的个人进行刑事上的严格处罚"修改为:"违反本法第二十五条第二款规定,未取得人工繁育许可证繁育国家重点保护野生动物或者本法第二十八条第二款规定的野生动物的,由县级以上人民政府野生动物保护主管部门没收野生动物及其制品,并对非法人工繁育者进行罚款,根据所繁育的数量进行不同的处理,对于少量非法繁育的情形,处以 10 万元以上 100 万元以下罚款,对于大量进行非法繁育的情形,移送公安机关处理,按照违法猎捕、杀害国家重点保护野生动物进行法律责任的追究。"

(四)小结

对人工繁育许可证的完善,是刻不容缓的。在生态环境逐渐恶劣的情况下,野生动物的种群发展会促进环境的整体水平提升,因此应大力有序开展人工繁育野生动物,而人工繁育许可证是开展工作中极为重要的管理手段。

首先,应对人工繁育许可证进行分级发放,不同等级的野生动物申请不同等级的人工繁育许可证,并要由不同层级的主管部门进行发放,但是要受到统一的管理和监督。

其次,科学且实时地对国家名录和地方名录进行更新管理是营造美好环境的关键环节,根据不同时期的野生动物种群情况分类,宏观上对人工繁育的种群进行调控,根据不同种类的情况进行提高级别管理或适当降低级别管理。

最后,在法律责任上加大对不法分子的惩处力度,使不法分子不能随意地非法繁育野生动物,从而杜绝非法市场的存在和发展,从而保障人工繁育野生动物工作的有序进行。

三、人工繁育野生动物经营利用制度完善的建议

(一)完善人工繁育国家重点保护野生动物的利用制度

我国部分已经进行多年人工繁育的国家重点保护野生动物在种群数量上形成了一定规模,而对于这部分人工繁育成功国家重点保护野生动物的利用,就成了关键性的问题。我国虽然在《中华人民共和国野生动物保护法》第二十八条中对完全由人工繁育出的国家重点保护野生动物做出了利用上的突破,但是对于其存在的问题应予以全面地完善。

首先,应尽快结合人工繁育的实际情况来制定人工繁育国家重点保护动物名录。在制定出该名录后,对该名录中的野生动物进行利用上的规范。如成功繁育的梅花鹿,对其制品进行规范,如鹿血、鹿茸如何利用进行明确,执法机关应对人工繁育成功的野生动物名录予以熟知了解,在执法过程中更好地进行执法活动,会促进国家重点保护野生动物的成功繁育种群被更好地利用,并且对其做出明显标记用来区别在野外自我繁育的国家重点保护野生动物。

其次,逐步有条件地放开人工繁育成功国家重点保护野生动物限制,打破市场中的严格管控,出台市场的规范管理的法律法规,指导这类人工繁育成功的野生动物及其制品的经营管理,对野生动物制品深层次产业链予以完善,并且在销售环节予以监管。华盛顿大学魏伊丝教授在《公平地对待未来人类:国际法、共同遗产与

世代间衡平》中提出我们是利用者也是守护者,不能将后代利用资源的能力予以剥夺。❶ 拥有法律制度上的保障,会让未来人类也可以看见该物种的存在并可以得到很好的利用,对野生动物的保护发展和生态环境都具有正面地促进意义和作用,使公众知晓明了其所肩负的任务不是一代人的享用,而是地球万代人都可以有效利用。

最后,我们建议在《野生动物保护法》增加对人工繁育成功的野生动物种群利用上的规定使其可以更好地加以利用,为保护野生动物提供更多的帮助。拟增加法条为:"对人工繁育成功的国家重点保护野生动物种群的利用,不受前文中规定的限制,增加利用方式,将这部分成功繁育的种群在符合动物福利制度的条件下,实行市场准入制度,增加人工繁育集体或个人的收入水平,提高民间社会对人工繁育野生动物的积极性,为保护野生动物起到更好的作用。"

(二)完善人工繁育非国家重点保护野生动物的利用制度

对非国家重点保护野生动物的利用,应在法律程序上予以高度重视,在法律法规上对非国家重点保护野生动物的利用进行合理的规定和限制,能够更好地保障生态环境的建设,也能为野生动物的保护提供更好的动力和基础。并要求通过在生态科学、生物科学、社会科学上的多方面考察,以及对生态可承受力进行评估,使非国家重点保护野生动物在利用上可以获得更好的保护。

首先,通过实际调研考察,掌握非国家重点保护野生动物的种群数量。根据自然情况和种群自我繁育的特点,规定对非国家重点保护野生动物的猎捕数量限制,对猎捕管控数量,并按申请发放,杜绝"灰色地带"中针对某集体或个人大规模猎捕。使非国家重点野生动物可以保持一个良性的发展规模,促进生态环境的发展。

其次,在利用上打击过分利用的行为。例如对食用非国家重点保护野生动物做出规定限制,对一部分不适宜食用或食用将会造成极大负面影响的非国家重点保护野生动物禁止被作为食物原材料或食物制品。在日常生活中由于对国家重点保护野生动物进行了严格的管理,使得在一定程度上非国家重点野生动物频繁出现在公众的餐饮中,影响到公众对野生动物的总体认识。因此应加大非国家重点保护野生动物的保护力度,使这类野生动物也可以受到足够的保护。

最后,我们建议制作一部关于"非国家重点保护野生动物利用名录"。在该名录中对非国家重点保护野生动物的利用进行规定,对可进行食用的、可进行出口等

---

❶ 爱蒂丝·布朗·魏伊丝.公平地对待未来人类;国际法、共同遗产与世代间衡平[M].汪劲,等,译.北京:法律出版社,2000:4.

不同目的予以分类,使非国家重点保护野生动物在利用上具有区别性,对非国家重点保护野生动物也会起到正面的管理作用。并建议在《中华人民共和国野生动物保护法》中增加一条:"非国家重点保护野生动物在利用上,要根据非国家重点保护野生动物利用名录中的规定加以利用,对超过利用范围的集体或个人,轻微的将进行罚款或行政拘留,严重的将会追究刑事责任。"

(三)小结

经营利用管理制度亟待变革,其中最为主要的就是管理野生动物经营利用行政管理部门,其模式僵化及管理机制策略与时代不符需要尽快变革。并要吸收引进国外先进的管理模式,以及高水平的研究成果。

首先,建设符合我国国情与国际化标准的,人工繁育野生动物及其制品的检验鉴定机制、野生动物制品的标准化制度、野生动物的染色体繁殖名谱管理制度,指导野生动物人工繁育的经营管理,产品开发的限制以及在利用上的保护规定。

其次,我们应有条件的放开目前野生动物制品的市场准入制度。更好地保护野生动物,就应该更好地利用野生动物及其制品,可以使其在经济上创造更多的产值,并创造更多的就业机会。对于野生动物人工繁育的经济制品的发展,要遵循国家指导的,根据政府的宏观指导政策与市场经济接轨,使其在利用和保护上都可以走上快车道,可以高速稳健的发展。

最后,我们对人工繁育出来的野生动物应做到深加工,而不是仅仅出口相关的低级制品。与实力强劲的企业强强联合,加快产品布局及管理模式的建设,完善野生动物制品的贸易进出口机制,等于国际标准或者高于国际标准,从而形成一条完整的产业链,创造对野生动物更好的生态环境保护,以及经济上与社会上同步协调发展的价值体系。利用好我国广袤的自然资源,野生动物的人工繁育活动才会更加全面健康稳步地向前发展。

四、人工繁育野生动物致人损害补偿制度完善的建议

(一)明确人工繁育野生动物致损的补偿主体

我国现今使用野生动物致人损害补偿理论,其制定的标准并不符合野生动物致人损害案件的实际情况,而仅是按照行政补偿一般理论来处理,但实际野生动物致人损害补偿是基于结果责任,而有别于一般行政侵害责任案件。

首先,应在法律上确立人工繁育野生动物致人损害给予补偿,对不同类型所有权进行划分。如应在野生动物多元化所有权建设后,将集体或者私人所有权明确后,须由集体或私人负担补偿义务。例如野生动物园属于公益事业单位,应需建立

全新补偿标准,弥补现行补偿制度中的不足。

其次,使公众可以知晓不同野生动物的具体归属,使其可以在发生致损案件后,明确知晓向真正所有权主体提出索赔请求。确定在野生动物致人损害事件中负有补偿义务的补偿责任主体,在确定多元化所有权主体后,将因集体或者个人造成人工繁育野生动物致人损害事件,归责于该集体或者个体补偿义务。

最后,我们建议在《中华人民共和国野生动物保护法》中拟增加一条:"要定期在国家、地方政府的网站中,对所有权不属于国家的野生动物人工繁育集体或个人予以公示,保障在野生动物致人损害案件发生后,公众可对相关责任人予以追偿,来保障其权益得到补偿"。

(二)扩大人工繁育野生动物致损补偿的标准和范围

我国对待野生动物致人损害的补偿针对的是直接损害,而对间接的损害并没有予以补偿。如果仅对直接损害补偿而对间接上的损害没有补偿的话,与实际损失相差过大,且后续产生的高额医疗费用没有补偿规定,会对个人甚至家庭,都造成无法承受的生活压力,同时也与《中华人民共和国野生动物保护法》的立法思想相违背。故此应对被致损人间接的后续损失明确予以规定,使在发生野生动物致人损害案件后,能够有完善的补偿制度规定相应的补偿标准和补偿范围。

首先,要积极制定"国家补偿法",对不同类型的野生动物致人损害行为予以明确的规范,对其中属于完全由野生动物致损而导致的事件,要给予受害人全额的补偿,而对于不属于完全由野生动物导致的致损事件,要根据双方的不同责任认定,承担其在所应负责任范围内相应的补偿责任。

其次,针对野生动物致人损害程度制定标准。不同程度的野生动物致人损害行为将会导致被致损人的家庭和身心受到不同层级的伤害,而仅按照伤残等级予以补偿显然与实际损失相差太大,应针对野生动物可能造成的房屋、农田损坏做出具体的补偿标准。各地区只能在维持这个基本标准的程度上予以增加,而不能进行减少,保障被致损人的权益不受到侵害。也要根据人身的伤害情况具体予以规定,使被野生动物伤害到了身体和心理的个体可以得到有效的医疗资金保障,并按期对这类人群做心理疏导工作,打消其对野生动物的恐惧心理,这样可以使野生动物的保护工作可以更好地发展和前行。

最后,在"国家补偿法"中,对补偿的范围予以明确,并在地方立法上规定出更为细致并且符合本地方的补偿范围标准。"国家补偿法"不能仅仅补偿实际受损的一小部分,应全面提高现有的补偿标准,尽可能地去承担被致损人的实际损失,不能让公众利益受到损害,要做到人与自然的和谐健康的发展模式,绝不能忽视人民群众的利益。并在《中华人民共和国野生动物保护法》中拟增加一条:"本法中对野生动物致人损害中的野生动物,是指生活在天然自由状态的虽然已经短期驯养但尚未产生进化变异的各种动物。对这类野生动物所造成的财产损失和人员伤亡,应根据国家补偿法中的规定,对受损集体或个体予以发放。"

(三)多层次加大致损补偿金的来源保障

关于野生动物致人损害补偿经费的来源问题,首要的是要建设多元化的财政保障机制,不同省份之间,可以结成互帮互助的对象。例如,国家在中央财政上对野生动物致损事件进行专项的资金划拨,引入民间资本力量,如基金会建设、发起众筹等手段。这会保障被致损人有足够的补偿金用来治疗因野生动物所造成的伤害和弥补物质上损失。

首先,要在中央财政上划拨该部分补偿资金,设立单独账户垂直管理,保障不因任何外在因素而被挪用或截留。在欠发达地区的地方政府财政无法负担的情况下,由中央财政予以承担,而相对发达地区的省份,可以负担较为小的补偿金额比例或由其独自承担。

其次,在发达地方财政允许的情况下,可对部分欠发达省份予以支援补偿帮助,设立好地方上的两道防线,使被致损的公众权益得到更好的保障。各地可以根据当地具体情况,充分发挥自身优势,合理利用现有或潜在的资源,实现成本分摊、利益共享,优化组合资金、技术、人力,以最大限度提高补偿的能力。

最后,我们建议应在法律上保障这部分经费的来源。规定一些贫困省份由中央财政来负担这部分经费,由国家来保障人工繁育野生动物致人损害补偿经费,在国家财政负担方面,拟在《中华人民共和国野生动物保护法》中增加一条:"关于野生动物致人损害补偿经费,由中央财政予以保障,中央财政在地方财政无法足额补偿的情况下,对被致损方予以补充补偿。"

(四)小结

野生动物致人损害的事件不断发生,造成了公众财产的毁损和身体的伤害,所以我们急需弥补现有制度上存在的不足,将补偿制度及一定标准的赔偿标准制定好,在法律上对被致损人的权利予以保障。

首先,就目前的情况来讲,我国的大部分驯养场所都是国营类型的,由政府主要管理。如各地方的动物园,以及驯养科研基地,这些基地都是属于科研单位或者是国有事业单位,由财政进行拨款的单位,如果将已经批复作明确用途的经费进行损害赔偿,显然是不太可行的。所以补偿应由政府设定专项的资金给予保障,而不仅仅是做出补偿的规定,但在实际情况中尚难以满足被致损人的补偿数额。

其次,在最近一段时间,我国野生动物园发生了两起由于人员不遵守该园的规章制度而造成的惨案。在案件发生后,可以发现一些公众在参观野生动物园时并没有意识到野生动物的危险性。因此,我们也应当在公众参观之前进行有效的安全教育和建立一个紧急有效的险情救助机制,对人工繁育野生动物的场所进行安全等级升级管理,制定更好的安全标准,树立明显的警示牌,加强相关管理人员的培训,为今后的园区管理提供更好的安全保障。

最后,发达国家和部分发展中国家已经建立形成了比较发达的野生动物保护民间组织和基金会,民间资金成为野生动物保护经费的主要来源。正是这些团体和个人的大力支持,野生动物保护法才得以在野生动物保护的工作中,迅速地发展成对野生动物更好的保障制度。

五、人工繁育野生动物福利制度完善的建议

(一)立法明确野生动物福利制度

对于野生动物福利制度的建立,法律上的保障必不可少,在法律上明确规定野生动物福利制度,可以有效地保障人工繁育野生动物的福利可以被更好地体现。我国应尽快将《动物福利法》提到必要法律的制定层面中的议程来,可以参照学习英国的动物福利制度,将其进行系统的分类。

首先,要将道德上的规范要求,在法律上予以确认,明确野生动物的"准人格制度"。前文中提到了在《中华人民共和国野生动物保护法》中对野生动物的资源性属性强调,众所周知,对野生动物是否享有权利,在道德和法律主体地位的争论由来已久。当今时代正处于从"人类中心主义",注重人类、强调人类利益而忽略自然,向"生态中心主义"及"社会中心主义"转变的重要转折点。对于生命,尤其是野生动物应该享有权利的呼吁肇始于环境伦理学领域。诺贝尔获得者史怀泽教授认为"善的本质是:保持生命,促进生命,使生命达到其最高的发展;恶的本质是:毁灭生命,损害生命,阻碍生命的发展。"[1]他据此主张将伦理范围扩大到一切生命,并开创了生物中心论的环境伦理学。

其次,我国是一个野生动物及其制品的利用大国,如果对于野生动物过分地强调资源上的属性,这样长久以来,野生动物都是作为法律上的物而存在,它们的境遇同其他无生命的财产一样。但是随着科学的发展,尤其是动物行为学、动物意识研究、兽医学和动物管理学的发展,人们越来越认识到动物是有生命、有感觉的存

---

[1] 陈泉生,等.环境法哲学[M].北京:中国法制出版社,2012:261.

在,它们也是有生命的客体,类似于人的最基本的身体和心理需求,动物的生理与心理需求构成了动物独立于其对于人的价值之外的自身的利益。在这样的认识论基础上所形成的动物福利法以法律的形式承认并保护了动物个体的这种利益。从法律上来讲,我国虽然也有保护野生动物的法律,但还停留在仅仅将野生动物作为资源对待的阶段,除了野生动物对于人的价值而外,野生动物自身的价值和利益并没有得到承认。

最后,建立野生动物准人格制度。就是以立法上赋予野生动物准人格的资格为核心,以天赋的权利义务关系为标准,将人类和野生动物放在一个共同的利益群体,摒弃现有的"人类中心"理论,将野生动物看作跟人类同等重要的生命体,通过在法律上对野生动物的资源属性予以转变,从而将保护与利用完整结合起来。在人与动物的法律关系萌芽的今天,人与野生动物这一共同的利益诉求则体现为自然法则所构筑的人与野生动物原始的权利义务关系之恢复。当这种关系被恢复并被遵从时,人与野生动物之间的关系才是处于最和谐的状态,因此也是最符合人与野生动物的共同利益,从而必然是符合人类可持续发展生存与发展的长远利益。也应在《中华人民共和国野生动物保护法》中改变人工繁育野生动物的保护思想,将人工繁育野生动物资源属性去掉,将生态上的作用属性在该法中得以体现。

我们建议建立以"准人格制度"为基础结构的野生动物福利制度,并且对不同类别的动物福利进行具体划分,在动物的屠宰、利用等问题上都做出福利上的要求,保障野生动物在其被利用的过程中可以更为人道的利用,以及在《中华人民共和国野生动物保护法》中在目的思想上对"准人格制度"予以规定,拟增加一条:"野生动物享有与人类同等的生存权利,人工繁育野生动物的场所,要符合野生动物的繁育条件,以及相配套的医疗卫生条件,并对屠宰人工繁育野生动物进行无痛处理,使其可以在无痛苦或尽量减少痛苦的情况下死亡。"

(二)严格制定对虐待野生动物的责任制度

我国对于人工繁育野生动物的法律责任承担中,责任的承担主要规定在非法贸易上,而对于虐待人工繁育野生动物等违背动物最基本的福利制度上,却仅是在道德上予以规范。在同一个社会中并不是每一个个体的道德标准都是相同的,面对虐待野生动物等其他恶性事件频频发生的情况,如果不在法律责任上予以严格的规定的话,那么这类事件的发生将会不断增加。并且由于没有法律上的责任承担,相关当事人受到的仅是道德的谴责,对其不能起到应有的教育作用。

首先,人工繁育野生动物的过程,相对于其他产业化的模式而言,它是一个漫长的驯养过程,在野生动物的人工繁育过程中,如果相关人员肆意虐待野生动物将会对野生动物的繁育工作造成严重的危害,会使野生动物的人工繁育工作难以进行。所以在法律上对虐待野生动物的事项予以明确规定,将会对人工繁育野生动物的工作起到有效的保障作用,使野生动物的繁育工作可以更有保障的发展。

其次,对野生动物的人工繁育情况做到实时监控管理,使每一个繁育环节都可以做到全程监控。将人工繁育野生动物的场所全面布置影像系统,可以实时观察负责驯养繁育工作的人员以及相关参观游玩人员,使国家野生动物主管部门、省市各区县级野生动物主管部门随时在网上可以查看,来更好地保障野生动物人工繁育工作的有序进行。并且要针对不同等级虐待野生动物的行为予以定罪量刑,不能仅依靠行政手段和道德手段来进行约束,要在法律上予以明确的规定,使繁育工作人员和参观公众持有敬畏心理,不会随意虐待野生动物,在虐待的情况出现后,也会有法律予以保障对这类虐待行为进行制裁。

最后我们建议,应在《中华人民共和国野生动物保护法》中对虐待野生动物的行为予以法律上的规定,将其分级管理。对于情节轻微的可以进行简单的教育,但是对于严重地伤害了被人工繁育野生动物躯体的相关责任人员,要在法律中规定严格的法律责任,使野生动物在人工繁育过程中的健康安全可以得到更好的保障。拟增加一条:"对虐待野生动物的行为,造成野生动物轻微伤害的,应承担野生动物治疗和后续管理费用上的赔偿,但对野生动物造成严重伤害的行为,可看作本法第四十五条中规定的违法猎捕、杀害国家重点保护野生动物的行为,应承担相同的法律责任。"

(三)小结

人类在文明不断的进化发展过程中,对待同一事物的认知程度也会随之加深,随着思想文明的不断进步,动物的福利制度已经被大部分国家的人民群众所接受。我国在发展经济的同时,严格遵守习近平总书记提出的生态化建设的要求,也是在思想上的极大进步,明确规定野生动物保护的目的是保护物种多样性、维护生态平衡、实现人与自然和谐发展、树立良好国际形象、提高畜产品出口竞争力、促进国际贸易的发展、促进社会文明建设、提高道德文化水平。[1]

首先,在野生动物的繁育工作中,要尽可能解放它们自身的天性。如果将野生动物囚禁在某一个限定区域内,这样也会导致它本身的基因发生变异,并在其子代中有明显体现,使野生动物的基因发生转变,成为一种与野生动物完全不同的人工繁育野生动物,这种情况的发生是违背人工繁育野生动物的初衷。总而言之,对待

---

[1] 刘宁.20世纪动物保护立法趋势及其借鉴[J].河北大学学报,2010(2):71.

野生动物,我们要有一个完善的制度予以规范,公众的行为才能得到规范,使认识程度更加的全面客观。刑罚可对虐待野生动物的行为,予以限度上的划分,将对野生动物的虐待行为人,在超过限度后,可以受到应有的处罚。❶

其次,要在法律上制定,对虐待野生动物所应承担的法律责任。只有在法律上进行了规制,才能使不法分子产生畏惧的心理,对野生动物的保护也会起到正面的促进作用。

最后,要大力地开展野生动物福利制度的宣传教育。要将野生动物的准人格理论概念通俗化的进行宣传介绍,使公众可以清楚地认识到野生动物也是和人类一样,都属于客观存在的生命客体,不能将野生动物的资源性理论和"人类中心制"继续看作人类的行为准则,这样才能使我国的生态文明得到更好的发展。

参考文献

[1] 优士丁尼.法学阶梯[M].徐国栋,译.北京:中国政法大学出版社,1999.

[2] 汤姆·雷根,卡尔·科亨.动物权利争论[M].杨通进,姜娅,译.北京:中国政法大学出版社,2005.

[3] 张文显.法理学[M].北京:高等教育出版社,1999.

[4] 杨兴.关于制定我国《动物福利法》的思想[J].时代法学,2008(5).

[5] 喻少如.社会分层与环境意识[J].理论月刊,2002(8).

[6] 时坤.野生动物保护多维教育模式探讨[J].中国林业教育,2013(37).

[7] 史静.野生动物肇事补偿问题研究[J].法制与经济,2014(383).

[8] 张栋琦.从乌斯京事件谈邻国越境野生动物致人损害救济制度[J].野生动物学报,2015(36).

[9] 高思洋.对环境犯罪刑法配置的思考[J].法制与社会,2013(1).

[10] 陆锋,张伟.野生动物利用态度调查及分析[J].东北林业大学学报,2012(40).

---

❶ 曲伶俐.关于设立故意残害动物罪的建议[J].政法论丛,2002(3):27.

第七章　河长制度研究

概　述

2007年5月,江苏省太湖流域爆发出严重的"蓝藻"污染,直接导致无锡市全城出现了自来水危机。同时,在东部各经济发达的省份也相继出现了同样严重的水资源污染问题。这些问题的出现直接暴露出我国现行水资源管理体制的不足,这一现象也直接催生了河长制度这一新兴的水资源管理制度。2016年10月11日,中央全面深化改革领导小组的第二十八次会议强调,保护国家的江河湖泊事关人民的福祉,更关乎中华民族的长远发展。习近平主席在会议上也提出,要全面推行河长制度,贯彻新的发展理念。当前,水资源保护已经被提升到了一个全新的高度,值得我们进一步深入研究分析。

目前,对于我国河长制度,国内学者也展开了深入的研究,并提出了相应的观点,被严重的污染事件倒逼出来的河长制度具有很强的应急心态。何琴认为,河长制度具有明显的法律属性,河长制度在运行中所表现出来的种种特征反映了法律上的环境污染问责制度。黄爱宝认为,目前河长制度具有明显的权力制度特征,但应属于非典型的权力制度。这是因为,目前河长不是国家统一法定的行政序列中的官职,河长制度也不是由国家法律明文规定,它一般都是由地方党委政府的主要领导人自主决定是否需要、什么时间及如何建立河长制度。依此规则运行的河长制度具有太大的随意性,不符合现代法治社会的大背景。

另外,在河长制度提出并实施之前,我国学者对于水污染防治中的问题主要存在以下几种观点:清华大学国情研究中心副主任认为,现有的水污染管理体制中,有关跨部门跨区域的管理规定十分缺乏。法律虽然有统一规划、统筹兼顾的要求,但缺乏综合治理的具体政策。同时,近些年公众参与方面的立法进度加快,但总体来看,中国的环境保护和流域管理中,公众参与的范围和深度有限。武汉大学环境法研究所柯坚、赵晨认为,只有政府才具有足够的能力做好水资源问题的协调,把河长制度的功效发挥到最大,河长制度必须采取政府统一管理的方式。水污染防治法律机制的完善同样离不开明确的政府责任。陈晓景认为,水体污染频发,在于我国传统的水资源管理体制存在较大的问题,包括过分强调区域化管理,流域协调机构缺乏应有权力等。冯彦、杨志峰则认为,鉴于水生态的复杂性,水资源的管理不可能仅仅依靠某一职能部门发挥作用,必然是各职能部门分工协作,共同出力,同时加强对水资源的流域管理,才能将水环境治理得井井有条。张大伟、徐辉等认为,对于河湖水污染的防治,一方面,必须让政府部门和社会公众均形成良好的水环境责任意识;另一方面,也必须让法律制度的构建跟上,确定水资源管理制度中各主体权责有利于水环境的治理。

本书大量收集了与本课题相关的著作及论文,对我国河长制度的相关理论及实践操作进行了分析。通过在基层调研,并结合理论研究、比较分析研究等手段对我国河长制度进行了讨论。

本书可能的创新之处表现在以下几个方面:第一,本书首次以硕士论文的形式系统性的对我国河长制度进行了分析;第二,在分析了各地河长制度的规范性文件之后,本书首次对河长制度的性质进行了定义;第三,通过比较研究的方法,在分析了河长制度在较为发达地区的实践情况后,从职权和问责两个方面对未来河长制度的发展提出了自己的建议。

第一节 我国河长制度的界定及正当性依据

一、河长制度的界定

(一)河长制度的概念

河长制度也称河长制,即由中国各级党政主要负责人担任河长,负责辖区内河流的污染治理的制度。河长制度的要义在于由地方主要领导担任所在辖区的河湖的河长,在规范性文件的指导下协调各职能部门共同进行水环境的治理,并且制定严格的考核规范,对于不履行或不认真履行相应义务的负责人给予不同程度的处罚。河长的基本职责在于,牵头组织解决各类危害河道的违法行为,协调解决重大问题;对相关部门的目标任务完成情况进行考核;对跨行政区域的河湖明晰管理责任等。

"河长"一词虽然出现的时间不长,但在各地的实践中却出现了众多不同类型的河长,归纳起来,一共有三种。第一种是传统的环境保护部门的主要负责人,也就是政府下属职能部门的工作人员;第二种是非官方的"民间河长",此类河长虽不是本文直接所指的对象,但在未来河长制度的构建中也担当着不可或缺的重要角色;第三种是由地方政府主要领导人担任,每一个主要领导人均有一片自己负责的水域,治水不力将承担严格的责任。[1]

上述第一种河长之所以被称作河长,很大程度上是因为其所在的环境保护部门。第二种河长实际上指的是民间环保人士,近年来,社会公众整体素质提高,人们的环保意识也越来越强,社会整体的氛围孕育了众多的"民间河长"。第三种河长是本书所要重点分析的对象,由地方党委政府的主要领导人作为河湖环境的第一责任人组织协调河长下属机构的工作,统筹全局,将流域管理机制与行政区划有效结合。

(二)河长制度的性质

2007年江苏无锡太湖"蓝藻"事件爆发后,无锡市首次推出了以河长制度治水的举措,并在之后的几年中为全国多地所效仿,并取得明显成效。2016年出台的《关于全面推行河长制的意见》(以下简称《意见》),确立了在2018年年底前全面确立河长制度的目标,这意味着将河长制度这一有效措施长效化,作为一项制度确立下来的工作亟待实施。要将河长制度长效化,首先必须明晰河长制度目前的制度属性。到底河长制度是一项法律制度、政策制度,还是权力制度;河长制度是一项地方性制度,还是一项全国性制度,这都需要进行准确的定位。

1.河长制度的法律依据

河长制度表面上是由各级党政负责人担任一河之长,而实际上,河长制度的本质在于水环境治理的行政问责,其设定也具有明显的法律依据。《中华人民共和国环境保护法》就明确地规定了地方政府对环境治理的责任义务,不仅如此,2008年修订后的《中华人民共和国水污染防治法》也表明了地方政府应当对水环境问题负责的态度,而且,水资源的管理状况也被纳入了地方负责人政绩考核。虽然,现行的规定并没有对这一新兴的水环境治理制度进行规定,但我们可以看到,河长制度的设置原则和基本目标非常符合法律规定,甚至可以被视作是法律规定的实现形式,这就表明,河长制度已经具备了一定的法律制度的特征,而又由于其特点在于能够避免烦琐的法律程序,走一条河长治水的快捷通道,所以河长制度并不能被称作是一个非常典型的法律制度。

2.河长制度的权力制度特征

目前,我国的各项法律法规均未对"河长"这一概念进行定义,这说明其并不

---

[1] 徐锦萍.环境治理主体多元化趋势下的河长制演进[J].开封教育学院学报,2014(8):265.

在我国的行政序列当中。同时,各级各地河长制度的建立及河长的选任权力完全在地方党政领导人的手中,可以看作是一种通过手中的职权铺设的制度。作为河长的各级党政主要负责人都是本级行政系统内部权力的代表,有足够的权威协调调度体制内外的力量进行水环境的治理。这样看来,河长制度也同时具有一定的权力制度的特征。

3.河长制度相关文件的性质

从各地出台规范性文件的机关来看,无锡市河长制度文件的出台机关包括市委和市政府,属于二者联合出台的文件。综合全国各地的情况来看,河长制度的规范性文件制定机关无非这两种模式。第一种为政府单独出台,第二种为党委与政府联合出台。故当前为河长制度涵盖的种种机制的运行提供支撑的文件大部分为行政规章,也有部分地区的文件带有政策性质。有的法学理论将政策视为是一种降低法律规范权威的、起到负面作用的治理手段,❶但我们认为,政策相对于法律而言更具多元性,也更能体现微观问题,可以视作是法律规范的基础。从这一点来看,对于河长制度的研究来说,有必要对各地的政策性文件进行了解。

除此之外,从文件的效力范围来看,几乎所有的文件都是针对本地的流域问题进行相应的河长制度规定,是具有地方特色的制度。唯一没有地域局限的文件当属中共中央办公厅和国务院办公厅印发的《意见》,而《意见》也只是对于未来的河长制度工作进行安排与计划。并未在权力和责任方面对河长制度进行过多的规定。故河长制度目前当属地方性制度。

(三)河长制度中的机制

作为一项框架性制度,河长制度不仅仅只是由党政领导人统筹行政权力,其所包含的还有一系列的运行机制。机制是一个相对动态的概念,是指体系内的各个部分相互产生作用与反作用的力量,从而达到目标的形式。法律机制就是各法律主体之间权力的分配和相互平衡、制约及协作的过程和方式。比较而言,制度则是一个静态的概念,是指相互影响的主体与客体之间存在什么样的关系,各自的权力、义务和责任是什么的组织态势。制度与机制两者之间相互依存相互影响,制度是机制运行的基础和依靠,机制的运行体现了制度的设计。没有具体的制度,机制是不可能运行的,两者有机结合、不可分离。❷正是这些治水机制的有效运行,才确保了"河长"的权力与责任。具体而言,目前河长制度包含以下几个运行机制。

---

❶ 蔡守秋.环境政策学[M].北京:科学出版社,2009:110.
❷ 吕忠梅.环境法新视野[M].北京:中国政法大学出版社,2000:247.

1.行政管理机制

行政管理机制就是政府在河长制度运行过程中行使行政权力对公民和企业进行管理与控制的机制。其中政府作为行政主体进行管理,其权力行使具有优先性和单方意思先定性;公民和企业作为行政相对人接受管理,有服从的义务及相应的申诉、提起行政复议等权利。❶ 这是我国河长制度最主要,也是最明显的运行机制,河长制度从另一个角度来看,也是一种水资源行政管理权力的集中。

2.区域协商机制

这是流域内各级政府相互协商,以协议的形式确定各地区分配的水资源数量或份额的机制,是进行流域资源总量控制的基础性机制。区域协商机制需要在流域资源初次进行统一分配及流域资源状况发生变化时由各地区共同进行协商,并定期对已达成的协议进行检讨。区域协商机制需要各政府在维护本行政区域民众利益的前提下,考虑全局利益和长远利益,本着互利互让的原则平等协商,达到各方都能接受的结果。

3.监督机制

这里指各省级政府之间、省级政府与流域管理机构之间,以及中央政府对省级政府河流域管理机构的权力行使、水资源利用和分配进行监督的法律机制。监督机制是各级政府主体之间相互制约的机制,是抑制政府权力滥用的有效途径。监督机制是与河长问责制度连接最为紧密的机制,只有经过严格详细的监督和考核,问责制度才能得以有效展开。

4.公众参与机制

公众参与是环境法的基本原则,该原则是指公民对于环境状况既享有利用的权利,同时也相应地负有保护其不被过度使用的义务,同时社会公众均应当参与到环境保护中来,这是比较宽泛的指导性原则。公众参与机制主要是指公民、企业和社会团体行使公民环境权,特别是知情权、参与权和监督权,参与政府河长制度决策,影响政府的河长制度政策及具体的河长制度事项的机制。

正是以上机制的综合作用,才保证了我国河长制度的正常运行,只有将政府监管、区域协商、公众参与、有效监督等几项机制有机结合,才能够实现河长制度的制度优势,让我国的水资源管理制度更加科学化。

---

❶ 吕忠梅.流域综合控制:水污染防治的法律机制重构[M].北京:法律出版社,2007:62.

二、河长制度的正当性依据

(一)河长制度的理论依据

我国幅员辽阔,水系复杂繁多,其自然特性决定了我国水环境具备公共性和流动性的双重属性。这两种属性的同时存在决定了对于河长制度的研究在以法律角度为出发点的同时,还要同时兼顾生态学的相关理论。

1.环境人格权理论

当代,经济社会的高速发展不仅为人类带来了便捷的生活,与之相伴的便是环境问题的日益严重。因此,环境权理论应运而生,旨在保障社会公民在清洁的环境中利用自然资源的权利不受侵害。但是在实践当中,由于立法中缺乏足够的规定来保护公民的环境权,所以使得其仅仅停留在理论上,环境权的具体化便显得尤为重要。

环境人格权的提出就是将环境权具体化的重要方面之一,环境人格权理论直接来源于民法中的人格权制度,具体是指主体为维护其人格完整,以环境人格利益为其客体的权利。❶ 民法上的人格权内容包含:维护主体人格利益完整的权利以及排除他人对人格权侵害的权利等。❷ 故依据民法中人格权制度安排的环境人格权主要包括以下两方面内容。

(1)维护主体的环境人格完整。客观上,主体必须身处一个环境良好,各项生存资源都清洁健康的环境当中,这是环境人格权的前提条件;主观上,主体能够感受到这样的环境带给他的便利,让主体身处其中能够得到享受。另外,主体在这种环境中的生活还应当得到来自于外部的他人的尊重。满足这三个基本方面,主体的环境人格才能基本完整。

(2)禁止外界对于主体环境人格权的侵害。首先,排除侵害。当主体所拥有的环境权利遭到实际的侵害,致使其环境人格权遭到破坏时,主体有权请求其停止危险行为。其次,排除危险。当存在导致主体环境人格权遭到破坏的危险时,主体同样有权请求危险行为的停止。最后,当环境人格权遭到切实的侵害之后,主体还享有请求赔偿的权利,这是对环境人格权的保障。

环境人格权是在理论上对于环境权的具体化,河长制度的产生是环境人格权在实践中的具体体现。水污染的日趋严重导致社会公众使用清洁水资源的权利遭

---

❶ 刘长兴.论环境人格权[J].环境资源法论丛,2004(3):9.
❷ 王利明,杨立兴,姚辉.人格权法[M].北京,法律出版社,1997:8.

到侵害,这正是对于主体环境人格权的侵害。因此,一方面,社会大众的生存环境状况恶化迫使政府提出以党政主要负责人为第一责任人的"官方河长制",另一方面,社会公众也组织起"民间河长制",主动维护自身的环境人格权不受侵害。河长制度的建立,可以通过有序的污染防治机制维护主体环境人格权的完整,同时其健全的问责机制也可以对主体的环境人格权起到保障作用。

2.水权理论

水是一种极为有限的生态资源,同时也是一种对人类的生命健康至关重要的自然资源。水权关乎每一个人是否可以有尊严地活着,是社会大众所拥有的人权中不可或缺的一项内容,不仅如此,水权也是人权中其他内容能够得以实现的前提。据调查发现,人类社会进入工业文明以来,不论是发达国家抑或是发展中国家,都存在着不同程度的公民水权遭到剥夺的情况。目前,有10亿多人得不到基本供水,几十亿人没有适当的卫生设施,这是造成水污染和与水有关的疾病的主要原因。基本的生存环境受到威胁,人类社会的可持续发展将无从谈起。

近几年,河长制度作为一种新兴的、有效的治水策略,在全国各地大放异彩。也正是基于水权理论,全国各地方政府充分发挥行政管理权,授予河长调动各方资源治水的权力,使其承担治水不利的领导责任。可以说,公民水权的保护体现了国家对水环境保护的职责和义务,而河长制度的长效化趋势更是这一理论基础的重要体现。

(二)河长制度的现实基础

任何制度的产生和运行都有其基础。众所周知,河长制度并不是一项长期存在的法律制度,而是一次自下而上的制度创新,是一次对水资源管理制度的创新。既然是一种制度上的创新,就必然有着之前的传统制度作为其基础。故在分析我国河长制度之前,就必须深入了解我国传统的水资源管理模式。如此一来,才能对河长制度的创新之处和不足之处有更深刻的认识。

1.现行水资源管理模式

按照我国《水法》第十二条的规定,我国在水资源管理方面同时吸收了两种方法:①行政区域化管理;②流域化管理。在大方向上,由国家水行政主管部门承担全国水环境管理的统筹规划。国家在全国各地重要的江河湖泊设立流域管理机构,这些流域管理机构在法律法规的授权之下行使水资源的管理权力。另外,根据《中华人民共和国水污染防治法》第八条传递的信息,县以上的环保主管部门对所辖地区的水资源保护问题承担监管的责任,其他各有关职能部门在所属领域内对水资源的管理承担相应的职责。这便说明,在水资源管理的问题上,我国所采取的办法是由国家层面进行统一的监管,然后政府各职能部门对目标进行分解,各司其职。

更进一步讲,在区域管理与流域管理相结合的基础上,我国的水资源管理以区域管理为主,流域管理为辅。❶ 一方面,作为国家层面的派出机构,流域管理机构下属于水利部,负责国内水资源问题中所有宏观层面的工作,包括制定全国性的水环境管理计划等。同时,流域管理机构还要对于跨行政区域的水资源利用问题进行协调。另一方面,全国各地的地方政府和水资源主管部门主抓本地的水资源利用问题,并适时和流域管理机构的规划相协调。但不可否认的是,在实践中根据行政区划进行的管理依然占据着绝对主导的地位。

2.水资源管理的特点

根据上文的分析,我国传统的水资源管理制度的特点可以被概括为两点:

(1)复合管理体制。我国现阶段所采取的即是流域管理和区域管理相结合的复合管理体制,但在实践中多表现为区域管理为主,流域管理为次。很多情况下,由于所谓的流域管理机构手中缺乏实权往往会流于形式,造成单一的区域管理的局面。所以在实质上,现阶段我国还是以行政区域管理为主。

(2)"九龙治水"。"九龙治水"即由多部门同时管理。流域的生态复杂性导致河湖的治理不可能仅仅依靠水利部门或是环保部门,其他各职能部门如林业部、民政部等均有一定的管理权限,而由于流域管理机构缺乏足够的管理权限、上级行政部门缺乏应有重视,使得此种管理体制呈现出一种混乱的局面。❷ 各职能部门之间权力与责任分配不均匀的事情常有发生。同时,也缺乏成熟的工作机制来协调各部门间的联合行动。

3.河长制度与现行水资源管理制度的关系

毫无疑问,河长制度之所以取得了如此显著的成效,其相较于传统的水资源管理体制必定有其进步之处。笔者根据对比分析,认为河长制度相较于传统制度而言,最重要的不同之处在于两点。

(1)赋予流域管理机构以实权。虽然我国传统的水资源管理制度也有流域管理机构一说,而且也明文规定流域管理机构对跨行政区域的水资源利用问题进行协调,但由于流域管理机构缺乏实权,所以在实践中其作用往往流于形式,导致"复合管理体制"变为行政区域单独管理。在河长制度中,河长会议由各党政负责人组成,有充分的权威对河长制度的工作进行规划与部署。在工作难以推进的同时上

---

❶ 彭学军.流域管理与行政区域管理相结介的水资源管理体制研究[D].济南:山东大学,2006:3.
❷ 玛彦,等.我国水管理中的问题与对策[J].中国人口资源与环境,2003(4):39.

一级河长也有权进行最终决策。这是河长制度相较于传统制度的明显进步,进一步落实与强化了"流域管理"与"行政区划管理"相结合的河长工作机制,大大增加了"流域管理"在水资源管理中的比重。

(2)"九龙治水"的有序化。上文中提到,在传统的水资源管理体制中,各部门由于缺乏明确的分工与监督,在水资源管理过程中往往会导致"九龙治水",争抢权力而推卸责任的情况时有发生。河长制度推行之后,由于有负总责的河长加强了对于水资源管理工作的重视,能够有权力与责任进一步分摊,这样就避免了"1+1<2"的情况的出现,增强了各部门在水环境治理工作中的协调程度,使河长制度更为高效。

综上,传统的水资源管理制度在规范性文件的规定上及机制的设计上已经相对成熟,但同时也在实践中暴露出了其问题所在。河长制度的推进落实了传统制度对于水资源管理的设计方案,强化了流域管理机构的权力,进而使得在政府下属各职能部门有了更为明确的分工与责任。虽然在实践中暴露出了许多问题,水资源污染也给经济社会的发展带来了不便,但传统的水资源管理制度却也毫无疑问是河长制度日后能够推进并在全国范围内推广的重要现实基础。

第二节　河长制度的地方经验及创新性

一、河长制度的地方经验

(一)江苏无锡首创河长制度

无锡市是最早开始进行河长制度实践的区域,同时无锡也是河长制度最为成熟的地区之一。在具体做法上,无锡市建立了市、区、镇三级河长制度管理体制。一方面,无锡规定由地方各级党政主要负责人担任河长,河长对于水资源问题负第一责任;另一方面,河长制度工作小组的组员包括各职能部门,主要负责人由河长统筹其工作,这样一来就能够最大程度的整合各方面的力量。❶

1.无锡市河长制度的相关规定

2010年3月15日,无锡市出台了《无锡新区"河长制"全覆盖管理工作办法》

---

❶ 刘占奎.无锡市河长制的环境法的启示[C].中国法学会环境资源法学研究会.2011年环境资源法学研讨会(年会)论文集.桂林:中国法学会环境资源法学研究会,2011.

(以下简称《工作办法》),从而进一步对河长制度的相关问题进行了更进一步的规定。

根据《工作办法》第二条的规定,无锡河长制度全面实行属地负责制。河长作为河长制度水资源治理工作的第一责任人,对断面水质承担首要责任,而对辖区内河湖的水资源生态环境及其持续发展承担领导责任。

可以看出,《工作办法》的这一条除了规定河长制度的基本运作模式,还着重对河长所应当承担的责任形式予以了规定。在水环境的治理中,水质是最终的目标,所以河长作为河长制度的第一责任人理所应当要承担第一责任,也就是在水质不达标的情况下负首要的责任,承担着"一票否决"的风险。而对于水生态、水环境的改善紧迫性相对较弱的问题,河长承担领导责任。

据此可以发现,这一条款的规定充分体现了作为地方制度的河长制度的优势所在——根据不同情况采取不同措施,这也便是所谓的"一河一策",根据不同地区、不同水质的河流制定不同的监测频率,这是一种非常科学有效的做法。

根据《工作办法》第八条的规定,河长制度管理考核小组的考核结果将是干部任用的重要标准。对于得分低并且造成了严重水环境污染,导致巨大损失的,对相关领导人员"一票否决"。对于情况较轻,尚未造成严重后果的,给予训诫批评等较轻的行政处分,予以警示。具体考核办法由管委会另行制定。

第八条也是《工作办法》中非常重要的一条,从奖、惩两方面对河长的责任予以说明。规定了专门的考核主体——河长制度管理考核小组,由考核小组对河长的工作成果进行奖惩,对于表现突出的河长给予精神上和物质上的奖励,而对于导致水质恶化的河长,则严格"一票否决"。对于其余工作未达到要求的河长给予谈话批评等处罚措施。

2.无锡河长制度的地方经验

综上所述,无锡市不仅是河长制度的首创地,而且是组织规划、配套制度最完备的地区之一。①为当地河长制度的实施制定了规范性文件,全面有效的指导河长制度的实施;②技术上,根据当地流域特点制定相应的配套措施,严格按照自然规律进行水资源管理;③抓住了河长制度的核心问题——严格的问责制度,并为此进行了详细的规定。这些措施的实行,使得无锡市的河长制度已经具备了基本框架,对未来河长制度的长效化及与全国河长制度的衔接大有裨益。

当然,无锡市的河长制度也有许多亟待完善和补充的地方。我们认为,首当其冲的便是无锡市河长制度工作还缺乏系统的公众参与制度,水环境的保护和管理一方面是为了促进社会经济可持续发展,另一方面是要保障广大社会民众的基本环境权利。所以,社会公众毫无疑问应该拥有参与河长制度工作的权利,同时也应该广泛参与到对于治水不力的河长的问责工作当中。其次,对于河长问责的相关规定还有所欠缺,谁来问责,谁来担责,如何担责,承担责任之后的工作如何进行及问责的救济制度都还有继续完善的空间。

(二)福建大田河长制度

福建省作为一个丘陵较多,生态环境相较其他省份更为复杂的地区,其在河长制度工作的进行上也颇具特色。在与生态化紧密结合之后,福建省的河长制度也给全国河长制度的推广提供了良好的经验。

1.福建河长制度的相关规定

2014年,福建省人民政府印发《福建省"河长制"实施方案》(以下简称《实施方案》),用以规定福建省本地的河长制度工作。在总体要求方面,《实施方案》规定,基本实现"水清""河畅""岸绿""生态"。笔者认为,该规定中的"岸绿""生态"的要求是福建省的一大亮点,除了保持水环境的良性发展,福建还根据自己多山地、多丘陵的特征,在河长制度的要求中加入了"岸绿""生态"的要求,是一项非常切合实际的目标。一方面,福建的丘陵地带决定了其河流问题必须结合两岸的生态环境,走一条生态化的道路;另一方面,可以避免在水环境治理的过程中出现一边污染一边治理的怪圈,首先确定了两岸各业长期生态化的格局后,在此基础上进行水污染治理的工作,这是福建省在河长制度上的一大创举。

根据《实施方案》第一条的规定,福建水资源管理委员会牵头福建的河长制度工作。河长制度的考核方案、问责程序等问题由其下属管理委员会办公室进行制定和实施。同时,福建省下属市县也进行相同的组织规划。

这一条的关键便在于其确定了福建省内河长制度的组织领导机构:省水资源管理委员会。这一机构的组成结构如下:省主要领导和分管领导分别担任委员会主任以及副主任,而管委会成员则涵盖了几乎所有的职能部门,除此之外移动通信公司等重要领域的部门也在成员之列。可以看到,管理委员会由"总河长"——省主要领导担当,管理委员会下属成员几乎包括了所有的政府直属部门。这样一来,由省领导作为"总河长"牵头,在其余各部门均有参与的情况下,便可以有足够的空间进行福建生态化特色的河长制度工作,这也是环境法综合性的体现。[1] 对于福建省来说,多部门参与的委员会意味着其可以有足够的资源和协调能力来完成生态化的河长制度工作。

---

[1] 蔡守秋.环境资源法学教程[M].武汉:武汉大学出版社,2000:56.

根据《实施方案》第二条的规定,对于省内的大型河湖流域,譬如:闽江,福建省实行由省领导担任河长,省政府下属部门担任河长制度工作联系部门,流域所流经的政府作为相应责任主体的制度。对于相对较小的流域,同样采取以上做法,以此类推。

这一条的关键在于:①确定了在由省领导担任河长、流域所经政府为河段长的同时,把省直部门放在联系部门的位置上。如此做法,一方面建立了良性的上下级沟通机制,另一方面不另行设立联系部门的做法也达到了节约行政资源的目的;②在确定了河长及河段长之后,随即将名单通过地方的主流媒体向公众告知,明确了公众参与对于河长制度的重要性。

2.福建河长制度的地方经验

综上,可以看到,福建大田的河长制度工作取得良好效果的经验在于:①结合地方生态特点,坚持生态系统性的原则,将河水的治污与生态的维护结合到一处,避免了一边污染一边治理的怪圈;②发动社会公众一同参与河长制度的治水工作,形成了政府与公众协力治水的良好局面。

二、河长制度的创新性

综合各地方河长制度的实施情况,并对以上较有代表性的地区的河长制度实施经验进行研究以后可以发现,虽然因为地域、生态、经济等各方面的差异,河长制度在细节方面有诸多的不同。譬如:江苏无锡以全面而规范的制度规范见长,并抓住了河长制度的核心问题——问责制度;福建大田河长制度通过河流生态化治理真正地转变了水资源管理中边污染边治理的怪圈;浙江杭州的精细化考核和"民间河长"体现了严格的问责制度和公众参与的环境保护法原则,极具借鉴意义。但从宏观的角度上来看,河长制度的大体框架和优势所在基本相同。归纳之后,可以发现河长制度作为一套新的水资源管理办法具有如下的优势。

(一)水资源管理模式的创新

1.传统水资源管理模式的缺陷

我国水资源管理体制上最主要的问题在于管理体制不完善,《中华人民共和国水污染防治法》第八条[1]规定的流域管理机构缺乏权威性,并且对其权力的描述也过于笼统。这种非权力机构的组织在没有明确授权的情况下自然就在流域管理的

---

[1] 参见《中华人民共和国水污染防治法》第八条:县级以上人民政府水行政、国土资源、卫生、建设、农业、渔业等部门,以及重要江河、湖泊的流域水资源保护机构,在各自的职责范围内,对有关水污染防治实施监督管理。

过程中不会有大的作为。没有实际权力的机构作为协调机构,将会使得水资源管理的各部门、各政府呈现群龙无首的局面。那么,水资源区域管理与流域管理相结合的规定就会名不副实,在实践中就会没有流域管理的用武之地。

2.河长制度在管理模式上的优势

河长制度作为一个卓有成效的治水新制度,它在管理模式上的优势主要体现在以下三点:①以严格的问责机制作为震慑,使得河长真正把经济发展和水资源的管理放在同等重要的位置。在水生态的容纳范围之内发展经济,以经济发展带动水资源的管理。"一票否决"使得各地河长不再仅仅将目光放在 GDP 之上;②河长就是党政主要负责人,党政主要负责人便是河长,打破了从前流域管理机构没有权力进行流域管理的怪圈。河长的权力和资源调度能力足以充分发挥下属各职能部门的作用;③河长及河长办公室等机构通过将治水目标层层下放,形成了一种条理清晰的水资源管理模式,传达与反馈的过程是一种水资源管理模式的创新。

(二)水资源流域管理机制覆盖范围的扩大

1.传统流域管理机制覆盖范围有限

上文谈及,由拥有实权的河长负责统筹管理下辖的各职能部门可以破解传统流域管理机构无实权的问题。另外一个问题在于,传统的水资源管理机制仅仅在"重要流域"设置流域管理机构。而忽视了另外的一些同样独立,同样关乎地方经济发展和公民权益的流域。[1] 根据《中华人民共和国水法》第十二条的规定,[2]针对次重要河流湖泊,法律法规并没有规定要设立流域管理机构。譬如,在湖北省,长江与汉江主流与支流的关系,长江一直以来就有独立的流域管理机构,而其支流汉江则没有。虽然河流分主次,但在水环境污染面前,任何一条河出现严重环境问题都将造成巨大的损失。这便是传统流域管理覆盖范围过小的问题所在。

2.河长制度扩大了流域管理的范围

单一的河长制度对于行政首长权力的依赖虽然也容易导致水资源区域管理的强化,但就目前许多河长制度实践较为成熟的地区来看,再结合今后河长制度发展的趋势,最终,河长制度将形成完整的省、市、县、乡四级河长体系。上级河长监督下级河长的工作,上下游的同级河长间必须在河长制度工作上保持步调一致。如

---

[1] 何琴."河长制"的环境法思考[J].行政与法,2011(5):81.
[2] 参见《中华人民共和国水法》第十二条:国务院水行政主管部门在国家确定的重要江河、湖泊设立的流域管理机构(以下简称流域管理机构),在所管辖的范围内行使法律、行政法规规定的和国务院水行政主管部门授予的水资源管理和监督职责。

此一来,就真正地做到了流域管理与区域管理相结合,扩大了流域管理的范围,使流域管理真正落实到了每一条河流、每一片湖泊。

(三)水资源行政管理权力的严格问责

1. 传统水资源管理机制问责机制的问题

传统的水资源管理机制在组织架构上进行了一系列的规定,这是与各地现行的河长制度相同的地方。但问题在于:

(1)仅仅规定了有关部门的职权,却没有详细规定他们的责任。这种权责不对等的设计给现实中的水环境治理带来了很大的问题。各级环境保护部门的官员任意使用手中的权力,在权力使用不当时却缺乏责任追究制度的约束。

(2)在《中华人民共和国环境保护法》规定了目标责任制的大前提下,传统的水资源管理制度却缺乏具体的责任追究机制,我们几乎不能在法律规定中找到在目标责任制履行不利时对相关水资源管理部门追究责任的机制。这就在某种意义上架空了《中华人民共和国环境保护法》的相关规定,使这一规定在现实中没有得到体现。

2. 河长制度确立了严格问责机制

河长制度虽然属于制度创新,但却也是以传统的流域管理机制为基础进行发展和创造的。能够取得成效的原因也在于其突破了许多在传统水资源管理机制当中存在的问题。首当其冲的便是其全面细化并强调了水环境治理中的问责制度,同时也创造了以河长带动河流污染治理的新举措。

(1)河长制度将"一票否决"纳入到对河长的责任追究的范畴当中。以往,实行"一票否决"的问题只有计划生育、刑事犯罪等少数几项关键问题。对于河长制度中因河长的种种失误造成的水环境污染实行"一票否决",将水污染治理效果与党政领导人的政绩相挂钩,是一种对水环境问题重视的体现。同时,也落实了《中华人民共和国环境保护法》中的目标责任制,一旦担任河长,就不得不将水环境问题与经济建设放在同等重要的位置。

(2)河长制度确定了问责关系中的主客体。河长制度在现阶段依然是一项地方性制度,在问责的主客体上规定还不够完善。但无论是由上级河长问责还是由监察部门问责,无论河长承担领导责任还是全部责任,河长制度中问责制度的提出都是一项创新和进步。

第三节　河长制度存在的问题及其原因

上文谈到了传统水资源管理制度的不足,并通过三个地方的河长制度经验归纳了河长制度的创新之处。虽然河长制度在全国各地都取得了引人注目的成效,但河长制度到目前为止依然是一项地方的政策性制度,一方面,由于河长制度还是一项新兴的制度,许多的规定还有待时间和实践的检验;另一方面,每一地方根据其不同的经济发展形式以及地理特征都在河长制度基本框架之下规定了许多特色制度,在河长制度的背后并没有一项全国性的规范性文件来作为其支撑,这也使得其在一些方面存在一定的问题。下面,我们将着重分析河长制度目前存在的较为重要的问题。

一、职权问题及其原因

(一)职权主体的问题及其原因

1.河长制度职权主体的问题

(1)河长职权过于集中。根据河长制度在全国各地区的运行状况,由于河长将水资源管理中的各项权力集于一身,其依然具有明显的权力制度特征。河长一职不是国家统一法定的行政序列中的官职,河长制度也不是国家统一法定的明文规定,它一般都是由地方党委政府的主要领导人自主决定是否需要、什么时间需要,以及如何建立。河长制度很大程度上乃是一种由上层到下层的权力运行模式,该种模式运行的结果就是作为第一责任人的河长把河流治理过程中的各种权力集中在一起。❶当然,不得不说从某种意义上这也是河长制度自实施以来卓有成效的一个重大原因。但是,这样一种做法似乎与现今所倡导的法治精神相去甚远。

在河长制度之下,并不等于说一切关于流域河湖的问题都需要河长批示或亲自过问。譬如上文提到的福建的河长制度,就并不是所有的问题都交由福建省水资源管理委员会过问,其所属职能部门可以在上级的指导下有条不紊地行使权力。不过,若要打消社会各界对于河长制度的疑虑,使河长制度真正在保持效率的基础上长效化,这依然是一个值得认真对待的问题。

---

❶ 黄爱宝."河长制":制度形态与趋向创新[J].学海,2015(4):143.

（2）河长职权与公众权利衔接机制的欠缺。河长既然集多项职权于一身，那么其职权则必然有所指。然而，目前在河长制度的环境行政法律关系当中，社会公众作为最重要的行政相对人，其各项权利如：河湖水环境状况知情权、河长制度实施参与权、在河长制度工作中的受保护权等暂时还没能得到保障。

从规范性文件的角度来看，在目前可见的关于河长制度的规范性文件中，鲜有对于"民间河长"的规定。即使是在我国"民间河长"最为发达的杭州市，其公众参与也只是民间自行发起，并没有法律法规的依据。

从思想观念的层面来看，由于社会公众每天并不直接接触到河流湖泊，其饮用消费的水资源更多的来自自来水公司，所以公众对于水环境的保护缺乏紧迫感，尚未认识到自己所拥有的清洁水权。所以，思想观念上的落后也是河长制度公众权利与河长行政权力脱节的原因之一。

从实践的角度来看，杭州市曾广泛举行河长制度征文大赛、河流摄影展等一系列的活动，但这些活动仅限于宣传河长制度。在关键的河流水环境管理、河长问责的问题上，社会公众并没有明确的参与渠道。《中华人民共和国环境保护法》的公众参与原则是一项基本原则，然而体现在河湖水环境管理的问题上，公众参与在思想观念、政策法律基础、实践三个角度上都没有得到体现，这说明，河长行政权力与公众权利缺乏衔接也是今后全面建立河长制度的过程中不得不面对的重要问题。

2.职权主体问题的原因

（1）社会形态的原因。对于河长制度在职权方面的问题，首当其冲的便是其鲜明的权力制度特征。从宏观的角度来看，这不仅仅是表面上的问题，河长制度的人治与法治之争更应该是一种社会经济文化形态的映射。我国经历了几千年的传统农业社会，在社会治理上占主导地位的一直都是与农业社会形态相对应的权力制度。不论是延续已久的封建帝制，还是人们口中所言的官本位思想，无一不体现出了强烈的权力特征。即便现如今已经是21世纪的信息化社会，我们还是很难完全摆脱传统制度形态对我们的深远影响。故河长制度这一最初由严重的水环境污染事件倒逼出来的"长官负责"制度，也就很容易戴上权力制度的帽子了。

（2）缺乏统一规划。首先，河长制度在推进过程中，全国各地不约而同地建立了大量的河长办公室等组织协调机构，这些机构的建立虽然有理有据，但从整体来看却是缺乏成熟系统的原则指导、组织规划的，体现出了各地方政府动用行政权力"速效救河"的心理；其次，我国河长制度作为对地方政府、对当地环境质量负责这一总体要求的具体化，将主要的权力和责任集中于行政首长，短时间内增加了行政长官的负担，也在一定程度上影响了原有行政机制的架构，使得河长制度很容易披上一层权力制度的外衣。

(二)职权内容的问题及其原因

1.河长制度行政立法权的问题及其原因

(1)河长制度行政立法权的问题。根据上文的分析,河长制度目前当属一项地方性的环境政策性制度,所以,我们可以发现当前关于河长制度的立法或者规范性文件基本都属于地方性的立法。对于一项正在向全国推广的水环境管理制度而言,在河长制度的行政立法权的问题上,还存在着一些问题:

其一,在河长制度行政立法权的实施主体上,全国各地的河长制度相关规范性文件几乎均由各地方政府及其相应党委印发出台。如此一来,虽然在河长制度的宏观框架上各地较为相似,但各地的河长制度仍然由于欠缺统一的规范性文件制定主体而显得杂乱无章,更不用说具体的实施办法了。在宏观上缺乏统一的规定就会导致各地实施河长制度的进程和效果有所不同,对于强调流域协调的河长制度而言,相邻行政区域间的河长制度如果没有统一的立法主体和事先统一的规划,这无疑不利于整个流域的水环境管理。

其二,从河长制度行政立法权的内容上来看,目前关于河长制度的规定都较为零散,是一种全面的地方化规定。任何一部法律,任何一项制度都应当具有自己的指导原则,要在全国全面建立起河长制度,河长制度就必须要有能在全国普遍适用的指导性原则。而这一点正是当前河长制度所欠缺的,缺乏指导性原则导致全国各地的河长制度规定各有侧重点,不利于长期有效的发展。

(2)河长制度行政立法权问题的原因。其一,河长制度产生上的原因。河长制度是近年来兴起的水资源管理制度,最早是由严重的水污染事件所倒逼而出。一方面,各地均根据当地的水环境状况决定是否采取河长制度;另一方面,各地河长制度的运行也都因为水污染的发生而显得较为紧凑。故而,各地在相关立法和规范性文件的制定上,均采取地方化的模式,并没有一个统一的立法主体及统一的指导性原则。其二,地方差异化的原因。我国南北差异大,东西差异大,而河流湖泊等领域又是自然属性和地区差异体现尤为明显的领域。所以,各地由于其不同的自然环境和水域特征,难以在河长制度的规定和指导性原则上做出整齐划一的规定。同时,河长制度在产生上的临时性也加剧了这一原因对河长制度行政立法权的影响。

2.河长制度行政执法权的问题及其原因

(1)河长制度行政执法权的问题。行政执法权是指行政主体将法律法规的规定在实践中适用于特定的对象的一种权力。[1]具体到河长制度当中来,就是指河长或者说河长制度工作领导小组在水资源的管理过程中将河长制度的相关规定在实践中落实的情况。从当前河长制度的实施状况来看,在河长制度行政执法权方面,还存在着诸多不足。

其一,行政许可权的滥用。根据实践中的具体情况,很大一部分的河湖污染均来自于企业工厂的污水的违法排放,而违法排放废水的企业又有很大一部分属于没有相应生产资质的"三无企业",这些企业与工厂由于生产的需要而将生产场所安置在河流的附近,导致一些没能处理掉的污水流入河湖当中,对当地水资源造成较为严重的污染。在面对企业的申请时,地方政府行政许可权的使用不当直接导致了以上情况的发生,缺乏与环境保护部门的沟通协商及对于企业排污状况的严格考察使得河流污染的状况日趋严重。

其二,行政征收权的问题。具体来说便是河长对于各地"排污大户"的税收征收问题。行政部门对企业收税主要是根据其经济效益,而这一点与河湖水环境的保护是互相矛盾的。经济效益高的企业相应的也是当地政府的纳税大户,所以政府对于这样的企业也是睁一只眼闭一只眼,其结果只能是政府在拉动了经济水平并提升领导人在任期内的政绩的同时,忽略水环境的保护。

(2)河长制度行政执法权问题的原因。在我国,由于各地方的主要领导人都有任期限制,而地方的经济发展又是考核政绩的第一指标,所以他们大都将目光放在经济发展和生产上。在水环境治理方面,由于见效慢,需要投入大量行政资源。所以在这对矛盾中各主要领导只会是选择抓经济发展。任期一满,留下的只是经济发展的成绩,而水环境的不良状况却与其无关。

这种现实状况带来的就是行政部门对于水环境行政执法权的滥用,大量不符合生产要求的企业在重要流域附近建立,同时,对于严重污染河流的企业缺乏税费惩罚机制,导致其不法行为愈演愈烈。

(三)职权范围的问题及其原因

1.职权地域范围的问题

在水污染治理等问题上,我们依然是区域管理为主。几千年以来,我国都是一个强调行政区划的国度,以行政区划作为管理国家各项事务运行的标尺已经深入人心。在水资源的管理上,自然也是如此。而在自然环境中,在流域内,地表水和地下水之间,水量和水质之间,以及上游和下游之间,都存在着密切的关系。这种

---

[1] 杨海坤.中国行政法基础理论[M].北京:中国人事出版社,2000:14.

岸上与岸边、地表与地底的相互沟通将一个个单一的地理区域连接成了一个完整的流域。❶

（1）从自然的层面上来讲，河流上游的治污状况不佳则必然影响到下游水资源的管理和使用，所以，从自然层面上来说流域的水环境治理是不可分割的。如果河流上游的水质不能达标，那么下游的水质必然受到影响。但目前河长的职权仅限于在所辖行政区域之内，这就会造成权力和责任不对等的情况出现。同时，河长制度所确立的各位河长也很难在所辖行政区域的利益与整条河流的利益间做到平衡。

（2）从职权范围的角度来讲，河长需要对整条或者整段河流负责，说明在河湖环境管理的问题上，河长的职权是跨越行政区划的。那么在管理河流的过程中，其跨界的行政权力会不会对其他行政区划的权力造成干涉，在两种权力发生冲突时，应该如何界定二者的权力位阶，这也是河长制度职权边界模糊的问题之一。

2.职权事务范围的问题

职权的事务范围是指行政权力的主体所享有的权利所作用的人与物的范围。具体到河长制度当中，河长的职权所作用的物当然是指河湖等水环境。对于人而言，则应当是河湖流域沿岸的居民甚至是通过自来水渠道连接的所有用水居民。然而在目前，河长制度所作用的对象仅仅限于行政系统内部与河湖水污染相关的各职能部门。鉴于河湖流域系统是一个较为复杂的系统，与之相关联的主体更是庞杂。所以，河湖沿岸依靠河湖流域生活发展的社会公众及河湖两岸的生产企业同样不可忽视。

不论是社会公众还是生产企业，其一举一动都对相应的水环境状况起到重要的作用，所以，目前仅仅将行政系统内部的职能部门作为河长制度职权事务范围的对象显然是欠妥的。

二、问责问题及其原因

（一）问责主体模糊及其原因

1.问责主体模糊

（1）同体问责问题。河长制度在现阶段的实施过程中，对于水资源利用不利的责任追究采取的基本还是行政系统内部的监督与惩罚。显然，在行政系统内部，由于涉及一定的利益关系，这种形式的问责难保不出现问责力度不够的情况。除此之外，在行政系统内部，还存在着下级向上级问责的情况。

---

❶ 吴季松.现代水资源管理概论[M].北京：中国水利水电出版社,2002:275.

（2）异体问责问题。同体问责的问题应当在行政系统内部解决。可问题在于，水资源管理如此庞大关键的问题仅依靠政府部门内部消化是否可行，是否能够长期保证问责的有效性？笔者认为，河长制度的问责不能仅仅停留在同体问责的阶段，异体问责的缺失会给河长制度的长效化进程带来很大的影响，具体来说，有如下几点。

其一，人民代表大会的问责职能缺失。在面对河长制度责任追究问题时，由于其牵涉到广大人民群众的各项基本权利，毫无疑问人民代表大会应该成为问责体系中不可或缺的一环。然而在实践中，我国各地方河长制度的规范性文件中却并没有规定人民代表大会的问责问题。人民代表大会作为我国最能代表民意的机构，不仅仅应该从正向进行立法，规定河长制度的问责问题，同样，人民代表大会也应该从问责的角度影响河长制度。

首先，从权力的角度来看，立法权与行政权之间是监督与被监督的关系，理论上河长制度机构在很大程度上就代表着行政权力，而代表立法权的人民代表大会目前还没有发挥出对河长问责的作用。

其次，人民代表大会作为河长制度规范性文件的制定主体之一，理应在各级河长履职不力时对其进行追究。规范性文件的制定主体在问责体系中的缺位，这无疑是一种疏漏。

其二，司法机关在问责体系中的缺位。与其他问责主体不同，司法机关由于司法权的被动性，在问责的问题上也呈现出同样的被动性。河长制度目前正走在由地方政策性制度向国家法律制度演进的道路上，而司法机关的审判和问责所追究的正是违规者的法律责任，这样一来，便可以解决河长仅仅承担行政责任的问题。

在水环境的治理上，如果出现了给流域造成重大污染，严重危及水域生态的问题，涉及法律责任时，应当毫不犹豫的由司法机关追究其法律责任。这在各地的河长制度官方文件中同样是一处空白。按照《意见》的精神，这便是所谓的"行政执法与刑事司法的衔接机制"。❶ 在实践中，由于司法机关在经费来源等方面受制于行政机关，所以，其问责职能体现得并不明显。

2. 问责主体模糊的原因

根据我们在基层的调研，在湖北省洪湖市，洪湖市环境保护委员会2016年制定了《关于我市重点水域水污染防治河湖长划分方案》（以下简称《划分方案》）。

---

❶ 参见《关于全面推进河长制的意见》第十条：建立健全法规制度，加大河湖管理保护监管力度，建立健全部门联合执法机制，完善行政执法与刑事司法衔接机制。

在考核机制的问题上,《划分方案》就规定:"(一)考核主体:市人民政府"。可以看到,这样的一条规定虽然清晰明确,但是很难称得上是一条全面的关于河长制度考核主体的规定。不仅是洪湖市,全国很多地方也没有在这个问题上做出周全的计划。我们认为:

(1)因为河长制度除了在东部沿海地区较为成熟之外,在我国其他地区还只是一个刚刚被人们接触到的水资源管理制度,所以,在尚未进行有效的实践之前,政府部门也很难做出准确具体的规定,只能笼统的规定由上一级政府对河长制度工作进行问责。而对于上一级政府进行问责的可行性,具体由政府的哪个部门进行问责,是否要重新设立专门的问责机构还缺乏有效论证。

(2)行政部门在思想上并未完全建立起异体问责的观念,习惯性的在面对问责问题时选择行政系统内部的同体问责。同时,行政系统长久以来的封闭性也使得其难以顺利地接受来自外界多方面的问责。

(3)河长制度并不是单个主体、单个部门能够解决的问题,不论是在基层还是在省级层面乃至国家层面都需要有各类部门、各类主体的协同参与,而协同参与同样是需要有一个规范的指导原则的,这都是目前尚不具备的条件。

(二)问责对象不明确及其原因

1.问责对象不明确

河长制度,顾名思义便是河长承担责任的制度。但是,在实践中,仅仅这样规定就会出现极大的问题。河长制度在具体的运行过程中并不仅仅依靠河长一人,河长作为总的负责人,其对于水资源的管理所依靠的是一整套行政系统的相互配合。各地在河长制度的实践当中都将政府的各个职能部门作为河长制度工作中的一环,毫无疑问,它们也应当承担一定的责任。

从职权和责任的角度来看,河长一方面享有总权力,另一方面承担总责任。故具体由谁承担责任,承担什么样的责任还应当做出明确的规定。到底由哪一位领导人承担责任,正副职之间的责任如何,是河长制度运行的相关工作小组承担责任还是领导单独承担责任,这些都是尚待解决的问题。

2.问责对象不明确的原因

良好的制度规定都应当来自于实践的千锤百炼。而河长制度作为一项新生的水环境治理制度,不可能在制度的各个方面都已经成熟。河长制度问责对象牵涉到的不仅仅是向谁问责,还关乎河长制度工作的运行主体,运作程序及相同层级与不同层级间的行政权力的关系。全国各地各级政府正是苦于对于这样一种关系没有成熟的理解,所以在关于问责对象的规定上做出了相对较为灵活的处理,为日后的具体规定留下空间。同时,这也是各地因地制宜的一种方式。

(三)问责程序不完善及其原因

1.问责程序不完善

最终将河长制度作为一项长效化的制度确定下来,将河长制度法律化,源于河长制度严格问责与问责程序的有效结合,若没有恰当的问责程序,河长制度将成为空谈。上文已经提到河长问责制度的主体和客体分别存在什么样的问题。进一步来看,即使这些问题都得到了良好的解决,但若是没有完善的问责程序将其衔接,河长制度的严格问责也发挥不到应有的效果。以湖北省洪湖市为例,其在关于河长制度的规范性文件中明确了问责主体和问责客体,甚至"一票否决"的惩罚措施。但却没有任何的关于河长制度问责程序的规定。在全国其他地方,此类问题也广泛存在。

另外,并不是所有的对河长的问责都是充分有效的,难免会出现问责的疏漏,那么在这样一种情况下,就需要有问责的救济机制来进行补救。

2.问责程序不完善的原因

我们认为,河长制度目前为止还只是各地的政策性制度,制定规范性文件的主体层次还不够高,并没有能力将问责程序如此重要的问题规定得过于详细。并且,对于基层来说,除了根据地方特点规定治河措施以外,其他的规定当然只能参照上级机关的框架性规定。

第四节　我国河长制度完善的建议

一、明晰职权范畴

(一)健全职权主体

1.适度分散河长职权

河长制度之所以取得良好的效果,是源于河长手中能够调动大量资源的职权。但同时,为了河长制度的长效化进程,大量的职权一方面应该受到监督,另一方面也应当做到适度分散,不能全部集中在河长一人的手中,这便是所谓的"权力应当被关进制度的笼子里"。对于河长职权过于集中的问题,我们建议:

(1)对于各大河湖流域,不能仅仅规定其相应的河湖长,应当按照《意见》所传达的精神,建立河长制度办公室,办公室依然由党政主要领导人担任主任,办公室成员应包括政府下辖的各类与治水相关的职能部门,例如,水利局、环保局、财政局、园林局等。在具体的河长制度运作过程中,河长制度办公室主任对河长制度工作规划起决定作用,但各个部门对于本部门的相关任务的具体操作办法有自主选择权。如此一来,既可以缓解河长肩上的负担,也能够在一定程度上分散河长手中巨大的权力。若是河长的职权能够延伸到各部门的具体操作方法上,则河长制度长此以往也将与人治无二。

(2)通过行政监察权的行使对河长的行政权力进行制衡。行政监察权是指根据规定或授权设立的行政监察机关对国家行政机关及其工作人员的公务行为进行监督检查的权力。❶ 对于河长制度而言,不仅仅应当在内部设立河长办公室来分化河长的职权,同时,在河长制度工作的外部,还应当有相应的监察机关对河长的职权进行监督,双管齐下才能够保证河长的职权在制度的轨道上行驶。具体而言,在组织上,河长制度监察办公室应独立于河长制度办公室,同时,在财政上也应当独立于同级政府部门,直属于上级部门。在工作上,河长制度监察办公室应当对河长办公室的每一份规范文件进行审核,对其具体的水资源管理行动进行同步的监察。以保证河长制度水资源管理工作的每一步都在法律规范的范畴之内。

2.建立公众参与机制

仅仅使公众认识到问题的重要性,而不给予公众有效的参与途径,这对于河长制度的实施并不会有实质上的推动作用。就目前实践中较为有效的做法来看,当属浙江杭州首创的"民间河长"。在全面建立河长制度的过程中,可以参考其做法,形成"双河长"制度。在"民间河长"的问题上,我们建议可以吸纳多方社会力量来参与,譬如,河流附近居民、高校人员、企业人员、环保NGO等。这样一来,既可以保证"民间河长"能够高效地参与到河长制度的运行当中来,另一方面也能够最大限度地覆盖与河流相关的社会公众。并且,这些相关的社会大众还能够在各自的领域为河长制度的实施提供相应的技术与资金支持。

除了上文所谈到的"民间河长"以外,还可以采取河长征文大赛、河长摄影大赛等一些活动来配合河长制度的实施,尽可能吸引到更多的群众来将注意力放在水环境治理的工作上。实践证明,河流污染治理作为一个牵涉政府、社会、公众等多方面的系统工程,不仅需要依靠提升政府权力系统效能来解决,更应当要依靠作为个体的社会成员来积极参与配合,如果调动了社会公众参与的积极性并提高其社会责任感,碧水长河指日可待。

---

❶ 熊文钊.现代行政法原理[M].北京:法律出版社,2000:436.

（二）扩充职权内容

1.完善河长制度行政立法权

（1）设立河长制度基本原则。根据《意见》确立的目标，今后的河长制度必定是全国范围内统一的河长制度。所以，必然应当有涉及河长制度建设全局的基本原则作为指导，进而在总体上为人们提供保护和改善水质的行为准则。正如一名学者所表达的观点："是否具有正确的法律原则，反映了国家法制的完备程度"。❶我们建议，河长制度基本原则可以参照环境保护法的基本原则，进行如下规定。

其一，保护优先、预防为主、综合治理原则。保护优先、预防为主、综合治理原则，是指在水环境保护工作中将水资源的保护置于优先的位置，把水生态的破坏控制在能够维持生态平衡、保护人体健康和社会经济持续健康发展的限度之内，并对已经造成的水环境污染进行治理。鉴于河长制度长效发展的规划，避免河长制度陷入应急机制的误区，我们认为，河长制度应该确立保护优先、预防为主、综合治理的原则。

第一，保护优先。保护优先是生态文明建设的内在要求，也就是从源头上加强水环境保护，防止水生态破坏。在经济发展和水资源保护发生矛盾时，应该把水资源的保护放在优先的位置，在经济发展的同时加强水资源环境监管，规范与水资源相关的各类经济开发活动。

第二，预防为主。预防为主要求将预防水资源问题的发生放在首位，而不是要等到出现了严重的水环境污染问题时再对水资源进行应急的治理。河长制度不仅仅应当是在出现问题时追究相关人员和组织的责任，更应该以预防为主为原则，做到防患于未然。

第三，综合治理。综合治理要求从环境的整体利益出发来考虑河长制度的水资源管理问题。水污染的出现并不仅仅只是河流湖泊出现了问题，造成严重水污染的原因是多方面的。具体而言，综合治理具有如下的内涵：首先是统筹考虑水、气、声、渣等环境要素的治理；其次是全方位多层次地配套运用政治、经济、技术等各种治理手段；再次是要形成这样一种政府监管、部门分工、企业担责、公民参与的政府、社会和公民共同积极参与治理的良好氛围；最后是要破除行政区划造成的区域壁垒，从而跨区域联合加强河流流经区域的水资源管理。❷

其二，党政同责原则。党政同责是指中央和地方各级党委和政府，包括从省一

---

❶ 应松年.行政法学教程[M].北京：中国政法大学出版社，2001：34.
❷ 信春鹰.《环境保护法》学习读本[M].北京：中国民主法制出版社，2014：66.

级到乡镇一级的党政机关,在环境保护和监管方面都要承担相同的责任。具体而言,我们认为河长制度的党政同责原则应当包括以下几点。

第一,全面追责。包括地方各级担任河长的党委,以及中央层面对河长制度负责的党组织人员,也包括地方政府和国家有关部门的领导。由于地方上担任河长的领导不限于行政长官,还包括党组织负责人,故只有进行全面的追责,才能保证不遗漏任何一个应当对河长制度的实施承担应有责任的人员。

第二,严格追责。根据《党政领导干部生态环境损害责任追究办法(试行)》第十条的规定,对于党政领导干部的生态损害责任追究形式包括:诫勉、责令公开道歉、调离岗位、责令辞职、引咎辞职、免职、降职、党纪政纪处分、刑事责任等。在河长制度的党政同责原则中,应当保持这样宽严相济的规定,对于阶段考核不合格的河长给予较轻的处罚,而对于年度考核不合格的河长实行"一票否决"。党政同责原则下,多样化的严格追责措施,能够对河长制度相关人员起到警示作用,保证追责的严肃性。

其三,公众参与原则。所谓公众参与原则,其实质就是要在水资源的开发利用等环节中必须充分依靠广大社会公众力量的积极参与,公众有权利也有义务参与到解决完善河长制度的相关问题中来,并对政府行政部门的有关行为进行监督和问责。具体包括如下三点要求。

第一,水环境信息知情权。公众有依法获得河长制度相关信息的权利。一是政府部门主动公开的河长制度信息应当通过媒体或公示牌等途径及时展现在公众的面前,二是公众有权申请行政机关公开河长制度的相关信息。如果没有河长制度信息的公开,那么公众参与就将流于形式。

第二,水环境保护参与权。参与权是指公众有权按照一定的程序与途径参与河长制度的制度构建、决策等一系列的与其权益相关的活动。如编制河长制度规范性文件时,应当向公众充分说明情况,征求其意见。

第三,水环境保护监督权。一是公众有权监督水环境违法的行为,包括对河湖流域的污染破坏的监督举报等;二是对行政部门在河长制度上的不作为或者问责不力进行异体的问责和监督。这项原则的确立有助于完善当前河长制度单一的问责模式,做到"官方河长"与"民间河长"的有机结合。

(2)适度追求河长制度的法律制度构建。在河长制度的全面建立进程当中,也应当逐渐将法律体系规范化。以公众参与为例,在实践当中,很多地区的河长制度正在努力加强公众参与,但是大部分地区的参与水平还只停留在非制度化参与,

而这恰巧只是公众参与的非常态化,无法在实质上改变河长制度的运行途径。❶

不可否认的是,我国当下由于欠缺规范河长制度的规范性文件,人们对河长制度的理性认识并没有达成一致共识。而且,河长制度在全国的"遍地开花"又牵涉社会各个领域层次。"立法先行",基于此理由我国目前最要紧的就是必须建立健全有利于全面推行河长制度的法律规范性文件,为河长制度的运行提供法律上的保障支撑。在此,我们给出如下建议。

其一,国家可以按照依法治水的有关要求,将河长制度的相关要求纳入《中华人民共和国水法》等法律中,并且要使河长制度的相关规定保持本法之内和法与法之间的立法统一,并明确河长制度的层级设置和具体内容、不同河长所享有的不同权力及应履行的职责、河长领导下的组织机构的分工、河长制度的考核与追责等一系列问题。

其二,在法律制度构建完成之前,国家可以先制定《河长制度全面实施暂行办法》(以下简称《暂行办法》)。《暂行办法》的操作方案可参照2009年的《重点流域水污染防治专项规划实施情况考核暂行办法》,但是在某些方面还要做出符合实际情况的修改。对于第二条,在河长制度的《暂行办法》中,就应当将"重点流域"修改为"各流域"。全面建立河长制度不能仅局限于国内的重点流域,一方面,各地的水环境都面临严重威胁,另一方面,只有将河长制度法律规定全方位覆盖于各水系,才能逐步消解其目前所保有的权力制度特征。对于第七条,河长制度的相关规定也应该对期限做出调整,不管是水污染治理还是水资源的保护,这都属于自然环境层面的工作,而不论是水资源保护还是水环境治理都是一个相对缓慢的过程,急于求成只会事倍功半。故在考核期限上不应规定的过于紧凑,否则将收不到良好的效果,地方河长反而会由于硬性规定带来的压力出现谎报瞒报等问题。我们在此建议将考核的期限适当放宽1~2年,这样一来既不至于超出地方党政一把手的任期,另一方面也可以给河长制度的工作以较为宽松的环境。

2.完善河长制度行政执法权

(1)规范行政许可权的使用。在社会经济活动的过程中,大量的活动是关乎社会公众的人身健康和财产安全的。而社会经济活动中的生产主体是具有趋利性的,很难保证它们在满足自身利益需求的同时顾及社会公众的人身财产权利。❷这时,就需要行政机关行使其行政许可权,对满足社会公众权利的生产主体进行许

---

❶ 朱谦.环境法基本原理——以环境污染防治法律为中心[M].北京:知识产权出版社,2009:76.
❷ 杨海坤.行政法基本理论[M].北京:中国人事出版社,2000:15.

可,同时淘汰一部分不符合条件,对社会公众的基本权利存在危害的主体。

具体到河长制度中来,建造在流域中的生产企业由于其排污和生产与所在流域的河水息息相关,从而与流域附近公民的基本权利紧密联系。故在对于其建立申请的许可上,就应该有更严格的规定,就必须考虑到附近居民的身体健康权和财产安全权。我们建议:

其一,加强河长制度办公室对于流域附近生产企业的排污审查权。河长制度办公室对于附近的生产企业应当采取包括定期核查、在线监管、现场抽查等多种方式督促其生产。对于每一个建立在流域附近的生产企业,河长制度办公室都有权对其生产项目进行核实抽查,对于有严重污染性质的企业,河长制度办公室不应予以核准。除此之外,已许可的企业还应当建有相应的污水处理设施,这一点也在河长制度办公室的审查范围之内,对于不具备配套设施的企业,河长制度办公室有权取消其生产资格。总的来说,河长制度办公室应当保证其排污审查权在保护公民人身财产权的目的下有效行使。

其二,加强河长制度办公室对于流域附近生产企业的变更权。在全国上下都大力推进水环境保护的前提下,企业的运作甚至设立都不应该完全以经济效益作为唯一目标,环境承载力应当与经济效益一并考虑。以云南省为例,该省2017年政府工作报告就明确了省内主要河流的断面水质优良率不得低于80%,主要跨境河流的断面水质达标率更要达到100%。故各省市可以设定各自管辖范围内的断面水质达标率,并定期对各生产企业周边的水质进行核查,对于不达标的企业予以警告并督促整改,对于严重超标的企业,取消变更其生产资格。

具体而言,河长制度办公室可以做出如下规定:第一,对于未按规定进行排污登记并在有关部门备案的企业,责令其限期进行登记并报备案;第二,未按规定设立污水净化系统的,应当及时完善相应设备;第三,生产污水排放种类、浓度等不合要求的,给予警告,严重的暂扣营业执照。总而言之,在河长制度的行政许可权的使用中,不得再以经济效益作为唯一的衡量标准。

(2)完善河长制度行政征收权。根据《中华人民共和国水污染防治法》第二十四条的规定和《排污费条例》第二条的规定,对于向水体环境排放污染物的企事业单位与个体工商户,应当征收相应的费用。我们认为,在河长制度工作的推进过程中,应当将河长制度的行政征收权与河流断面的考核结合起来,严格根据企业排放污水对河流水质的影响来进行排污收费工作。不能单方面根据排放污水的总量、种类和浓度进行收费。

具体而言,各地河长制度办公室应当对今年以来各类工厂企业经常排放的污水进行分析统计,确定出经常排放的污水类型,进而对这些类型的污水进行治理成本的估算。最后,根据不同的治理成本确定不同的污水排放费收费标准。

目前,我国在排污费的征收上采取的是全国统一的征收标准。我们建议,对于目前问题比较严重,同时关乎公民权利的河长制度,应当采取更加灵活的规定办法。这也是目前我国东西差距大、贫富差距大、污染状况差距大所决定的。对于经济较发达,污染严重的地方,赋予河长制度办公室征收高额排污费的权力,而在相对落后的地区,收费标准就应当有所调整。排污费征收之后应当由收取机关上缴财政局,同时财政局也应当建立专门的"河长账户",所有排污费应当全部用于河长制度的治水工作和环保事业当中。

(三)扩大职权范围

在河流湖泊领域,其自身的流域性特征、跨地域性特征决定了其相应的制度构建也必须具有一定的全局性和连贯性。就实践中所展现出的情况来看,即便是在地方上,也存在着河长体系的设立范围不够广、缺乏相应的区域协调机构的情况。根据《意见》所传达的精神,我们对于河长制度的构建给出如下建议。

1.扩大河长制度职权地域范围

(1)建立省、市、县、乡四级河长体系。就目前全国各地的实践情况来看,不同区域有不同的做法,全国河长制度的领头羊江苏无锡便实行的三级河长制度。上文已经提到,为了真正做到全方位的建立河长制度,应当制定法律规范将全国范围内的四级河长制度固定下来,不仅仅只关注几大重点流域,还应将河长制度及严格的行政问责制推广到基层。只有建立起全国统一的四级河长制度,才能够形成上下联动的,左右互通的治水局面,彻底解决现有河长制度中流域的自然发展规律被行政区划强行分割的局面。

(2)健全信息共享制度。为了使上下级河长之间、上游河长和下游河长之间、各省市县乡河长之间能够顺应水资源的资源规律,保持治水措施的协调一致,应该建立及时有效的河长信息共享制度。上文提到的福建省大田县就实行了一套创新的做法,建立了"河长易信群",但此做法主要在于方便公众参与河长制度工作的信息交流,实践中收到了非常不错的效果。在此,我们认为可以将类似做法融入河长制度的构建当中,通过微信群、QQ群等互联网平台,让各河长之间能够保持充分有效及时的沟通。

(3)建立河长会议制度。在流域管理机制当中,行政系统的沟通协调机制分为三种:来自上级部门的协调机制、流域管理机构的协调机制、部门间的协调机制。❶ 将同一流域、同一行政区域的河长归类,安排各河长定期召开河长会议,这就是第三种协调机制的典型做法。通过河长会议制度,可以分析探讨河长制度运行的成效,计划商议河长制度运行的后续步骤,根据区域、流域的差异化制定相对应的治水策略。

长效化的河长制度应当将四级河长体系与河长会议制度和河长信息共享制度结合起来,保持信息流动的顺畅,坚持尊重流域自然规律的原则。避免河长制度变成以行政区域治理占主导的"分裂"格局。只有将这些配套措施落实下来,才能将现如今在全国各地如火如荼的河长制度变成真正长效化的治水制度。

2.扩大河长制度职权事务范围

目前,河长制度的职权事务范围只涵盖了政府下辖的各职能部门及流域附近的企事业单位,对于与河流水环境状况息息相关的社会公众,却少有涉及。我们认为,河长制度应当从引导和监管两个方面加强河长对于公众的影响,从而扩大河长制度的职权事务范围。

(1)加强对公众的引导。其一,加强宣传。积极公开水环境治理信息,使尽可能多的群众知道河长制度,参与河长制度。行政部门应当利用媒体、节假日大力宣传水环境治理思维和公众参与的重要性,更重要的是,让公众意识到环保对于自身的重要性。根据对贵州普定县的调查研究发现,正在实施河长制度的普定县并未在当地居民中进行相应的宣传和教育,当地居民对河长制度置若罔闻。甚至一些党政领导干部也没有听说过这项即将在全国推广实施的重要环保制度。❷ 这就更说明提高公众的水资源保护意识的重要性了,只有率先解决好思想上的问题,在制度建立起来后,公众才会主动积极地去参与到河长制度的实施当中。其二,筛选"民间河长"。河长制度办公室不仅仅应当领导下属职能部门进行河长制度治水工作,同时,也应该在民间组织筛选河长与"官方河长"共同治水。

我们建议,在全面推进河长制度的过程中,政府部门应当加强在民间方面的探索。组织引导环境保护 NGO 的建立,从社会各界搜寻环保人士加入河长制度的工作。走一条以"官方河长"为主,"民间河长"为辅的双轨路线。

(2)强化对公众的监管。对于大江大湖的水污染问题主要应该从企业水污染上找问题。但是对于规模小、流经面积小的河流污染,很多都是附近居民随意扔倒

---

❶ 任敏."河长制":一个中国政府流域治理跨部门协同的样本研究[J].北京行政学院学报,2015(3):25.
❷ 李耀祖,安艳玲,陈梦瑜."河长制"实施地区农村居民环保意识现状调查及评价——以贵州普定县为例[J].贵州化工,2012(12):37.

垃圾造成的。故河长和政府相关部门不仅仅应该把目光放在工业污染上，生活垃圾也应该被划为河长的控制范围。

我们建议，在河长制度工作中，应当设立专门的河长制度环保警察，环保警察专门负责河长制度执法。在以往的监督检查过程中，环保部门工作人员经常在大企业和居民面前吃"闭门羹"，受困于权限，无法将水资源管理工作顺利进行下去。而河长制度环保警察隶属于公安部门，有足够的权限对居民乃至企业的水污染行为进行调查和惩戒。在未来环境法越来越严密，水环境案件数量大幅增加的背景下，河长制度环保警察能够加强专门机构的执法力度。

二、健全问责体系

（一）明晰问责主体

前文已经反复提到，河长制度作为一种重要的水环境治理制度，其核心与灵魂在于严格的问责制度，这也是河长制度能够在全国收获良好效果的原因。那么，在河长制度长效化的过程中，就应该不断地完善其问责制度所存在的相关问题。

1.完善同体问责制度

针对目前河长制度的同体问责情况，以及《意见》，我们建议，在行政系统内部，从中央到地方均建立起河长制度工作督察制度，由河长制度办公室进行行政系统内部的考核，上一级河长制度办公室考核下一级河长的工作。这样一来，一方面，避免了下级向上级问责的情况，另一方面，由于河长制度办公室是上一级所设立的独立工作督察机构，这样的问责形式也就解决了上下级之间连带责任的情况。

2.完善异体问责制度

下面要谈的是河长制度的异体问责问题，同样的道理，河长制度无论在哪一个环节都不是行政系统内部的事。只有把权力关进制度的笼子，关进一个完整的笼子，才能够真正限制住权力的滥用，才能够在既保持权力灵活性的情况下又防止其随意行使。

（1）强化权力机关的问责。具体来说主要可以通过设立人大监督机制来对政府进行问责，河长制度的工作状况要按期向人大汇报并接受监督。权力机关作为河长制度规范性文件的重要出台机关应当与各河长保持紧密联系，才能够发挥其应有的监督作用。

我们建议，第一，各地河长应当在人大会议期间例行编制出完整的河长制度工作总结，在会议上进行汇报讨论；第二，在人大闭会期间，如遇有重大水污染问题，以及河长制度工作需要做出超出规范性文件的变通时，河长应当及时向同级人大常委会进行汇报,并听取其意见;人大监督机制的确立,可以监督政府的河长制度运行状况等,督促同级人民政府认真履行水环境治理职责,强化河长制度的工作。

(2)健全司法机关的问责。当代中国,在重大的环境问题曝光于公众视野之后,很多情况下都是负有领导责任的领导干部"引咎辞职",环境问题的解决就此打住,而环境责任主体并不能得到切实的问责。对环境保护工作进行司法问责的健全,是推进从"一元问责"迈向"多元问责"的一条必经之路,这样有利于逐步解决我国水环境行政问责的过程中长期存在的司法介入后于行政处理的现象。同时,这也是依法治国、依法行政的要求,为河长制度的问责制度注入了司法机关的监督力量以后,将能够成功地防止以行政责任代替法律责任情况的出现,进而实现《意见》所倡导的"行政执法与刑事司法的衔接机制"。

在这个问题上,最重要的就是要拓宽司法机关的受案范围。在目前河长制度的问责中,具体行政行为和抽象行政行为应当并举,因为政府不仅仅是在通过大量的具体行政行为进行水资源的管理,在具体行政行为的背后是一系列的抽象行政行为,诸如牵涉到的水域岸线管理规划、跨行政区域河湖管理规划等。政府对这样的一些水域岸线的规划很大程度上极易危害到公民正常水权的享有,然而公民却又不能把政府的抽象行政行为诉诸法院,通过诉讼程序保护自己的正当权利。因此,只通过具体行政行为而排除抽象行政行为的诉讼来保障公民享有的水环境权益只能是独轮之车。所以不能将这些政府抽象行政行为完全置之在司法审查之外,我们应当适当扩大水环境的行政诉讼受案范围。

(3)落实社会公众问责。所谓社会公众问责,具体是指公民通过检举、揭发、举报、起诉等各种方式对行政系统及系统内工作人员进行行政责任的追究,是行政相对人充分行使权利的行为。完整的公众参与河长制度不仅应当包括公众参与实施、公众参与考核,还应当包括公众参与问责。然而由于参与机制缺乏,保障机制不完善,回应机制的缺失等原因,其问责的优势并没有真正发挥。为充分发挥社会公众问责这一重要异体问责的作用,我们建议从以下几个方面进一步落实社会公众问责。

(4)加强河长信息曝光。政府足够的信息公开,公民才能获取准确的政府信息,才能对河长制度履行情况做出正确的判断,相应的监督问责才能真正开展。在此,我们建议:第一,通过微信公众号和各大媒体将"民间河长"和"官方河长"的名单公之于众;第二,在各河湖区域树立河长公示牌。如此一来,通过多种途径让社会公众了解到河长制度的相关信息以后,就能够方便媒体和公民参与河长制度的问责过程,形成多元化的问责制度。

(5)健全公众问责渠道。在完成了河长相关信息的公开之后,社会公众就需要对出现问题的工作和河长进行问责。故针对不同的公开方式应当建立不同的问责渠道。在此,我们建议,一方面,在河湖两岸的信息公示牌旁设立河长信箱,使公民可以将对河长工作的问责反馈到相关问责部门;另一方面,可以以微信为基础,广泛建立河湖管理信息发布平台,并在平台上搭建起河长—公众双向交流机制,以此作为加强社会监督,完善河长制度问责主体的有效途径。

(二)规范问责对象

1.确立问责对象

相较于普通的行政问责而言,河长制度中的问责对象将更为复杂。要明确问责的对象,即问责的客体,应当坚持谁主管,谁负责的原则。在具体的实践过程中,应当依据环境保护工作的重要性和特殊性,明确地划分职责。河长制度既然明确地规定了谁是"一河之长",那么毫无疑问各河湖的河长就理所应当成为问责制的对象,并且是首要的责任承担者。但是问题在于,在河长制度工作小组治水的过程中,大量的决定和规划均由各部门负责实施,那么在遇到具体的追责情形时,便不仅仅只处罚河长,还应将河长制度具体工作中的问题具体分析,分摊到具体负责的部门上。

以福建省闽江为例,《闽江流域水资源保护条例(试行)》规定对闽江综合管理的机构是省闽江流域规划开发管理委员会。委员会在同级政府的领导下进行工作,其组成包括政府各个职能部门。可见,在明确了主要领导人的责任以后,各职能部门也都承担相应的工作责任。那么,在进行河长制度问责的过程中,职能部门也同样应当列入考虑范围。[1]

应用到河长制度当中,同样,我们建议以各流域、各层级的河长为首要问责对象,然后再根据河长工作领导小组中各部门所负责的具体事项分摊细化责任。毕竟,河长掌握了河长制度工作领导小组的领导权,同时也有权力调动各行政部门的资源,那么在出现问题时理所应当要站在第一线,这是权力和责任对等的体现。同样,由于河长制度不是"一言堂",大量的规划决策均由各专业部门的负责人制定,所以他们也要承担各自的责任。这样就避免了个人责任和集体责任含混不清的状况,也不会导致河长因为责任过大而不堪重负。

2.建立严格的决策责任

当代政府在处理政务,解决经济、民生等重大问题时,其首先要做的就是进行

---

[1] 刘翰生.福建省大田县实施"河长制"工作实践与启示[J].亚热带水土保持,2016(3):26.

行政系统内部的决策。但是,这样的决策也正是由于涉及的问题复杂程度较高,所以决策产生效果,造成影响,进而得到反馈的期限也会被拉长。再结合我国的国情,此时,做出决策的行政官员极有可能已经不在任期,此时对其进行问责也会相对困难,所花费的行政资源和成本也就会更高。❶ 所以,为了维护受到决策影响的人民的利益,我们认为,应当建立起一套决策责任追究机制,以进一步规范并明确问责对象。

具体到河长制度当中,虽然规定河长应当作为首要负责人,但为了避免出现上文所谈到的决策与问责的错位,我们建议,应当在决策的各个环节,包括河长联席会议讨论治河方案、河长办公室论证方案决定方案、职能部门落实决策等各个环节都确定阶段性责任人并配套建立备案。通过将整个河长制度决策过程进行"肢解",从而减小甚至化解做出决策的河长因离任而难以被问责的难题。

(三)完善问责程序

1.明确受理问责的机关

(1)对于不跨省级行政区域的水系,河长制度办公室只需在组长的协调下处理省内行政区域间的水资源管理问题。因此,我们以为河长制度办公室可以定位为河长制度实施统一监督管理和保护的流域管理机构,以省领导为主要领导,组员囊括各职能部门领导。那么受理问责的就是河长制度主要领导,具体的责任再由上级河长制度办公室根据水污染案情的不同具体分配。

(2)对于跨行政区域的水系,就涉及省份与省份之间的交接。由于行政区域间的衔接是由河长会议制度来完成,我们建议,受理问责的机关可以定位为河长会议的常设机构——河长会议常务委员会,由环保部直接管理,由其在河长制度会议的间隔期间受理各问责主体对河长工作的问责。

2.确定问责的受理流程

确立了受理问责的主体,接下来就应该厘清问责的受理流程。我们对于该问题有如下建议,上文所提到的河长制度办公室及河长会议常务委员会在收到问责主体对于河长制度工作的问责后,问责工作应当按照如下步骤进行:

(1)调查责任。组织被问责对象之外的人员建立河长制度问责调查小组,负责对被问责对象的相关工作进行调查核实,以确定是否存在水环境治理上的疏漏及该疏漏对水环境和公民权利所造成的影响。在组织上,考虑到调查组的专业性和客观性,河长制度问责调查小组应当以纪律检查部门和水环境保护部门的工作

---

❶ 张军辉.行政问责制研究[D].北京:中国政法大学,2006.

人员为主体,再辅以环保专家和河长制度决策作用的公民。在层级上,应当以上级政府的相关职能部门为主体,以此保证调查工作的权威性。

(2)说明责任。如若问责主体提出的问题属实,则应当责令被问责的相关领导人员说明情况。说明情况的对象包括行政系统内部的上一级河长,也包括行政系统外部的人大、司法机关及广大社会公众。作为河流污染造成的严重后果的接受者,社会公众理应从源头开始,对造成水环境恶化的河长决策进行深入了解,从而参与做出更科学的决策。而各类监督问责主体同样也需要在充分分析河长制度工作失败的原因后进行问责和监督。

(3)责任评估。第一,确定合适的责任评估主体。一方面,由于河长制度工作决策的制定主体对该决策的产生基础与可行性最有话语权,河长应当作为责任评估的一部分;另一方面,社会公众是决策的受众,其对于河长的治水决策有着亲身的体会,能够在确定责任性质和大小上起到重要作用。第二,规范责任评估标准。一方面,要根据"官方河长"作出行政决策的成本来衡量河长制度决策的责任性质;另一方面,也要根据决策对河流环境及公众生活所造成的影响来进行评估。如此一来,在多种标准和规则的指引下,便能够尽可能客观地归纳出河长所应当承担的责任性质及责任的轻重。

(4)责任承担。在对责任进行调查、说明和评估之后,则可以汇总相关问责主体的意见,根据相应的处罚规则,或移交司法机关,或进行行政系统内部的行政处罚。最后一步也是最为关键的一步,只有真正将河长的责任落实,才能够从外部刺激河长真正发挥其对于水资源管理的作用。

3.设立河长问责制度的救济机制

(1)赋予被问责河长申诉权。在问责的问题上,我国关于问责之后对于被问责人的救济和保护的规定还是一片空白的区域。[1] 目前,对于被问责行政官员的申诉还局限于在行政系统内部完成,而系统内多存在权利义务的交叉和利益的牵扯,所以被问责对象的申诉权往往得不到切实的保障。我们建议:

其一,对于河长制度问责救济的问题上,应当增加进一步的规定:对于接受问责的河长对问责持不同意见的,可以向上级机关进行申诉。若对申诉的结果不满意,再赋予其向上级机关进行二次申诉的权利。多次申诉,向不同级别的机关申诉可以在一定程度上保障被问责河长申诉的公正性。

其二,在申诉权的基础上,另外赋予被问责河长以申请听证的权利。听证制度

---

[1] 陈榕联.政府环境责任追究制度初探[D].南京:南京工业大学,2014.

在我国《行政处罚法》中已有明确的规定,是一项相对成熟的制度。对于被问责的事项进行公开听证,听取行政系统内外对问责事项的意见之后再作出处理将更有利于保障被问责河长的权利。

(2)完善河长的救济。由于河长工作的各方面重要性不同,其承担责任的大小也会因为被问责事由的不同而不同。所以,在面对河长所承担的不同责任时,后续处理的方式也应当有所区别。对于现实中普遍出现的行政官员以"引咎辞职"逃避行政乃至法律责任的情况应当采取措施进行制止。我们建议:

其一,若问责事项得到证实,则应当按照规定确定河长承担责任的性质。若遇有河长主动引咎辞职,则应当要求其充分说明理由并对其责任事项予以考察,对于应当承担行政责任和法律责任的官员不予准许。

其二,对于分别承担道德责任、行政责任和法律责任的不同河长,其复出的路径及机会也应当有所区别。对于承担道德责任的河长,在被问责事项得以解决,河长对水资源管理工作有了进一步认识之后,该河长即可继续承担河长制度工作的责任。对于承担另外两种责任的河长,其复出所需条件就相应的更为复杂。总而言之,不论是哪一类责任,河长制度救济机制中都应当规定有后续观察方案,被问责河长都应当被行政机关和社会公众持续性关注,不能因为一处失误就将河长全盘否定。

经过上文的讨论,我们认为,河长制度在最终被确定为一项法律制度之前,其作为地方政策性制度的地位是不会发生变化的。既然是一项环境政策性制度,那么其所具备的特点,例如,以实际情况作为起点,并将理论与实践结合;在综合管控的情况下突出治理重点等❶,都将继续保持下去。但若想要让河长制度继续保持强大的生命力,在水资源管理方面继续保持优良的效果,必须在今后的法律制定及配套措施的设置上综合考虑地方的实际情况。

参考文献

[1] 吕忠梅,等.长江流域水资源保护立法研究[M].武汉:武汉大学出版社,2006.
[2] 吕忠梅.环境法[M].北京:法律出版社,1997.
[3] 蔡守秋.基于生态文明的法理学[M].北京:中国法制出版社,2014.
[4] 蔡守秋.人与自然关系中的伦理与法(上、下卷)[M].长沙:湖南大学出版社,2009.
[5] 原田尚彦.环境法[M].于敏,译.北京:法律出版社,1994.
[6] 黄锡生.经济法[M].重庆:重庆大学出版社,2015.

---

❶ 蔡守秋.环境政策学[M].北京:科学出版社,2009:99.

[7] 杨启乐.当代中国生态文明建设中政府生态环境治理研究[M].北京:中国政法大学出版社,2015.

[8] 陶蕾.论生态文明建设的路径:以近40年中国环境法治发展的回顾与反思为基点[M].南京:南京大学出版社,2014.

[9] 陈慈阳.环境法总论[M].台北:元照出版有限公司,2012.

[10] 王树义.环境法基本理论研究[M].北京:科学出版社,2012.

[11] 汪劲.环境法治的中国路径:反思与探索[M].北京:中国环境科学出版社,2011.

[12] 张梓太.环境与资源保护法学[M].北京:北京大学出版社,2007.

[13] 俞可平.治理与善治[M].北京:社会科学文献出版社,2000.

[14] 李大伟,等.水污染防治法实用问答与案例[M].北京:中国法制出版社,2008.

[15] 姜明安.行政法与行政诉讼法[M].北京:北京大学出版社,2011.

[16] 韩德培.环境保护法教程[M].北京:法律出版社,2015.

[17] 叶平.生态权力观和生态利益观探讨[J].哲学动态,1995(3).

[18] 曾文忠.我国水资源管理体制存在的问题[D].苏州:苏州大学,2010.

[19] 聂玉娟.闽江流域水环境保护行政问责制度研究[D].福州:福州大学,2010.

[20] 秦诗懿.日本环境伦理思想及其对我国环境伦理建设的启示[D].沈阳:沈阳师范大学,2014.

[21] 王灿发.地方人民政府对辖区内水环境质量负责的具体形式:"河长制"的法律解读[J].环境保护,2009(9).

[22] 刘玉龙,甘泓,王慧峰.水资源流域管理与区域管理模式浅析[J].中国水利水电科学研究院学报,2006(6).

[23] 冯永峰."河长"在民间[J].环境保护,2009(9).

[24] 徐祥民,巩固.关于环境法体系问题的几点思考[J].法学论坛,2009(2).

第八章　环保优先原则适用研究

概　述

2014年4月24日《中华人民共和国环境保护法》(修订版)全文的公布,表明这场从2012年就开始着手,中间历经从修正到修订四次审议的修法活动终于画上了"圆满"的句号。这部法律增加了政府、企业各方面责任和处罚力度,被专家称为"史上最严的环保法"。新环保法中的"亮点"很多,环保法法律原则的修改就是其中之一。《中华人民共和国环境保护法》(修订版)第五条规定:"环境保护坚持保护优先、预防为主、综合治理、公众参与、损害担责的原则。"较之原来环保法中第四条的规定:"国家制定的环境保护规划必须纳入国民经济和社会发展计划,国家采取有利于环境保护的经济、技术政策和措施,使环境保护工作同经济建设和社会发展相协调。"(学界将其归纳为协调发展原则,而且还将其归为环保法的首要原则),此次新环保法对其基本原则的界定是突出、明晰的。在我国的环保法立法史上对其基本原则进行直接规定,乃是首次。同时将原来的协调发展的首要原则转变为保护优先原则,从某种程度上来看也预示着立法者对环境保护价值理念的转变。但是面对人口众多,区域发展不平衡,生态环境污染严重的现状,如何真正的从中协调经济发展与环境保护的关系,似乎不是区区"史上最严环保法"中第五条保护优先原则的机械条文所能够承受环保责任之重的。

环境保护优先原则作为新环保法中的一项基本原则是比较抽象的,在当下生态破坏严重,环境污染复杂的社会转型阶段,如何达到生态环境与社会经济的协调发展,其本质上是社会管理的一项重要课题。环境法是在人类环境问题达到相当程度,已经构成对人类生存和发展严重威胁的情况下,为解决环境问题、实行环境保护而产生的一类新型法律规范。[1] 而环境法的基本原则从规范法学的角度来看则是被环境法文本所确定,贯穿于整个环境法体系,反映环境法的基本价值、基本

---

[1] 吕忠梅.环境法学[M].第二版.北京:法律出版社,2013:11.

特征及性质,对贯彻和实施环境法具有普遍的指导作用的基本准则。❶

　　研究环境保护优先原则的适用,必须对环境保护优先原则的基本内涵具有高度盖然性的认识,本书在借鉴学界和实务界的观点上,将其概念进行语义学上的拆分,主要分为环境、保护优先和原则三个方面对其思考。本书明确环境保护优先原则作为环境法的基本原则,其实质上不仅仅具有价值宣誓的作用,其在一定条件下具有明显的制度协调、执行指导或者法律漏洞的弥补等实质性功能。结合环境保护优先原则作为法律原则的规范特征,本书认为环境保护优先原则的功能发挥其表现的规范形式主要为国家政策和国家法律两个方面。从环境法的角度看,环境问题的处理实质是利用法律规范调整人—自然—人的管理性问题,本书拟从环境保护优先原则在环境政策和环境法律上的适用(主要是管理层面的执法和司法层面分析)角度展开。就对环境政策的适用上,本书树立了多元治理的政策理念,形成了以环境保护优先为主导的政策理念,注重环境政策制定的系统性和科学性。就环境执法而言,分析环境执法的执法环境、执法主体、执法的依据和方法,从环境执法的参与三主体政府,企业和公民的角度体现环境保护优先原则对其影响和作用。就环境司法而言,主要分析了环境司法过程的"知":环境保护优先原则对环境司法理念、环境司法模式及环境司法政策的些许影响,借助完善环境公益诉讼制度,科学使用法律原则及大力推进环境司法专门化的过程以达到对公民环境权利的保障。

第一节　环境保护优先原则的基本内涵

　　法律的基本原则,是整个法律体系或者某一法律部门所适用的、体现法的基本价值的原则。❷ 环境法的基本原则是环境保护法所确认的,体现环境保护工作基本方针、政策,并为国家环境管理所遵循的基本准则。❸《中华人民共和国环境保护法》(修订版)第五条明确规定:"环境保护坚持保护优先、预防为主、综合治理、公众参与、损害担责的原则。"从此法条中可以简单概括出环境法的基本原则之一:环境保护优先原则。就环境保护优先原则的研究来讲,学界和实务界有共同之处,但基于工作环境和研究特征的差异也存在着较大的区别。

---

❶ 吕忠梅.环境法学[M].第二版.北京:法律出版社,2013:49.
❷ 李挚萍.环境基本法比较研究[M].北京:中国政法大学出版社,2013:63.
❸ 金瑞林.环境与资源保护法学[M].北京:北京大学出版社,2003:93.

一、学术界的观点

环境法的基本原则发轫于环境保护政策。我国的环境污染和生态破坏从20世纪60年代开始变得愈发严重,国家开始注重环境保护工作,对比较严重的生态环境问题进行行政干预,随着1979年《中华人民共和国环境保护法(试行)》的颁布,环境法开始演变为一个相对独立的学科,环境政策层面所形成的协调发展、预防为主、防治结合等基本准则逐渐演变成了环境法学科的隐性原则。本书所要讨论的环境保护优先原则从文本表现形式上历经了环保法基本原则从隐性到显性的过渡,从发展思维上历经了对绝对协调发展原则到相对环境优先的转变。学界对环境保护优先原则的探讨相对集中在理论层面,并没有对具体的该原则适用做出系统化的论证。学界对该原则的主要争鸣可以从以下三个方面进行概括:第一,对于该原则的构建的思考。在2014年新环境保护法没有修订之前,学界就已经对环境保护法中隐性的协调发展原则进行了反思,代表人物有赵旭东、黄静❶,吴卫星❷、杨群芳❸、冯嘉❹、王灿发❺等。第二,基于该原则构建后对原则内容与解释的争议。王灿发认为生态文明建设应当遵循生态优先、不得恶化,生态民主、不得恶化;共同责任的责任构建,其指出目前"保护优先"没有官方的解释,从其字面来看,他认为有三种解释:一是保护相对于开发利用来说,保护优先于开发利用,这一般是指自然保护区、风景名胜区和其他需要特别保护的区域;二是保护相对于污染治理,先保护好未污染的,有条件再去治理;三是保护相对于恢复和改善来说,保护优先于恢复和改善。❻ 其认为保护优先无法完整的体现经济社会发展与环境保护的关系,保护优先原则应当变更为生态优先原则或者环境优先原则。王树义认为该原则包括:优先保护人的生命、健康,保障居民的生活、劳动、休息的良好的生态环境;在经济利益与生态利益冲突时,优先考虑生态利益的需要;利用一种或者几种自然客体,不应对其他自然客体和总体的环境造成损害。在环境管理活动中应当将环境保护放在优先的位置加以考虑,在社会的生态利益和其他利益发生冲突

---

❶ 赵旭东,黄静.俄罗斯"环境保护优先性"原则:我国环境法"协调发展"原则的反思与改进[J].河北法学,2000(6):130-132.
❷ 吴卫星.从协调发展到环境优先:中国环境法制的历史转型[J].河海大学学报(哲学社会科学版),2008(3):29.
❸ 杨群芳.论环境法的基本原则之环境优先原则[J].中国海洋大学学报,2009(2):62.
❹ 冯嘉.环境法原则论[D].北京:中国政法大学,2010.
❺ 王灿发.遏制环境污染事件频发需要环境法原则的根本转变[J].中国法律发展评论,2010(3):26.
❻ 王灿发.论生态文明建设法律保障体系的构建[J].中国法学,2014(3):37.

的情况下,应当优先考虑社会的生态利益。❶ 曹明德认为该原则的基本要求是在处理经济增长与生态保护关系问题上,确立生态保护优先的法律地位,作为调整生态社会关系的准则。❷ 吕忠梅认为应当改变将环境保护单纯的看作污染防治的片面思维,强调环境保护"做减法""优良环境优先保护",高度重视环境与发展的共时性关系。❸ 竺效提到该原则作为新环保法首要原则的解读问题,认为该原则所承载的功能是遇到环境风险科学性不确定这一情形时应该以环境保护为优先,其实质是风险防范原则的异样化表达。❹ 周卫则认为该原则并不意味着鼓励不计代价极端化的环境保护优先,并且还存在着排除适用的例外情形。❺ 从现有的文献分析,学界对传统部门法基本原则适用研究比较普遍,但对环保法基本原则的适用研究则相当匮乏。柯坚提及从规范性入手去探讨环境法原则适用研究是我国未来环境法治建设极需关注的一个重要课题。❻ 从学界的争鸣来看,2014年的新环保法所规定环境保护优先原则可能并没有完全达到学界的期望,但既然法律文本中设计的是环境保护优先的基本原则,学界除了对其内容进行不断完善的同时,也应当对该原则的具体适用作出努力。

二、实务界的观点

党的十八届三中全会通过的《中共中央关于全面深化改革若干重大问题的决定》明确提出了生态文明建设的制度设计,注重生态文明与经济、政治、文化、社会建设的和谐发展。该决定提出要建立资源税收制度、资源产品价格制度、总量控制制度、生态红线制度、污染物排放权交易制度、流域综合治理制度、资源绩效审计制度等。这些制度的构建是对现有的生态环境建设过程中"先污染后治理",对环境保护工作以污染防治为主,法律设计注重实质的工业经济建设而忽视生态环境利益的现状提出了挑战。以上的制度是实务界运用国家政策和国家法律贯彻环境保护优先原则进行努力的方向,但是目前的这些制度只处于设计阶段,并未完全实验,更加提不上推广,因此实务界对环境保护优先原则的实践仍然需要不断地强化其实践效能。

---

❶ 王树义.俄罗斯生态法[M].武汉:武汉大学出版社,2001:213.
❷ 曹明德.生态法原理[M].北京:人民出版社,2002:213.
❸ 吕忠梅.论生态文明建设的综合决策法律机制[J].中国法学,2014(3):22.
❹ 竺效.基本原则条款不能孤立解读[J].环境经济,2014(7):20.
❺ 周卫.论《环境保护法》修订案中的保护优先原则[J].南京工业大学学报(社会科学版),2014(3):7-12.
❻ 柯坚.环境法原则之思考:比较法视角下的共通性、差异性及其规范性建构[J].中山大学学报(社会科学版),2011(3):163-170.

环境保护优先原则作为新环保法的一项重要基本法律原则,在生态环境保护领域的指导性作用不言而喻,但是在实务的操作中,作为实务操作基础之一的法律设定上仍然存在着一定的滞后性。因此,作为实务界操作的保障性基础仍然较为薄弱,尤其是突出的环境管理执法观测环境保护优先尤为困难,如何界定环境保护优先成为困扰众多环境保护参与主体的重要难题。从生态文明建设与环境保护的关系看,生态文明建设的关键在于环境保护,环境保护是生态文明建设的主战场或主阵地,抓手为环境法治,切入点为环境司法。❶ 环境司法作为环境法律适用的主要表现形式,环境保护优先原则作为新环保法的一项基本原则也得到了司法界的关注。最高院的环境资源审判庭指出,环境保护法的基本原则在审判实践中具有三个方面的作用:第一,基本原则适用所有的环境保护法律法规,是认识环境法性质、准确理解和执行环境法的关键;第二,环境概念的不确定及环境法调整范围的相对性,具体实务界的法律实践中要注重环境法原则的法律漏洞填补作用;第三,环境法基本原则是环境诉讼程序与审判方式改革、创新的重要指导。对于环境保护优先原则的适用,要做到把握好经济发展和环境保护的关系,依法落实保护优先原则。具体做法是:环境法律法规有明确规定的,严格依法裁判案件,充分展示具体法律条文中所蕴含的保护优先宗旨;法律法规没有明确规定的,要本着保护优先的宗旨处理环境纠纷。具体司法审判实务中注重理解好"保护"的含义,准确理解"优先"的内涵,要分类施策。在具体的个案审判中,努力找寻环境保护与经济发展的平衡点,妥当的衡平各方当事人的利益,实现经济、社会与生态效益的共赢。❷ 从基本的政策制度设计,到环境立法执法和环境司法的三个大角度宏观来看,实务界对环境保护优先原则的适用可以说是信心满满但道路曲折,环境保护优先原则的适用就目前来看并没有完全统一科学的方法和制度进行全方位的规范支撑与保障。

三、本书的观点

环境保护优先原则作为新环保法的基本原则要体现类似于民法中"诚实信用"原则帝王条款般的表现力就必须对其基本的内涵有较为详尽的阐释,鉴于能力的限制,本书将从书义解释的角度利用基本的文义结构形式来解读环境保护优先原则。

(一)"环境"的含义

环境在不同的学科角度存在各种各样的表现形式,比如在国际贸易中注重对

---

❶ 王树义.论生态文明建设与环境司法改革[J].中国法学,2014(3):54-72.
❷ 奚晓明,杜万华.中华人民共和国环境保护法条文理解与适用[M].北京:人民法院出版社,2014:37-39.

环境的保护,控制或者禁止环境污染物质的转移;在经济发展中注重"绿色 GDP"的指标考核,直接指涉基本的环境问题;当下较为流行的绿色信贷等,都提及了环境问题。而本书所要讨论的环境保护优先原则的大前提"环境"是环境法领域内的"环境"定义。对于"环境"在环境法中的定义,学界早有讨论:陈泉生认为鉴于人为环境与自然环境的界限有时并非泾渭分明,因此法律定义上的"环境",应当是与人类生存和发展有密切关系的生活环境和生态环境,其基本是自然环境,但也不排斥与人类生活有密切关系的人为环境。环境法应当将与人类生存和发展有密切关系的生活环境和生态环境作为法律保护的对象。❶ 吕忠梅认为环境法中的"环境"是在环境科学的基础上,把握环境与人类生存发展的密切关系,既强调与环境相联系的社会关系的特征,又将环境作为一个有机的综合整体加以考虑后做出的。❷ 李挚萍认为"环境"是由一系列环境要素组成的整体和综合体,环境法中的环境应当具有一定的内在价值和内在特征。❸

依据我国现行环保法第二条对"环境"的定义:环境是指影响人类生存和发展的各种天然的和经过人工改造的自然因素的总体,包括大气、水、海洋、土地、矿藏、森林、草原、湿地、野生生物、自然遗迹、人文遗迹、自然保护区、风景名胜区、城市和乡村等。结合以上简单的比较研究,可以看出我国环境法中对环境的自然属性和社会属性都有所阐述,但是两者的条文表现上过于孤立,没有完全的形成系统联系的环境观念,本书所研究的环境保护优先原则适用的"环境"是指影响人类生存和发展的各种天然和经过人工改造的注重环境自然属性和社会属性的相互关联的整体要素。

(二)"保护"的含义

法律适用是一种对向交流的过程,法律的解释是这种过程变得明晰的方法,"解释乃是一种媒介行为,借此解释者将他认为有疑义文字的意义,变得可以理解"。❹ 就环境保护优先作为环境法基本原则的适用必须对"保护"进行系统科学的解释使其在适用中变得可以理解。对"保护"的含义理解需要做到系统、科学、结合基本的适用国情进行论证。此处的环境保护是生态文明建设下的环境保护,是保护与发展的合作,要求适用者相对较为灵活的理解:在发展中保护,在保护中发展。保护的核心是社会、经济、政治、文化、生态的可持续发展。主要需要解决的

---

❶ 陈泉生.论环境的定义[J].法学杂志,2001(2):19-20.
❷ 吕忠梅.环境法学[M].第二版.北京:法律出版社,2013:32.
❸ 李挚萍.环境法基本法中"环境"定义的考究[J].政法论丛,2014(3):49.
❹ 卡尔·拉伦茨.法学方法论[M].陈爱娥,译.北京:商务印书馆,2013:193.

是人类日益增长的经济利益与生态环境之间矛盾的协调。本书所涉及的该原则中的保护不是单纯的生态环境保护,也不是传统的以治理为主要手段的事后保护,也不是针对生态环境问题孤立的消极防治,"保护"所要达到的基本理解是在尊重自然规律的前提条件下,结合生态伦理,代际正义,明晰经济发展与生态衡平的关系,在以中国现实国情的基础上,以共同保护但又区分保护的方式,对生态环境资源进行恰当的整合、分配、开发、利用,以保障环境保护与物质经济的协调发展,注重达到环境定义所能提供的文化、美学等更为适宜永续发展和公民幸福感提升的价值追求。

(三)"优先"的含义

对于"优先",其本质上还是建立在一定的取舍问题上所作出的定向或不定向的选择,结合环保优先原则的整体结构来看,此处的"优先"最浅显的两个比较项就是:环境要素和经济要素。优先问题也是这两项要素在人类社会生存与发展的选择问题。其实建立在此基础上的优先问题,其实质就是一种价值的转变。回顾我国30多年的环境法发展历程,其实一直在进步。环保优先原则中的优先主要表现在上文所述的两个层面。第一,环境要素与经济要素的选择优先级的平等化。这是环境保护优先原则暗含的逻辑进程基础。以我国为例,纵观改革开放所带来巨大经济效益的同时也带来了恐怖的环境危机,环境问题可以说是侧卧在中国发展道路上的一只"茁壮成长"的拦路虎。这只老虎的天然养料就是在经济与环境的物质交换过程中人为的失误(这些失误的表现集中于认知的错误,政策的经济倾向,消费方式过度奢侈等方面)。不可否认,以前的环境保护与经济发展的地位就没有所谓的平等性,环境要素在与经济要素的博弈之中永远是处于下风。环境要素在某种程度上就是经济要素的附庸,但实质上环境要素和经济要素都是发展必不可少的"极"。环境保护优先原则中的"优先"首先就是对环境要素这一"极"的地位的平衡。只有将环境要素的地位与经济要素的地位摆放至发展层面的同一高度才能够有可能讨论所谓的形式"优先"问题。第二,特定条件下的环境与经济要素的差异性固定。这是环境保护优先原则暗含的逻辑形式。在认同环境要素和经济要素在发展中的地位平等性之后,必须解决在不同条件下对环境和经济取舍倾向性的问题。凡勃伦认为制度随着外来环境压力(主要是经济力量的刺激反应)的变化而变化。❶因此环境保护优先原则作为制度的内容也会受到相应的社会经济因素的影响,此处的"优先"绝对不是狭隘的绝对环境保护优先,此处的"优先"

---

❶ 钱弘道.经济分析法学[M].北京:法律出版社,2003:120.

应当是一种系统观念下的特殊部分的相对优先。从环境保护相关法律的总结中可以看出,目前的环境保护优先原则中"优先"的现实作用范围主要集中在:特定区域和特定资源两个层面。[1] 如何去认定和保障环保法层面环境保护优先原则中的"优先",主要取决于保护对象的属性与现状的认知,必须借力于一定的科学技术手段,同时还要对保护对象影响性因素做出准确的预测与评价。

(四)"原则"的定位

环境法的基本原则,是整个环境法体系所适用的,体现环境法基本价值取向的原则,对于法律基本原则的分类种类繁杂,要使环境保护优先原则达到良好的立法目的预期,就必须厘清环境保护优先原则的位阶,本书持以下观点:第一,环境保护优先原则是以政策性原则为表象的公理性原则。从现实层面看环境保护优先原则的确立完全符合了政策性原则的界定:国家在一定时期内,在环境保护方面必须完成既定任务的方略。但是环境保护优先原则的时代特性具有持久的延续性,这种持久的延续性主要凸显在以下两个基本维度以表现其公理性原则的普适性。一方面,环境保护优先的时间维度。环境问题其实是一个渐进式的变化过程,其主要表现为依附于社会形态的变化:从原始社会到农业社会再过渡到工业社会,不难发现环境问题从萌芽开始演变为人类难以适从危机的同时,环境保护的思潮也开始从环境危机肆虐的工业文明逐步迈向保护优先的生态文明。在生态文明社会的构建中环境保护在一定程度上的优先必定贯穿其始终,且对发展的基本认知也必定存在着环境保护优先价值上的倾斜。另一方面,环境保护优先原则的空间维度。从世界物质性的角度来看必须对人类的生存空间树立相应的有限化和不可替代化的认知。[2] 在固有的空间与资源限制下,对环境问题的正视及逐步地重视(其实就是本文所提倡的选择性优先)是完全符合自然规律及生存规律的。也可以更好地理解为何环境问题没有国界,环境问题并非一人一国之事,也并非一朝一夕之事的表达。在这两种维度的认知条件下思考,可以发现,无论何时何地环境保护的相对优先原则存在的普遍价值,这暗合了公理性法律原则的普遍性特征。第二,环境保护优先原则是以具体性原则为基点的基础性原则。从整体的法律体系视角来看,环境保护优先原则就是环境保护领域中的具体性原则,这种具体性主要体现为其所能够调整的范围就是涉自然环境要素类的法律规范,而这种涉自然环境类的环境

---

[1] 周卫.论《环境保护法》修订案中的保护优先原则[J].南京工业大学学报(社会科学版),2014(3):11.

[2] 从现有的科学认知角度来看,首先,人类所依赖的生存空间地球及其所提供的资源是有限的,其次,依赖目前的科学技术手段还无法找到可以替代地球的另一生存空间。

法律规范仔细思考下却存在着与传统部门法具体原则不相协调之处:比如传统的刑法基本原则就不能适用于民法之中,其原因在于传统部门法的调整界限相对明晰和独立。而环境法的法律效用的发挥却并不是可以简单地独立出来的,比如简单的环境责任就可以简单的分化为环境民事责任,环境刑事责任和环境行政责任,与此相对的救济也就存在着民法、刑法和行政法角度上的救济方式,造成这种矛盾的根源其实就是涉自然环境的要素其实早就被嵌入到了各个传统部门法之中了,因此解决环境问题就需要环境问题的部门化应对。❶ 在生态文明视角下环境保护优先原则表面上是环保类法律规范的具体性原则,其实质上是体现与自然环境要素行为相关环境问题部门化的根本性价值的原则,是环境问题部门化所涉及的相关法律活动的基础,是环境问题部门化相关法律的指向性坐标和法律价值的归宿。因此这种基础性不应当仅仅局限于环境保护法这一基本部门法中,还应当将其相对的贯彻到环境保护相关领域的实体法律和程序规则之中,必要时还可以将其作为涉自然环境要素立法行为的基准,以此来凸显其基础性。❷

第二节　环境保护优先原则的角色定位

法律的基本原则是每一门法律在其自身发展的不同阶段对自身演进过程中基本规律的总结,是对自身发展性质和特点的浓缩。环境保护优先原则是环境法的基本原则之一,基于基本文献的查阅,就保护优先这样的表述在形式上几乎是中国学者的独创,该基本原则的确立是中国环保法与中国国情结合,反映中国环境保护工作实际的抽象,其对中国的环境法体系、基本价值,以及对环境法的实践都有着重大的指导作用,在环境基本法的大框架下发挥着巨大的作用。环境保护优先原则是判断当下国人环境行为的基本准则之一,其充分地体现着科学的环境伦理观、环境正义观,将环境保护和可持续的科学发展作为今后发展的重要目标,在结合现代的环境科学技术,借助环境法律和环境政策希望达到社会生态文明的建设,实现人类的永续发展。

---

❶ 柯坚.当代环境问题的法律回应:从部门性反应、部门化应对到跨部门协同的演进[J].中国地质大学学报(社会科学版),2011(5):27.

❷ 张文显.法理学[M].北京:高等教育出版社、北京大学出版社,2003:75.

一、环境保护优先原则的价值定位

生态环境问题远远不是某个单独学科可以独立解决的问题。环境问题的解决从某种程度上讲就是环境管理问题的优化,环境法律和规范作为环境管理的重要实现方式,环境法的基本原则应当体现着对待环境问题的基本价值取向。环境保护优先原则的价值定位可能从不同的学科角度存在着不同的解读,本书拟对环境保护优先原则的价值进行以下定位:

(一)环境保护优先原则的可持续发展价值

可持续发展问题的提出,源自于环境保护问题。[1] 世界环境和发展委员会在《我们共同的未来》的调研报告里对可持续性发展的界定是:"既满足当代人的需要,又不对后代人满足其需要的能力构成威胁。"客观的自然环境其实具有二元属性。这种二元属性的基本表现是:一方面环境固有自然价值对人类发展的客观积极作用。比如说自然环境在人类的生存与发展中发挥的载体性作用,动力性支撑等。另一方面环境变化所引起的自身突变对人类发展的客观消极影响,比如自然科学角度下超出环境容量承载极限范围所引发的灾害性威胁对人类的生存发展的阻滞现象。客观的自然环境二元属性的核心其实是人类在对自然要素进行利用时,应当注意限制和保护(限制是对现有自然资源存量的控制,保护是对现有生存状态的保全),其中延伸出的静态表现就是人与自然状态的和谐统一,动态模式就是人与自然的协同发展。这种动静结合的理解,从本体论角度观之,就是由以往人与自然分离的认知转变为人与自然相统一的认知。从认识论观之,就是由人类中心转变为生态人类中心,其基本的价值尺度从单纯的人类利益转化为人类利益和地球利益的综合。环保法从以前的协调发展原则转变为以环境保护为限定的环境保护优先原则就是可持续发展伦理的倾向性选择。

(二)环境保护优先原则的生态规律尊重价值

人类的生存与发展过程在环境领域实质上是人类与自然的物质交换过程,这种宽泛的物质交换的基础是自然物质(这种自然物质肯定包含了环境法中所提及的环境要素)。因此对自然因素的人类实践行为理应符合应有的自然规律。从人类与自然物质交换的本质上讲,这种自然规律可以归纳为:衡平的能量流动。衡平是人类与自然进行交换的应然状态,体现出此种交换的理想状态。能量是人类与自然进行沟通的实体媒介,体现出此种沟通的物质属性。流动是人类与自然进

---

[1] 李爱年.环境法的伦理审视[M].北京:科学出版社,2006:43.

交互的运动状态,体现出此种交互的相互影响。从当下人类发展与自然关系的现状模式来看,人类过多地强调了自然的物质属性和流动利益的单向性(在人类社会的发展过程中,过多地从自然中"提取"自认为有利的正能量,而过多地释放出了损害自然的负能量),严重忽视了衡平和谐人与自然的关系交互。面对现有的生态环境危机,其实恩格斯在一百多年前的《自然辩证法》中早就认识到:人类不要过分的陶醉于我们对自然的胜利,对于这样的胜利,自然界都报复了我们。❶ 环境保护是应对当下非均衡能量流动物质交换的必然选择,而通过立法模式进行固定的环境保护优先原则本质上就是对环境污染和生态破坏所共同作用形成的环境危机的积极回应,这使得环境保护优先原则具有适用的科学性。

(三)环境保护优先原则的生态正义体现价值

生态正义是在承认人与自然之间处于平等地位的基础上,人类给予自然以应有或应得。环境正义在环境法上的讨论是比较多的,形成了以人类为中心的比如代内正义、代际正义等一系列的认知,当然反对者也存在。本书所提及的生态正义是从自然角度出发的倾向于自然的(人类应该为自然做些什么)正义观念,其实更多的区别于以人类权利为中心的代内、代际划分的正义。❷ 环境保护行为本身就是人类在正确认知到人与自然关系的基础上对自身行为的反思,对自然母亲爱戴的一种反馈。环境保护优先原则从生态伦理的角度将人与自然进行地位的等同(乃至在某些特别的生态环境领域还有所拔高),体现的就是一种生态道德的认同。通过法律原则进行固定的环境保护,从某种程度上已经慢慢超出其原有的行为模式范畴,而逐渐地上升为一种意识认知范畴。这种对自然的生态道德认同涉及法律原则的内在道德取向,一定程度上让环境保护优先原则在作为法律基本规范的同时更多地符合生态正义的道德价值。

(四)环境保护优先原则的经济成本衡量价值

一国发展模式的选择,往往是在其国情基础上经济政策的选择,而经济政策的选择往往又是不同社会体制作用的结果,而社会体制的确立往往是由法律所规范的或者说是依赖于法律的。环境保护优先原则实质就是法律对社会发展的经济政策的调整。经济分析法学认为,立法的行为其实就是构建了一定的法律市场,在这种制度的市场中形成了一定的供求关系,而适当的立法和修法就是对法律市场关系的供求调整。环境保护优先原则是环保法修法的产物,从法经济学角度来看,就

---

❶ 马克思恩格斯.马克思恩格斯全集(第20卷)[M].北京:人民出版社,1971:519.
❷ 徐海红.历史唯物主义视野下的生态正义[J].伦理学研究,2014(5):22.

是对环境保护法律供求关系的调整,环境保护优先原则取代了原来环保法中经济与环境协调发展的原则,当然不能讲环境保护在旧环保法中毫无法律需求,毕竟环保法潜在的目的就是保护环境。因此可以这样认为,环境保护的法律需求其实是伴随着环保法的产生而产生的。只是在当时的时代背景下为了促进经济的发展,各种认知、决策乃至法律等制度层面所产生的社会净收益大于当时环境保护所能够制造的社会净收益。当下的环境保护优先原则被鲜明地固定于法律之中,其实就是现在的决策者、立法者们认识到了环境保护行为所带来潜在收益地位的提升,当年所谓的决策帕累托最优已经被现实所打破,因此从法律制度层面对当时的决策的非均衡性进行一定的调整,这也就不难理解为什么环境保护优先原则能够成为环保法基本原则了。

二、环境保护优先原则的功能定位

环境保护优先原则作为处理环境法律问题的基本原则,从其能够发挥作用的主要文本表现形式来看可以分为:国家环境法律规范性文件(简称"国家环境法规")和国家非环境法律规范性政策文件(简称"非法律规范性文件")。[1] 本书所提及的政策和法律是放在同一个句意下的探讨,因此有必要注意两者的区分。本书所认为的区分就在于规范性与否,对于政策与法律的关联到底如何此处不做探讨。从规范法学的角度来看环境保护优先原则的适用,就必须从其真正发挥作用的形态进行深入的分析,因此本书从其发挥作用的形式对环境保护优先原则的功能进行基本定位。

(一)环境保护优先原则的政策导向性功能

环境政策是国家为保护环境所采取的一系列控制、管理、调节措施的总和。[2] 中国的环境政策是指中国公共组织就与环境保护有关的事项所决定采取的具有政策形势和政策规范性的各种方法的总称。[3] 从基本的中国环境政策的抽象化概念可以看出环境政策的导向性作用。将环境政策与环境法律作为一个平行的概念进行梳理的话,可以得出我国的环境政策的文字性表现形式主要有以下几类(见表1)。

---

[1] 蔡守秋.环境政策学[M].北京:科学出版社,2009:107.
[2] 温宗国.当代中国的环境政策形成、特点与趋势[M].北京:中国环境出版社,2011:4.
[3] 此处的中国环境政策包含五个方面的内容:①中国环境政策是中国共产党和国家组织并决定实施的政策;②确定中国环境政策的基本依据是马克思主义和中国经济、社会及环境保护事业的实际状况;③中国政策的直接目标和任务是保护和改善环境、防治环境污染和生态破坏;④中国政策的基本表现形式和内容是有关的行动、计划、规则、措施和其他各种对策;⑤中国环境政策具有约束力、指导力、诱导性、强制性等政策规范性和政策效力。

表1 我国环境政策主要文字性表现形式

环境政策表现形式	代表性文字材料
党的环境政策文件	《中共中央关于构建社会主义和谐社会若干重大问题决定》(2006年)中规定的环境政策 《中共中央关于全面深化改革若干重大问题的决定》(2013年)中规定的环境政策等
党与国家机关联合发布的环境政策文件	《中共中央、国务院关于加快林业发展的决定》(2003年)
国家机关的非环境法律规范性政策文件	《中华人民共和国环境与发展报告》(1992年) 《环境与发展十大对策》(1992年) 《中国21世纪议程》(1994年)
领导的批示,讲话,报告,文章,著作等	国务院《政府工作报告》中的大力发展循环经济(2004年) 胡锦涛《在中央人口资源环境工作座谈会上的讲话》(《中国环境报》2004年4月6日)中的环境政策

资料来源:作者根据蔡守秋主编《环境政策学》和温宗国著《当代中国的环境政策形成、特点与趋势》整理。

从以上的中国环境政策的表现形式来看,可以明显地看出中国环境政策来源的多元化,但是也不得不承认环境政策的可操作性几乎没有,完全是思想的引导和目标的宣誓。从目前的环境政策来看,中国现阶段(从中华人民共和国成立直到今后相当长的一段时间内)的环境政策都属于发展中国家的环境政策,这种类型的环境政策一个重要的表现是坚持经济、社会与环境保护的协调发展。坚持经济、社会与环境保护的协调发展,是中国环境政策的一个显著标志。[1] 这类环境政策的定位是由国家的经济发展水平所决定的。在这种情况下中国的环境政策不仅仅考虑的是环境保护的基本目标,同时也注重着经济水平发展的承载能力负荷,而且在经济比例较为倚重的情况下,有差别的关注环境问题。因此从改革开放以来,总感觉到环境政策一直在为经济发展让步,并没有做到实质上的协调发展,从而形成了较为顽固的"先污染后治理""边发展边污染"的经济与环境关系的思维。至少从现有的大部分环境政策来看我国的环境政策定位是"环境与经济协调型"而不是"环境优先型"。中国的环境政策原本的协调型导向应当向环境优先导向过渡,才能修复环境问题的思维创伤。环境保护优先原则是环境法的基本原则,而这种基本原

---

[1] 蔡守秋.环境政策学[M].北京:科学出版社,2009:99-100.

则的最先渊源应当来自环境政策,其在环境基本法中指导性的规定在本书看来有些超前,但推动其超前的原因是中国环境的窘境。因此在这个方面,环境保护优先原则也应当作为"环境优先型"政策定位的基本价值取向,在中国环境政策过渡的特殊时间段,利用环境保护优先原则对其进行指导,将其作为中国环境政策的最新定位来引导中国的环境保护工作,对于从根本上使得中国的环境状态改善有着不言而喻的好处,同时也会促进基本的生态环境友好型社会的建设,实现美丽中国的中国梦。

(二)环境保护优先原则的规范限制性功能

环境保护优先原则作为环境基本法中明确规定的基本原则,其规范的法学功能就不可能缺失。学界一致认为,环境法律是确立、宣布国家环境政策的最高、最有效的形式,而有关环境保护方面的指导思想、原则、理念、价值观等环境政策规定的环境法律中的一项重要内容。❶ 环境保护优先原则当前最为直接的表现形式就是环境基本法中的条文化,这种条文化赋予了其区别于环境政策的法律性特征,其具有更为直接的规范性、协调性、执行性和补充性。

1.环境保护优先原则在环境保护法中的规范性

在伦理学大辞典里,"规范"一语存在着广义和狭义两种基本解释:广义指一定的过程或过程的结果所遵守的规则。在科学上通常所说的规范是指社会规范和道德规范,也就是调节整个社会或个人活动的手段。在这种意义上说规范就是人们的活动、行为应遵守的规则。狭义指确定个人和社会相互关系的原则和规则,并且这些原则和规则还在法律及其他法令、风俗习惯、社会要求中固定下来。基于规范的定义可以将环境保护优先原则的规范性分为两个层次解读:第一,环境保护优先原则的狭义规范性。环境保护法作为环境保护领域的基本法,其自身发挥着对国家、政府、公民环境行为的基本规制作用。环境保护优先原则源自于环境保护法第五条的明确规定,其本身属于环境保护法的组成部分之一,环境保护法对其进行了条文化的固定,使得环境保护优先原则拥有了最为直接的规范效力。第二,环境保护优先原则的广义规范性。法律原则是一部法律中最为基本的规定,是法律适用的基本准则,一部应然的法律如何成为一部拥有生命力的实然的法律,其在法治实践中都必不可少地需要原则性的指导。环境保护优先原则表面上可能不具有强烈的环境司法适用性,但是在实际的环境法治过程中,其原则性的价值宣誓和引导乃是整个环境法治实践(立法、执法、司法、守法)的重要渊源,环境保护优先原则成为了调整国家、社会和个人环境行为的基本准则之一,这使得环境保护优先原则

---

❶ 蔡守秋.环境政策学[M].北京:科学出版社,2009:106.

成为了广义上环境保护工作中必须遵循的规范之一。

2.环境保护优先原则在环境保护法中的协调性

环境保护优先原则作为环境法的基本原则其协调性不言而喻。其协调的主要表现主要可以分为制度协调和实施协调两个方面。第一,环境保护优先原则的制度协调性。就我国目前的环境法律法规来看,可以做出如下总结:以《中华人民共和国环境保护法》为代表的基本法,以《中华人民共和国大气污染防治法》等为代表的污染防治法,以《中华人民共和国水法》等为代表的资源保护法及以《中华人民共和国标准化法》《中华人民共和国清洁生产促进法》为代表的相关法律构成了我国的基本环境保护法律体系。同时在这些狭义的国家法律以下,还存在着大量的行政法规、部门规章、环境标准、地方性法规,以及批准和签署的国际条约,从这些规范性法律文件的数量上、结构上来看,可以基本得出我国的环境法律法规体系是基本健全的,但是基于法律法规的制定技术的限制,立法者的理性认知局限性,法律的滞后性等一系列的因素,其中相当一部分的规范性法律文件并没有良好地做好从协调型社会向优先型社会转变的过渡,因此环境保护优先原则在优先型社会的过渡上发挥着制度上的协调作用。第二,环境保护优先原则的实施协调性。环境法律规范所构建的制度体系,发挥作用的根源其实质上是在于制度的运行,如此多的法律制度其自身具有较为明确的规范内容和目的,要使得各项制度在整体上为生态文明建设服务,就必须确保其调整目标和调整效果一致性,在具体的实施中各个制度最为现实的方式就是将保护优先的原则作为实施的底线,以其统帅具体的制度实践。

3.环境保护优先原则在环境保护法中的执行性

环境保护优先原则是环境保护法的基本原则,具有最为直接的指导执行功能。环境法治的生命力在于环境法律的执行,可以简单地理解为环境事务的管理与调控。从中国的环境立法来看,目前绝大多数的环境法律、法规及环境政策都是涉公性与涉私性的结合。涉公性表现为环境法律、法规都明确地规定了执行主体,或者明确地规定了执行机关,尤其是在环境行政部门化的表现中尤为突出。涉私性主要集中在各类环境政策之中,国家和政府借助环境政策来规范企业环境行为,激励企业进行环境行为的改良,使企业主体能够在政策规范的框架下获得更为丰厚的环境利益。在此处无论是环境的执法者还是社会经济建设的企业群体,他们的环境执法行为或者环境生产偏好行为都不是随心所欲的,他们的行为评价指标必需符合环境法律法规和环境政策的创设精神。环境保护优先原则的执行性就是对企业环境生产行为和环境执法者环境执法行为的规范,是判断环境行为是否符合基本生态友好型、环境优先型社会建设的指标之一。只有环境行为的参与者遵循了环境保护优先的基本原则具体的实施环境行为,才能够实现环境法的立法目的和环境政策设计的初衷。

4.环境保护优先原则在环境保护法中的补充性

本书所诉的环境保护优先原则的补充性最为明显的表现就在于环境司法的过程中的弥补作用。不管我们是否承认法官"造法"的作用,中国法官在解决纠纷的同时也在创造着新规则是不争的事实。❶ 环境保护优先原则的适用是对环境保护中一系列法律法规的目的、价值进行表达的过程,法官通过利用法律解释的方法来克服环境司法过程中法律规范的缺陷,衡平环境法律部门化中所存在的价值冲突,弥补环境司法过程中的法律漏洞。环境法律的司法部门化已经成为现实司法实践中的常态,虽然目前也存在着环境司法专门化的研究与实践,但在实际的实践操作中,环境司法的裁判过程仍然是对环境民事、环境刑事、环境行政责任的私益化和公益化的权利保障,最为实际裁判依据仍然是部门化后的环境法,现实中真正让环境保护法及其基本法律作为裁判依据的状态极为的浅显。通常表现为:裁判理由的简单化说理,体现着环境法的基本宣誓价值或者裁判结果的直接化引用,体现着严重的法条机械主义。真正能够说服当事人的理由往往不是来源于最为直接的环境法律法规体系,更多的倾向于部门化的环境法律法规。部门化的环境法是解决实际环境纠纷的重要法律依据,而能够使得环境法的目的、价值得以践行就必须在环境法的部门化过程中注重环境保护优先原则的弥补性作用。在环境司法的过程中如果发现了法律的空白或者漏洞,法官可以选择适用环境保护优先原则作为裁判环境案件的主要法律依据。

第三节 环境保护优先原则的适用分析

环境保护优先原则的实际条文化是在2014年4月24日,具体的法治实践是在2015年1月1日,但是环境保护优先的生态理念并非以上的两个明确日期作分水岭。本书从我国的环境政策与法律角度对环境保护工作进行了基本的梳理(见表2)。

---

❶ 林菲菲.中国法律原则的司法适用问题研究[D].长春:吉林大学,2014.

第八章 环保优先原则适用研究

表2 我国从环境政策与法律角度对环境保护进行梳理概况

经济发展阶段	环境保护阶段	政策制度表现形式	狭义法律表现形式	基本评价
20世纪70年代	起步构建阶段，开始走上法制轨道	综合治理"三废"问题。形成老三项制度（"三同时"制度；排污收费制度；环境影响评价制度）	1978年《宪法》对环境保护做了明确规定："国家保护环境和自然资源"；《环境保护法》（试行）	此阶段为我国工业化的初期阶段，对于环境保护的贡献在于形成了基本的三大政策和基础的整体法律规范，此阶段的主要治理表现为基本的末端治理，浓度控制，分散治理，点源控制，对于经济与环境的关系表现为实质上的环境发展让位于经济发展
20世纪80年代	初步形成框架体系，开始走向成熟	明确环境保护三大政策：预防为主，防治结合；谁污染，谁治理；强化环境管理形成"新五项制度"（环境保护目标责任制；城市环境综合整治定量考核制度；排污许可制度；污染集中治理制度；限期治理制度）	1.环境基本法:《环境保护法》《海洋环境保护法》 2.污染防治法:《水污染防治法》《大气污染防治法》 3.资源保护法:《森林法》《草原法》《渔业法》《矿产资源法》《水法》《野生动物保护法》 4.标准配套法:《标准化法》《城市规划法》等	
20世纪90年代	环境保护开始得到公众关注，环境质量要求提高，环境保护的观念与环境法律政策开始统筹协调发展	可持续发展原则直接影响中国的环境政策，形成了《环境与发展十大对策》（1992年）；《中国21世纪议程》（1994年）；国务院发布《关于环境保护若干问题的决定》（1996年）；注重污染物的排放浓度控制和总量控制，发展排污权交易制度，开展大气排污试点；"一控双达标"和跨世纪绿色工程（1996年）等	1.环境保护法:《环境保护法》 2.污染防治法:《水污染防治法》《大气污染防治法》《固体废物污染防治法》《环境噪声污染防治法》 3.资源保护法:《森林法》《矿产资源法》《水土保持法》《煤炭法》《节约能源法》《气象法》 4.标准配套法:《领海及毗邻区法》等	此阶段可以简单的归纳为我国经济发展的工业化中期阶段，注重形式上的协调发展。此阶段的环境保护成绩在于单位的表面污染强度得到了一定的控制，工业污染成为了此阶段最为明显的特征，污染防治开始注重三个转变：从末端治理向全过程控制转变，从单纯的浓度控制向浓度与总量结合控制转变，从分散治理向分散与集中治理转变。但是此阶段的实践效果并未达到预期目的

269

续表

经济发展阶段	环境保护阶段	政策制度表现形式	狭义法律表现形式	基本评价
21世纪至今	注重科学的环境政策与法律的实施,转变发展观念注重节能减排,推进清洁生产、循环经济。环境保护工作从"协调型"向"优先型"转变	环境保护政策形成了一个中心,两个目标,三条途径的模式:以科学发展观为中心;实现节能减排,资源节约型,环境友好型社会建设目标;推行清洁生产,发展循环经济,加强环境经济政策调控	1.环境基本法:《环境保护法》 2.污染防治法:《水污染防治法》《大气污染防治法》《固体废物污染防治法》《环境噪声污染防治法》《放射性污染防治法》 3.资源保护法:《水法》《防沙治沙法》《节约能源法》 4.标准配套法:《环境影响评价法》《清洁生产促进法》等	此阶段可以概括为我国的工业转型阶段,在经济发展取得重大成果的同时,开始实际关注环境问题,思想上从协调型向环境优先型社会开始过渡。此阶段注重实际的环境法律与政策的实施,关注清洁生产,生态保护,循环经济注重环境经济政策的调控作用,尝试绿色信贷,绿色保险等多样化的环境治理模式,寻求实质上的环境保护优先

从以上的简单梳理过程中,可以发现目前我国的环境保护工作尤其是规范的环境保护工作主要有以下的三个特征:①环境保护工作的主要规范形式仍是环境法律法规和环境政策占主要部分。②环境保护的理念开始有着实质性的转变,经济优先的发展→经济与环境的协调发展→环境优先社会。③环境保护工作的方法开始系统化、科学化、创新化,开始注重环境政策和环境法律法规的实施,强调环境工作效率。这当然是目前我国在环境保护工作领域取得的些许成绩,但实质上面对目前仍然严峻的生态环境问题,作为其只要规范管理手段的环境政策和环境法律法规的实施(主要是执法和司法方面)仍然存在着许多问题,对于环境保护优先原则来讲,目前的任务仍是任重而道远。

一、环境保护优先原则在环境政策适用层面分析

环境保护优先原则是环境保护法中法定的基本原则,同时也是今后"环境优先型"环境政策的指导方针,但是就目前的环境保护优先原则载体之一的环境政策来看,其中仍存在着较为明显的问题。从将环境保护优先原则融入环境政策的角度来看,目前的环境政策从制定到实施等一系列的政策生命周期内都存在着瑕疵。主要表现为以下两个方面。

(一)环境政策制定层面分析

本书所讨论的环境政策不同于环境法律法规,在上文中将环境政策定义为非法律规范性文件。对于环境法律法规而言其产生都会有具体的程序可以参照与遵循(传统意义上的立法程序与方法)而从环境政策的表现形式上来看,主要有上文所提及的党的政策、国家政策、领导人政策等多种组合,从其产生的形式上来看,其实并没有法律产生的民主性、开放性及相对的科学性,从一定程度上讲,环境政策是大范围或者集权的"人治"特点,只是这里的人更为精英化、理性化。当然这也是本书所认为的环境政策区别于环境法律的特点,狭义的环境政策还体现着适应和解决问题的时代性,同时也弥补着环境法律的滞后性。鉴于环境政策调整对象和调整方法的伸缩,加之其缺乏环境科学的指导,我国的环境政策在制定方面存在着相应的问题。

1.环境政策制定的指导思想仍未转变

环境保护与经济发展的关系其实在目前的中国土地上应该是分层次的,我国的区域经济发展极不平衡,形成了最具中国特色的东中西三级、南北方两极的经济格局。因此对于环境保护优先原则指导的"环境优先型"政策也应当有层级的、有区域的进行贯彻,《国务院关于落实科学发展观加强环境保护的决定》[国发(2005)39号]明确要求,在环境容量有限、自然资源供给不足而经济相对发达的地区坚持环境优先,做到增产减污;在环境仍有一定容量、资源较为丰富、发展潜力较大的地区坚持科学合理地利用环境承载能力,在推进工业化和城镇化的同时严格控制污染物排放总量,做到增产不增污;在生态环境脆弱的地区和重要生态功能保护区实行限制开发,在坚持环境保护优先的前提下发展特色优势产业,确保生态功能的恢复与保育,逐步恢复生态平衡;在自然保护区和具有特殊保护价值的地区实行禁止开发,依法实施环境保护,严禁不符合规定的任何开发活动。❶ 区域内的自然生态环境状态就是环境保护优先政策划分层级的标准,而目前的许多能够具体实践的环境政策往往存在"一刀切"的现象。许多的环境政策仍是"先污染后治理"的基本模式,注重污染的防治而忽略生态的保护;对于城市与农村环境政策的差异化表现尤其突出,注重城市的环境政策而忽略农村的环境政策;对于环境政策的理解仍然停留在环境政策的本身,缺乏宏观的统筹思维,注重事后的治理性单项政策,而忽略事先的预防等综合性政策;在政策作用的发挥上,注重政府的直接控制性政策,忽略企业的主观能动性政策等思维突出,这一系列的环境政策从起点上就缺乏环境保护优先的基本认知,缺乏环境优先型政策的指导性思维。

---

❶ 苑琳,崔树民.只有坚持生态优先才能加快科学发展[J].环境保护,2007(5):58-61.

2.环境政策制定的科学性分析不够

要想环境保护优先原则能够借助环境政策达到落实,就应当注重环境政策的科学性。环境政策的科学性应当分为环境政策制定的基础科学、方法科学、内容科学等方面。目前我国制定环境政策的基础并不是十分科学。中国长期以来都缺乏真实有效的环境保护统计资料,我国的环境监测、调查数据不够详细,很多指标都较为落后,并不能与当下的经济发展水平和生态破坏,环境污染水平相适应。一些重要的环境政策制度并没有结合地方实际进行科学的论证,制定出的环境政策有很大一部分要么脱离实际,要么落后于实际。环境政策是党、国家及人民对生态环境的软治理活动,政策的制定应当遵循民主的方法,但目前在制定环境政策时,往往是政府或者相关部门一家独大,其开门制定政策、民主制定政策的情况并不真实:许多的专家论证会、公民听证会往往流于形式。在环境政策的制定过程中并没有真正意义上地充分发挥专家和公民的作用,有些环境政策还存在不尊重民意,侵害公民权利的现象。环境政策内容的科学性主要是针对目前环境政策内容的作用机制进行思考的内容。目前的环境政策的制定思路已经开始从"经济与环境协调发展型"向"环境优先型"过渡,而这种突破传统的政策改变,目前更多地依靠的是行政强制和法律强制,注重的只是内容表面的过渡性,并没有实际的考虑现实的可行性,比如目前的环境污染终身负责制,过分的强调了相关的行政责任过程,并没有明确的多元责任,其实环境政策更多的方面不是去限制被施政者的责任,而更多的是进行环境保护优先转变的权利的赋予,环境政策区别于环境法律的底线维持,因此其基本的基调应当是鼓励而不是限制。

(二)环境政策实施层面分析

鉴于本书所指涉的环境政策概念是与环境法律法规相互平行的概念,本书对于环境政策实施问题的分析主要是从环境政策实施的表现形式和参与主体的角度进行考虑。就目前中国常用的环境政策措施(见表3)。

表3 我国环境政策措施

命令—控制措施	市场经济措施	自愿行动	公众参与
污染物排放浓度控制	环境收费政策(排污费)	环境标志	环境状况公报
污染物排放总量控制	环境保护产业政策(超标处罚)	ISO14000体系	环境统计公报
环境影响评价制度	环境税收政策(环保节能产业税收减免)	清洁生产	河流重点断面水质公布

续表

命令—控制措施	市场经济措施	自愿行动	公众参与
"三同时"制度	环境投资政策(排放权交易)	生态农业	大气环境质量指数公布
限期治理制度(已废止)	环境价格政策	生态示范区(县市省)	企业环保业绩试点
排污许可证制度	环境技术政策(节能产品补贴)	生态工业园	环评听证
污染物集中控制	生态补偿政策(试点)	环保NGO	环境教育
城市环境综合整治定量考核制度	环境信贷政策(绿色信贷)	环保模范城市、环境友好企业	中华环保世纪行(舆论媒体监督)
环境督查		绿色GDP核算试点	

资料来源:作者根据温宗国著《当代中国的环境政策形成、特点与趋势》第21页整理。

从以上的整理可以看出,我国的环境政策实施的主要手段可以分为三个大类:一是以政府行为为主导的行政调控型环境政策;二是以企业生产为对象的市场调控型环境政策;三是以公众参与为表现的社会调控型环境政策。就目前环境政策体系的完整性来看似乎并无多大问题,但环境政策的实施效果除了完备的政策体系之外更为关键的是环境政策实施者的行为。目前环境政策实施低效[1]的原因之一就是政策实施者的执行出现了问题。

二、环境保护优先原则在环境法律适用层面分析

基于环境保护优先原则作为环境保护基本法的法律原则属性,其应当指导国家恰当地行使国家所拥有的环境管理权。国内学者对环境管理权从不同的角度进行了分析,比如吕忠梅教授从法律部门属性角度认为的环境管理权是比较重要的环境行政权力,胡德胜教授则从法律实践的角度认为环境管理是一种合法和合政策统筹性活动。[2] 从本书所考虑的环境保护优先原则法律原则的适用角度观之,本书所认为的环境管理权至少包括:国家在依据法律规范的规定执行其对环境管理的权能和对生态环境利益的损害的国家救济,也就是通常所讨论的国家环境执

---

[1] 喻成杰.我国环境政策实施中的问题和优化选择问题研究[D].西安:陕西师范大学,2014.
[2] 胡德胜.环境与资源保护法学[M].郑州:郑州大学出版社,2010:108-110.

法和环境司法行为。将作为国家环境管理权的依据的环境保护优先原则融入环境执法和环境司法实践就会发现目前此原则在具体的法律实践中存在的问题。

(一)环境执法适用层面分析

环境执法不是简单的环境法适用问题。何为环境执法？有观点认为：环境执法，是指政府环境行政机关及其工作人员依据法定权限和程序，以完成环境管理职能活动目的，对特定行政管理相对人采取的影响相对人权利义务的措施。[1] 在本书看来，狭义的环境执法至少包括国家行政机关依据环境法律法规和行政法规管理生态环境事务的行为。环境执法是国家环境保护的主要活动，其程序上的正当表现主要是依据现行的行政法律规范，但其实体上的正当表现则依托于一定的环境法律规范原理。环境保护优先原则作为环境法律规范的基本原则应当在实体上指导着环境执法行为，但实质上并非如此，现实的环境执法与环境保护优先原则存在着一定的冲突，主要表现如下。

1.环境执法环境与该原则的冲突

环境执法环境主要是指影响环境执法行为发挥作用的外部性因素，其主要包括环境执法的环境法治意识，环境执法的社会配合程度及环境执法的非法干扰因素等方面。就目前环境保护优先原则与环境执法的外部环境冲突来看主要可以归纳为：第一，环境保护优先原则与环境执法的基本理念存在差距。在理论上环境保护优先原则是体现环境执法实体正当性的依据，是凸显环境执法环境价值取向的表现，是彰显环境执法行为科学性的根据。但是在实际的环境执法过程中环境保护优先的思维方式并没有真正地贯彻到实际的环境执法过程中：在环境规划、环境许可的过程中更多的仍是以经济绩效为主要指标，在污染监测、污染治理过程中更多的是"先污染，后治理"的事后治理理念，在环境评估、环境考核过程中注重的不是实际的环境状态而是更为注重形式的环境数据。第二，环境保护优先原则与环境执法的公众基础存在间隙。环境执法是个双向行为，其运行的效率与否其实也需要社会公众的支持。公众对环境保护的认知大部分是建立在自发的基础之上，并没有完全演变为环境执法过程中的公众自觉行为。公众对环境保护优先的行动更多的是律己性，而非律他性的。这就使得理想状态下以环境保护优先为基础的环境执法自觉行为在实施过程中存在公众基础自发行为认知上的间隙，从而影响到了环境执法的最终效果。第三，环境保护优先原则与环境执法的部门利益存在矛盾。环境执法的主体是具有环境执法权限的行政机关，上文已经提及了政府的

---

[1] 赵倩.我国环境执法问题研究[D].北京：中国海洋大学，2013.

"二元性",环境执法过程在本书看来是国家政府维护其"公共人"属性的基本手段,但其实质上缺乏独立性,主要表现为:环境执法的人事权、财政权及执法权受到"经济人"属性政府及其主事官员的限制。尤其是在地方,环境执法的掣肘更为严重,在地方经济和部门利益的双重博弈中,从政府行为上往往可以牺牲的就是环境执法等一系列无法带来直接利益或者阻碍利益获得的行政行为,更别谈环境保护优先原则在环境执法过程中发挥的指导作用了。

2.环境执法主体与该原则的冲突

环境执法主体是指行使国家环境管理权能的单位及其内部组成人员,其主要包括具有环境执法权能的组织机构及组成组织的成员(实际执法人员)要素。给予以上要素的视角,目前环境执法主体与环境保护优先原则的冲突可以基本概括为:第一,环境执法组织机构与环境保护优先原则的矛盾。环境保护优先原则在理想状态下作为环境执法的指导思想,其最终的目的仍是体现政府利用契约所获得管理权达到对公众生存环境的保障。在当下生态破坏,环境污染较为严重的情况下,要想达到实际的环境友好型、生态友好型社会的构建,就必须要求环境相关的执法机构具有对应的效能,但从现实中的环境治理来看,目前的环境执法组织无论是从数量上还是质量上都不能完全地满足环境治理的需求。表4是对全国环境统计公报(2014年)环境管理环保系统机构和人员的整理。

表4 2014年全国环境统计公报环境管理环保系统机构和人员的整理

环保系统机构数/人数(个/万人)	14694/21.5	均值(个/人)14.7
1.环境行政主管部门机构/人数	3180/5.2	16.3
2.环境监测机构数/人数	2775/5.9	21.2
3.环境监察机构数/人数	2943/6.3	21.4
4.核与辐射环境监测机构数/人数	225/0.3	13.3
5.科研机构数/人数	323/0.7	21.6
6.宣教机构数/人数	263/0.2	7.6
7.信息机构数/人数	252/0.2	7.9
8.环境应急(救援)机构数/人数	146/0.1	6.8
9.其他(预估)	4587/2.6	5.7

资料来源:作者根据全国环境统计公报(2014年)整理。

从这组数据中最多只能感性地感觉到,我国的环保系统机构数量还是较多的,但是除去基本的监测、科研、宣传、信息及不在编的机构,实质上我国目前较为活跃的环境执法机构主要是表中 1 和 3 两类。机构的数量可能并不是很直接,从 2014 年全国环境统计公报中的污染物排放总量和具体的环境执法相关性工作,就可以基本看出我国环境执法机构的数量的捉襟见肘。全国废水排放总量 716.2 亿吨,全国废气中二氧化硫排放量 1974.4 万吨,全国废气中氮氧化物排放量 2078.0 万吨,全国废气中烟(粉)尘排放量 1740.8 万吨,全国一般工业固体废物产生量 32.6 亿吨。2014 年环境污染控制与管理活动中完成:清洁生产审核当年完成企业数 10289 家,应开展监测的重金属污染防控重点企业数 3661 家,已发放危险废物经营许可证数 1921 家。2014 年环境影响评价审批 370567.6 亿元,审查规划环境影响评价文件数 441951 件,建设项目竣工环境保护验收 142448 个。2014 年排污费征收 317902 户。2014 年接受环境信访来信 113086 件,接待来访 50934 批次,接待 109426 人次,来信来访办结数 152453 件。2014 年突发环境事件 471 次……❶以上的数据明显可以表现出环境执法机构工作量大、机构不足的特征。

3.环境执法依据和方式与该原则的冲突

环境执法需要达到理想的状态就必须至少符合执法依据的正当性及环境执法方式的合法性与执法手段的正当性。但是,目前以环境保护优先原则作为其指导的理想环境执法状态在依据和手段方式上并不尽如人意。一方面,从环境执法的依据来看,目前环境行政执法主要依据应当分为两个层次:一是以行政法律规范为执行的程序规范,二是以环境法律规范为执行的实体规范。由于不同部门法所调整的对象和调整的方法上存在着天然的分立,使得环境执法的程序和实体规范衔接存在问题,我国传统的环境法律规范设计强调的是立法层面的"宜粗不宜细"的指导思想,导致我国的环境法律规范缺乏可操作性,大部分的环境权利多为意识形态层面的宣誓而非实践上的操作,然而借助于行政程序进行的环境执法的侧重点则存在偏离实体环境法规的倾向,最为明显的例子就是环境执法中普遍存在的"一罚了事"现象。鉴于我国环境执法中体现环境实体价值的程序法并不存在,加之实际操作过程中的环境法律法规配套规范并不完整,使得环境执法过程中体现环境保护优先原则价值的实体法实践"走样"。另一方面,从环境执法的手段来看,目前环境执法的手段过于单一。根据国家环保总局环境监察局与美国环保协会共同开展的调查,在 5 项环境执法手段(罚款、限期整治、警告、停产停业、吊销证书)的

---

❶ 中华人民共和国环境保护部.全国环境统计公报(2014 年)[EB/OL].(2015-10-29)[2016-03-10]. http://zls.mep.gov.cn/hjtj/qghjtjgb/201510/t20151029_315798.

使用中,罚款使用频数最高,占到总频数的2/3。而根据权威调查,最有效的处罚手段为责令停产停业,所占频数近一半,罚款排第二,但频数不到30%。❶ 在基于行政法原则规定下的环境执法,尤其是在执法手段的程序考量上更多注重简单的罚款方式以追求效率,而牺牲了实体上的环境保护优先价值。在本书看来,环境保护优先的达成绝对不是简单的行政罚款就能承受的,相对于不同的环境事件就上文所提及的环境执法的各种手段至少应当进行基本的优化组合以期待达到较好的管制环境问题的效果。

(二)环境司法适用层面分析

本书所论述的环境保护优先原则在司法层面的适用,主要是指环境资源审判过程中的法律运用活动,囿于文章篇幅的限制并不对我国宪法所规定的司法机关之一的人民检察院的环境司法行为进行讨论。从法院审判的角度去理解环境保护优先原则在本书看来可以包括以下两个层面:一方面,作为环境保护法对环境保护活动的指导方针,环境保护优先能够成为环境保护司法领域审理的指导思想。另一方面,作为《中华人民共和国环境保护法》(修订版)第五条明确规定的法律条文,环境保护优先能够成为具体的环境资源案件审判的法律依据。在本书看来前者是对环境保护优先原则在环境资源案件审理过程中"知"的认知,后者是对环境保护优先原则在环境资源案件审理过程中"行"的追求。鉴于对环境保护优先原则在环境资源案件司法审判过程中"知""行"的理解,本书拟从这两个角度分析环境保护优先原则在环境司法实践中所遇到的阻碍。

1.环境保护优先原则在环境司法"知"层面的分析

环境保护优先原则在环境司法中的"知"是指在环境司法的审判过程中对贯彻环境保护优先原则指导审判作用的认知。本书认为能够体现环境保护优先原则"知"层面的表现载体有以下三种:一是环境司法中践行环境保护优先的司法理念,二是环境司法中贯彻环境保护优先的司法模式,三是环境司法中引导环境保护优先的司法政策。因为无论是司法理念、模式还是政策都是宏观的落实环境保护优先原则的基石,这三者都具有指导环境司法审判层面的价值。从现行的环境司法审判活动来看上文所诉的三个方面都存在一定的瑕疵。首先,从环境司法的理念来看。司法理念是"人们对司法本质及其规律的理性认识与整体把握而形成的一系列理性的基本观念,是对法律精神的理解和对法律价值的解读而形成的一种

---

❶ 赵倩.我国环境执法问题研究[D].北京:中国海洋大学,2013.

认知模式"。❶ 随着新环保法的修订,环境保护优先原则理论上应该成为环境司法的指导理念,但实质上地方很多的法院和审判人员并没有厘清经济发展和环境保护的关系,有些地方法院顺应司法介入环境保护的大趋势要求,在地方上设立了环境资源审判机构,但其却面临着案件数量不足,地方专业法院无案可审的尴尬局面。❷ 产生此种现象的原因较为复杂,但是地方对于环境问题的处理更多地倾向于行政化的手段的方式解决,对于环境司法的介入和保护救济的理念法院认知并不热衷,司法救济并未达到当事人期望至少是其中主要因素之一,实质上可以归结为保护优先的司法理念还并未形成"势"。其次,从环境司法的模式来看。我国现有的环境司法模式主要有:作为权利与秩序"安全阀"的调整型环境司法模式和作为公共利益"守护神"的保护型环境司法模式。从实践来看,当前我们建构"环境司法中国模式"的努力主要围绕"调整型"和"保护型"两个层面展开,以修正现有权利救济规范,提供公共利益保护机制为主,对于"治理型环境司法"的关注还很不充分。❸ 环境保护优先原则可以说是环境司法模式中调整的表现,其调整着传统经济与环境之间的发展关系。环境保护优先原则亦可以称为环境司法模式中保护的表现,其保护着生态文明视野下的环境权益和价值,但这两种环境司法模式在实质上都忽略了环境保护中较为关键的能效问题,司法作为救济的手段其最为根本的价值在于解决实际的纷争,对于环境司法而言较为有效的解决环境争议的模式才是符合环境保护优先原则的模式,"治理型环境司法"应当成为效率层面贯彻环境保护优先原则的归宿,但基于现行两种环境司法模式的转化下的"治理型环境司法"仍处于"萌芽"阶段。最后从环境司法的政策来看。司法理念是司法的灵魂,司法政策是法律适用的宏观指引。❹ 环境司法政策是指导环境司法工作的具体策略或者方法,其实质对环境司法中的法律适用及审判实践具有指导、补充作用。目前我国的环境司法政策主要集中体现在环境刑事政策领域,体现着"零容忍"的态势。❺ 但是环境司法涉及的责任范围不仅仅是环境刑事责任领域,还包括较为数量庞杂的环境民事责任和实际存在的环境行政责任等部分,对于民事和行政的环境司法政策则设计和讨论得较少。基于传统环境司法理念的根深蒂固和基

---

❶ 汪习根,孙国东.中国现代司法理念的理性反思[J].浙江社会科学,2006(1):80-85.
❷ 周珂,于鲁平.环境资源审判理念制度的发展趋势探析[J].环境保护,2014(16):19.
❸ 杜辉.环境司法的公共治理面向——基于"环境司法中国模式"的构建[J].法学评论,2015(4):169-171.
❹ 吴汉东,锁福涛.中国知识产权司法保护的理念和政策[J].当代法学,2013(6):47.
❺ 叶良芳."零容忍"政策下环境污染犯罪的司法适用[J].人民司法,2014(18):9-13.

本环境司法模式的不易变动,环境保护优先原则要在"知"上获得活力除却理念和模式的配合之外,环境司法政策的设计可能是在当下践行环境保护优先原则较为经济、简便的路径之一了。

2.环境保护优先原则在环境司法"行"层面的探讨

环境保护优先原则在环境司法中的"行"是指在环境司法的审判活动中对运行环境保护优先原则影响审判的实践。具体的环境司法过程推进环境保护优先原则的适用,本书认为至少需要解决三个方面的问题:一是环境保护优先原则的前置程序;二是环境保护优先原则的适用方法;三是环境保护优先原则的配套保障。环境保护优先原则除了体现在裁判者的裁判理念、裁判模式及裁判政策的指导层面,就环境资源案件的个案来看,更多的是环境保护优先原则适用"技巧"层面的思考。就是如何更为高效、有利的在个案中适用该原则。环境保护优先原则要在环境司法个案中彰显其"艺术性"至少还存在上文论述的三方面阻碍。首先,环境保护优先原则适用的前置程序漏洞。环境司法作为环境保护在法律层面救济的最后手段,主要分为环境私益诉讼和环境公益诉讼两种类型,但实质上对于能够体现环境保护公共利益的环境公益诉讼却存在一定的"门槛"限制。我国最新修订的《环境保护法》第五十八条明确了环境公益诉讼制度,结合2012年《中华人民共和国民事诉讼法》修订增加的民事公益诉讼制度,从公益诉讼类型的角度可以看出目前我国的环境公益诉讼实质上是专指环境民事公益诉讼,其中并未涉及环境行政公益诉讼的规定,这就间接的消弭了环境行政行为的相关公益责任不利于整体意义上的环境保护优先。从公益诉讼的原告资格可以看出,我国现有的环境公益诉讼主体资格比较狭隘,其中对于有关的行政机关和检察机关和公民个人原告资格赋予问题并没有明确规定。环境保护优先在环境司法个案中的实践并不仅仅是法官的裁判就能完全体现的,司法活动本来就是各方主体相互博弈的过程,环境保护优先原则的个案实践更大程度需要原告的推动才能消弭司法本身的被动性负面影响,但现实法律规范的前置"门槛"直接影响着环境保护优先原则的司法适用。其次,环境保护优先原则适用的基础方法模糊。在个案之中当法律原则和法律规则同时存在时,一般情况下法律规则的适用优先级要大于法律原则适用的优先级,这几乎成为法学界的基本共识,也有学者认为法律原则的司法适用应当遵循三个条件或者标准:一是法律规则存在漏洞,二是存在更为充分的理由,三是不得向一般条款扩张。❶ 尽管学者所描述的法律原则司法适用的文字存在差异,但实质上对法律

---

❶ 张华.法律原则的司法适用[D].南京:南京师范大学,2012.

原则司法适用的态度仍是相当的"保守"和"慎重"。最新的环境保护法从 2015 年 1 月 1 日开始实施,基于对中国裁判文书网中有关环境保护优先原则作为裁判依据的案件的检索形式上没有一起。环境司法本身就是较为专业的司法活动,而法律原则的适用又是审判活动内部较为专业的问题。当下理论界和实务界并没有系统的法律原则的司法适用方法,更别提更为专业的环境司法法律原则的适用了。最后,环境保护优先原则适用的配套保障不善。环境保护优先原则在环境司法实践中的践行需要一定的环境司法配套保障,但就目前的环境司法状态来讲,环境司法的配套只具其形,不符其实。从内部和外部两个角度就可以分析其存在的问题。一方面,从环境司法的内部配套来看,环境保护优先原则需要较为专业的综合性人才更易"驾驭"。这种综合性表现为审判的合并,环境司法案件重大难点之一就是责任的复杂化,因此在环境司法改革的过程中开始探讨"三审合一"的基本审理模式,这就对传统的分立审判的法官素质提出更高的要求:除却基本的环境科学的了解还需要深厚的法学功底。这样在环境司法的过程中才能较为合理的衡平经济与发展的关系,符合实质意义上的环境保护优先原则。环境保护优先原则在具体的环境司法过程中需要专业的科学标准判定,在环境司法的过程中就是专业化的司法鉴定机构的设置,但是目前具有环境司法专业鉴定资质的机构完全不能满足井喷式的环境司法的需求。从执行的角度来看,对于新型的环境生态修复责任承担方式,人民法院的执行能力明显不能保障执行的效果。另一方面,从环境司法的外部配套来看,环境保护优先原则本就与政府的"经济人"属性冲突,不可避免的就产生了外部干预环境司法的独立性问题,基于人、财、物的控制,就使得环境司法的法院演变成"双重人格",这就严重影响了环境保护优先原则在环境司法实践中的践行。

第四节 规范环境保护优先原则适用的对策建议

环境保护优先原则的适用是建设环境友好型社会的重要支撑,践行生态文明理念的重要表现。无论是环境政策从原先"协调发展型"向未来"保护优先型"的转变,还是环境法律从原先单一治理到多元治理的调整,其实都离不开环境保护优先原则所涵盖的理念指导和价值取向。基于上文对环境保护优先原则在政策和法律层面的问题分析,本书拟提出以下的对策建议帮助环境保护优先原则在政策和法律层面发挥其价值。

一、环境政策语境下的适用建议

环境保护优先原则在政策层面的作用点主要体现在其对环境政策制定的思维、方法的影响及对环境政策执行主体的影响,前者是环境政策符合环境保护优先原则的执行规范,后者更多的偏向于对环境政策实际功效的追求,因此本书拟从环境政策的制定思维和执行两个角度提出以下的对策建议。

(一)环境保护优先原则在环境政策制定上的适用建议

依据对上文环境政策制定的问题分析可以基本归纳为:环境政策制定的指导思想滞后和环境政策制定的科学性不足两个方面。因此对于处于过渡阶段的环境政策而言(中国的环境政策正在从"协调发展型"向"保护优先型"过渡),要想实现其符合社会发展的蜕变,就必须解决其自身的合理性和科学性问题。本书给出如下两条对策建议以供参考。

1.树立发展的环境政策制定观念

环境保护优先原则对环境政策制定的影响,实质上还是需要厘清经济发展与生态环境的基本关系。环境保护与经济发展并不是绝对的对立关系,依据环境库兹涅茨曲线(EKC)[1]的规律,环境问题的解决也依赖于社会经济的发展,但是基于环境问题的伴生性,目前环境政策的制定者需要的是预见性的经济与环境的衡平状态,有重点的保护环境基本法中所规定的重点敏感生态环境区域等。在环境保护处于优先地位的区域,当环境保护与经济发展发生冲突时,应当优先注重环境保护优先政策的制定。具体来讲,首先要求政策制定者学会"因地制宜",杜绝"一刀切"现象。依据不同的生态环境状态,为不同的区域设置不同的生态环境等级,环境政策的制定基础依据必须参照区域内生态环境的承载容量综合指标进行设计。其次注重"先污染,后治理"的政策理念转变,对于环境容量承载范围内的环境政策制定应当关注相关的环境风险概率以避免其发生破坏,在已经污染破坏的区域注重环境政策的修复功能以防止其继续恶化。最后必须树立多元治理的政策思维,环境保护优先型政策并不是政府控制型政策所能独立达成的目标,在制定环境优先型政策时必须要学会借用社会合力进行综合治理,在保护优先型政策中需要突出社会成员(企业和公民)的作用,并引导其作用扩大化,只有如此才能提高现有的协调型环境政策向优先型环境政策过渡成功的可能性。

---

[1] 王建平.最严法典调整最复杂关系的困难性——以《2013年中国环境状况公报》为视角[J].光华法学,2015(9):32-33.

2.注重科学的环境政策制定方法

保护优先型的环境政策制定除了合理的指导思想,更需要科学的制定方法。科学的制定方法是环境优先型政策科学性的重要保障。对于环境政策科学性的建议本书认为可以从以下三个方面思考。首先,环境政策制定基础的科学性,环境政策制定的基础在本书认为主要存在主观和客观两个方面:主观上环境政策制定的参与主体必须拥有较为科学的学科背景(如管理学、环境科学、法学、经济学等),因为环境政策所涉及调整的范围过于广泛。在环境政策的制定过程中应当充分发挥专家的作用,注重科学透明的公众参与机制,让各方利益的代言人都可以发出其所代表的阶层的声音。客观上环境政策制定的基本依据仍是区域内的生态环境状况和经济发展水平等要素,环境政策的制定者必须对政策制定的指标进行科学的量化分析,不能违背基本的自然规律。其次,环境政策内容的科学性,环境政策除却对环境自然科学规律的坚守外,也需要关注环境政策内容的社会性。在注重环境保护优先的同时,也要注重环境与经济的衡平点,注重利用多种方式协调各方的社会利益。最后,环境政策监督的科学性,环境政策在制定上也需要注重监督,毕竟环境政策的制定者都存在理性认知的缺陷。对于环境政策来讲,应当注重"政策环评"的构建,环境政策其实也可以像环境工程项目一样对其进行环境指标的评价,对于不符合环境指标的政策进行必要的限制。注重环境政策的公众参与,透明环境政策制定的过程,这必定使得环境政策在环境优先的思路上更为民主与科学。

(二)环境保护优先原则在环境政策实施上的适用建议

从上文分析环境政策实施的问题的角度可以基本得出:环境保护优先原则的适用在环境政策实施上一定程度依赖于政府、企业和公众三方主体的合力。因此多元的环境政策执行必定是体现环境保护优先原则的重要尝试和路径,本书拟从环境政策实践的三方主体角度借助多元参与提供相应的对策建议来突出环境保护优先原则对环境政策实施的影响。

1.完善政府的执行监督

政府作为环境政策的主要制定者与执行者,其本身就存在既是"裁判员"又是"运动员"的特殊性,加之上文所论述的政府二元属性,要想使得环境保护优先在现有的利益框架下谋得"立锥之地",除却环境政策自身的科学性,还必须依赖政府部门内部的制度设计支持(当然外部的制度设计下文会进行论述)。对于上文所提出的政府"经济人"与"公共人"的问题及部门利益的掺杂。具有实效的操作性保障在于内部监督,政府作为国家权力的代言人,普通的监督形式远远没有以权利制约权力来的效率,因此在环境政策的执行中若是出现牟取私利、有损公利的行为,首先应当强调的是政策执行部门内部的监督和被赋予监督权限的部门对执行部门的监督,从行政法的角度来看,对于环境执法的监督,主要就是上级部门对本级部门的监督,以及本级部门系统内部的监督两大类。从监督的形式上虽有瑕疵但仍可良性运行。对于环境政策中环境保护优先原则的体现,本书认为政府的内部监督主要体现为环境执法的依据是否规范,环境执法的程序是否规范及环境执法的保障是否到位等内容。对于其监督设计时,应当注重信息的流畅,救济的途径开明,需要树立主动监督的意识。因此建议政府对于环境政策的执行应当首先树立从管制向服务转变的观念,其次应当注重执法从协调向保护优先的转变,建立必要的审批制度防止环境政策的扭曲适用,设计科学的考核指标突出环境价值的权重(必要时),完善系统的信息档案制度确保横向与纵向政府机构执法的协调统一,注重多元救济构建保障公力救济的渠道畅通,成立不定期突击检查小组配合定期检查工作。对于执法成员理性的缺陷应当注重成员的环境保护优先思维的培养,注重环境执法素养的业绩考核,应当定期对环境执法队伍人员进行专业的职业技能培训,确定相关的考核合格上岗制度,以体现环境政策主导力量的政府的环保优先的转变。

2.注重企业自律和他律

污染型企业作为生态破坏、环境污染的始作俑者,在对于环境政策的执行中扮演着重要角色,环境保护优先原则在环境政策的执行中能够真正地体现价值也依赖于企业的选择。对于企业逐利的天性,环境保护本身就与其存在天然的冲突,更惶恐的谈及"优先"。环境保护作为优先的角色定位需要内部自律和外部他律的共同保障。对于企业自律来讲,环境保护优先实质上与企业的可持续发展并不矛盾,反而更利于企业持续的运作,企业的社会责任感的培育至少是企业立足的根本之一,因此从企业自律的角度,企业首先要培养相应的环境保护优先的社会责任感,注重企业生态环境文化的建设,注重自身生产模式、产业结构的转型,注重绿色生产,优先使用绿色工艺,从行动上支持环境保护的优先。当然这种构想在现实中可能纯粹属于空想,但潜移默化的调整其实就是政策执行过程的引导在发挥作用。因此在企业自律的基础上,开始注重环境政策所发挥的企业他律作用。企业的生产行为需要正确的环境政策的引导,企业对于生态环境的社会责任也会因环境政策的取向得以彰显,在此基础上环境政策对企业实行他律,首先,从企业逐利的天性出发,在对企业进行他律时充分考虑企业的成本要素,从企业的进入、生产及收益和消亡的阶段性过程注重环境成本的规范性控制。其次,从环境科技的角度,引入较为科学、经济的生态环保生产技术,对于环境政策的设计上有区别的充分考虑相应技术的利用,加大国家的财政投入,促进企业绿色生产,在税收上给予基于环境保护优先型的技术企业相应的福利,减少环境保护型企业的行政限制。最后,从市场角度,推广绿色的企业产品,提高相关产品的环境质量标准,促进污染型产品的淘汰升级,以促进企业环境保护优先的转型。

3.保障公众的理性参与

公众参与环境政策可以说是保障环境保护优先原则在环境政策执行过程中的重要保障,但是基于环境问题的科学复杂性,以及公众认知素质的低下,如何引导公众高效合理的参与到环境政策过程中也值得考虑。本书认为首先是公众理性参与的思维培育,主动培育公民环境保护的主人翁意识,注重环境法制的普及,从现实的生活过程中转变公众对环境问题的政府依赖心理,环境政策在实施的过程中注重引导公众养成合理的生活方式和消费模式,增强公众必要的环保意识、生态意识,让公众学会顺应自然、尊重自然。其次是公众的环境政策理性参与的能力建设,环境保护优先原则要想在环境政策的执行过程中发挥作用,从公众角度上看需要公众形成较为普遍的环保意识,因此在现有的基础上需要发挥环境日的作用,集中进行环境意识和思维的培养,在环境教育上注重科学的环境知识的传输,在环境传媒上讲求客观真实的环境报道,借助信息社会所产生的工具进行基础性的环境科普和教育以提高公众理性参与的素质。最后是公众参与环境政策的保障制度建设。环境政策执行过程中需要相应的法律保障,在公众参与环境政策时应当将其行为制度化、合法化,不但赋予公众形式的公民参与权,也得考虑公众实质的政策参与权。完善环境信息公开、环境听证、环境公示、环境信访等一系列涉及公众环境政策参与的制度,注重民间环保组织、环境 NGO 的建设,让其在环境政策中发挥作用,以保障公众环境保护优先的行为。

二、环境法律语境下的适用建议

本书主要解决的是环境保护优先原则在法律层面的执行力问题,因此关注的焦点集中在环境执法和环境司法两个层面。依据上文的问题分析,本书所提及的环境执法是指狭义层面上的政府涉环境问题的行政执法行为,环境司法也仅指人民法院的环境司法体系及行为。因此本书所提及的对策建议也仅是前文所提及的问题分析基础上的些许思考。

(一)环境保护优先原则在环境执法上的适用建议

依据对上文环境执法问题的分析可以基本归纳出目前我国环境行政执法与环境保护优先原则冲突的些许问题表现:环境执法环境、环境执法主体、环境执法依据和方式。因此对环境保护优先原则语境下的环境执法建议视角也主要从以上三个角度出发。

1.优化环境执法环境

环境执法环境是环境保护优先原则指导环境执法的外部因素,其能够影响环境保护优先原则在具体环境执法过程中的效率,因此要使得环境保护优先原则在具体的环境执法过程中体现其价值,必须营造较为合适的环境执法环境。本书认为环境执法环境的构建主要包括执法理念环境构建,执法干扰环境排除和执法合作环境优化三个方面。第一,就环境执法理念的构建来讲,环境保护优先原则应当作为具体的环境执法的指导思想,环境执法单位应当注重环境执法价值的考量,而不是一味地追求环境执法行为的形式数据,需要改变环境执法过程中的事后治理理念,更加应该规避"钓鱼执法"的思维,努力寻求环境与经济发展的平衡点,应当从原先的"协调发展"向"环保优先"进行转变。第二,就执法干扰环境排除来讲,环境执法行为应当更为突出其政府"公共人"的职能属性。我国环境执法单位的政治管理体制是造成环境执法重大干扰的要素之一,主要表现为地方保护部门利益干扰,此处本书建议环境执法单位应当首先明确自身的行政职能,集中环境执法权限,进行大部制改革,防止现在所谓的"九龙治水"现象,但一定要注意大部的行政级别,以此打破部门利益。其次依据党的十八届五中全会报告中提及的"实行省以下环保机构监测监察执法垂直管理制度",借助垂直管理的方式打破地方保护。第三,就执法合作环境优化来讲,就是要弥合环境执法与公众的间隙。在环境执法过程中要充分的保障公众的环境信息类权利,公众的环境参与类权利及公众的环境参与保障权利。注重公众的实质性参与,降低公众参与环境执法的门槛,充分发挥公众在环境执法过程中提供信息、出谋划策与进行监督的作用,对环境执法做出贡献的公众应当设立相应的奖励机制,调动公众参与环境执法的积极性。

2.提高执法主体质量

环境执法主体是环境保护优先原则理念在环境执法过程中的主要践行者,环境执法主体的优劣直接左右环境保护优先原则在环境执法实践中的生命力。因此环境执法过程中必须注重环境执法主体的建设。对于环境执法主体来讲一方面是环境执法组织机构的建设,另一方面是环境执法人才的建设。第一,就环境执法组织机构来讲,从目前我国的环境执法组织的体系完整性上几乎不存在需要立即完备的方面,但是对于组织的数量与质量建设却是不得不进行深入的思考。虽然从上文可以得出环境执法机构工作量大、机构不完善的问题,但是本书不建议通过数量积累进行"摊大饼式"的环境执法主体扩大,而是应当注重体系化的环境执法管理体系建设,注重环境执法组织机构的质量和内部工作的协调统一。首先必须对环境执法机构进行明确的事权划分,以此明确执法机构的权力与责任;其次调整环境执法机构实质上的环境执法权,以此增强其执法的权威性;最后需要注重环境执法腐败的内部监督建设,以此确保环境执法权力不被滥用。第二,就环境执法人员的建设来讲,虽然本书不建议组织机构的增设,但是并不否定组织机构内人员的增设,从环境执法的人员需求和供给角度来看,我国的环境执法人员数量上是极度紧张的,以此扩大环境执法队伍无可厚非。对于环境执法队伍人员的问题,应当从三个角度考虑:一是设置合理的人员进入机制,环境执法队伍人员的引进必须具有一定的素质标准,规范进入环境执法队伍的程序。二是建立科学的人员管理制度,对于已经处于环境执法队伍的人员注重环境执法考核制度的建设,形成必要的奖惩机制和淘汰机制。三是注重人才的引进与培养,注重执法队伍新老交替问题的过渡,推广有效的环境执法经验,注重复合知识背景的环境执法人才的引进,打造高素质、高能力的环境执法队伍。

3.完善环境执法依据和方式

环境执法依据与方式是环境保护优先原则在环境执法过程中合法性和正当性的表现形式,环境执法依据与方式的正当与否影响着环境保护优先原则在环境执法实践中的价值。环境执法的依据主要是环境实体法和行政程序法两个部分,在当下的法律体系构建环境程序法并不现实,因此本书建议在制定和修订环境执法程序的时候尽量弥合环境实体法与行政程序法之间的间隙,对于具体的环境执法程序来讲,不但需要符合基本的行政执法程序,同时也要有所侧重地关注环境实体价值,注重环境执法规定的科学性,对于专业性的环境执法问题应当明示具体的环境执法标准,在注重行政执法程序的过程中注重执法专家的引入,充分发挥环境专家对环境执法科学性的作用,以基本的环境行政执法程序保障实体的环境实体正义。鉴于环境执法实质上也是行政行为的一种,从具体的行政行为角度看,环境执法基本可以分为环境行政许可、环境行政处罚、环境行政强制及环境行政信息公开等手段,目前的环境执法手段主要体现在环境行政处罚方面,本书建议应当对环境执法进行阶段性分类,在环境行政许可阶段把好环境执法的准入关,在发生具体的环境事件时要充分地利用好环境行政强制和环境行政处罚,而不是仅仅利用简单粗暴的罚款来体现环境执法的效率,注重环境问题的事前控制、事中处置和事后恢复救济,充分体现环境行政强制和处罚的综合作用,注重环境执法或者环境信息的公开,透明环境执法行为与过程,便于公众监督,将环境执法的定位从对生态环境的管制变为对生态环境的服务,以此形成环境执法方式的多元化。

(二)环境保护优先原则在环境司法上的适用建议

依据上文环境保护优先原则在环境司法"知"与"行"层面的问题分析,本书拟从环境司法的理念、环境司法模式和环境司法政策的角度提出对策建议使得环境保护优先原则嵌入环境司法"知"的层面,同时想借助完善环境公益诉讼制度,厘清环境保护优先原则的一般适用方法及环境司法专门化制度使得环境保护优先原则在环境司法"行"的层面有所保障,最终达到环境保护优先原则在环境司法过程中"知行合一,止于至善"的效果。

1.环境保护优先原则在环境司法"知"层面的构建

环境保护优先原则在环境司法"知"层面的构建主要分为三个部分。第一,树立环境保护优先的司法理念以指导环境司法活动。环境保护优先的司法理念对于审判工作来讲主要体现在程序和实体两个部分。在程序上应当确保环境司法案件从立案到审判到执行的各个阶段都应当注重环境保护优先的制度设计和程序保障。对于环境污染和生态破坏,以及基础性的资源案件,司法部门应当充分发挥其司法救济的作用,要敢于破除地方保护主义和部门保护主义的干扰,通过畅通司法应诉、司法救济渠道,充分保障当事人的利益,树立环境司法的权威。同时环境司法的裁判者对处于萌芽阶段的环境问题可以与执法部门配合(执法部门可以提起诉讼)适当地树立能动司法的意识,对于已经产生环境损害的事后救济案件一定要树立生态修复的司法裁判意识,注意风险的防范和生态的修复。第二,构建"治理型"环境司法模式以提高环境司法效能。保护优先是"治理型"环境司法的核心内容,在此环境司法的模式下必定需要注重环境司法在保护优先层面的效率,充分的推进其社会效果。该模式应当从宏观和微观两个角度设计,宏观上需要保障环境司法与政治、与民意的良性互动。将环境司法权与行政管制权和公众自治权进行相应的协调与联动,需要推动环境司法的去地方化,去行政化,去盲目化,使在最后的环境救济上行政权力和公民权利能为司法所用。微观上建立合理的环境个案指导制度,最高院应当对环境司法典型案例进行抽象化,通过优化其司法解释的方式结合基本的环境法学基础理论,归纳出具体的环境保护优先的司法解释,以指导地方法院的环境司法活动。第三,制定环境保护优先的司法政策引导环境司法审判。环境司法在环境保护优先原则的指导区别于传统的刑事、民事司法政策,在环境司法的过程中应当制定具有环境保护优先特色的环境司法政策和规则。制定我国的环境司法政策必须依据我国现有的环境法律与政策、环境司法的基本能力及我国的基本国情。因此环境保护优先型的司法政策应当做到:首先,因地制宜。不同环境状态下的环境司法政策应当有所区别,红线保护区域内的绝对保护,环境容量承载范围的相对保护。其次,开放司法。环境司法救济渠道开放,降低环境司法准入门槛,合理分担诉讼费用与成本。环境司法审理裁判方法开放,环境司法政策应当赋予法官依据环境政策、环境法律及社会公共利益的司法自由裁量权以保障环境保护优先。最后,内容完整。目前的环境司法正在尝试"三审合一"的审判模式,环境政策的制定应当从整体上囊括环境刑事、民事和行政的基本政策并将其综合以环境保护优先为其基本目的。同时也需要区分,环境司法刑事政策适度从严,环境司法民事政策适当效率,环境行政政策注重监督,以适应其"三审合一"审判模式的改革。

2. 环境保护优先原则在环境司法"行"层面的构建

针对上文所分析的环境保护优先原则在环境司法"行"层面的困境,虽然当下没有一起该原则适用的案例,但实际上司法机关在具体的司法实践中已经做出了许多较为有益的尝试(见表5)。

表 5 案例分析

案件名称	案件评价及创新
清镇市生态文明局责令 A 砂石厂等四家砂石厂恢复植被原状申请强制执行案(2014)	此案是全国首个生态保护异地修复执行案件,从该案中可以明了环境保护优先原则理念的司法适用不仅仅在于形式上的罚款,更需要注重生态的修复
贵阳公众环境教育中心诉贵州省某县某镇人民政府固体废物污染责任案(2013)	该案件最大的特点在于调解结案。在审理过程中以促进生态环境改善为出发点,多次组织土壤专家进行勘察,制定较为科学可行治理方案,在环境保护优先原则的适用过程中并未死板的利用判决的方式使得双方获得了共赢,节约了司法资源,提高了效率
云南省宣良县国土资源局诉赵某环境污染责任案(2012)	本案最大的特点是人民检察院出庭支持本案的起诉,充分体现了其法律监督,维护公共利益的作用,为检察机关环境公益诉讼的主体资格问题提供一定的参照,从而从救济程序上贯彻了环境保护优先原则
张某盗伐林木案(2013)	该案最大亮点在于通过刑民并举的方式充分补偿生态环境损害,在审理环境刑事部分同时,为了达到环境保护、生态修复的作用,建议提起对应的民事诉讼,同时通过当地媒体加大生态文明教育
杨某、易某非法捕捞水产品案(2012)	该案表面上是简单的刑事案件,但此案的创新在于恢复性司法的尝试,除了对犯罪嫌疑人刑事责任的追究之外,着力于对破坏的生态环境进行修复,充分体现了环境保护优先原则的基本要求

续表

案件名称	案件评价及创新
王某诉重庆 A 公司环境污染责任案(2013)	该案最大的难点在于环境侵权过程中因果关系的认定困难,突出了环境污染案件因其专业性,对司法鉴定依赖程度较高,但又缺乏相应资质鉴定机构的困扰,该案的审理中法院利用了专家陪审制度、专家咨询与走访机制,为环境司法提供了较为重要的经验

资料来源:作者根据法律裁判文书网及《环保法庭案例选编》(二)整理。

基于以上部分环境司法的经验与环境法学的司法层面的基本理论,本书拟总结以下三条对策建议以寻求该原则在司法实践层面有所突破。第一,完善环境公益诉讼制度以弥补环境司法的准入漏洞。环境公益诉讼作为环境司法重要的表现形式,在当下的环境公益诉讼法律层面的规定并不完善,结合民事公益诉讼的司法解释虽然使得该制度变得具体化,但其仍存在发展的空间。就其主体资格而言完全可以赋予行政机关、检察机关及有证据证明存在损害危险的公民相应的公益诉讼主体资格;就公益诉讼的形式而言应当打破只能民告民而不能民告官的公益诉讼模式完全可以尝试推进环境行政公益诉讼,以此规制政府的环境行政行为(在涉及环境民事私益和公益诉讼的基础上可以降低当事人取证等方面的困难)。第二,厘清环境保护优先原则的司法适用方法。法律原则的适用不会如同法律规则适用那般"全有或全无"界限分明,但就环境司法而言,环境保护优先原则是体现环境法律法规实体正义的表现,在此基础上法官的适度裁量权必有用武之地(尤其是现在"三审合一"仍处于摸索阶段的现状),对于环境司法中环境保护优先原则的司法适用,本书认为首先,需要法官厘清环境保护优先的概念,在适用时必须依照程序明确阐释该原则的原因(或是填补法律空白,抑或是追求个案争议,还可能是环境政策的引导……)。其次,对于该原则的适用可以借助环境公报案例(虽然我国仍不在形式上承认案例裁判,但实质上却为法律原则的适用打开了一扇可以看见阳光的窗),确立类型化之后的案例的裁判约束力。最后,必须强调该原则适用的论证说理,通过借助实际规范和衡平环境价值进行合理论证而不是在司法裁判过程干巴巴原则条文罗列,以防止环境司法权威的损害。第三,推进环境司法的专门化保障环境保护优先。环境司法专门化是当下解决环境司法内生问题和外部问题的良方。在环境保护优先适用的环境司法过程中环境司法专门化的构建必须满足六个基本标准才能发挥其保障作用。其一,专门化的审判理念。这要求环境司法过程中必须树立区别于其他传统司法的行为理念,主要是依据生态环境案件的个性及救济方式所确立的保护型、恢复型、预防型、公益型的司法理念。其二,专门化的审判机构。环境司法专门化提倡较多的组织形式是较为独立的环保法院或者环境资源审判庭,本书认为审判的实质需要大于形式,在以上两种专门的审判机构基础上亦可以设置地方与中央环境巡回庭,便于解决跨区域和跨流域的问题。其三,专门化的审判人才。对于专门化的审判人才其主要考量的因素应当是环境科学知识、环境法律知识及司法经验和公益价值取向及相关的职业道德等要素的综合。尤其需要注重人才的流动与培养,实现学与研的结合。其四,专门化的审判标准。环境司法在当下的司法审判过程中仍是"部门化"的,专业化的背后实质上是审判的分工。因此对于不同类型与性质的环境司法案件应当区分环境刑事案件应当适当从严,环境民事案件注重救济,而环境行政案件注重审查和监督的审判标准。其五,专门化的审判方式。审判方式是审判思维的体现,在此基础上专门化的环境司法应当具有较为集中的管辖权限。合理的探索"三审合一"的综合审判模式。审判方式必须注重证据等专业问题的鉴定与评估,以此保障保护优先价值的实现。其六,专门化的执行标准。执行作为司法价值最终的归宿,环境司法的专门化也应当考虑环境司法判决执行力的保障问题,本书认为环境司法的执行关键在于标准的确立,专业化的执行标准体系的构建最终会成为环境保护优先的直接评价指标。